Der Autor

Dr. Jörg Krenmayr ist der herausragende Experte für wissenschaftlich fundierte Erklärungen rund um die menschlichen Emotionen und den menschlichen Verstand. Durch seinen multi-disziplinären wissenschaftlichen Hintergrund und seine über die Jahre hinweg in Trainings und Vorträgen optimierte Vermittlungstechnik schafft er es hochrelevante Erkenntnisse mit anschaulichen Beispielen, cleveren Analogien, etc. verständlich und unterhaltsam zu vermitteln – frei nach dem Motto „Wissensvermittlung darf ruhig Spaß machen."

Bereits mit 24 Jahren war er, aus Sicht vieler Professoren, der damaligen Literatur rund um die Humanwissenschaften bzw. Komplexitätstheorie weit voraus. Seine herausragenden wissenschaftlichen Fähigkeiten ließen ihn das Doktorat in nur acht Monaten bewältigen. In den Jahren darauf erschuf er etwas Unmögliches – ein ganzheitliches Modell des menschlichen Geistes. In seinen Vorträgen und Büchern vermittelt er mit großer Hingabe die für unseren Alltag zentralen Erkenntnisse. Er ist heute u.a. als Vortragender, Trainer, Coach, Vorstandsmitglied bei Mensa-Österreich und Gastgeber im Kepler-Salon (Linz) tätig.

Dr. Jörg Krenmayr

Vom gesunden Ich zum idealen Wir

Erstausgabe 2012

„Ich wünsche Ihnen beim Lesen
viele unterhaltsame, spannende,
inspirierende, nachdenklich stimmende
und tiefgehend bereichernde Momente.
Wir leben im Moment. Ein reiches Leben
ist ein Mosaik aus wertvollen Momenten."

Dr. Jörg Krenmayr

INHALTSVERZEICHNIS

ICH

DU

WIR

1 Die Bedeutung von Beziehungen

Das Leben ist schön! Von wegen! Ein banaler Satz, den die Wirklichkeit viel zu oft als Lüge entlarvt. Natürlich kann das Leben schön sein, aber ist es schön, wenn uns jegliche Motivation und jeder Sinn verlässt oder wir das Gefühl haben das Leben läuft an uns vorbei? Ist es schön von Selbstzweifeln zerfressen zu werden oder in der Umgebung von Menschen befangen zu sein? Ist es schön, wenn wir von unserem Partner verlassen werden, ohne, dass wir uns so richtig erklären können, warum? Ist es schön, wenn man einen Erfolg feiert, doch keiner da ist, diesen mit uns zu feiern? Ist es schön sich im Leben orientierungslos zu fühlen? Ist es schön, wenn die Einsamkeit – manchmal in Mitten vieler Leute – wie eine trübe Flut in unser Leben eindringt, es durchflutet und unsere Seele träge umklammert? Ist es schön, wenn man die Geschäftspartner nicht richtig einschätzt und übers Ohr gehauen wird? Ist es schön, wenn man sich auf Grund von Enttäuschung anderen Menschen gegenüber abschottet und gar nicht mehr erkennt, dass die eigenen Vorurteile das eigene Leben in Ketten legen? Nein, natürlich nicht – niemand findet das schön!

Ob wir unser Leben als schön empfinden, hängt tatsächlich in hohem Maße davon ab, ob wir es schaffen unsere **geistige und emotionale Innenwelt gesund zu halten** und darüber hinaus Menschen an uns zu binden, mit denen wir gerne zusammen sind, mit denen wir große Herausforderungen bewältigen können und / oder Spaß haben – Menschen, mit denen wir durch Dick und Dünn gehen möchten. Sie haben solche Menschen um sich? Ich freue mich für Sie – von ganzem Herzen. Sie möchten mehr solcher Menschen kennen lernen oder Beziehungen intensiver gestalten oder Beziehungen überdauernder werden lassen? Sie möchten sich motivierter und gesünder fühlen, Ihre Schwächen überwinden und einfach noch mehr Zufriedenheit in Ihrem Leben? Ich helfe Ihnen mit Freuden dabei sich diese Wünsche erfüllen zu können!

Es heißt aus gutem Grund „geteiltes Leid ist halbes Leid“ und „geteiltes Glück ist doppeltes Glück“. Wenn es jetzt noch leicht wäre Menschen zu finden, mit denen das wirklich funktioniert – das wäre eine feine Sache. Doch wie oft wird man von Menschen enttäuscht und versteht nicht warum? Wie oft verliert man sich im Leben aus den Augen? Wie schwer fällt es jemanden zu finden, den wir aus tiefstem Herzen lieben können? **Wie finden wir denn genau jene Menschen, die wirklich zu uns passen** und wie können wir den Tücken von falscher Freundschaft, unehrlicher Liebe und sonstigen schmerzhaften Erfahrungen und Ausbeutungen entgehen? Wie schaffen wir es, Beziehungen zu knüpfen und diese zu pflegen und zu voller Blüte reifen zu lassen?

Manche von uns haben Probleme **Menschen zu kontaktieren**. Andere schaffen es nicht, den Schritt vom netten Erstkontakt zu einer **lockeren Bekanntschaft** zu gehen. Wiederum andere haben Schwierigkeiten sich in einer **engeren Beziehung** wohl zu fühlen. Das Gute ist – jeder von uns hat es im Grunde in sich, erfolgreiche und schöne Beziehungen zu gestalten. Diese Fähigkeit kann jedoch durch verunsichernde oder prägende Erlebnisse beschädigt werden. Viele von uns haben bereits negative Erfahrungen irgendwelcher Art mit Mitmenschen durchlebt, tragen unreflektierte Vorurteile mit sicher herum, werden von Selbstzweifeln genötigt. Wie überwindet man die daraus resultierende Unsicherheit und wie kann man nach Enttäuschungen, Vertrauensbrüchen, beschämenden Erfahrungen oder gar Mobbing wieder Offenheit und Vertrauen gegenüber anderen erlernen? Um das Leid, das mit solchen quälenden Fragen verbunden ist, einzudämmen, wurde der vorliegende Erklärungsansatz entwickelt. Es mag sich abgedroschen lesen, doch bevor man in der Lage ist, die richtigen Menschen für Bekanntschaften, Freundschaften und Liebe zu finden bzw. diese auf die richtige, beidseitige Weise an sich zu binden, muss man zuerst ein paar Dinge in sich selbst ins Reine bringen. Jede starke Brücke, und als solche ist eine Beziehung zu verstehen, ruht auf stabilen und tragfähigen Brückenköpfen. Wenn unser **Inneres gesund und ausgeglichen** ist, dann stellen wir einen solchen tragfähigen **Brückenkopf** dar und können viel leichter Kontakt mit anderen aufnehmen und Beziehungen entwickeln. Natürlich kann man auch auf Sand oder morschen Trägern Brücken errichten und das geschieht in Wahrheit ständig – also nicht Autobahnbrücken (hoffentlich) sondern zwischenmenschliche Brücken –, doch wie soll so eine Konstruktion den Belastungen des Alltags oder gar kleinerer Katastrophen standhalten?

- Wenn wir im Büro streiten und nicht die Fähigkeit haben damit vernünftig umzugehen, lassen wir eventuell den Frust darüber gleich am Partner ab, wenn wir nach Hause kommen – die Beziehung wird belastet.
- Genauso kann es sein, dass wir zu Hause Streit haben und dann missgelaunt im Büro auftauchen und die Leute lästig und inkompetent finden, nur weil wir selbst mies drauf sind – die Beziehungen werden belastet.
- Wenn wir in der Beziehung unterschiedlicher Meinung sind und nicht wissen, wie man vernünftig miteinander spricht, dann werden viele – oft aus Missverständnissen entsprungene – Meinungsunterschiede in erbittertem Streit enden – die Beziehung wird belastet.
- Wenn in uns das Gefühl entsteht, dass uns etwas in der Beziehung fehlt und damit automatisch unser biologischer Suchmechanismus anfängt außerhalb unserer Beziehung nach dem Fehlenden zu suchen, werden rasch Spannungen entstehen – die Beziehung wird belastet.

- Wenn wir ein neues Interesse entdecken, wofür sich der Partner nicht begeistert, und wir weniger Zeit miteinander verbringen, kann dies zu einem Auseinanderleben führen – die Beziehung wird belastet.
- ...

Wie viel Belastung hält eine Beziehung aus? Fast nichts von den alltäglichen Problemen muss zu einer Belastung werden. Man kann sie wie gefährliche Bomben entschärfen und die Gefährdung der Beziehung recht einfach aufheben. Zusätzlich ist es möglich, die Beziehung tiefer und stabiler werden zu lassen. Je weiter die **Persönlichkeitsentwicklung** gereift ist – was **nicht primär vom Alter abhängig** ist – umso belastbarer und intensiver ist die Verbindung zu anderen Menschen. Doch was ist hier eigentlich mit „weiter entwickelt" gemeint?

- Die Überwindung persönlicher Probleme
- Das Aufarbeiten von schlimmen Erfahrungen
- Die Überwindung von Enttäuschungen
- Das Finden der persönlichen Lebensziele
- Eine korrekte Einschätzung der eigenen Fähigkeiten, Stärken und Schwächen
- ...

sind Aufgaben, die sich uns permanent stellen. Dies sind die essentiellen Gedanken, die uns durch den Kopf gehen und unsere **Persönlichkeitsentwicklung** ausmachen. An diesen Fragen wachsen wir. Der hektische Alltag lässt uns allerdings oftmals kaum Zeit, uns mit diesen Fragen zu befassen. Wir nehmen sie teilweise gar nicht wahr oder räumen sie beiseite, mit dem Vorsatz uns später um sie zu kümmern. Genau dieses „in die Ecke stellen" verhindert, dass wir uns weiterentwickeln und als Persönlichkeit reifen. Weisheit erschließt sich nicht aus dem Alter allein. Was sagt schon der Begriff „Lebensjahr“ aus? Wir durchleben einmal Sommer und einmal Winter – falls wir in etwa am gleichen Ort bleiben. Kosmisch gesehen bewegen wir uns pro Jahr 940 Millionen Kilometer durch unser Sonnensystem, einmal die Erdbahn elliptisch um die Sonne. Da unsere Zeit an der Sonne ausgerichtet ist, könnte man sein Alter auch in diesen Kilometern angeben. Mit 40 Jahren sind wir dann 37.600.000.000 km durch das Sonnensystem gedüst. Das heißt ja aber doch nicht, dass wir deswegen unbedingt cleverer geworden sind. Selbst das bloße Erleben von Ereignissen ist nicht genug. Erst wenn wir uns diese **Ereignisse durch den Kopf gehen lassen**, uns darüber Gedanken machen, entwickelt sich unser Verstand weiter, reifen wir mit der Zeit. Indem wir uns fragen, warum etwas geschehen ist, welche Auswirkungen es hat, wie man es in Zukunft anders machen könnte, usw. lernen wir Schritt für Schritt mehr über die Welt. Ich habe mir vor vielen Jahren vorgenommen, immer einen gewissen Anteil meiner Zeit dazu zu verwenden, über die Dinge, die ich erlebt habe und über den Mensch als Wesen zu reflektieren. Man sollte, wie ich heute weiß, nicht zu viel Zeit damit verbringen über sich selbst nachzudenken, da man sich damit genauso gut aus der Balance bringen kann, wie wenn man gar nicht über sich nachdenkt. Doch wäre es wichtig, sich jeden Tag ein paar Minuten bzw. jede Woche einige Stunden der ehrlichen, inneren Reflexion zu widmen. Mit den Hilfestellungen dieses Buches bekommt man eine Art Denkunterstützung an die Hand, mit der man die Verarbeitung von Ereignissen und Situationen sehr effizient bewältigen kann. So wie es nicht sonderlich schlau ist am Motor eines Autos herum zu schrauben, wenn man nicht weiß, wie dessen Teile zusammenarbeiten, so ist es klüger die persönliche Reflexion mit einem guten Verständnis des Verstandes zu fundieren. Sie können sicher sein, dass es schon genug Menschen gibt, die ihre Probleme mittels ungesteuerten Denkeinsatzes nur noch verschlimmert haben. Es gibt davon sicher mehr Menschen, als solche, die am Motor des eigenen Wagens bis zu dessen Zerstörung „herumrepariert" haben. Die menschliche Intelligenz ist ein mächtiges Werkzeug. Je mehr Kraft man in seinem Kopf entfaltet, umso besser sollte man verstehen, wie man diese einsetzt, um sich nicht selbst zu schaden. Unzufriedenheit, Missmut, Ungeduld und viele andere negative Emotionen kann man mit dem richtigen Einsatz seines Verstandes fast vollständig ausmerzen. Im Gegenzug erzeugt und verstärkt die falsche Art der Reflexion genau diese unangenehmen Gefühle.

Gerade beim **Verarbeiten von schweren Phasen** ist deshalb eine Art Bedienungshilfe für die persönliche Reflexion sehr hilfreich. Und **niemand von uns erlebt permanent und ausschließlich Hochs**. Machen Sie sich bitte nie Gedanken, warum es nur Ihnen immer wieder mies geht. Jedem geht es mies, dem einen mehr, dem anderen weniger, dem einen seltener, dem anderen öfter. Das Leben ist ein Auf und Ab und die Höhen erhalten ihre Schönheit letztlich, weil wir auch die Tiefen kennen. Das eine oder andere Tief bleibt uns mit Sicherheit nicht erspart – egal wie weit entwickelt wir sind und wie vorsichtig wir handeln – und das ist gut so. Die **größte persönliche Entwicklung** erleben wir in schweren Zeiten. Dies geschieht jedoch nicht automatisch. Die Ihnen hier vorgestellten Techniken und Einsichten ermöglichen neben der Optimierung von Beziehungen eine wirkungsvolle Nutzung von Erfahrungen jeder Art. Damit werden die Tiefs verkürzt und Sie ziehen möglichst viel Erkenntnis aus diesen belastenden Phasen. Aus diesem Grund befasst sich der erste Teil des Buches mit unserem ICH und wie wir gezielt an uns selbst arbeiten können, um uns damit überhaupt die Möglichkeit zu eröffnen, eine für uns wirklich befriedigende, gesunde Beziehung zu erleben. Wir werden im Laufe der ersten Kapitel erkennen, wie eng unser

Denken mit unserem Fühlen zusammenhängt und wie wir unseren Verstand nutzen können, um unsere Gefühlswelt in Ordnung zu bringen. Es gibt Personen, die mögen es nicht, wenn man **Denken und Fühlen** vermischt. Das Gefühl sei Herzenssache und dürfe nicht der kalten und unbarmherzigen Vernunft unterstellt werden. Angelegenheiten der Vernunft seien, im Gegenzug, unter Ausschluss unserer Gefühle zu erledigen – nur keine wichtigen Entscheidungen aus dem Bauch heraus treffen. Da ist es ja praktisch, dass die Gefühle im Herzen wohnen und der Verstand im Gehirn. So kommen sich die beiden nicht in die Quere. Nur unangenehm, dass es ganz anders ist – der Alltag beweist es uns permanent. Jemand, den wir sehr gern haben, verlässt uns und reißt einen Teil von uns mit sich. Das tut natürlich weh. Gleichzeitig werden mit diesen Schmerzen viele intensive Gedankenströme ausgelöst. Wir erinnern uns an die Person, denken darüber nach, was uns an ihr so gefallen hat und erleben die schönsten und die schmerzlichsten Momente noch einmal. Das ist ein ganz einfaches Prinzip. Passiert etwas von persönlicher Bedeutung, dann beschäftigt sich unser Verstand damit. Bedeutung ist mit Emotion gleichzusetzen, sodass große Emotionen automatisch viele Gedanken auslösen. Immer, wenn sich etwas ändert, das für uns wichtig ist, denken wir viel darüber nach und erleben starke Gefühle. Es ist immens wichtig, seinen Gefühlen gut zu zuhören und sie richtig zu deuten.

Unsere Emotionen spiegeln die persönliche Bedeutung einer Sache, eines Problems oder einer Person wider. Gefühle sind die Sprache unserer „Seele“.

Unser Verstand existiert, damit wir uns Wege ausdenken können, um unsere Ziele zu erreichen. Wir beobachten die Welt, um erkennen zu können, was uns darin von Nutzen ist und wo Gefahren lauern – was dem Erreichen unserer Ziele dient oder es gefährdet. Unser Verstand versucht Taktiken zu entwickeln, um Gefahren zu entgehen und Chancen zu nutzen. Das bedeutet, dass alles was wir wahrnehmen davon abhängt, was für uns wichtig ist, das heißt, wie unsere Ziele aussehen. Jedes unserer Ziele ist an das **Lust- & Schmerzzentrum** des Gehirns angebunden – damit gefühlsgekoppelt. Unsere Gedanken stehen deshalb permanent in Verbindung mit **angenehmen und unangenehmen Emotionen**. Haben wir eine Idee, wie wir eine geliebte Person erobern können, dann ist an diese Idee ein tolles Gefühl gekoppelt. Schleicht sich der Gedanke ein, dass wir jemanden verlieren könnten, den wir lieben, dann ist der Gedanke von schmerzlichen Gefühlen begleitet. Wichtig ist zu verstehen, dass wir durch Denken unsere Gefühlswelt beeinflussen können und sich durch die Entwicklung unserer Ziele / Gefühle – ja, wir können Gefühle sogar gezielt entwickeln – unser Denken verändern lässt. Wir können alles an uns entwickeln, jede Fähigkeit, jede Einstellung, jedes Gefühl. Wie das genau vor sich geht, wird etwas weiter unten erläutert.

Unser Denken beeinflusst unsere Gefühlwelt und unsere Gefühlswelt vermittelt uns, worüber wir nachdenken sollten.

Dank vieler Vorträge und der Verarbeitung dort gestellter Fragen sollte es gelungen sein dieses Themenfeld relativ einfach und prägnant zu präsentieren. Gerade die zwischenmenschlichen Gefühle gehören zu den Lieblingsthemen im Rahmen der Trainings, mit vielen Aha-Erlebnissen – egal wie jung oder alt, wie weiblich oder männlich, wie pragmatisch, intellektuell, ehrgeizig, etc. die Teilnehmer sind. Es sind einige neue Einsichten dabei, die sich in der klassischen Literatur – ob Ratgeber oder wissenschaftliche Abhandlung – nicht finden. Wir werden sehr schnell unzählige Rätsel aufdecken und Sie werden Ihre zwischenmenschlichen Beziehungen damit in Zukunft noch besser verstehen, stärker entwickeln und vollständiger genießen können.

Das Leben miteinander wurde in den letzten Jahrzehnten etwas in den Hintergrund gedrängt. Karriere, Konsum und materieller Wettbewerb ließen unser ICH so dominant werden, dass das DU im Vergleich geschrumpft ist und sich unser WIR-Gefühl klein und schmächtig vorkommen muss. Das WIR drängt heute wieder stärker nach vorne, denn letzten Endes – egal ob wir immer gut mit Menschen konnten oder wir von anderen gedemütigt und verletzt wurden – sind wir soziale Wesen und wollen das Leben gemeinsam erleben. Warum das so ist und wie es möglichst gut funktioniert, ist Inhalt der folgenden Kapitel. Der Aufbau ist dabei so gehalten, dass zuerst ein grobes Verständnis der zwischenmenschlichen Anziehung bzw. Beziehung vermittelt wird. In den Kapiteln ICH, DU und WIR werden dann die einzelnen Faktoren und Phasen genauer behandelt.

1.1 Die zwischenmenschliche Anziehung – Humangravitation

Es gibt Menschen mit einer betörend starken Wirkung auf uns. Ist diese Wirkung immer vollkommen nachvollziehbar für Sie? Oftmals können wir sagen, was uns an anderen gefällt und was uns missfällt. Woher aber die manchmal besonders starke Anziehung oder Abneigung kommt, entzieht sich uns in vielen Fällen.

Franziska hat beispielsweise einen Kollegen, mit dem sie im Außendienst zusammenarbeitet. Von Beginn an stößt sie dieser Mann ab, doch kann sie sich nicht erklären woran das liegt. Immer wieder wandern ihre Gedanken zu diesem Thema, doch weder das Aussehen, der Geruch, seine Worte, seine Mimik noch sonst etwas, das ihr in den Sinn kommt, scheint der Auslöser für das abstoßende Gefühl zu sein. Je länger sie mit ihm zusammenarbeitet, umso mehr Kraft kostet es sie in seiner Nähe sein zu müssen. Ihr Wesen drängt weg von diesem Kollegen, so als wären sie gleiche Pole zweier Magnete, die eine unsichtbare Kraft auseinander hält. Sie muss gegen dieses Drängen ankämpfen und schafft dies für einige Wochen, doch nach und nach ermüdet dieser innere Kampf Franziska. Schließlich gibt Sie voller Bedauern die Arbeit auf und kündigt. Sie wollte dem Kollegen nicht sagen woran es lag, hatte sie selbst doch auch keine echte Antwort dafür. Ihm einfach ins Gesicht zu sagen: „Du stößt mich total ab – ich weiß aber nicht so recht woran es liegt.“, schafft sie nicht. Sie möchte ihn nicht verletzen. Am Ende bleibt ihr nichts anderes übrig als dem inneren Drang nachzugeben und den Kontakt und damit die Arbeit aufzukündigen.

Man hört in Trainings und Coachings viele Geschichten in vielen Facetten rund um unsere Beziehungen und die Kräfte die zwischen uns Menschen wirken. In der Physik jagt man dem Phänomen der Anziehung seit vielen Jahrhunderten nach. Große Massen beeinflussen die Raum-Zeit, magnetische Wirkungen funktionieren zwischen speziellen Materialien und gewisse Kräfte existieren scheinbar nur auf atomarer Ebene. Nun gibt es aber ganz offensichtlich Kräfte, die zwischen uns Menschen wirken. Eine gute Annäherung – egal an welches menschliche Thema – ist sich zu fragen, was der Sinn eines solchen Phänomens sein könnte. **Warum gibt es die zwischenmenschliche Anziehung und Abstoßung?** Welche Vorteile haben wir davon oder vor welchen Nachteilen sollen sie uns schützen? Jede menschliche Funktion ist so zu erfassen. Wenn man sich den Nutzen überlegt, dann ist es leicht sich die Funktionsweise abzuleiten – da unser Gehirn seine Möglichkeiten so gestaltet, dass der angesprochene Nutzen maximiert wird. Also gehen wir ein paar Jahrtausende zurück und blicken auf den Ursprung der Humangravitation.

1.2 Der Ursprung zwischenmenschlicher Anziehung & Abstoßung

Stellen Sie sich vor, Sie leben in der Steinzeit – nichts leichter als das, nicht wahr? Sie haben eben Ihr genüssliches Mittagsschläfchen beendet, treten aus Ihrer Höhlen-WG, strecken sich, während die Sonne Sie sanft mit ihren Sonnenstrahlen umschmeichelt, und trotten in Richtung eines etwas weiter entfernt liegenden Baches. Man möchte sich ja auch als Höhlenmensch die Spuren des Sandmannes aus den Augen waschen und sich erfrischen. Auf fließendes Wasser aus der Leitung muss man noch ein paar tausend Jahre warten und doch schadet hin und wieder eine nasse Erfrischung nicht. Man muss außerdem heute vital und stark wirken, schließlich ist im Abendprogramm noch ein Regentanz angesetzt und die Agenda sieht ebenfalls einen Kampf zwischen zwei Mitgliedern des Clans vor, in dem es um die Rangordnung geht. Während Sie im Stillen überlegen wer den Kampf wohl gewinnen wird, betreten Sie ein kleines Waldstück, in dem Sie noch diesen Morgen Beeren und andere Früchte sammelten. Ihre Gedanken schweifen wieder zur Abendveranstaltung. Bei dieser wird nämlich ebenfalls beraten, wie man sich gegenüber dem feindlichen Stamm verhalten soll, der sich unlängst wenige Kilometer nördlich der eigenen Siedlung niedergelassen hat. Es gab bereits einzelne Auseinandersetzungen, wenn sich Mitglieder der Stämme begegneten und die Stimmung ist aufgeheizt. Scheinbar können sich die Mitglieder der Stämme nicht riechen. Sie schmunzeln kurz bei dem Gedanken, ob ein Bad im Bach nicht viele solcher Konflikte lösen könnte – zumindest würde Geruchsbelästigung als Streitgrund ausgeschlossen. Leider ist jedoch die Situation ernst. Unter Ihren Freunden hat sich bereits eine gewisse Unruhe ausgebreitet, da man nicht sicher sein kann, ob nicht ein Angriff bevorsteht. Die Frage steht im Raum, ob man dem feindlichen Stamm mit einem eigenen Angriff zuvorkommen sollte. Bisher trauten sich die Angehörigen des feindlichen Stammes, der Faltenschürze (so vom Stammesältesten benannt, weil ihre Lendenschürze im Gegensatz zu den eigenen ein gefaltetes Muster aufweisen), nicht besonders nahe an Ihre Höhlensiedlung heran. Dies alles im Hinterkopf streben Sie in Richtung des Baches und treten auf eine Lichtung. 150 Meter rechts von Ihnen tritt ein großer Mann aus dem Waldstück hervor. Sie blicken in seine Richtung, können aber nicht erkennen, um wen es sich handelt. Was geht in Ihnen wohl vor?

Beim ersten Blick ist relativ klar, dass es sich nicht um eine Person aus ihrem Stamm handelt. Diese erkennen Sie auch auf 150 Meter ziemlich gut. Im Hinterkopf haben Sie den verfeindeten Stamm und Ihr Blick wandert sofort auf die Lendenschürze – deren Musterung aber von dieser Entfernung nicht genau zu erkennen ist. Gleichzeitig nehmen Sie wahr, dass die Person sehr athletisch und kraftvoll aussieht – Ihnen körperlich vermutlich klar überlegen. Was machen Sie?

Wenn Sie ein besonders neugieriges Exemplar Ihrer Gattung sind und zudem über großes Vertrauen in Ihre Kraft und Fähigkeiten verfügen, werden Sie diesen Steinzeitmenschen etwas näher in Augenschein nehmen. Neugierige Menschen nehmen bei Neukontakten weniger Risiko wahr. Entweder, weil sie sich für besonders stark bzw. schnell halten oder weil sie sich in neuen Bekanntschaften neue Optionen erhoffen – vielleicht einen interessanten Austausch, verbal oder natural.

Für gewöhnlich wird Ihnen aber Ihr erster Eindruck einen Schreck einjagen – gerade mit dem Angstbild des feindlichen Stammes und den jüngsten Auseinandersetzungen im Hinterkopf. Möglicherweise glauben Sie deshalb auch tatsächlich einen Faltenschurz zu sehen und laufen zurück zu Ihrer Siedlung, um unter Ihresgleichen Zuflucht zu finden.

Das Ganze hat noch reichlich wenig mit Liebe oder Freundschaft zu tun. Doch **Humangravitation funktioniert in beide Richtungen**. So wie es Anziehung gibt, gibt es auch Abstoßung. Beide Kräfte werden wir uns ansehen – entstehen sie doch letztlich aus ein und derselben Erklärung. So wie uns Menschen abstoßen, die eine potentielle Gefahr darstellen, so müssten uns nun im Umkehrschluss wohl Menschen anziehen, die uns nützlich erscheinen bzw. mit denen wir zusammen etwas erreichen wollen. Chancen nützen und Gefahren vermeiden – dies gilt auch für menschliche Beziehungen.

Hauptzweck unserer Personenwahrnehmung ist also letztlich das blanke Überleben als auch die Befriedigung weiterer Ziele, wie z.B. Sicherheit, persönliche Entwicklung, Fortpflanzung, usw. Wenn wir ursprünglich auf einen Unbekannten trafen, wollten wir aber zuerst einmal wissen, ob es sich um einen **Freund oder Feind** handelt, ob die Person harmlos oder gefährlich ist. Hierfür dienen uns die äußeren Erkennungsmerkmale. Menschen, die sich kleiden wie wir, die sich bewegen und verhalten wie wir, flößen uns in aller Regel weniger Angst ein. Sie scheinen eher zu unserem „Stamm" zu gehören. Wir fühlen uns Ihnen auf eine unbewusste Art nahe. Menschen, die anders sind als wir, können wir nicht so leicht durchschauen und einordnen. Deshalb bleiben wir eher auf Abstand – es könnte sich letztlich ja doch um einen Feind handeln. Solange wir nicht sicher sind, dass es sich um einen Freund handelt bzw. das Gegenüber harmlos ist, bleiben wir lieber ein wenig mehr auf Distanz. Unbekanntes erschreckt uns, aber auch Hunde reagieren z.B. auf Menschen mit äußerlich deutlich wahrnehmbaren Gebrechen bzw. Beeinträchtigungen oftmals verunsichert und äußern das mit Gebell. Das Gefühl jemanden gut einschätzen zu können bzw. das Gefühl, dass unser Gegenüber das ist, was er darzustellen scheint, ist uns wichtig. Das Thema Authentizität ist ein bedeutendes und ihm werden wir uns später näher widmen. Zuerst wollen wir uns aber dem grundsätzlichen Mechanismus hinter der Anziehung und Abstoßung widmen.

In zahlreichen Trainings teilte ich die Teilnehmer in Gruppen ein, um für sich zu klären was Sympathie ist und was Attraktivität – vor allem wie diese zwei Gefühle zusammenspielen, falls es sich denn um unterschiedliche Empfindungen handelt. So brillant viele dieser Teilnehmer waren und so großartig viele zentrale Punkte erarbeitet wurden, so stellt sich in den ersten Minuten der Übung immer heraus, dass wir uns zum einen über dieses Thema kaum Gedanken machen, obwohl diese Gefühle ja hauptverantwortlich für die Entwicklung unserer Beziehungen sind und zum anderen, die Erklärung im Kern immer schwer greifbar bleibt.

Wie bei allen Fähigkeiten ist es jedoch Voraussetzung, dass man sie versteht, bevor man sie effektiv einsetzen oder gar gezielt weiterentwickeln kann. Sie kennen sicherlich den Ausdruck „Beuteschema". Es kommt immer wieder vor, dass sich Menschen blindlings von einer Beziehung in die nächste stürzen und zwar immer wieder mit Personen, die sich recht ähnlich sind. Und obwohl diese Beziehungen genauso oft scheitern wie sie gestartet werden, scheinen die Personen nicht anders zu können, als wieder auf jemanden „reinzufallen", der oder die jene Eigenschaften aufweist, wie die vorherigen Partner. In Kürze werden Sie verstehen, wie so ein „Beuteschema" entsteht und wie man ihm entrinnen kann. Damit können Sie sich selbst oder anderen Menschen helfen, wenn Sie dieses Muster erkennen. Und in gleicher Weise werden alle wesentlichen Problemfelder von Beziehungen aufgelöst, damit Sie die ganze Kraft, die man aus Beziehungen ziehen kann, genießen können ohne allzu viele Spannungen und Streitigkeiten aushalten zu müssen, die ansonsten immer wieder auftreten. Hier geht es nicht darum, dass man dann immer perfekte Beziehungen führt. Jedoch werden die Beziehungen einfacher, tiefer, intensiver und harmonischer, wenn man besser versteht, welche Kräfte zwischen uns Menschen wirken. Wer das permanente Drama braucht und keine tieferen Beziehungen möchte – Hände weg!

Nun könnten Sie es so halten wie die Teilnehmer der Trainings und sich selbst mit folgenden Fragen einige Minuten auseinandersetzen. Es kann helfen das Thema unmittelbarer zu verstehen.

- Warum finden Sie manche Menschen sympathisch, andere nicht?
- Was finden Sie an anderen sympathisch, was unsympathisch?
- Wie funktioniert Ihrer Meinung nach Attraktivität?
- Was finden Sie an anderen attraktiv und was abstoßend?
- Wie hängen Attraktivität und Sympathie zusammen?

Auf der nächsten Seite starten wir mit der Erklärung. Wenn Sie sich ein paar Minuten für eine Reflexion Zeit nehmen wollen, dann machen Sie das idealer Weise bevor Sie umblättern. Sie werden garantiert einige wichtige Elemente der Erklärung selbst kennen. Indem Sie nach diesen suchen und für sich artikulieren, wärmen Sie praktisch die Bereiche im Gehirn auf, mit denen wir im Anschluss arbeiten. So fällt es Ihnen leichter die Erklärungen zu verstehen und es mit Ihrem bereits vorhandenen Wissen zu vernetzen. Gerne können Sie sich zu den obigen Fragen hier ein paar Notizen machen.

1.3 „Sympathie“ & „Attraktivität“

Nun sind wir da – im Zentrum des Themas angelangt. Wir lüften den Schleier und entdecken damit was Sympathie und Attraktivität ihrem Wesen nach sind. Dazu verflechten wir die Erkenntnis, dass wir als Menschen einander brauchen und der Mensch auf Grund des Sicherheitsbedürfnisses gezwungen ist andere Personen sehr schnell einzuschätzen. Was ursprünglich „Freund“ oder „Feind“ bedeutete, ist heute aber nicht mehr so leicht festzumachen. Vor allem der Begriff „Freund“ und damit die positive Anziehung ist sehr vielschichtig und damit schwerer zu fassen geworden. Dennoch ist gerade dies ein Hauptproblem bei der Personenwahrnehmung. Manche von uns haben das Gefühl andere Menschen schnell einschätzen zu müssen. Fatal ist es, wenn sich dies mit dem Glauben verbündet, dass man andere auf den ersten Blick gleich richtig einschätzen kann. Wir werden gleich erfahren, warum „fatal“ keine übertriebene Wortwahl ist. Zuerst wollen wir uns aber ansehen, wann uns eine Person sympathisch erscheint.

Der Mensch kann kaum alle seine Ziele ganz alleine erreichen. Viele Aufgaben des Lebens sind zu groß oder zu kompliziert für uns allein. Das war schon immer so. Fortpflanzung ist beispielsweise etwas, bei dem man noch so gut sein kann, alleine werden die Bemühungen nicht zum angestrebten Ziel führen. Darüber hinaus gibt es heute viele weitere Ziele, die leichter zu erreichen sind, wenn man sie gemeinsam mit anderen anstrebt. Deswegen hat sich ein kluger Mechanismus entwickelt, um unser Artenüberleben zu sichern – **Sympathie**. Dieses Gefühl entsteht, wenn wir – oftmals unbewusst – annehmen, dass unser Gegenüber auf der gleichen **„Wellenlänge“** schwingt. Das bedeutet im Grunde, dass wir glauben, dass die Person **ähnliche Ziele und Werte** wie wir hat und eine **ähnliche Art zu Denken** hat. Gibt es diese Überschneidungen, hätte dies zur Folge, dass wir gemeinsam an etwas arbeiten und uns gegenseitig unterstützen könnten, ohne viele Missverständnisse und Konflikte befürchten zu müssen. Die folgende Darstellung stellt dies noch einmal vereinfacht dar.

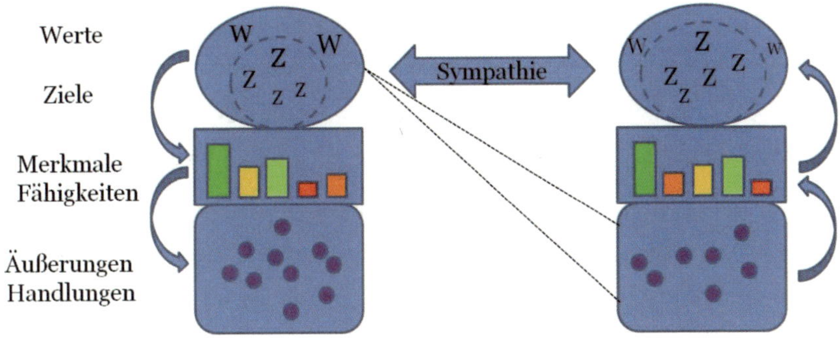

Sympathie soll jene Menschen zusammenbringen, die ähnliche Ziele auf möglichst gleiche Art und Weise verfolgen.

Unser **Wollen** bestimmt unsere Marschrichtung, letztlich sogar die gesamte Ausrichtung unseres Wesens, unseres Organismus, des Gehirns, des sozialen Umfeldes, usw. Wenn Menschen auf das Gleiche ausgerichtet sind, die gleichen Ziele haben (sofern sie nicht direkt konkurrieren), dann haben sie – bei einer ähnlichen **Denkweise** – den gleichen Weg, sehen die Dinge auf eine ähnliche Weise und können sich gegenseitig unterstützen. Dies gelingt aber eben nur dann problemlos, wenn die Sichtweisen auf die Welt nicht zu sehr voneinander abweichen. Wenn zwei Menschen das unbedingte Ziel haben von der Nachwelt erinnert zu werden, dann teilen sie dieses. Die eine Person möchte aber dafür niemandem schaden müssen – der anderen ist das egal. Die beiden werden dann nicht so ideal harmonieren. Wir können eben nicht nur auf unser wichtigstes Lebensziel reduziert werden. Die Werte, die den Weg mitbestimmen, sind noch wichtiger hinsichtlich unserer Persönlichkeit. Ein guter Indikator für Sympathie ist die „Wellenlänge", die sich für gewöhnlich über den **Humor** gut erfassen lässt. Wenn unser Gegenüber ständig Witze macht, die uns zum Lachen bringen, dann wird man sich schnell sympathisch.

Hierzu muss man wissen, wann wir etwas witzig finden. Humor verrät uns viel über unser Gegenüber. Zum einen können wir – in nüchternem Zustand – nur herzlich über etwas Lachen, wenn wir verstehen, was mit dem Gesagten gemeint ist. So hat etwa jeder medizinische Bereich seine Insider-Scherze. Die Insider könnten lustvoll sterben, wenn jemand gewisse Witze zum Besten gibt – andere verstehen nur Bahnhof und ringen sich maximal ein höfliches Lächeln ab. So haben verschiedene berufliche, intellektuelle, sportliche oder auch soziale Gruppen ihre eigene Sprache und ihren eigenen Humor. Es braucht eine gewisse **Gemeinsamkeit**, ansonsten funktioniert Humor nicht. Erfolgreiche Kabarettisten und Comediens müssten deshalb immer Themen behandeln, mit denen viele Menschen etwas anfangen können, wie z.B. die Ehe, Nachbarn, Autos, Politik, Sport, Altern, Gesundheit, Bundesheer, etc. Man muss genug Wissen teilen, um den anderen nachvollziehen zu können. Wenn wir nicht verstehen, worüber jemand etwas erzählt, dann wird's selten witzig. Deshalb ist das teilen von gemeinsamen Erfahrungen oder gemeinsamem Wissen die erste Zutat für Humor. Aber nur weil jemand etwas erzählt, von dem man ausreichend versteht, ist es noch lange nicht lustig. Dafür muss das Erzählte etwas **Unerwartetes und Neues** besitzen, etwa Bekanntes in einer neuen, verschobenen Perspektive darstellen, Übertreibungen, Analogien, eine ungewöhnliche Sprache oder Betonung, etc. Hinter einem guten Witz findet sich nicht nur eine Gemeinsamkeit sondern ebenso die Fähigkeit über das Bekannte hinauszugehen und Gedanken geistreich neu zu arrangieren.

Wo sich Bekanntes mit Unerwartetem paart, entsteht Humor.

Im Humor zeigt sich demnach unsere Art zu Denken und wie wir mit Gedanken und Ideen umgehen. Nur wenn wir die Art zu denken, von demjenigen, der einen Witz erzählt, teilen, können wir ihn verstehen und finden ihn lustig. Wenn man gemeinsame Ziele hat, ist es wichtig, dass man geradlinig und ohne viele Missverständnisse miteinander sprechen kann. Ebenfalls werden sich **im Humor Werte offenbaren**. Wenn jemand ständig bissige Kommentare über Minderheiten oder negative Themen macht, die man selbst als unpassend empfindet, dann wird schnell klar, dass man nicht gleich tickt. Ist ein Mensch sehr sarkastisch, dann wir die Zusammenarbeit mit Menschen schwer, die gar keinen Sinn für diese bissige Art des Denkens haben. Jedes Mal, wenn jemand etwas von sich gibt, das man als unpassend oder unmoralisch empfindet, entfernt man sich emotional ein Stück weiter von dieser Person – jedes einzelne Mal zeigt die Unterschiede, den Abstand zwischen uns auf. Das heißt: Im Humor stecken viele wichtige Botschaften, und Spaß macht er zusätzlich – eine tolle Sache. Nicht umsonst heißt es: „Ein Lächeln ist die schönste Form jemanden die Zähne zu zeigen." bzw. „Humor (Ein Lächeln) ist die kürzeste Verbindung zwischen zwei Menschen." Wenn wir schon bei Sprüchen sind, dann darf dieser nicht fehlen: „Übers Reden kommen die Leute zusammen." Im Gespräch geht es oft weniger um das Gesagte sondern wie etwas gesagt wird – um die Botschaften, die neben dem Inhalt transportiert werden. Festzuhalten bleibt:

Wenn wir glauben, dass unser Gegenüber ähnliche Ziele verfolgt und zudem unsere Werte und sogar unsere Art zu Denken teilt, dann empfinden wir die Person als sympathisch. Sympathisch bedeutet, dass unser Gegenüber unserem Selbstbild sehr ähnlich ist.

„Gleich und gleich gesellt sich gern." Tja, jetzt stellt sich aber die Frage: „Erscheint mir jemand Sympathischer dann gleich attraktiv?" Sie werden vermutlich schnell zum richtigen Schluss kommen. „Nein!" Es gibt Menschen, die findet man total nett, aber muss nicht ständig mit ihnen zusammen sein – sie ziehen uns nicht wirklich an. Wenn wir uns begegnen ist es nett, man unterhält sich ganz gut, es gibt keine Reibungspunkte oder Missverständnisse, aber es ist nicht so, dass wir die nächsten Tage den Drang verspüren sie unbedingt wiederzusehen. Sehen wir uns an, wovon es abhängt, ob uns Menschen so richtig anziehen – ob sie attraktiv auf uns wirken.

Wenn wir auf der Ebene der Ziele und Werte nach **Gemeinsamkeiten** suchen, so ist dies auf Ebene unserer persönlichen Merkmale und Fähigkeiten (quasi den persönlichen Ressourcen) nicht mehr unbedingt der Fall.

- **Sympathisch** sind uns Menschen, bei denen wir annehmen, dass wir einen **ähnlichen Lebensweg** haben.
- **Attraktiv** erscheinen uns Menschen, von denen wir glauben, dass wir mit ihnen gemeinsam **den Weg schneller gehen** können, als es uns allein möglich wäre.

Attraktivität auf rein ästhetische Schönheit zu reduzieren, führt uns auf eine falsche Fährte. Attraktivität ist ein bisschen komplexer und fängt bei uns selbst an – auch die Attraktivität anderer, die immer im Auge des Betrachters liegt. Und das Augenmerk bezüglich anziehender Faktoren lenken wir auf die Fähigkeiten, Eigenschaften, die persönlichen Merkmale einer Person. Bei der **Selbsteinschätzung unserer Fähigkeiten** beurteilen wir diese unbewusst dahingehend, ob uns gewisse Eigenschaften, Fähigkeiten, persönliche Merkmale helfen unsere Ziele zu erreichen oder ob sie uns im Weg stehen. Wenn ich Lehrer werden möchte und Probleme habe vor Menschen zu sprechen oder eine Abneigung gegen Heranwachsende habe, dann sind dies eindeutig Schwächen. Will ich Systemadministrator werden, dann sind diese persönlichen Merkmale keine Schwächen, da sie praktisch für meine Ziele irrelevant sind. Es ist sehr wichtig sich klar zu werden, welche Ziele man verfolgt, da man nur von diesen ausgehend eine sinnvolle Einschätzung der eigenen Stärken und Schwächen und damit ein klares Selbstbild entwickeln kann.

Zwischenmenschliche Anziehung geht genau von dieser Selbsteinschätzung aus. Attraktiv finden wir nun vor allem Menschen, die dort Stärken aufweisen, wo wir schwach sind. Wenn Sie sich zurückerinnern, wer Ihre besten Freunde bzw. Freundinnen waren, dann werden Sie bei einigen rasch erkennen, dass diese über hervorstechende Fähigkeiten oder Merkmale verfügt haben, die Ihnen – Ihrer Meinung nach – zu jener Zeit gefehlt haben. In aller Regel waren diese Menschen Ihnen auch sympathisch, sodass eine ähnliche Denkweise es zuließ freie und interessante Gespräche zu führen. Doch das Bedürfnis mit der anderen Person zusammen zu sein, entspringt aus dem Gefühl, dass das Gegenüber etwas hat, was wir gerne hätten. Die folgende Grafik verdeutlicht, dass Attraktivität sich auf die Ebene persönlicher Merkmale bezieht.

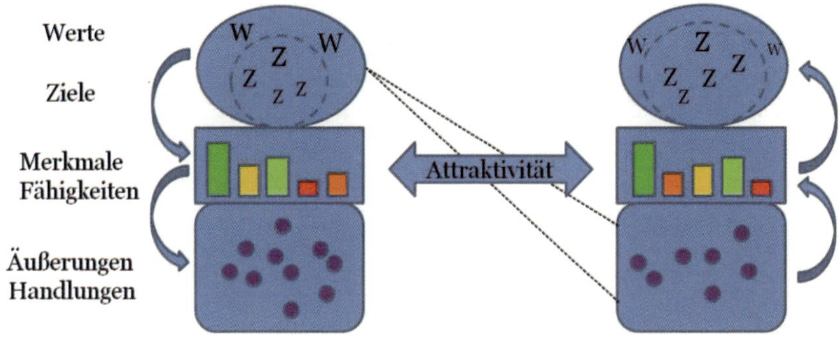

Das Gefühl der Attraktivität strebt nach der Ergänzung unserer Fähigkeiten, um das was wir wollen besser erreichen zu können.

Sie haben natürlich Recht, wenn Sie der Meinung sind, dass wir nicht wirklich in die Menschen hineinschauen können, wenn wir diesen zum ersten Mal begegnen. Warum können dann Menschen auf den ersten Blick bereits attraktiv wirken? Es ist so, dass wir auf Grund der äußeren Erscheinung versuchen **auf die inneren Anlagen, die persönliche Ausstattung** zu schließen. Uns interessiert was eine Person gut kann, über welche Potenziale sie verfügt und wo sie Stärken und Schwächen hat – unserer Meinung nach. Wenn wir annehmen – es handelt sich bei den Erstkontakten immer um eine **Annahme bzw. Hoffnung** –, dass die Person Fähigkeiten oder Ressourcen aufweist, die unserer Einschätzung nach sehr erstrebenswert sind, dann übt sie eine hohe Anziehung auf uns aus. Natürlich reicht diese Art der Attraktivität nicht unbedingt aus, um die Person als Ganzes anziehend zu finden. Jedoch ist sie sicher anziehender, als wenn sie nur Eigenschaften aufweisen würde, die unserer Meinung nach hinderlich für unsere Ziele sind. Was hätten wir von einer Verbindung mit dieser Person? Wir empfinden sie als schwach oder gar als Klotz am Bein.

Für Menschen mit starker Prägung im sozialen Bedürfnis – gerne **Samaritereffekt** genannt – kann Schwäche allerdings anziehend wirken. Dann verbinden wir uns aber nicht zu einer echten Partnerschaft, die sich dadurch auszeichnet, dass man in gegenseitiger Ergänzung der Fähigkeiten gemeinsame Ziele anstrebt. Vielmehr befriedigen diese sehr hilfsbereiten Menschen durch die Beziehung nur das Bedürfnis anderen zu helfen. Man benutzt sich gegenseitig zur direkten Bedürfnisbefriedigung, wogegen ja grundsätzlich nichts einzuwenden ist. Beim Samaritereffekt ist der als schwach Wahrgenommene aber letztlich nur ein Projekt und es geht nicht um eine gleichwertige Beziehung, da die stärkere Person auf Ebene der Eigenschaften und Fähigkeiten nichts Erstrebenswertes im Gegenüber erkennt. Das soll nicht heißen, dass solche Beziehungen nicht kurz- und mittelfristig funktionieren können. Doch letztlich sind die Ziele nicht die gleichen. Sobald die Person, der man helfen will, tatsächlich stärker wird, vermindert sich das Interesse des Helfers, da das Mitleid vermindert wird. Gleichzeitig verringert sich für den nun gestärkten Bedürftigen die Notwendigkeit der Hilfe durch die andere Person. Die Grundlage der Beziehung zerbröckelt, sofern sich in der Zwischenzeit keine gemeinsamen Ziele gefunden haben oder die Beziehung allein auf Basis der Gewohnheit weitergeführt wird. Beide würden aber eine Aushöhlung der Gefühle zueinander empfinden. Für eine gewisse Zeit ist die Ergänzung – wenn der Schwache gerne jemanden hat, der ihm hilft – geradezu perfekt. Man ist sich gegenseitiges Mittel zum Zweck. Aber auf Dauer werden sich die attraktiven Faktoren auf Grund der Entwicklung verlieren.

Wenn Ressourcen und Fähigkeiten, die uns fehlen auch besonders attraktiv sind, so empfinden wir bei anderen ebenso Merkmale als positiv, die wir selbst haben – sofern wir sie bei uns als positiv wahrnehmen. Es macht schon Sinn sich bei den eigenen Stärken weiter zu verstärken, indem man andere Leute mit gleichen Stärken an sich bindet.

Der größere Nutzen bleibt jedoch in der gegenseitigen Ergänzung und deswegen entsteht vor allem hier das Gefühl einer Anziehung. Man möchte mit diesen Personen Zeit verbringen. Wir alle kennen den Effekt, dass man zu Beginn einer Bekanntschaft sehr interessiert aneinander ist. Dies ist meist der Fall, wenn wir sehr viel Stärken und Interessantes im anderen zu erkennen meinen. Wenn wir die Person besser kennen lernen, kann sich dieses Gefühl wieder zerstreuen. Es kommt vor, dass uns am Gegenüber sein Wissen oder gewisse Erfahrungen gefallen, die die Person uns voraus hat. Hier will man also vor allem **vom anderen lernen** – dies wird aus dem Bedürfnis des persönlichen Wachstums verstärkt. Wenn man nach einigem Austausch das Gefühl hat, dort ist nicht mehr viel Neues und Interessantes an Wissen und Einsichten zu holen, dann reduziert sich die Anziehung wieder. Wenn ein Ölreservoir erschöpft ist, dann ziehen die Ölgesellschaften ebenso weiter, um sich nach neuen, interessanten Gebieten umzusehen bzw. dort ihre Rohstoffe zu fördern. Das Schöne bei menschlichen Beziehungen ist, dass man dabei die anderen nicht unbedingt ausbeuten muss. Das mag zwar vorkommen, doch bei einem guten Umgang miteinander, wird sich niemand verlassen und missbraucht vorkommen. Wie man dies vermeiden kann, erschließt sich aus Erklärungen, die weiter unten folgen.

Neben dem Sammeln von zielrelevantem Wissen, können uns aber auch scheinbar **oberflächliche Merkmale** anziehen. Wenn Sie das Gefühl haben, nicht groß genug gewachsen zu sein, dann empfinden Sie offensichtlich Größe grundsätzlich als positiv. Wäre das nicht so, dann würden Sie über die eigene Körpergröße nicht als Nachteil denken. In so einem Szenario wäre körperliche Größe ein Attraktivitätsfaktor. Wenn wir eher athletisch sind und uns das wichtig ist und gefällt, dann werden wir im Gegenzug andere Menschen mit athletischem Körper ebenfalls attraktiver finden als Menschen, die nicht so gebaut sind. Zudem stecken hinter körperlichen Merkmalen Überlegungen hinsichtlich wesentlichen Fähigkeiten und Eigenschaften, wie Stärke, Ausdauer, Gemütlichkeit, Aktivität, etc.

Zusätzlich prägen sich uns manchmal bestimmte, markante äußere Merkmale bei Personen ein, die einen besonders starken Eindruck auf uns gemacht haben. Wenn ein besonders enger Freund eine spezielle Art der Gestik hatte, eine besondere Kinnpartie, markante Gesichtszüge oder sonstige Äußerlichkeiten, die wir mit ihm besonders in Verbindung sehen, dann überträgt sich unser früherer Eindruck auf Menschen, die diese Merkmale zufällig ebenfalls aufweisen. Manchmal weiß man nicht so recht, wieso uns eine Person so sympathisch ist, warum wir sie so witzig finden oder wir annehmen, dass sie sehr sorgfältig ist. Dann kann es gut sein, dass sie in uns nur die Erinnerung an einen anderen Menschen auslöst, der diese Eigenschaften hatte. Wenn die Übereinstimmung sehr stark ist, dann reichen schon kleine Merkmale, um diese Eindrücke auszulösen, z.B. die Art wie jemand die Stirn in Falten legt und eine Augenbraue hochzieht. Wenn jemand das genau so macht, wie z.B. der eigene Vater, dann löst das positive Zuschreibungen aus – falls man sich mit dem eigenen Vater gut verstanden hat. Hieran sieht man, wie wenig es letztlich um das Äußere an sich geht. Vielmehr ist es von Interesse, was die äußere Erscheinung in uns auslöst. Deshalb sollte man sich die Frage stellen, inwiefern es Sinn macht sich sehr über einzelne äußere Merkmale, wie den Po, die Haare, die Kleidung, das Auto, den Körper, etc. zu definieren. Eigentlich soll das Äußere sich durch unser Tun, unser Leben und unsere Einstellung ergeben. Unser Äußeres ist das Resultat unserer Lebensweise und damit unserer inneren Haltung, Zielausrichtung und Fähigkeiten. Eine rein oberflächliche Beurteilung, ohne auf die dahinter liegenden, inneren Eigenschaften zu schließen, geht komplett an dem Prinzip der Attraktivität vorbei.

Besonders attraktiv finden wir an anderen Fähigkeiten und persönliche Merkmale, die wir selbst gerne hätten, da sie uns nützlich und gut erscheinen.

Nun wissen Sie auf der grundsätzlichsten Ebene was Sympathie und Attraktivität dem Prinzip nach ist. Doch dieses Wissen allein ist nicht ausreichend, um sich vor Beziehungsgefahren zu schützen oder die Möglichkeiten der Humangravitation voll zu verstehen. Doch erst dieses Verständnis versetzt Sie in die Lage Ihre Beziehungen optimal zu gestalten.

1.4 Beziehungen: Verstehen anstatt Wissen

Im Grunde wissen Sie nun bereits wie zwischenmenschliche Anziehung funktioniert. Wissen ist aber nicht genug. Wissens ist die bloße, oberflächliche Speicherung von Informationen. Wenn ich die Formel $E=m.c^2$ herschreibe, dann kennen Sie diese berühmte Formel wahrscheinlich. Es ist in Ihrem Wissensvorrat gespeichert. Doch verstehen Sie die Hintergründe, die Auswirkungen und die Anwendungsmöglichkeiten der Formel? Wenn ja, dann gehören Sie zu einer unfassbar kleinen Zahl an Menschen, die dies guten Gewissens von sich behaupten kann.

Das Ziel dieses Buches ist nicht die bloße Wissensvermittlung sondern die Entwicklung von echtem Verständnis für die Vorgänge, die hinter dem Verhalten der Menschen stecken.

So wie man wissen muss, aus welchen Teilen ein Auto besteht, um nicht nur damit fahren sondern daran etwas verbessern zu können, so ist es unabdingbar zu verstehen, wie sich die unterschiedlichen psychosozialen Faktoren zueinander verhalten, wie z.B. Selbstvertrauen, Authentizität, Ziele, Einstellung, Verhalten, Sympathie, Fähigkeiten, Selbstwert, Wahrnehmung, Empathie, etc. Das Interessante daran ist, dass sich die Dinge extrem vereinfachen, wenn man sie verstanden hat. **Je mehr man versteht, umso weniger muss man wissen.** Wissen ist klobig, detailüberladen und braucht viel Speicherkapazität. Verständnis ist viel schneller, eleganter und weitaus weniger aufwendig im Gehirn verankert.

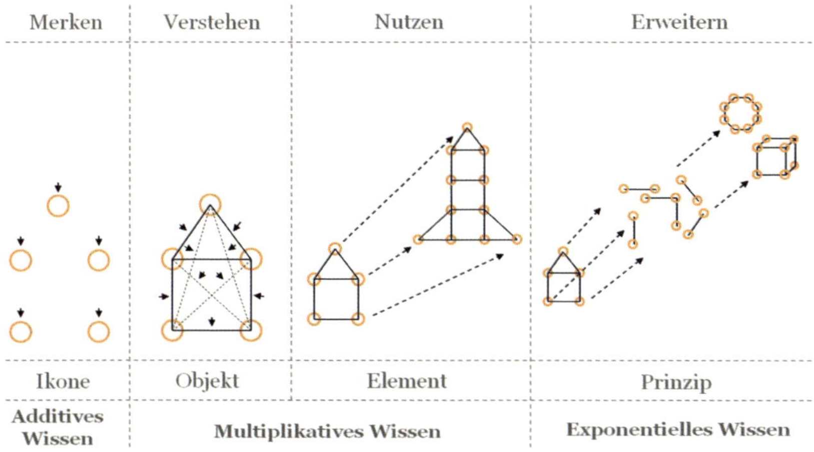

Blankes Wissen allein für sich ist nur für Kreuzworträtsel oder manche Prüfungen zu gebrauchen. Solches Wissen ist nur **auswendig, oberflächlich** gelernt. Nur weil man einmal ein Auto von außen gesehen hat, wird man sich nicht anmaßen dieses fahren oder gar reparieren zu können. Für die praktische Anwendung muss man Verständnis entwickeln, also das **die Wissensbausteine untereinander verbinden** – es inwendig lernen. Einzelne unverstandene Brocken an Wissen sind wie einseitig trainierte Muskeln, die durch die immer gleiche Übung in der „Mucki-Bude" aufgeblasen werden. Es kann daraus keine große Stärke entstehen. Sobald man die Übung ein wenig ändert, verliert der Trainierte unglaublich viel an Kraft, weil die einseitige Belastung nur einseitig belastbare Muskeln hervorbringt. Der Körper entwickelt nur, was er für die Bewältigung seiner Herausforderung braucht. Stärke entsteht dann, wenn man viele unterschiedliche Übungen macht, aus verschiedenen Winkeln, mit verschiedenen Gewichten in verschiedener Geschwindigkeit. **Zwischen den Dingen entsteht die Stärke**. Beim Wissen und Verständnis ist es das Gleiche. Nur wenn man Inhalte versteht, entwickelt man geistige Stärke. Wenn Kinder anfangen die Eltern mit den Fragen, Wie..., Warum..., Wieso... zu nerven, dann versuchen sie, das Wissen, das sie bis dahin einfach aufgenommen und akzeptiert haben, zu verstehen – es miteinander in Verbindung zu setzen. Indem wir unser Wissen hinterfragen, ordnen wir es in bessere Systeme ein, machen es dadurch leichter verfügbar, sortieren Falsches aus, werden geistig flexibler, toleranter und stärker.

Wissen allein hat für die Anwendung keinen Wert. Nur wenn man die Zusammenhänge im Wissen erkennt, entsteht nützliches und anwendbares Verständnis.

Glücklicherweise kennt Ihr Körper intuitiv die Zusammenhänge zwischen den Muskeln, da wir dies von klein auf trainiert und erprobt haben. Beim Krabbeln, den ersten Schritten, beim Greifen, etc. lernen wir wo unser Körper anfängt und aufhört, wie wir ihn verwenden können, um das zu bekommen, was wir wollen. Und wir erweitern entweder durch das Kopieren von anderen Menschen oder auf Basis von Versuch, Irrtum und Anpassung unsere Fähigkeiten, wenn sich diese für eine Aufgabe als unzureichend herausstellen und wir diese Aufgabe unbedingt erfüllen wollen. Wenn Sie vier Meter weit springen können, aber Sie setzen es sich zum Ziel, fünf Meter zu überwinden, dann trainieren Sie die körperlichen Bereiche, die dafür notwendig sind. Im Normalfall entwickeln wir körperliche Fähigkeiten bis zu dem Niveau, das wir eben benötigen, um so halbwegs durch den Alltag zu kommen. Wirkliche Weiterentwicklung geschieht dann, wenn wir etwas an uns ändern wollen, wenn wir mit dem Ist-Zustand nicht länger zufrieden sind.

Wir nutzen unsere Fähigkeiten, um die alltäglichen Aufgaben zu bewältigen oder uns so weit zu entwickeln, wie wir eben glauben, dass es möglich ist. Wenn man jedoch versteht, wie man noch wesentlich stärker werden kann und wie dies funktioniert, dann eröffnen sich ganz neue

Welten der persönlichen Entwicklung. Genauso wie Shaolin-Mönche oder Profisportler körperliche und mentale Fähigkeiten entwickeln, die mit dem Alltäglichen nichts mehr zu tun haben, so kann jeder von uns seine geistigen, emotionalen und sozialen Fähigkeiten auf ganz neue Levels heben. Dieses Buch liefert das relevante Wissen, um sich sowohl beziehungs- als auch erfolgsfit zu machen und ermöglicht ein tiefes Verständnis für die hierfür wichtigen inneren Vorgänge. Indem Sie bei den verschiedenen Themen wie z.B. Wut, Ungeduld, Liebe, Attraktivität, Authentizität, Vertrauen, etc. überlegen, inwiefern für Sie die im Buch stehenden Überlegungen eine Rolle spielen, verstehen Sie die Zusammenhänge immer besser und versetzen sich selbst in die Lage, daraufhin noch besser mit schweren Situationen umzugehen. Wenn sich Ihnen dann eine Herausforderung stellt, die Sie noch nicht ohne weiteres bewältigen können, sind Sie in der Position, durch die hier erkannten Zusammenhänge eine Lösung für die Problemstellung zu entwickeln – Sie erweitern Ihren persönlichen Erkenntnisschatz.

Um gute Beziehungen führen zu können, müssen Sie verstehen, wie Ihr Partner, Ihre Freunde, Ihre Kollegen und Bekannten ticken – wie sie funktionieren. Der einzige Weg ist, in sich selbst dieses Verständnis – zuerst auf sich bezogen – zu entwickeln. Erst danach entsteht, durch den Kontakt mit Menschen und durch Reflexion der Erfahrungen, **Empathie**. Es handelt sich dann quasi um eine intuitive Einschätzung der inneren Vorgänge bei anderen Menschen. Gute Intuition ist die unbewusste Verwendung gut entwickelter Wissensstrukturen, die mit viel Erfahrung verwoben wurde. Die Wissensstruktur liefere ich Ihnen, hoffentlich auf eine Weise, die das Verständnis fördert. Die **Reflexion** und damit die **Belebung und Nutzbarmachung dieses Wissens** liegen aber natürlich ganz bei Ihnen. Sie besitzen so unfassbar viel Erfahrung im Umgang mit sich selbst und mit anderen Menschen. Versuchen Sie einfach bei jedem Kapitel persönliche Erfahrungen anhand der neuen Erkenntnisse zu reflektieren. Genauso sollten Sie versuchen neue Situationen anhand des hier vermittelten Wissens zu verstehen. Auf diese Weise entwickeln Sie ganz automatisch eine starke Intuition und verbesserte Handlungskompetenz.

Die intuitive Verwendung von komplexem Wissen bedarf des Verständnisses der Inhalte als auch der Reflexion dieser vor dem Hintergrund persönlicher Erfahrung.

ICH

2 Der Bauplan unserer Persönlichkeit(en)

Ob andere Menschen auf uns sympathisch bzw. attraktiv wirken, hat viel mehr mit uns selbst als mit den anderen zu tun. Ob wir in Beziehungen erfolgreich sind und ob wir uns des Lebens freuen, hat ebenfalls vor allem damit zu tun sich selbst zu verstehen. Es gibt einige wenige, die zufällig das Glück haben, wesentliche Einsichten in das Leben fast ohne aktives Zutun zu gewinnen. Eine hochentwickelte Persönlichkeit versteht meist jedoch auf Grund von gezielter Reflexion was uns Menschen antreibt, wie unsere Gefühle entstehen, wie unsere Handlungen zu Stande kommen und wie das Zusammenspiel von Verstand, Gefühl, Körper funktioniert. Die folgende schematische Darstellung wird uns als grobe Orientierungshilfe dienen, wenn wir zügig die wichtigsten Bausteine unserer Persönlichkeit behandeln.

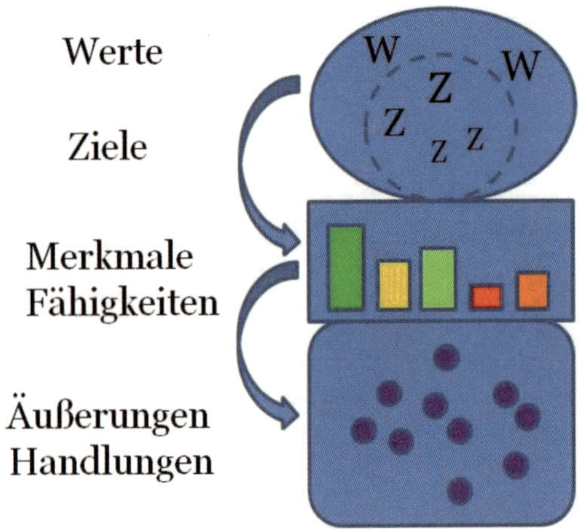

Als Basis für die Erklärungen dient die „Funktionale Humantheorie" – die fortschrittlichste und ganzheitliche Erklärung des menschlichen Geistes. Sie fragt: Welche Fähigkeiten, Eigenschaften, etc. haben wir überhaupt? Warum haben wir sie? Wie funktionieren sie? Wie hängen sie untereinander zusammen? Dadurch entsteht eine kompakte, leicht verständliche Erklärung des Menschen.

2.1 Unsere Bedürfnisse & Ziele

Dieses Kapitel ist das **Herzstück der Erklärung.** Hier erfahren wir alles Entscheidende, um zu verstehen wie wir Menschen auf einer grundlegenden Ebene funktionieren. Die Grundidee des Ansatzes ist, dass unser Organismus nicht aus einer Reihe von Launen der Natur so geworden ist, wie er heute ist sondern dass unsere Fähigkeiten, Eigenschaften und Merkmale bestimmte Zwecke erfüllen.

Gehen wir der Einfachheit davon aus, dass wir ein sehr grundlegendes Bedürfnis haben – etwa das „**Überleben unserer Art**". Dieses Ziel steht an oberster Stelle. Was ist notwendig, damit wir das erreichen? Schlecht wäre es zum Beispiel nicht, wenn wir selbst überleben würden. Wenn wir sterben, können wir nicht mehr allzu viel für unsere Familie und die anderen unserer Art leisten. Wenn wir sterben, können wir niemanden unterstützen oder schützen. Also entsteht ein Unterziel „**Persönliches Überleben**“, das mit dem obersten Ziel verbunden ist. Bloßes Überleben bringt aber irgendwie nicht besonders viel. Existenz der Existenz wegen – da wären wir noch immer Einzeller, die im Ozean gemütlich im Wasser dahintreiben. Unserer Gattung helfen wir nur dann weiter, wenn wir stärker werden und mehr Fähigkeiten erwerben, uns also weiterentwickeln – uns immer besser an die Herausforderungen des Lebens anpassen. Dadurch entsteht ein weiteres Unterziel, das mit dem Oberziel der Arterhaltung verbunden ist: „**Persönliches Wachstum**“.

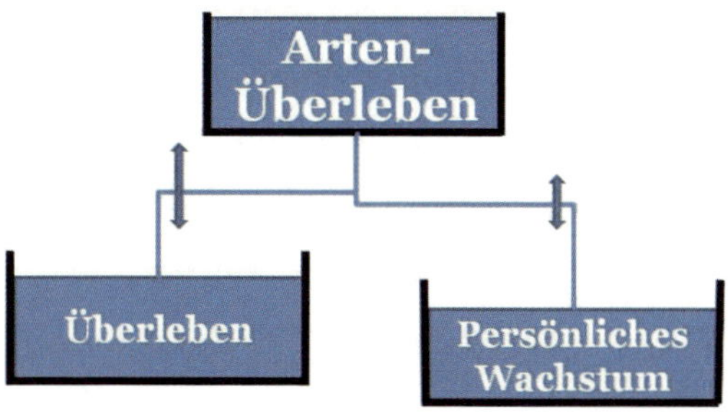

Die Unterziele „Überleben“ und „Persönliches Wachstum“ dienen also dem darüber liegenden Ziel. Je besser wir diese Unterziele absichern, umso besser ist dem Oberziel gedient. Tatsächlich haben wir damit schon dargestellt, wie sich unsere Bedürfnisse und Ziele entwickeln. All das, was wir tagein, tagaus machen dient immer irgendeinem höheren Ziel und am Schluss dient es diesen hier erwähnten Hauptzielen. Wie ein großes Wasserbecken, beinhaltet das oberste Ziel unsere ganze Antriebsenergie – unsere Motivation. **Unsere Grundmotivation ist unerschöpflich** – solange sie nicht blockiert bzw. gestört wird. Aus diesem Becken fließt Energie in die Unterziele, die schließlich dafür da sind, um das Oberziel zu erreichen. Letztlich sind die Unterziele quasi Erfüllungsgehilfen. Je mehr ein Unterziel zur Erreichung des Oberziels beiträgt, umso mehr Motivation fließt von oben in jenes Unterziel. Wenn uns das Überleben der anderen sehr wichtig ist und wir daran glauben, dass unsere Existenz zu ihrem Wohl sehr viel beiträgt, so ergießt sich aus dieser Überzeugung viel Motivation dahingehend selbst zu überleben. Je nach unserer eigenen Einschätzung ändert sich deshalb dieser Motivationsfluss! Wenn wir das Gefühl haben, dass wir wertlos sind, nichts können und wir für niemanden von Bedeutung sind, dann würde das persönliche Überleben nur sehr wenig Motivation erhalten. Aus so einer Konstellation kann es sogar bis zum Suizid kommen - natürlich ist es hier noch viel zu vereinfacht dargestellt. Dennoch ist wichtig zu verstehen:

Motivation ist immer dann stark, wenn ein Ziel für uns besonders wichtig ist und wir der Überzeugung sind einen Weg zu gehen, auf dem wir dieses Ziel erreichen. Besonders wichtig sind Ziele, wenn sie direkt und stark höheren Zielen dienen.

Wie stellt man es aber jetzt an die genannten Unterziele zu erreichen und damit das Oberziel der Arterhaltung zu sichern, z.B. dieses Überleben? Essen wäre eine gute Idee. Um den Körper am Laufen zu halten, ist Nahrungsaufnahme ein probates Mittel, das sich über Millionen Jahre bewährt hat. Deshalb verbinden wir mit unserem Zweitziel das neue Unterziel: **„Nahrung“.**

Nun bringt das ganze Essen nichts, wenn wir von einem Tiger angefallen, von einem Auto angefahren oder einem Verbrecher angeschossen werden und dadurch unseren Lebensodem aushauchen. Der Tiger freut sich eventuell, wenn wir gut genährt sind, aber für uns persönlich wird das kein echter Trost sein. So setzt sich in unserer Bedürfnisstruktur ein weiteres Ziel fest, nämlich das **Sicherheitsbedürfnis**. Diese zwei Bedürfnisse sind essentiell um das eigene Überleben abzusichern.

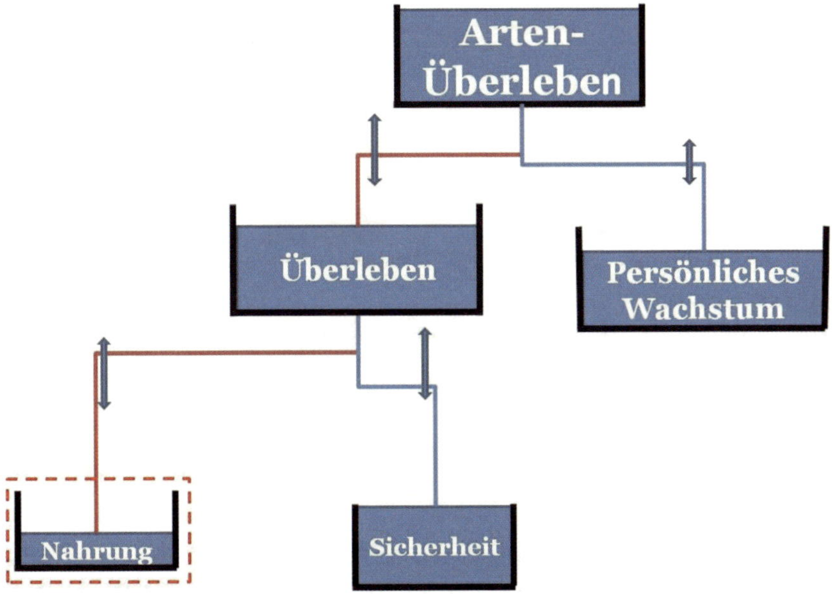

Das Sicherheitsgefühl ist in dieser Darstellung voll erfüllt – hoher „Wasserstand“. Wir sitzen quasi in unserer Höhle, umgegeben von starken Gefährten und sehen weit und breit keine Bedrohung. Wir fühlen und sicher. Deswegen ist die Querlinie, die bei dem blauen Pfeil über dem Bedürfnis „Sicherheit“ verläuft auch ganz unten am Pfeilende. Das Bedürfnis nach Nahrung ist hingegen nicht so gut befriedigt, wodurch die Stärke dieses Bedürfnisses hier recht groß ist. In diesem Fall würden wir starken Hunger spüren. Die folgende Darstellung zeigt dies noch ein wenig genauer.

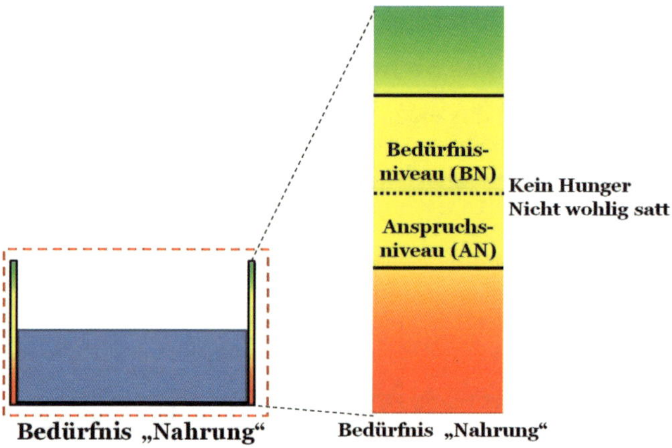

Diese Abbildung erklärt im Grunde die Bedürfnisdynamik auf sehr anschauliche Weise. Es gibt einen Bereich, in dem das Bedürfnis ausreichend befriedigt ist, es über dem Anspruchsniveau liegt. Das Anspruchsniveau ist das minimale Level, bei dem wir keinen Hunger haben. Das wird z.B. über die Magendehnung, den Blutzuckerspiegel und andere biologische Indikatoren umgesetzt. Der Bereich, in dem wir genug Nahrung in uns haben, sodass kein Hungergefühl aufkommen kann, ist hier gelb gekennzeichnet. Ist das Bedürfnisniveau, also das Niveau, auf dem das Bedürfnis gerade befriedigt ist (gepunktete Linie) im Gelbbereich, dann nehmen wir das Bedürfnis überhaupt nicht wahr. Damit sind unsere Sinne und Energien frei sich mit anderen Bedürfnissen zu befassen.

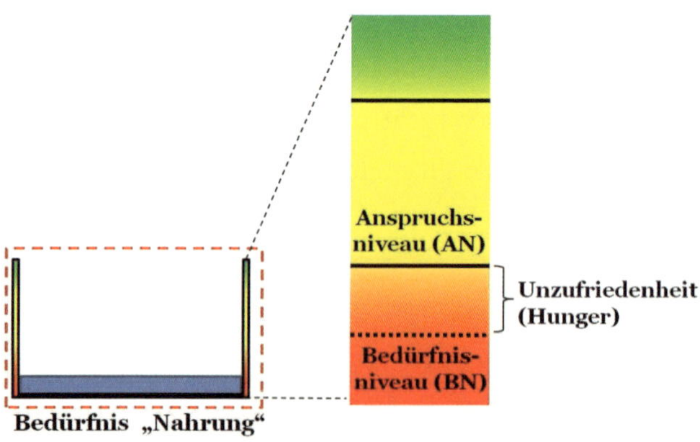

Ist das Bedürfnisniveau, wie hier, unterhalb des Sollbereichs befriedigt, dann ist es frustriert und wir fühlen Hunger. Hunger ist das Schmerzgefühl des Nahrungsbedürfnisses. Damit sagt uns das Bedürfnis, dass wir ihm mehr Aufmerksamkeit schenken und gefälligst für Nahrung sorgen sollen. Mit negativen Gefühlen signalisiert uns der Körper, dass ein Bedürfnis gerade untererfüllt ist und wir uns darum kümmern sollen.

Für was gibt es aber nun einen grünen Bereich, wenn wir im gelben Bereich bereits keine Unlust, also keinen Schmerz mehr spüren. Zudem belohnt uns der Körper ja bereits mit angenehmen Gefühlen, wenn wir Bedürfnisse befriedigen, also wenn wir das Bedürfnisniveau heben – z.B. wenn wir essen. Genau darin liegt der Clou. Würden wir unsere Bedürfnisse immer nur bis zum Mindestmaß befriedigen, dann gäbe es keine Weiterentwicklung. Wir könnten keine körperlichen Reserven anlegen, wir würden nur auf ein Minimum an Sicherheit Wert legen, wir würden nicht intensiver um die Anerkennung anderer kämpfen, usw. Das wäre für die Erhaltung unserer Art oder auch unserer Selbst nicht ideal. Es gilt ja weiterhin die Logik der Bedürfnisstruktur. Je besser die unteren Bedürfnisse / Ziele befriedigt werden, umso besser ist das für die übergeordneten Bedürfnisse / Ziele. Damit wir also nach mehr streben, fordert unser **Bedürfnis nach persönlichem Wachstum** uns auf die Bedürfnisse auf immer höherem Niveau zu befriedigen. Gelangen wir durch unser Handeln in diesen grünen Bereich wird das Lustzentrum verstärkt aktiviert, es entstehen besonders angenehme Gefühle, da wir ein inneres Wachstum erleben und dies über entsprechende Gefühle belohnt wird. Beim Nahrungsbedürfnis fühlen wir uns dann wohlig satt – es ist ein schönes Gefühl, mit dem uns unser Organismus zu verstehen gibt „Gut gemacht, Kumpel“. Das hat aber nicht nur mit Menge, sondern ebenso mit der Qualität bzw. den Bestandteilen des Essens zu tun. Es kann besser schmecken oder uns besser mit Energie versorgen als erwartet. Ein zusätzliches angenehmes Gefühl entsteht auf Bedürfnisebene also dann, wenn wir über das, was wir ohnehin brauchen, hinausgehen. Die folgende Darstellung zeigt diese Logik hinter unserer Motivation.

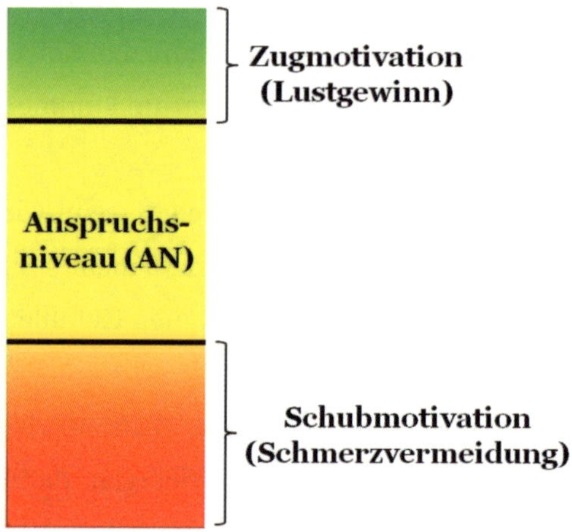

Wenn ein Bedürfnis untererfüllt ist, dann wird im Gehirn ein Schmerzsignal ausgelöst, das wir als eine Art von Unzufriedenheit spüren. Dieses Signal soll uns dazu antreiben das Bedürfnis zumindest wieder auf das Anspruchsniveau aufzufüllen. Dadurch werden Handlungen ausgelöst, die – je nach Situation – möglichst rasch und effizient das Bedürfnis stillen. Fühlen wir uns einsam, dann setzen wir Handlungen um menschlichen Kontakt zu bekommen. Brauchen wir Anerkennung, dann machen wir etwas oder stellen uns so dar, dass wir Lob bekommen. Wenn wir jedoch nicht im roten Bereich sind sondern im gelben, quasi im Okay-Bereich, dann wirkt immer noch die **Zugmotivation**. Die Bedürfnisse streben danach auf ein immer höheres Niveau zu gelangen. Wir wollen noch mehr Sicherheit, wir wollen noch stärker werden, wir wollen noch mehr Anerkennung, usw. Eine starke Zugmotivation ist nicht immer vorhanden. Hier muss man schon sehr genau wissen, was man wirklich will. Bei Ausnahmesportlern ist es schön zu beobachten. Jene, die immer das Gefühl haben noch besser sein zu können, legen nach dem Training noch Extraeinheiten ein, obwohl sie bereits etabliert sind und keiner ihre Klasse anzweifelt. Gleiches gilt für außergewöhnliche Wissenschaftler, die sich monatelang auf ein Problem stürzen, weil sie es unbedingt lösen wollen, um etwas zu beweisen – das ist ihr unbedingtes Ziel. Sie könnten mit weitaus weniger Einsatz überleben und auch gut leben, doch auf Grund ihrer Zielstruktur entsteht hier eine enorme Zugmotivation. Diese muss man aber selbst freilegen und oftmals ist diese Zugmotivation bei uns erstickt. Sie kann sich nicht entfalten und wir treiben so durchs Leben. Wie es dazu kommt, werden wir noch sehen.

Gehen wir jedoch noch einmal kurz zurück in unsere behagliche Höhle, um das Verständnis unserer Bedürfnisstruktur sicher zu stellen. Betrachten wir eine Situation, in der wir zwar genauso viel Hunger haben wie zuvor, wir jedoch auf einmal einem wilden Bären gegenüberstehen. Meister Petz richtet sich vor dem Höhlenausgang zu voller Größe auf, fletscht seine Zähne und brüllt, dass uns die Ohren dröhnen. Hier wäre nicht nur unser Magen ziemlich leer sondern wir hätten wohl auch die Hosen ziemlich voll, da nun das Sicherheitsbedürfnis massiv frustriert wäre. Das heißt nichts anderes, als dass wir Angst hätten – da nun das Bedürfnis „Sicherheit“ das am stärksten frustrierte ist und dadurch dominant wird. An den Hunger denken wir auf einmal gar nicht mehr, obwohl rein biologisch gesehen, der Körper genauso viel Bedarf an Nahrung hat, wie in dem Moment bevor der Bär seinen Auftritt hatte. Nun sähe die Darstellung der Bedürfnisse wie die folgende aus und unser Verstand und unsere Gefühlswelt würden sich mit aller Energie dem Bärenproblem zuwenden.

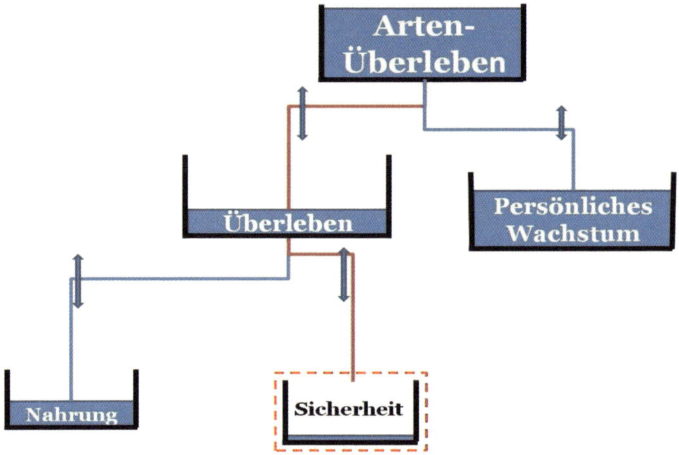

Die Pfeile in diesen Darstellungen zeigen wie stark die Bedürfnisse gerade sind und wie sie in Relation zueinander stehen. Je frustrierter ein solches ist, umso höher steigt die innere Motivation – bis maximal Pfeiloberkante – und umso stärker nehmen wir es wahr. Ist ein Bedürfnis frustriert, nehmen wir es als eine Art von Schmerz/Unzufriedenheit wahr, der sich je nachdem um welches Bedürfnis es sich handelt, unterschiedlich anfühlt. Daraus ergibt sich die Sprache der Gefühle, die später noch Thema sein wird. Im Falle des Bärenproblems ist die Sprache der Gefühle recht leicht zu entschlüsseln.

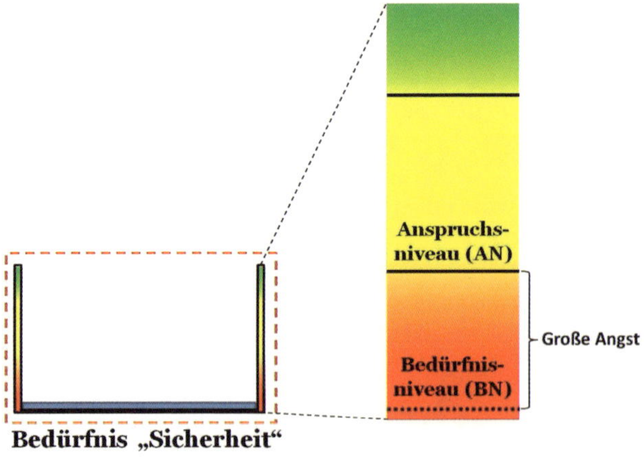

Unser Gehirn deutet damit an, dass es eine gute Idee wäre, wenn wir das Problem mit dem Bären aus der Welt schaffen würden. Da die unmittelbare Bedrohung durch den Bären größer ist als der Hunger, werden wir uns also thematisch dem Bären zuwenden bzw. besser vor ihm abhauen – sofern möglich.

Dies ist eine gute Möglichkeit, um sich noch die finale Ebene anzusehen, nämlich die der **Handlung**. Jede Handlung bezieht ihre Energie aus den Bedürfnissen, die sie befriedigen soll. Je frustrierter die betroffenen Bedürfnisse sind, umso eher werden wir Handlungen setzen, die sich auf eben jene Bedürfnisse beziehen. Je mehr Hunger wir haben, umso eher sind wir bereit doch noch in den Supermarkt oder zum Krämer (sofern nicht ausgestorben) zu gehen. Je einsamer wir sind, umso mehr Handlungen werden wir als akzeptabel einstufen, um doch endlich jemanden für uns zu finden. Je mehr Anerkennung wir brauchen, umso ausgefallener und einsatzbereiter werden wir alles Mögliche in Gang setzen, um die Anerkennung zu bekommen. Was wir tun hängt also stark davon ab, was wir brauchen. Wenn wir unsere Bedürfnisstruktur, die oben wie ein Wasserfall dargestellt wurde, hernehmen und die Motivation der Bedürfnisse nebeneinander stellen, dann ergibt sich folgendes Bild.

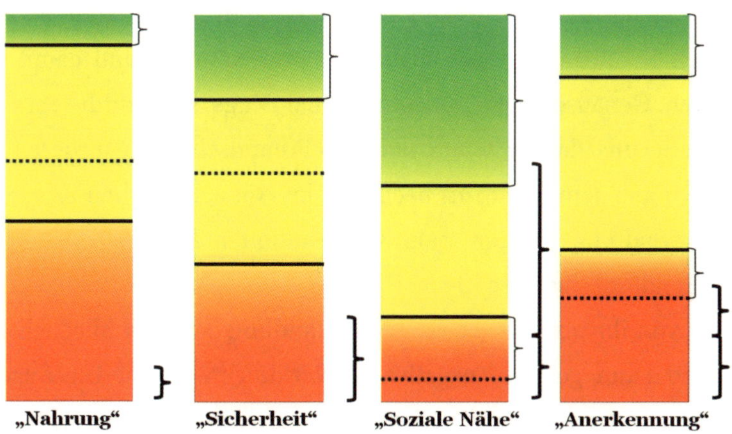

Wenn der Bedürfnisstand so aussieht, dann hätte das Bedürfnis nach sozialer Nähe die größte Kraft. Das Nahrungsbedürfnis, gerade in der westlichen Welt hat wenig Zugmotivation, da wir eigentlich immer so viel essen können, dass wir satt sind. In einem Entwicklungsland sähe das Bedürfnis anders aus, dort wären der Gelbbereich und der Rotbereich kleiner, da der Körper weniger Nahrung zur Verfügung hat und man sich praktisch nie wirklich sattessen kann. Der Grünbereich wäre größer. Aber die obige Struktur ist eben von jemandem aus einem Industrieland. Sowohl Nahrung als auch Sicherheit sind kein Problem, in der eigenen Wahrnehmung gut befriedigt. Ganz anders sieht es im zwischenmenschlichen Bereich aus. Die Person hat kaum jemanden und erhofft sich durch die Verbindung mit anderen Menschen sehr viel. Da sich die Gesamtmotivation aus der Schub- und Zugmotivation ergibt, entsteht hier also eine sehr starke Motivation. Zusätzlich ist das Anerkennungsbedürfnis auf Grund der persönlichen Erfahrungen relativ stark und ebenfalls frustriert.

Handlungen setzen wir, um unsere Bedürfnisse zu befriedigen, unsere Ziele zu erreichen. Selbst wenn wir nur scheinbar belanglose Anweisungen am Arbeitsplatz ausführen, so dient dies dem Ziel den Job zu behalten, dies wiederum um z.B. Geld und Anerkennung zu erhalten und dies dient den Bedürfnissen nach Sicherheit und Nahrung und damit dem Überleben. Genauso machen wir manchmal Dinge, weil wir die Personen mögen, die uns darum bitten, um die Freundschaft zu fördern. Dies speist sich aus dem Bedürfnis nach sozialer Nähe, Sicherheit bzw. eventuell Arterhaltung. Es gibt viele Konstellationen an Bedürfnissen und damit Handlungsmotiven. Jede Handlung hat demnach das Potenzial, dass wir von ihr profitieren, aber eine Handlung kostet schließlich auch Kraft und kann genauso negative Auswirkungen haben. Die folgende

Darstellung zeigt, wie sich eine Handlung aus der aktuellen Bedürfnissituation speist – wobei die Bedürfnissituation jene von oben ist.

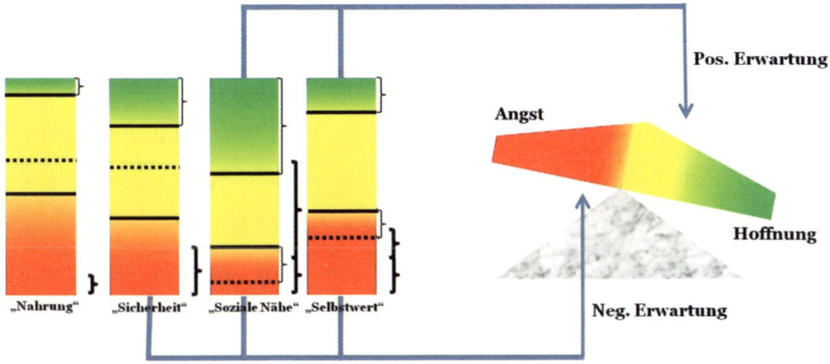

Das dominante Bedürfnis hier ist das nach sozialer Nähe. Weiters würde die Person gerne ihren Selbstwert erhöhen, also Anerkennung erfahren. Nun stellen wir uns vor, dass diese Person Heinrich heißt und in einer Bar mit sich ringt eine Frau anzusprechen, die ihm gefällt. Hat die Handlung großen Erfolg, dann hätte er jemanden für eine Beziehung gefunden. Deshalb füllt das Bedürfnis nach sozialer Nähe die positive Erwartung der Handlung auf. Genauso würde sein Selbstwert steigen, wenn er endlich einmal wieder Glück beim anderen Geschlecht haben könnte. Dies wird durch die blauen, oben liegenden Pfeile in der letzten Grafik dargestellt. Die Aussicht auf Erfolg würde bei diesen Bedürfnissen zur Befriedigung beitragen. Deshalb fließen sie von den Bedürfnissen in die Entscheidung natürlich als positive Erwartungen ein – das hätte man von einem Erfolg. Letztlich denken wir sehr viel genau über solche Zusammenhänge nach. Was bringt´s und was könnte Schlechtes rauskommen?

Wenn unser lieber Heinrich abblitz oder gar eine echt gemeine Abfuhr erteilt bekommt, dann leidet sein Selbstwert und er wird sich noch einsamer vorkommen. Außerdem ist sich Heinrich nicht ganz sicher, ob die attraktive Frau nicht doch mit einem Freund hier ist, der sich andernorts in der Bar aufhält. Deshalb macht er sich auch um seine Sicherheit ein wenig Sorgen. In seinem Kopf entwickeln sich auf Grund seiner Bedürfnisse verschiedene Szenarien, die Hoffnung und Ängste gegeneinander abwiegen – genauso wie die zweite wichtige Seite, die der Wahrscheinlichkeit. Wie wahrscheinlich ist es, dass er bei dieser Frau eine Chance hat? Er überlegt sich seine Vorzüge und seine Schwächen, den Einfluss der Umgebung. Je intelligenter und je unsicherer wir sind, umso mehr verstricken wir uns in solchen Gedanken. Am Ende kommen wir zu einer Entscheidung – entweder wir wagen es oder nicht. Wir legen die möglichen Ausgänge unsere Handlung auf die Waage und je nachdem ob nach Abwägung vom Ausmaß des möglichen Erfolgs bzw. Misserfolgs und deren Eintrittswahrscheinlichkeit schlägt die Entscheidung in die eine oder die andere Richtung. Es handelt sich nicht um die Auflösung einer exakten mathematischen Gleichung sondern einer ungefähren Abwägung von Chance und Risiko, die man sich wie in der folgenden Abbildung vorstellen kann.

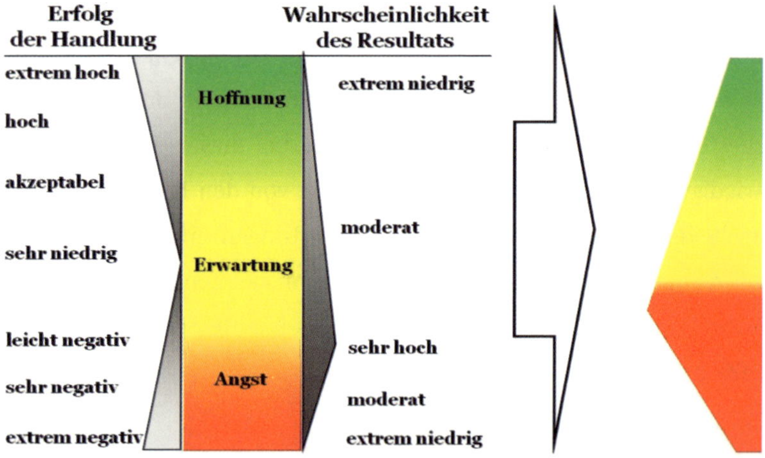

Auf der einen Seite fließt das mögliche Ausmaß des Handlungserfolges ein, abhängig davon, was wir als Erfolg definieren. Der extreme Erfolg ist für den einen eine Bettgeschichte und für den anderen eine ewig währende und unfassbar innige Liebesbeziehung. Eine akzeptable Reaktion ist für Heinrich bereits, wenn ihm die Frau eine höfliche Abfuhr erteilt oder nach ein paar freundlichen Worten bekannt gibt zu ihren Freundinnen zurück zu müssen. Ein wenig negativ würde Heinrich die Reaktion finden, wenn die Erwiderung hämisch und gemein wäre. Sehr negativ wäre, wenn sie sich über ihn lustig macht und gleich noch alle in der Umgebung auf seinen plumpen Annährungsversuch aufmerksam machen würde. Extrem negativ wäre die vorherige Reaktion plus die Faust des Freundes, die – anstatt der Lippen der Frau – auf sein Gesicht trifft.

Auf der anderen Seite spielt es eine große Rolle, für wie wahrscheinlich wir die verschiedenen Ausgänge halten. Hier ziehen wir unsere Erfahrungen und Einschätzungen der eigenen Person, der anderen Person in der aktuellen Umgebung und generell alle – der uns gerade bewussten – Einflussfaktoren ins Kalkül. Da wir als Menschen in den allermeisten Situationen, die mit anderen Menschen zu tun haben, keine genaue Einschätzung der Reaktionen treffen können, entsteht auch der Wahrscheinlichkeitsbereich in Wahrheit sehr aus dem Bauch heraus. So kann es sein, dass Heinrich eben noch zu dieser schönen Frau gehen wollte, jedoch sieht er in eben dem Moment, in dem er sich ein Herz gefasst hat und den Versuch starten wollte, wie die Frau einem jungen, attraktiven Mann am anderen Ende der Bar winkt. In der Überzeugung, dass es sich wohl um ihren Freund handelt, verändert sich die Einschätzung der Wahrscheinlichkeiten der negativen Ausgänge und die Waage schlägt in die andere Richtung aus.

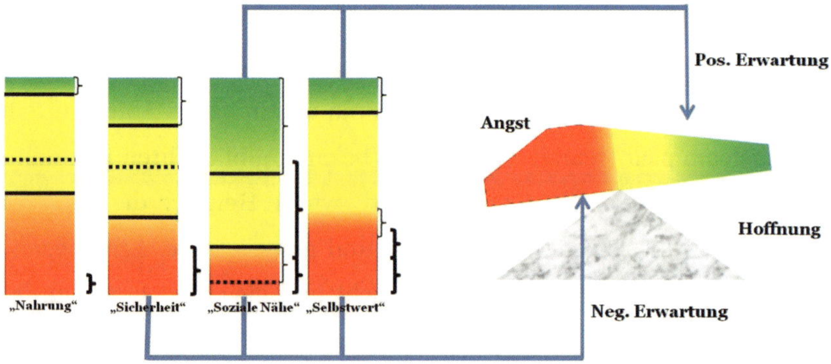

Die Erwartung an eine Handlung basiert auf den Erfolgsmöglichkeiten und deren Eintrittswahrscheinlichkeiten.

Letztlich fließen die zwei Seiten einer Handlung zusammen und ergeben unsere Erwartung. Die **Erwartung bestimmt wie emotional wir auf das Ergebnis einer Handlung reagieren**. Wenn Heinrich die Frau anspricht und insgeheim erwartet entweder eine höfliche oder eine vielleicht etwas gemeine Abfuhr zu erleiden, dann wird ihn eine solche Reaktion nicht überraschen. Er wird weder besonders geknickt noch glücklich mit so einem Ausgang sein. Wenn die Reaktion der Frau jedoch den erwarteten Bereich verlässt, sind die gefühlten Emotionen gravierender, wie das folgende Schema verdeutlicht.

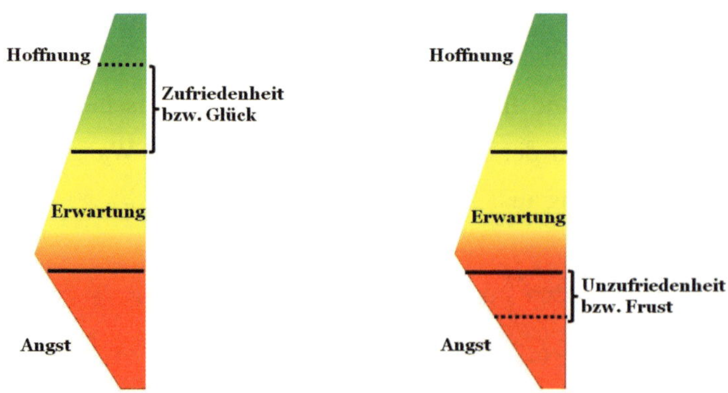

Der linke Balken zeigt uns die Situation, wenn die Frau sehr freundlich und sogar interessiert auf Heinrichs Ansprache reagiert. Das hatte er gehofft, jedoch nicht wirklich erwartet. Wenn ein Ergebnis unsere rationale Erwartung übersteigt, dann entstehen in uns starke Glücksgefühle, die sich natürlich aus den Bedürfnissen speisen. In Gedanken würden wir vielleicht zu uns sagen: „Träum ich oder was? Mit dem hätte ich jetzt echt nicht gerechnet, total lässig!“ Der rechte Balken zeigt eine sehr gemeine Reaktion der Frau. Sie hat Heinrich kurz ausgelacht, ihm den Drink auf die Füße gekippt und ihm gesagt, er solle sich verpissen. Tja, immerhin hatte sie keinen Freund, der ihm eine Abreibung verpasst. Dennoch ist die Reaktion deutlich unerfreulicher als erwartet. Heinrichs Ängste wurden real und die zusätzliche Frustration der Bedürfnisse, vor allem die tiefe Kerbe im Selbstwert, lassen ihn negative Emotionen durchleben. Er wird sich unter anderem schämen, da er vor anderen Leuten gedemütigt wurde und somit das Anerkennungsbedürfnis, sein Selbstwert, frustriert wird. Je nachdem welche Bedürfnisse hier betroffen sind, ergibt es einen Cocktail an Gefühlen, der sicherlich sehr bitter schmecken wird.

Man muss sich aber vor Augen halten, dass es genauso Leute gibt, die ganz anders ticken. Manche sind so von sich eingenommen, dass ihnen auch der Drink auf den Schuhen egal wäre, weil die Frau dann eben eine blöde Tussi ist und man das Ganze als Abenteuer und interessanten Versuch auffasst. So eine Reaktion würde dann weitaus weniger negativ bewertet und deswegen sind in den Augen solcher Menschen die Handlungen immer weniger riskant. Deshalb wagen solche Menschen auch viel mehr.

Wie wir den Ausgang einer Handlung erleben, hängt davon ab, welche Erwartungen wir hatten und wie das Resultat über

oder unter die Erwartungen hinaus unsere Bedürfnisse befriedigt oder zusätzlich frustriert.

Wenn Sie die obigen Darstellungen,

- Bedürfnis- und Zielstruktur (Flussdiagramm)
- Bedürfnisdynamik (vertikaler Balken)
- Handlungsdynamik (horizontale Waage)

verstanden haben, dann verfügen Sie bereits über das zentrale Rüstzeug, das Sie benötigen würden, um sich selbst perfekt zu analysieren. Sie benötigen, sofern es sich nicht um eine sehr extreme Persönlichkeitsstörung handelt, keine teure Therapie. In einer solchen geht es im Grunde darum zu verstehen, wie Ihre individuelle Bedürfnis- und Zielstruktur aussieht, wie Sie ihre eigenen Fähigkeiten und Ihren Selbstwert einschätzen und in einem weiteren Schritt zu erkennen, wo Blockaden und Ängste entstanden sind, um sie aufzulösen. Niemand weiß so viel über uns wie wir selbst. Die Schwierigkeit dabei sich selbst zu verstehen, liegt aber darin dieses Wissen in eine **sinnvolle Form und Systematik des Geistes** zu bringen. Wenn Sie Ihre eigene Bedürfnisstruktur, Bedürfnisdynamik und sogar Handlungsdynamik (bei schwierigen Entscheidungen) skizzieren, dann durchdringen Sie systematisch Ihr Innerstes und finden dort sicherlich die eine oder andere vergessene, verdrängte oder unbekannte Information über sich selbst. Genau solche Informationen helfen uns, uns selbst besser zu verstehen. Immer wenn Anzeichen von Unruhe, Ungeduld, Zorn oder sonstige negative Emotionen aufkommen, können wir das dazugehörige Bedürfnis ableiten, die Erwartungen anpassen oder gezielte Handlungen setzen, sodass negative Gefühle immer nur kurz existieren, wobei sie als Richtungsweiser dienen. Negative Emotionen sind Ratgeber, unsere Helfer. Sie fühlen sich unangenehm oder gar schmerzvoll an, doch unterstützen sie dabei den eigenen Weg zu finden und zu gehen.

Mit dem hier gelieferten Wissen kann man **schlechte Phasen sehr schnell überwinden**. Vor allem hilft bereits die Gewissheit, dass man sich selbst wieder auf Kurs bringen kann. Das ist extrem wichtig für die persönliche Weiterentwicklung und damit automatisch auch für unsere Beziehungsfähigkeit.

Gerade das im Beispiel „Heinrichs Versuch eine Frau kennen zu lernen" eingeflochtene Thema **Selbstwert** und das damit eng in Verbindung stehende Selbstvertrauen wird im weiteren Verlauf des Buches noch oft von großer Bedeutung sein, nicht nur weil wir mit starken – aber nicht grenzenlosem – Selbstvertrauen auf viele Menschen attraktiv wirken. Im Umgang mit Niederlagen und der persönlichen Entwicklung nimmt das Selbstvertrauen eine zentrale Rolle ein.

Wenn alle Bedürfnisse gut erfüllt wären, also wir sehr angenehm satt wären und es keine unmittelbare Bedrohung gäbe, dann wäre es sinnvoll sich der **persönlichen Weiterentwicklung** zu widmen. Die persönliche Weiterentwicklung ist eben ein Über-Ziel, da alle anderen Ziele besser befriedigt werden, wenn wir an Stärken zulegen und Schwächen überwinden.

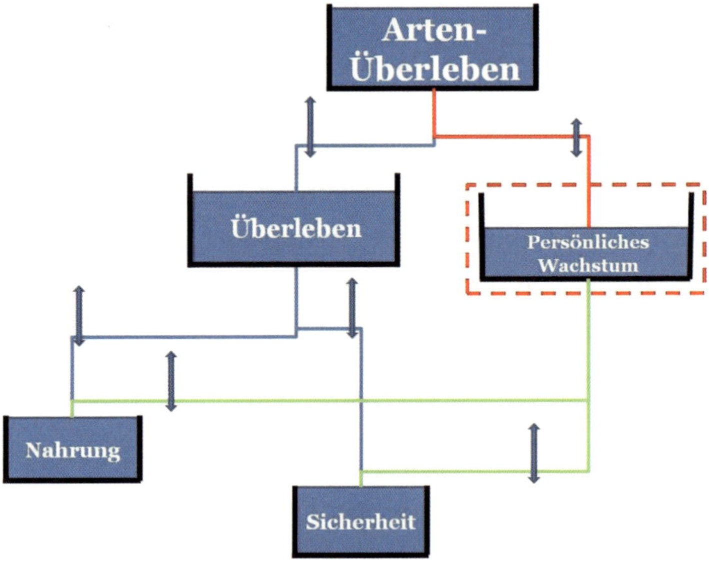

Die persönliche Entwicklung unterstützt alle anderen Ziele, weswegen sie grundsätzlich recht stark im Menschen verankert ist und über die Zugmotivation für persönlichen Antrieb sorgt, selbst wenn die Bedürfnisse nicht frustriert sind. Dass eine solche Zugmotivation zur persönlichen Weiterentwicklung grundsätzlich in jedem existiert, ist heute gar nicht mehr so leicht zu glauben, da viele von uns Neues nicht so gerne ausprobieren. Leider wird unsere **natürliche Neugier** – die als Motivation aus dem Bedürfnis „Persönliches Wachstum" entspringt – im Laufe des „Erwachsenwerdens" sehr oft gestört. Jedes Mal, wenn wir uns an etwas Neuem oder Schwerem versuchen und dabei scheitern und dann jemand gemein über uns lacht, kommt es zur **Störung unseres Selbstwertes**. Der Versuch sich an etwas Neuem zu probieren wird damit direkt bestraft. Nun wissen wir bereits, dass unser Selbstwert eines der wichtigsten Bedürfnisse ist. In ihm zeigt sich unsere Einschätzung, ob wir ein wertvoller Mensch sind, jemand, der für die anderen wichtig ist und deshalb von diesen Anerkennung verdient. Alles, was unsere Anerkennung reduzieren würde, vermeiden wir um diesen Selbstwert zu schützen.

Damit gerät man in einen echten **Teufelskreis**. Besondere Anerkennung erhalten wir nämlich vor allem, wenn wir als Menschen einen besonders großen Wert für unser Umfeld darstellen. Einen besonders großen Wert stellen wir dann dar, wenn wir über besondere, vielleicht sogar außergewöhnliche Fähigkeiten oder Eigenschaften verfügen. Wenn du auf einer einsamen Insel mit anderen Menschen gefangen bist und die einzige Person bist, die fischen kann oder weiß wie man eine Unterkunft baut, dann hast du automatisch einen hohen Wert in dieser kleinen Gesellschaft und wirst, sofern andere dich nicht ausbeuten, für deine Fähigkeiten – die nun extrem bedeutsam geworden sind – viel Anerkennung bekommen. Du als Person nützt der Gemeinschaft. Um neue Fähigkeiten und herausragende Stärken entwickeln als auch die persönlichen Schwächen überwinden zu können, müssen wir uns selbst fordern. Wie es heute schon so schön heißt: **„Wir müssen aus unserer Komfortzone heraus, um persönlich zu wachsen.“** Wer wachsen will, muss an seine Grenzen, um sie dann verschieben zu können. An den Leistungsgrenzen wird es aber anstrengend und unsicher – also unkomfortabel. Beim Sport wächst man beispielsweise besonders an der Stärke des Gegners – sofern dieser nicht übermächtig ist. Wenn ich gegen stärkere Gegner spiele, werde ich aber anfangs öfter verlieren als wenn ich gegen schwache Gegner antrete. Hohn und Spott ist wahrscheinlicher, wenn man verliert. Wenn man sich im Alltag an Neuem probiert, wird man sehr wahrscheinlich Niederlagen einstecken. Das Umfeld kommt dann gern mit Sprüchen wie „Hab ich dir ja gleich gesagt.“ „War eh klar, dass du das nicht kannst.“ und ähnlichen Perlen der Weisheit. Mit zunehmender Verunsicherung steigen die Zweifel und Ängste und schon allein deswegen scheitern wir viel eher, als wenn wir einfach locker und konzentriert bei der Sache bleiben würden. Wenn man endlich ausreichend verunsichert ist, hört man auf Neues zu probieren und macht nur das, was man sicher kann. Aber dann kann man sich natürlich wieder nicht weiterentwickeln. Deswegen probieren wir Neues, wenn möglich, gerne zuerst für uns alleine aus. Durch das heimliche Üben entgehen wir dem Hohn bei eventuellen Missgeschicken und können dennoch unserem Bedürfnis nach persönlichem Wachstum nachkommen – wir spielen ja doch gerne. Im Spiel entwickeln wir unsere Fähigkeiten weiter. Wir sollten viel mehr Situationen als Spiel oder als Herausforderung betrachten. Leider setzen wir uns intuitiv oft sehr stark unter Druck. Wie oben beim Beispiel Heinrichs, beladen wir damit auf der Handlungs-Waage, auf der wir entscheiden, ob wir eine Handlung versuchen oder nicht, die linke Seite mit den negativen Ausgangsmöglichkeiten, mit unnötig viel Gewicht. Wenn wir uns überlegen, was beim Scheitern wirklich an negativen mittel- oder langfristigen Auswirkungen zu erwarten ist, dann erkennt man, dass wir hier zu Beginn immer sehr übertreiben. Oft ist es besser gar nicht zu viel nachzudenken und es einfach zu tun. Vor diesem Hintergrund ist für mich Nike´s Slogan „Just do it" einer der absolut besten Sinnsprüchen und sogar Weisheiten, die wir in derart kompakter Form finden können. Werde dir klar, was du willst, bereit dich gut vor und dann – „Just do it"

Man hat dem Spiel, dem Ausprobieren im geschützten Rahmen leider mancherorts seine Unschuld und seinen tieferen Sinn, nämlich den der individuellen Weiterentwicklung, geraubt. Handlungen sollten viel mehr als Herausforderung, denn als Problem oder Bedrohung aufgefasst werden.

Es gibt eine **kritische Menge an Selbstvertrauen**. Ist man darüber hinaus, kann man über Schmähungen anderer stehen und sich deshalb neuen Herausforderungen stellen und weiterentwickeln. Da man besser wird, wenn man sich neuen Aufgaben stellt und sich auf diese vorbereitet, **werden neue Ziele möglich**. Man hat neue Fähigkeiten, die einem neue Wege eröffnen und man erreicht Dinge, die man sich selbst und anderen einem selbst zuvor nicht zugetraut hätte. Wenn dies für die anderen augenscheinlich wird, erhält man für diese Entwicklung zusätzliche Anerkennung – sofern man freundlich und offen, das heißt halbwegs sympathisch bleibt – und nun fällt es noch leichter sich den nächsten Herausforderungen zu widmen. Wenn man sich also traut und die negativen Sager des Umfeldes verdauen kann, dann erkämpft man sich den Zugang zu einer **Aufwärtsspirale der persönlichen Entwicklung**. Dies geschieht vor allem dann, wenn wir ein Ziel haben, das uns extrem am Herzen liegt. Dann fließt genug Motivation, um selbst die Widerstände im Umfeld zu überwinden.

Wir haben in allen Bereichen etwas davon, wenn wir an uns selbst arbeiten. Darum ist es sinnvoll sich der persönlichen Entwicklung zu widmen, wenn alle anderen Ziele grundsätzlich befriedigt sind. Die folgende Bedürfnisstruktur zeigt noch einmal, dass unser Bedürfnis nach persönlichem Wachstum dann aktiv wird, wenn die unmittelbar für das Überleben notwendigen Bedürfnisse und Ziele ausreichend befriedigt sind. Dann wirkt der grüne Bereich, die Zugmotivation, die vom persönlichen Wachstum durch eine Ankoppelung an das Lustzentrum hervorgebracht wird.

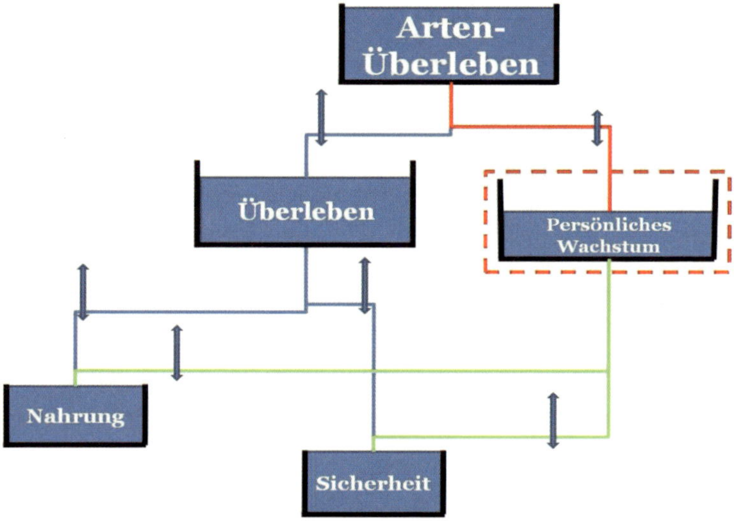

Bis hierhin ist es bei uns allen recht ähnlich, wobei nicht jeder Mensch ein gleich starkes Sicherheitsbedürfnis oder Weiterentwicklungsbedürfnis hat – wie Ihnen sicherlich schon aufgefallen ist. Wir alle unterscheiden uns letztlich auf Grund der verschiedenen Gewichtung dieser grundlegenden Bedürfnisse, die bestimmen was uns im Leben wichtig erscheint und auch auf Grund unserer Fähigkeiten, die wir haben und erwerben, um unsere Ziele zu erreichen.

Unsere Bedürfnisstruktur und unsere Werte und Fähigkeiten sind die bestimmenden Faktoren unseres Charakters.

Wenn uns Menschen exzentrisch und merkwürdig erscheinen, dann muss man sich immer vor Augen halten, dass wir alle im Rahmen unserer Motive und Möglichkeiten agieren – ausnahmslos. **Jeder macht das, was ihm im Rahmen seines Wissens am sinnvollsten erscheint.** Vielleicht sieht der eine oder andere gewisse Gefahren nicht oder schätzt sie abweichend zu uns ein, weil die Person über andere Fähigkeiten verfügt. Ein extremer Feinschmecker mit überbordenden Nahrungs-Bedürfnis wird eventuell bei der weiter oben erwähnten Situation mit dem wilden Bären, der vor dem Höhleneingang in Angriffsstellung gegangen ist, bereits überlegen wie er die Bäckchen und das Schulterfleisch des Bären zubereiten kann, nachdem er diesen erlegt hat. In den Augen seiner Steinzeitkameraden, von deren Existenz nur mehr ein paar Wölkchen Staub zeugen, ist dieser Typ verrückt. In seiner Bedürfnisstruktur und Handlungseinschätzung kommt er zu einem rationalen Schluss und greift den Bären an. Wenn uns Menschen verrückt erscheinen, dann liegt das eben daran, dass bei ihnen gewisse Bedürfnisse / Ziele oder eventuell auch Fähigkeiten und Selbstwahrnehmungen ungewöhnlich ausgeprägt und eventuell verzerrt sind. Wenn jemand durch einen Kugelhagel läuft, um ein Foto zu machen, das ihm den Pulitzerpreis einbringen kann, dann sagt uns das nur, dass bei dieser Person vermutlich das Bedürfnis nach Anerkennung selbst den Überlebenstrieb in den Schatten stellt – zumindest in dieser Situation. Auch hier wägt die Bedürfnisstruktur ab, ganz rational – jedoch mit einer recht atypischen Gewichtung der Bedürfnisse und einer eventuellen Fehleinschätzung der Risiken.

Extreme Handlungen resultieren aus extremen Bedürfnisstrukturen und ungewöhnlichen Erfolgseinschätzungen.

Das **Prinzip der Zielstruktur-Entwicklung** ist immer das Gleiche – eine Ziel>Weg>Ziel – Entwicklung. Der Organismus hat etwas, das er braucht bzw. will > Überleben. Nun bietet die Umwelt – unserer Einschätzung nach – hoffentlich Wege, um genau das zu bekommen > Nahrung, Häuser, Krankenversicherung, Sport,... Auf welche Art wir unsere Ziele befriedigen hängt von dem ab, was wir bei unseren Eltern, Freunden, Bekannten, Idolen und anderen Bezugspersonen sehen bzw. was wir durch Versuch und Irrtum selbst herausgefunden haben. Wir lernen entweder durch **Beobachtung oder Ausprobieren**. Wenn wir erkennen, wie wir ein Ziel auf einem bestimmten Weg erreichen können, dann wird dieser Weg bestätigt und wenn sich in unserer Umwelt diese Möglichkeit bietet, dann wird sie uns verlockend erscheinen. Sie wird zu einem neuen Bedürfnis/Ziel. Beispielsweise sieht Klein Barbara (5 Jahre), dass ihre kleine Schwester, Klein Emma (3 Jahre), die Aufmerksamkeit der Eltern bekommt, wenn sie Gegenstände umstößt oder etwas kaputt macht. Klein Barbara hat ein etwas frustriertes Anerkennungsbedürfnis, da sich ihre Eltern – ihrer Einschätzung nach – viel mehr um Klein Emma annehmen, als um sie. Klein Barbara hat aber durch Beobachtung den Trick von Klein Emma erkannt und beginnt ebenfalls Dinge kaputt zu machen, zu streiten und sich aufzuregen. Sie probiert das Verhalten aus und siehe da, es klappt. Die Eltern schreien mit ihr, wenden sich ihr zu und sie bekommt die Aufmerksamkeit, die sie so braucht. Ihre Handlung entsteht aus ihrer Bedürfnisstruktur – vermutlich sind alle anderen Bedürfnisse gut erfüllt, nur jenes nach sozialer Nähe ist unter dem Anspruchsniveau befriedigt. Die Aussicht auf die Aufmerksamkeit der Eltern wiegt schwerer als die von ihr wahrgenommenen negativen Konsequenzen und deshalb wird sie die Handlungen weiterhin ausführen. Da sie immer genauer herausfindet, auf welche Streiche und Zerstörungen die Eltern besonders empfindlich reagieren, lernt sie ihre Handlungen diesbezüglich effizienter zu gestalten. Die Unordnung im Zimmer hat nicht viel gebracht – vermutlich, weil der Unterschied zum Normalzustand zu klein war. Das kleine Schwesterchen ein wenig zu quälen hat ihr zwar scharfe Worte eingebracht, dem Schwesterchen aber die Zuwendung. Den Goldfisch in der Badewanne mehr Bewegungsfreiraum zu verschaffen, war auch in die Hose gegangen, da ihr Vater beim Nachhausekommen nur die volle Wanne und nicht den Fisch gesehen hat und sich Goldi nun im Kanalsystem durchschlagen muss. Aber Klein Barbara lernt dazu und wird zum richtigen Quälgeist, mit einem Sortiment an Handlungen, die sie gezielt zur Anwendung bringt, um ihr Bedürfnis nach sozialer Nähe / Zuwendung zu befriedigen.

Barbara etabliert langsam Unterziele bzw. Handlungen, die sie immer wieder ausführt. Wenn wir herausfinden, wie wir ein Bedürfnis/Ziel leichter bzw. besser erreichen können, dann wird diese Option zu einem weiteren Unterziel. Die Handlungen, die sich bewähren, setzen wir, da sie ja unseren Bedürfnissen gut dienen. Spielen wir es an einem weiteren Beispiel durch.

In unserer Jugend entwickeln sich unsere sozialen Bedürfnisse sehr stark. Eines davon ist weiterhin das Bedürfnis nach „Sozialer Nähe" – wir wollen mit Menschen zusammen sein, die anziehenden Merkmale beziehen sich aber jetzt stärker auf andere Menschen als unsere Eltern. Das leitet sich bei einer eher normalen Persönlichkeitsentwicklung vor allem aus dem **Sicherheitsbedürfnis** und dem **Bedürfnis nach persönlichem Wachstum** ab, da wir von anderen Menschen lernen können. Eine größere Menge an Menschen verfügt eben über mehr Stärke und Fähigkeiten und kann deshalb eher mit Gefahren fertig werden als Einzelne. Ebenso kann man auf Grund der unterschiedlichen Erfahrungen und Befähigungen voneinander lernen und dadurch selbst stärker werden. Das Bedürfnis nach Nahrung kann uns im Extremfall ebenfalls zu anderen Menschen ziehen, da diese eventuell über Nahrung verfügen. Das Bedürfnis „Soziale Nähe" ist also ein extrem tief und breit verankertes. Es ist kein Wunder, dass das Gefühl, wenn dieses Bedürfnis frustriert ist, nämlich „Einsamkeit" eine sehr starke und belastende Emotion mit viel Motivationskraft darstellt. Im Gegenschluss ist das Gefühl gemeinschaftlicher Verbundenheit ein sehr schönes und ebenso starkes. Das Bedürfnis „Soziale Nähe" ist aber dennoch ein Unterziel und dient verschiedenen darüber liegenden Bedürfnissen. Diese Darstellung lässt die

Komplexität der Verzweigungen innerhalb unserer Bedürfnisstruktur besser erkennbar werden.

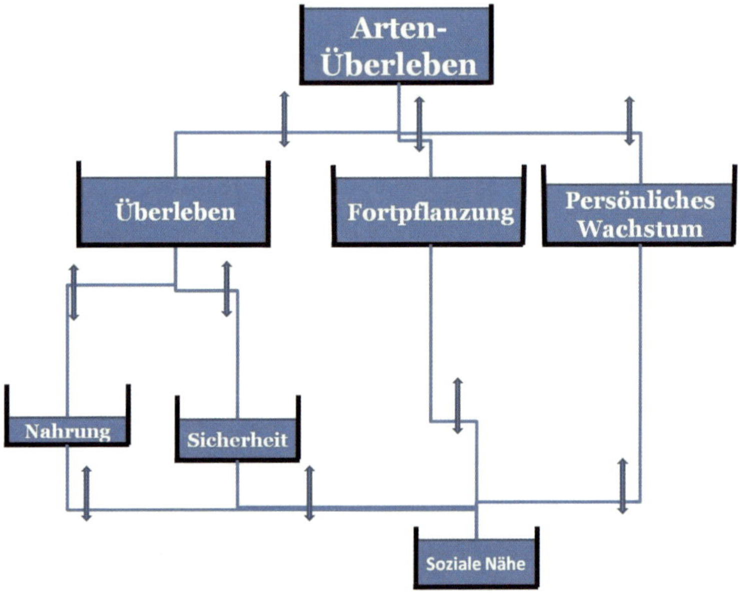

Jetzt stellen Sie sich vor, wie unübersichtlich so eine Bedürfnisstruktur wird, wenn man sich überlegt wie viele weitere Ziele (Arbeit, Ausbildung, kreatives Ausleben, Sexualität, Sport, etc.) wir im Laufe unseres Lebens entwickeln – wobei viele in der Struktur bleiben, obwohl es gar keinen Grund mehr dafür gibt. Doch nur wenn wir uns bewusst von Zielen verabschieden, da wir erkennen, dass sie uns gar nichts mehr bringen oder uns gar schaden, lösen wir diese Verbindungen auf.

Aus verschiedenen Prägungen entwickeln sich unterschiedliche Charakterzüge. So entwickelt sich bei vielen sogar ein **Extra-Bedürfnis** nach Anerkennung. Das **Prinzip der Anerkennung** wurde bereits angedeutet. Anerkennung ist die **Währung**, mit der wir für unseren Nutzen für andere Menschen belohnt werden. Wenn Sie Ihren Eltern beispielsweise die Küche in Ordnung gebracht haben und diese das gar nicht erwarteten, dann wird Ihre Handlung Ihre Eltern positiv überrascht haben und Sie wurden gelobt. Anerkennung repräsentiert unseren Wert für andere. Anerkennung fühlt sich gut an und erhöht direkt unser Selbstvertrauen, stärkt unseren Selbstwert. Nun hat sich bei vielen von uns ein Unterziel „Anerkennung" gebildet. Früher war die **Anerkennungs-Logik** folgende. Jemand besaß zahlreiche Fähigkeiten, war stark und setzte sich für die Gemeinschaft ein – dafür erhielt die Person viel Anerkennung. Diese Personen bekleideten in der Gemeinschaft die **höheren Ränge,** erhielten **Privilegien** beim Essen und der Partnerwahl. Wenn sich ein Extra-Bedürfnis „Anerkennung" entwickelt, dann ist die Logik eine andere geworden. Jemand will hohe Ränge bekleiden und Zugang zu attraktiven Frauen und gutem Essen bzw. stützt sein Selbstvertrauen auf Anerkennung von außen. Man geht davon aus, dass man mit viel Anerkennung alle diese zuvor genannten Ziele erreichen kann. Deshalb fließt aus diesen Zielen Motivation in das nun zum Bedürfnis aufgestiegene Ziel „Anerkennung". Daraus entsteht hohe Motivation Handlungen zu setzen, die einem schnell viel Anerkennung bringen. Dies erscheint auf den ersten Blick vielleicht nicht wie ein großer Unterschied, doch genau das ist es – denn es führt zum verstärkten Auftreten von Blendern, die noch Thema sein werden.

Solche **Fixierungen in der Bedürfnisstruktur** sind problematisch. Bleiben wir beim Beispiel der Anerkennung. Wenn man der Überzeugung ist, ob bewusst oder unbewusst, dass Anerkennung das wichtigste ist, dann glaubt unser Organismus quasi, dass wir alle unsere höheren Ziele erreichen, wenn wir genug Anerkennung bekommen. Also erlangt dieses Ziel höchste Priorität, da nun aus ganz vielen anderen Bedürfnissen die Motivation über diese Verbindungen in dieses Ziel fließt. Dadurch können Unterziele sogar einen höheren Motivationslevel erreichen als einzelne Oberziele, da sich diese Unterziele aus mehreren Oberzielen speisen als andere Bedürfnisse. So kann es sein, dass jemand nur für Anerkennung sein Leben riskiert oder beste Freunde verrät oder seine partnerschaftlichen Beziehungen sofort zerstört, wenn ihm oder ihr eine andere Person schöne Augen macht. Gerade bei externer Anerkennung ist es so, dass sie wenig Bestand hat. „Nichts ist so alt wie der Erfolg von gestern." Unsere Welt ist unerhört schnelllebig geworden und was gestern noch äußerst wichtig war, ist heute schon nur mehr eine angestaubte Randnotiz. Besonders bei Anerkennung ist das der Fall. Wir müssen uns ständig aufs Neue beweisen, unseren Nutzen für die Gemeinschaft immer wieder über Erfolge oder eine gute Selbstdarstellung demonstrieren. Wir müssen uns selbst beweisen, dass wir es noch drauf haben und nicht schwächer geworden sind. Jetzt kommt es darauf an, was diesen Menschen selbst imponiert und gefällt und schon kann man die Handlungen von diesen Menschen sehr leicht vorhersehen. Fixierungen werden uns im Rahmen des Buches noch öfter begegnen, sind sie doch für viele Verhaltensextreme wie die Unfähigkeit zur Bindung, gewisse Formen der Depression, Sucht, etc. verantwortlich.

Natürlich können sich Fixierungen und auch gewöhnliche Ziele im Laufe der Zeit wieder verändern, sodass es zu einer **Zielauflösung** kommt. Ein Bestreben des Autors ist zu helfen schädliche Fixierungen aufzuspüren und zu beheben, damit die Bedürfnisstruktur wieder eine gesunde Balance einnehmen kann. Doch auch andere, weniger verhärtete Ziele lösen sich auf. Wenn Iris vorhatte Ärztin zu werden, dann ist das Studium ein Weg/Subziel, der Besuch von Lehrveranstaltungen ein weiteres Subziel, die Anschaffung einer günstigen Wohnung in der Nähe einer Universität, das Verdienen von ausreichend Geld für die Erhaltung, usw. Wenn sie auf einmal erkennt, dass sie lieber ins Management will, dann passt sich ihre Bedürfnisstruktur daran an. Sie wird natürlich nicht mehr Medizin studieren, nicht mehr in die Lehrveranstaltungen gehen, etc. Iris wird andere Subziele entwickeln und andere Handlungen setzen, um ins Management zu gelangen. Dementsprechend sind auf einmal Dinge nicht mehr so interessant wie vorher und andere dafür umso interessanter – dies ist schließlich immer von unserer Bedürfnisstruktur abhängig. Hätte sich Iris blind auf das Medizinstudium fixiert, hätte sie es durchgezogen. Wenn sie es aus den falschen Gründen gewählt hatte, z.B. weil ihre Eltern es unbedingt wollten oder weil sie als Kind in einen Fernseharzt verknallt war – was ihr gar nicht mehr bewusst ist –, dann wird sie mit Abschluss des Studiums, wenn sie ihr Ziel erreicht hat, feststellen, dass sie nicht besonders glücklich über diesen Erfolg ist. Hier passt der Spruch: „Wir wissen zwar nicht wohin die Reise geht, aber wir kommen spitzenmäßig voran!“ Eine Fixierung bedeutet, dass man wie auf Schienen fährt. Man kommt gut und schnell voran. Man darf aber dabei nicht vergessen zu kontrollieren, ob man in seinem Innersten überhaupt noch das angesteuerte Ziel erreichen will.

Gewisse Handlungen und Ziele können wiederum bestehen bleiben, selbst wenn ihr ursprünglicher **Sinn verschwunden** ist. So kann man etwa im Rahmen einer Reha zum ersten Mal mit kontinuierlichem Sport in Verbindung kommen. Sport interessiert einen nicht, aber rasch erkennt man, dass er hilft den Schmerzen entgegenzuwirken. Man überwindet die körperlichen Probleme und somit wäre der ursprüngliche Grund für die sportliche Betätigung weggebrochen. Nun kann es sein, dass man sich so daran gewöhnt hat und zudem die positive Entwicklung durchaus bewusst wahrgenommen hat, dass man den Sport mit anderen Facetten der eigenen Ziel- und Bedürfnisstruktur verbunden hat. Beispielsweise bekommt man Komplimente, weil man besser aussieht oder man merkt, dass man sich besser konzentrieren kann und kreativer wird, dass man ausdauernd ist, usw. Diese Entwicklungen dienen sicherlich anderen Zielen, etwa dem Beruf, der Entwicklung von Beziehungen, dem

Ansehen, etc. Nun fließt die Motivation aus diesen Zielen in die Handlung „Sport treiben" und wir bleiben sportlich aktiv, selbst wenn das ursprüngliche Ziel nicht mehr aktuell ist. An diesem Beispiel sieht man, dass wir oft gar nicht wissen, wie nützlich und sinnvolle manche Handlungen und Aktivitäten sind. Erst, wenn wir uns eine gewisse Zeit mit diesen neuen Tätigkeiten auseinandersetzen können wir erkennen, was diese uns bringen. Man sollte sich selbst die Chance geben aus guten Gründen „Nein!" zu Zielen und Tätigkeiten zu sagen. Sperrt man sich gegen alles Neue und Unbekannte, besteht das Leben aus vielen geschlossenen und nur sehr wenigen offenen Türen. Es ist als wenn man ein riesiges Haus hätte, aber nur wenige Räume überhaupt betreten hätte. Dadurch hat man die Bowlingbahn, den Indoor-Pool, die Bibliothek, usw. noch gar nicht entdeckt, obwohl das durchaus interessant wäre.

Tipp: Überlegen Sie doch einmal, woher Ihre Ziele kommen bzw. warum Sie regelmäßig gewisse Dinge tun und ob dies noch immer Sinn macht. Probieren Sie auch hin und wieder einmal etwas Neues aus.

Wenn man nicht reflektiert, wie es oben beim Thema „Sport nach der Rhea" gemacht wurde, und sich damit z.B. der positiven Zusatzerscheinungen des Sports nicht bewusst wird, ändert sich die Motivationsdynamik nicht und man wird nach der Reha wieder in das alte Muster zurückfallen. **Alte Muster überwinden** wir nur, wenn wir erkennen, wie sie uns schaden, wenn wir andere Möglichkeiten erkennen und wir genug an uns Glauben die neuen Optionen nutzen zu können.

Wenn Sie versuchen Ihre eigene **Bedürfnisstruktur aufzuzeichnen** und dann überlegen warum Sie die Dinge tun, die Sie tun, dann ist interessant **woher die eigenen Ziele kommen** – wer oder was uns beeinflusst. Warum hat man angefangen gewisse Dinge zu tun? Geht man trainieren, weil man im Studio ein schönes Mädchen oder einen schönen Burschen gesehen hat? Wenn er oder sie das Studio wechselt, bleibt man dann noch dort oder wird einem das Training auf einmal noch mühsamer und uninteressanter vorkommen? Auch hier gilt es für sich den Nutzen des Trainings neu aus den eigenen Zielen abzuleiten, um sich neu zu motivieren. Eventuell hat man mit dem Jus-Studium anfangen, weil es von einem erwartet wurde. Der Vater ist Anwalt, dessen Vater war ebenfalls einer. Nun ist es an uns diese Reihe fortzusetzen. Wenn man es nur aus diesem Antrieb herausmacht, dann kann das zu wenig sein, um die anstrengenden Herausforderungen des Studiums zu bewältigen. Hat man ein irrsinniges Anerkennungsbedürfnis des Vaters, dann mag es ausreichen. Wenn man aber erkennt, dass sich das eigene Leben um die Ziele anderer Leute dreht, dann hat man ein Problem. Das bedeutet nicht, dass man gleich zu studieren aufhören würde. Doch es braucht eine Reflexion, während der man eventuell realisiert, dass man total gerne Richter werden würde. Hierfür ist das begonnene Studium ja ideal. Die Motivation fließt zwar jetzt aus einem anderen, persönlicherem Bedürfnis und Ziel, aber die Handlung wird weitergeführt – mit mehr Energie.

Manches tut man aber aus bloßer Gewohnheit. Wenn Ihnen gewisse Tätigkeiten emotional nichts mehr bringen, dann sollten Sie diese lieber sein lassen und Ihre Kräfte für sinnvollere oder lustigere Aktivitäten einsetzen. Sie werden dann ebenfalls erkennen, wie viele unserer Ziele sich untereinander positiv und negativ beeinflussen. Problematisch sind hier natürlich die **Zielkonflikte**. Oftmals kann die Motivation durch solche ausgebremst werden. Robert verfolgt zwei große Ziele, die im Grunde nicht miteinander zu vereinbaren schienen. Er will professionell Kampfsport betreiben und gleichzeitig in seinem Vertriebsbereich Karriere machen. Beides erfordert viel Zeit und die Stunden eines Tages sind immer zu wenig, um beides parallel auf hohem Niveau zu betreiben. Er kann bei beidem Mittelmaß sein oder muss eines aufgeben. So eine Situation kann innerlich sehr blockieren, da man immer das Gefühl hat, man sollte gerade die andere Sache erledigen. Das Anstreben des einen Zieles, erschwert die Erreichung des anderen. Ein Schritt auf das eine Ziel hin, ist ein Schritt weg vom anderen Ziel – so etwas nennt man ein prächtiges Dilemma. Nach sorgfältiger Überlegung hat er das Problem aufgelöst, indem er Halbjahresschwerpunkte setzte. Auf die großen Profikämpfe trainierte er ein halbes Jahr konzentriert hin und erledigte daneben nur den wirklich wichtigen Teil seiner selbstständigen Tätigkeit. Nach den Kämpfen kehrte er die Schwerpunkte um, investierte die Hauptkraft in seine Mitarbeiter und Kunden und trainierte mit verminderter Intensität weiter. So kann er viele Jahre beiden Leidenschaften sehr erfolgreich nachgehen, erlangt und verteidigt einen Europameistertitel in Wushu und ist einer der erfolgreichsten seiner Branche.

Wichtig ist, dass man seine Ziele bewusst kennt, diese mit all ihren Konsequenzen akzeptiert und daran glaubt sie umsetzen zu können. Dann fließt ein reißender Strom von Energie. Zielkonflikte gilt es aufzulösen, um die Energie nicht zu blockieren.

Wenn man morgens permanent keine Kraft hat um aus dem Bett zu steigen, wenn man zur Arbeit muss und einem zunehmend die Energie und der Sinn verloren geht, dann hat sich die Zielstruktur unbewusst weiterentwickelt und der Körper teilt uns durch die fehlende Kraft mit, dass wir nicht mehr dem entgegen streben, was uns wichtig sein sollte. Unser Organismus versorgt uns nur dann mit viel Energie, wenn wir etwas tun, das uns wichtig ist, also unseren Zielen dient ohne unseren Werten zu widersprechen. Je stärker wir von unserer Hauptstoßrichtung abweichen, umso mehr entzieht uns das Gehirn die Energie und wir landen in einer unangenehmen **Motivationslosigkeit**.

Wenn wir Dinge tun, in denen wir keinen Sinn sehen und dann zusätzlich keine Aussicht haben, dass sich das bald ändert, dann schenkt uns unser Körper keine Kraft. Damit will uns der Organismus sagen, dass wir am falschen Weg sind. Das ist sinnvoll, da er uns sonst Kraft geben würde, mit der wir in die falsche Richtung weitermarschieren. Sie würden ja auch einen Freund zurückhalten, wenn Sie erkennen, dass dieser in eine Sackgasse oder auf einen Abgrund zu läuft. Kraftlosigkeit und in weiterer Folge Depression – die oft über ein Burn-out erreicht wird – sind verzweifelte Schreie unseres Organismus, dass wir über unsere Ziele und über die Wege, auf denen wir gerade unterwegs sind, nachdenken und entweder diese oder unsere Handlungen, Tätigkeiten korrigieren müssen.

Ziel- und Wegklarheit ist die elementare Grundvoraussetzung für Zufriedenheit.

Sobald wir klar in dem sind was wir wollen und einen Weg gefunden haben es zu erreichen, schenkt der Körper Kraft in Hülle und Fülle. Dann will man nicht mehr ständig schlafen sondern man braucht trotz wesentlich mehr Aktivität viel weniger Schlaf und hat untertags ständig mehr Energie als zuvor. Man steht gern auf, geht freundlicher und zuversichtlicher durch den Tag, reagiert netter und wortgewandter auf Menschen, und noch vieles mehr. Das Thema ist mir ein persönliches Anliegen – zu oft arbeite ich mit Menschen, die genau vor diesem Problem stehen. Gerade gegen Ende des Studiums, als ich nicht wusste, wie mein weiterer Weg aussehen kann und was ich erreichen kann und will, erging es mir ähnlich. Aber ich habe seither oft erlebt wie die Motivation steuerbar ist und zu was man alles fähig sein kann, wenn man weiß wie sie zu nutzen ist. Man muss ja nicht ständig hochmotiviert und ehrgeizig unterwegs sein. Ein gesunder, ausgeglichener Lebensweg ist wohl das Vernünftigste. Allerdings ist es wichtig sich selbst steuern zu können.

Für das Thema Sympathie und Attraktivität bzw. die **zwischenmenschliche Beziehung** ist es wichtig zu wissen, dass es unmöglich ist langfristige und tiefe Beziehungen aufzubauen, wenn man selbst nicht weiß was man will. Es finden sich schließlich vor allem jene Leute zusammen, die Ähnliches wollen. So bilden sich Partnerschaften, Gruppen, Teams, Parteien, Organisationen, etc. Die sympathische Kraft sucht hier nach Gemeinsamkeiten. Je klarer Sie sich Ihrer Ziele sind, umso stärker wirkt diese Kraft und zwar in beide Richtungen. Anderen fällt es leichter Sie genauer einzuschätzen und die Leute erkennen wie überzeugt Sie von Ihren Zielen sind – allein schon an der Körpersprache. Sie haben sicher schon einmal die Energie bei Menschen gespürt, die genau wissen was sie wollen und gerade auf ihrem Weg waren es sich zu holen. Der Schritt ist bestimmter und holt weiter aus. Die Augen sind fokussierter. Die Sprache ist klarer und die Aufmerksamkeit höher. So wie man leicht erkennt, ob jemand in der Stadt nur durch die Straßen schlendert oder ob jemand auf dem Weg zu einem konkreten Ziel ist, so erkennen wir intuitiv ebenso, ob sich jemand durchs Leben treiben lässt oder seine Ziele verfolgt. Wenn Sie mit jemand anderem den gleichen Weg haben, dann ist es sinnvoll, sich an diese Person ran zu hängen bzw. zu verbinden oder mit ihm oder ihr den Weg gemeinsam zu gehen.

Wenn Sie selbst nicht wissen was Sie wollen, dann bleiben Sie ein Neutrum. Sie werden anderen deswegen nicht unsympathisch sein – aber eben auch nicht sympathisch genug für anhaltenden Kontakt.

Auch die Überzeugung einfach nur in den Tag hineinzuleben und das Leben zu genießen oder Golf zu lernen sind Ziele – wenn auch keine wirklich tiefgehenden. Gleichgesinnte werden das dennoch sympathisch finden. Wobei man hier schon fragen kann, was können im Falle des Hineinlebens Attraktivitätsfaktoren sein? Wenn es keine Ziele gibt, für die Fähigkeiten notwendig sind, dann muss sich fast schon zwangsläufig die Attraktion auf oberflächliche Faktoren reduzieren, die grundsätzliche Bedürfnisse wie Schutz und Arterhaltung ansprechen, oder es finden sich Leute zusammen, die einfach nur froh sind, dass ihr Gegenüber sie nicht anfeindet. Dann kann zwar keine tiefe Freundschaft oder gar Liebe entstehen, aber ein harmonisches, unaufgeregtes Miteinander. Gerade Leute, die oft Probleme mit anderen haben, empfinden es bereits als angenehm, wenn ihnen jemand nicht feindlich gesinnt ist – da bereits diese Haltung ihnen gegenüber die Erwartungshaltung übertrifft.

Wenn jedoch selbst ein **Ziel fehlt** wie „in den Tag hineinleben" oder „das Leben genießen", dann hat man ein Problem. Die Abwesenheit jeglicher Ausrichtung ist etwas, das uns beim Thema Beziehungen uninteressant macht, ganz abgesehen davon, dass es die Idealvorrausetzung für eine Depression ist. Für eine Partnerschaft ist es wichtig zu erkennen, welche Ziele und welche Wege (Subziele) ein Mensch verfolgt. Keine zwei Menschen haben exakt die gleichen Zielstrukturen. Dafür sind unsere Erfahrungen einfach zu komplex und unterschiedlich. Unsere frühen Beziehungen, wenn wir heranwachsen, sind deshalb viel mehr auf Neugier, soziale Anerkennung, dem Lernen, das persönliche Wachstum zurückzuführen als auf eine tiefgehende Beziehungsebene hinsichtlich Werte und Lebensziele.

Manche haben **ähnliche Ziele**, nutzen aber **unterschiedliche Wege**. Zudem ändern sich unsere Ziele im Laufe unseres Lebens. Dies ist geschehen, wenn man hört, dass sich ein Paar auseinandergelebt hat. Alexandra lernt Sabine kennen, die von ihrer uneingeschränkten Freiheit als Single schwärmt. Alexandra fühlt sich daraufhin in ihrer Beziehung noch viel eingesperrter als bisher. So richtig ist ihr erst jetzt klar geworden, wie beengt sie sich seit Jahren fühlt. Bisher war sie der Meinung recht zufrieden zu sein, auch wenn der Reiz des Neuen schon längst verflogen ist und ein großer Anteil Routine die Beziehung ausmacht. Durch den Kontakt mit Sabine wird ihr Bedürfnis nach Freiheit verstärkt, das ohnehin recht stark war, aber zurückgeschraubt wurde, um die Bedürfnisse nach Sicherheit, sozialer Nähe und Ergänzung mit ihrem Freund besser befriedigen zu können. Sabine und Alexandra haben eine grundsätzlich ähnliche Auffassung vom Leben und sind sich sympathisch. Sabine hat zudem etwas, was Alexandra zurzeit nicht hat – sie ist ungebunden und das wäre sie selbst auch manchmal gerne. Das unter anderem macht Sabines Gesellschaft anziehend und sie werden Freundinnen. Sabine ist darüber ebenso froh, da sie sich recht oft allein fühlt und die Gesellschaft gut brauchen kann. Wenn durch den Kontakt und dem Vorhalten der „Karotte Freiheit" der Wunsch wieder ungebunden zu sein zu stark wird, wird Alexandra ihren Freund verlassen. Natürlich könnte sie das später bereuen, weil sie erst dann spürt, welche ihrer anderen Ziele – Sicherheit, Anerkennung, soziale Nähe, etc. – durch die Trennung nicht mehr so gut erfüllt sind. Doch oftmals übersehen wir bei Entscheidungen wichtige Aspekte oder erkennen deren Bedeutung nicht. Umso wichtiger ist, dass wir die oben skizzierte Bedürfnis- und Ziellogik in uns bestmöglich erfassen und aktuell halten. Wir dürfen nicht Entscheidungen nach den Vorstellungen unseres alten Egos treffen. Indem wir am Laufenden bleiben, darüber was wir wollen und was wir brauchen, bleibt unser Innenleben in einer guten Balance und funktionieren die zwischenmenschlichen Vorgänge bestmöglich. Ein wichtiger Schritt, um sich selbst begreifen und erfassen zu können ist, die Sprache der Gefühle zu erlernen. Gut, das klingt ein wenig komisch, aber zur Erklärung dienen die nächsten Seiten.

2.2 Unsere Gefühle – Die Sprache unserer Seele

Alle unserer Gefühle haben eigene Aufgaben bzw. sind jeweils Richtungsweiser, die uns helfen unsere Bedürfnisstruktur möglichst ausgeglichen zu halten. Alle unsere Bedürfnisse und Ziele sind jeweils mit dem Lust- und Unlust-Zentrum verbunden. Diese Zentren sorgen bei ihrer Aktivierung dafür, dass wir Glück oder Schmerz empfinden – wobei die Intensität davon abhängt, wie stark das jeweilige Zentrum über ein Bedürfnis aktiviert wird. Das ist ein cleveres **Belohnungs- und Strafsystem für die persönliche Entwicklung**.

Wenn etwas passiert, das uns unseren Zielen näher bringt, dann fühlt sich das gut an – wir werden belohnt. Wenn wir Hunger haben und essen, dann fühlt sich das gut an. Wenn wir eingesperrt sind und an einem Fluchtplan arbeiten, dann fühlt sich das gut an. Wenn wir dann in die Freiheit gelangen, fühlt es sich sensationell an. Bei Einsamkeit telefonieren wir mit einem Freund und es fühlt sich gut an. Alles was wir bewusst – zumindest halbwegs bewusst – als Handlung sehen, die unsere Bedürfnisse befriedigt, beschenkt uns mit schönen Glücksgefühlen.

Geschieht etwas, das unsere Bedürfnisse frustriert oder Ziele in weite Ferne rücken lässt, dann fühlt sich das schlecht an – wir werden bestraft. Der Organismus gibt uns damit zu verstehen, dass wir etwas Falsches getan haben, wir uns von unseren Zielen entfernt bzw. ein Bedürfnis frustriert haben. Diese Schmerzen sollen uns davor schützen, zu weit aus der Spur zu kommen. Je frustrierter die Bedürfnisse sind, umso schlechter fühlen wir uns, bis es sich wie körperlicher Schmerz anfühlt. Bei fehlender Nahrungsaufnahme kann der Hunger, das Warnsignal für fehlende Nährstoffversorgung, sehr schnell recht intensiv werden – vor allem, wenn wir nicht durch etwas Spannendes abgelenkt sind. Wenn wir einen lieben Menschen verlieren, dann wird mit einem Schlag das Bedürfnis nach sozialer Nähe stark frustriert und die Trauer wird zu einem intensiven Schmerz, der uns gänzlich zu erfüllen scheint. Wird das Bedürfnis nach Gefahrenabwehr frustriert, entsteht ein Angstgefühl. Es sagt uns, dass wir uns etwas einfallen lassen sollen, um wieder Sicherheit herzustellen.

Das bedeutet vereinfacht gesagt, dass **jedes Bedürfnis ein Plus und ein Minus** aufweist. Zufrieden sind wir, wenn unsere Bedürfnisse (die uns zu jenem Zeitpunkt zumindest ein wenig bewusst sind) besonders gut befriedigt werden und wir über die Möglichkeiten verfügen alle wesentlichen Bedürfnisse kontinuierlich zu befriedigen. Die Bedürfnisse sind nicht geschwätzig. Sie sprechen nur mit uns, wenn wir etwas gut machen oder sie ein Problem bei unserer Versorgung erkennen. Jedes Bedürfnis nutzt ein anderes **Gefühl**, um auf sich aufmerksam zu machen und jeweils **Belohnung oder Bestrafung auszudrücken**. Je nachdem, an welches Bedürfnis das Glücks- und Schmerzzentrum gekoppelt ist, erhält das daraus resultierende Gefühl seine besondere Färbung. Das Bedürfnis „Nahrungsaufnahme“ löst eben positiv das Gefühl „satt“ aus und negativ „Hunger“. Das Bedürfnis „Gefahrenabwehr“ löst positiv das Gefühl „Sicherheit“ aus oder negativ „Angst“. Das Bedürfnis „Soziale Nähe“ löst positiv z.B. „Vertrautheit“ aus und negativ „Einsamkeit“. Unsere Bedürfnisse zeigen uns, was wir benötigen, um überleben zu können. Wenn sich in uns ein Bedürfnis entwickelt hat, das darauf achtet, dass wir Zeit sehr effizient nutzen, dann belohnt es uns, wenn etwas schneller geschieht als erwartet, mit freudiger Überraschung. Wenn wir Zeit verschwenden und ineffizient sind, straft es uns mit Ungeduld. Die folgende Abbildung zeigt diese Entwicklung noch einmal beispielhaft an verschiedenen Bedürfnissen.

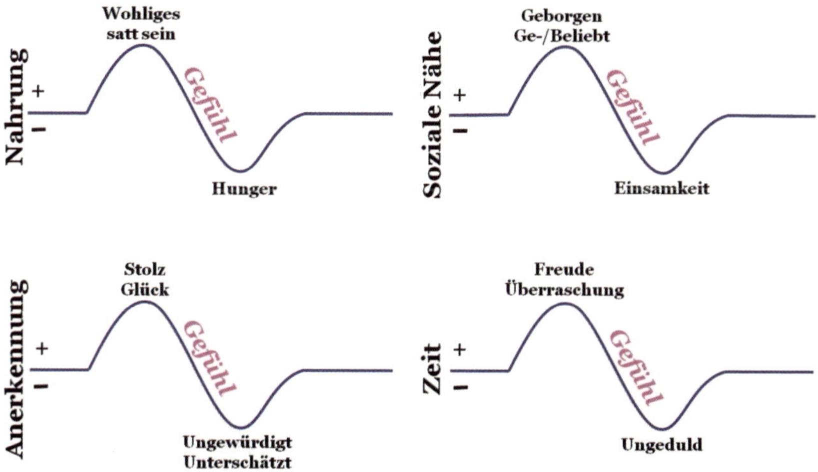

Die Art wie sich ein Gefühl anfühlt, hängt von dem Bedürfnis ab, auf das es sich bezieht. Gefühle sind die Sprache unserer Bedürfnisse.

Wenn eine Mathematikerin erkennt, dass in der Formel, die sie weltweit bekannt gemacht hat, ein Fehler steckt, dann wirkt das auf den ersten Blick wie ein analytisches Problem – ist es doch eine mathematische Angelegenheit. Es kann aber noch so mathematisch und damit verstandsorientiert sein, es wird sie richtig ärgern und sie wird sich schämen, weil sie weiß, dass andere Kollegen es erfahren werden. Dadurch werden ihre Bedürfnisse nach Anerkennung und fachlicher Kompetenz frustriert, die für sie sehr wichtig sind. Eventuell entsteht auch Angst bezüglich ihrer Anstellung, ihrer Karriere, sodass sogar das Bedürfnis nach Überleben eine leichte Frustration erfährt. Wie es empfunden wird, hängt davon ab, wie die betroffene Person die Lage und die daraus resultierenden Konsequenzen einschätzt. Bei Erlebnissen, die uns emotional stark treffen, werden gleichzeitig viele Gedanken ausgelöst. Ein Erlebnis ist umso emotionaler, umso stärker es unsere Ziele und Bedürfnisse beeinflusst. Unser Verstand ist dafür da die Erreichung unserer Ziele und Bedürfnisse sicherzustellen, sich Wege zu überlegen. Deswegen sind Gefühle immer auch von Gedanken begleitet. Denken und Fühlen bildet eine Einheit. Allerdings fasst die Intuition bzw. unser Gefühlsleben weitaus mehr Informationen als unser bewusstes Denken, das sehr wenige Gedanken parallel jonglieren kann. In einem Bauchgefühl können unzählige Erfahrungen, Ziele, Erwartungen, Einschätzungen von Fähigkeiten und Risiken, etc. zusammenlaufen. Wenn wir ein ungutes Gefühl haben, dann kann man mit einem geschulten Verstand sehr leicht die Quelle dieser Unruhe finden und sich dann dem Problem bewusst stellen. Unser Gefühl sagt uns quasi, wo der Stoff unserer Seele und unserer Pläne fehler- oder lückenhaft ist. Unser bewusstes Denken ist der Webstuhl, mit dem wir an diesen Stellen Veränderungen – hoffentlich Verbesserungen – bewirken können.

Gedanken und Gefühle sind untrennbar verbunden. Es gibt kein gänzlich gedankenloses Gefühl und keinen gänzlich gefühllosen Gedanken.

Diese Sprache der Gefühle ist, wenn man erst einmal das volle Vokabular beherrscht, recht einfach zu verstehen. Da wir alle eine unterschiedliche Bedürfnisstruktur haben, spricht quasi jeder Mensch auf der Gefühlsebene einen eigenen Dialekt – kein Mensch ist identisch mit einem anderen. Deswegen sollten wir absolut nicht davon ausgehen, dass wir gleich fühlen und unser Gegenüber unser Empfinden teilen müsste. Wenn wir wollen, dass uns jemand versteht, müssen wir unsere Beweggründe ausreichend klar darstellen. Je sympathischer, also ähnlicher, uns jemand ist, umso weniger Worte bedarf es, sich zu verständigen. Mit zunehmender Ähnlichkeit und Sympathie steigt die inhaltliche **Transferrate**. Das heißt nichts anderes, als dass man sich schneller und mit weniger Missverständnissen austauschen kann.

Unsere konkrete Gefühlslage ist eine Mischung aus den wichtigsten Bedürfnissen und Zielen bzw. deren aktuellem Frustrations- oder Befriedigungsgrad. Das Bedürfnis nach Gefahrenvermeidung hat die Gefühle „Angst“ und „Sicherheit“ als Pole. Wie Sie diese Gefühle genau empfinden, hängt davon ab, wie wichtig für Sie dieses Bedürfnis ist und wie dieses **mit anderen Bedürfnissen und Zielen verbunden** ist. Wenn etwa Ihr Bedürfnis nach sozialer Nähe eng mit dem Sicherheitsbedürfnis verbunden ist, dann fühlen Sie sich in der Nähe von Menschen zusätzlich zu dem angenehmen Gefühl der Nähe ebenfalls sicherer. So entsteht jeweils ein Cocktail an Gefühlen, die meistens sehr, sehr subtil sind. Es ist nicht so, dass wir ständig intensiv empfinden würden oder sollten. Wie intensiv wir Gefühle erleben, hängt auch ein wenig mit der Versorgung des Gehirns mit den zuständigen Botenstoffen ab. Manche psychischen Krankheiten werden durch eine ungewöhnliche Produktionsstörung dieser Botenstoffe bedingt, sodass eventuell keine Glückshormone mehr produziert werden. Das ist aber extrem selten. Bei einigen Menschen ist die Produktion einfach stark zurückgefahren, was darauf schließen lässt, dass sie sich weit von ihren Zielen entfernt haben. Da sie dadurch wenig machen, was ihren Zielen dient, erhalten sie ebenso wenig Glücksstoffe als Belohnung. Dass in so einer Situation die Gefahr groß ist als Ersatz für diese Glücksgefühle auf Suchtmittel zurückzugreifen, wird in einem Extrakapitel zur Sucht näher vermittelt.

Grundlegende Zufriedenheit erreichen wir im Leben übrigens dann, wenn wir der Überzeugung sind etwas Sinnvolles zu tun – in aller Regel etwas, das auch der Gemeinschaft nützt, da es zur Arterhaltung beiträgt. Zusätzlich müssen wir uns in der Lage glauben alle wichtigen persönlichen Bedürfnisse und Ziele befriedigen zu können bzw. das Gefühl haben am richtigen Weg zu sein, unsere Ziele zu erreichen. Deshalb sind die glücklichsten Menschen oft diejenigen, die sich klar gemacht haben, dass sie nicht viel brauchen und die das schätzen können, was sie bereits haben. Unglücklich sind vor allem jene, die sich auf das fokussieren, was sie nicht haben. Wenn sie es dann haben, dann schätzen sie es nicht, zudem gibt es ja noch genügend andere Dinge, die man noch nicht hat.

Messen Sie sich nicht mit den Maßstäben anderer. Definieren Sie ganz für sich, was Ihnen im Leben wirklich wichtig ist!

Es ist wichtig, dass Sie sich selbst richtig zuhören können, wenn Sie sich unwohl fühlen, schlecht drauf sind oder sonstige negative Gefühle empfinden. So ist es manchmal schwer herauszufinden warum man eine innere Unruhe aufweist. **Innere Unruhe** kann entstehen, wenn unser Organismus das Gefühl hat nicht voranzukommen, also Energie in sich zu tragen, die wir nicht für unsere Ziele einsetzen. Je mehr Potential wir glauben in uns zu tragen, umso größer kann diese Unruhe werden. Je unklarer unsere Ziele sind oder je bewusster es uns ist, dass wir nicht aktiv an ihrer Erreichung arbeiten, umso mehr beschwert sich unser Inneres durch Unruhe, dass wir Zeit und Potential verschwenden. Unsere Bedürfnisstruktur sagt uns damit: „Komm schon, bewegt deinen Hintern." Dabei ist es fast schon witzig, dass wir ein großes Gefühl der Ungeduld haben, wenn wir ein paar Minuten in einer Warteschlange stehen, aber locker Stunden mit irgendwelchen „sinnlosen" Zerstreuungen verschwenden können – diese machen aber eben Spaß und unser **Unterhaltungsbedürfnis** ist sehr stark.

Man bezeichnet Unterhaltung durchaus passender Weise als Zerstreuung. Dies dient neben dem ursprünglichen Zweck der Weiterentwicklung – als man sich unterhalten fühlte, wenn man Interessantes hörte oder sah – heute sehr stark der **Ablenkung von uns selbst**. Und genau deswegen ist die Zeitverschwendung viel schwerer zu ertragen, wenn wir nichts anderes tun können, wenn wir etwa an der Supermarktkasse oder beim Zahnarzt warten müssen und hier keine Zerstreuung finden. Hier werden wir auf uns selbst zurückgeworfen. Es fallen uns viele Erledigungen ein, die wir abarbeiten könnten, wenn wir hier nicht warten müssten. Wenn wir aus dem Markt oder der Zahnarztpraxis draußen sind, erscheinen diese Aufgaben oft schon nicht mehr so dringend. Schließlich gibt es jetzt wieder interessantere Dinge, die man machen kann. Solange wir uns ablenken können, vermeiden wir es uns mit den eigenen Zielen, den eigenen Stärken und Schwächen befassen zu müssen. Wirkliche Zufriedenheit, innere Stärke und Ausgeglichenheit kann man aber nur dann entwickeln, wenn man sich mit sich selbst befasst. Wenn die Unzufriedenheit und Unruhe zu extrem werden und uns belasten, sollte man etwas Konkretes tun. Gut ist hierfür Sport, da dabei sehr schnell viel Energie verbraucht wird. Noch besser wäre es, sich hinter die Aufgaben zu klemmen, die man erledigen sollte, um seine Ziele zu erreichen. Überwindet man sich bzw. den inneren Schweinehund dazu, dann belohnt uns der Organismus mit positiven Emotionen. Unsere Empfindungen sind grandiose Ratgeber und wissen bei manchen Fragen viel mehr als unser bewusstes Ich. Gerade diesbezüglich – was wir wollen oder zu wollen glauben – hat es viel zu sagen.

Hören Sie unbedingt auf Ihre Gefühle, reflektieren Sie was die zu Grunde liegenden Bedürfnisse sind und handeln Sie entsprechend.

2.3 Unsere Werte und Wellenlänge(n)

Werte haben in den letzten Jahrzehnten in unserer Gesellschaft ein hartes Los. Im Kapitalismus bzw. der freien Marktwirtschaft, in der der Konsum dadurch angestachelt wird, dass es möglichst viele Singlehaushalte gibt, jeder zuerst auf sich selbst achtet und das Zusammengehörigkeitsgefühl dem materiellen Konkurrenzdenken unterliegt, scheint es für Werte wenig Platz zu geben. Ein starker Familienzusammenhalt, den Wunsch einen Beitrag für das Wohl aller zu leisten oder schlichte Höflichkeit und Hilfsbereitschaft scheinen vergangene Werte zu sein – nicht bei uns persönlich natürlich, aber bei den meisten anderen Menschen. Echte **Handschlagqualität** sucht man heute oft vergebens. Das Vertragswesen dominiert und das Vertrauen stirbt. Und doch ist Vertrauen die Substanz, die eine Gemeinschaft erst auf hohem Niveau funktionieren lässt. **Vertrauen ist die Grundlage einer lebenswerten Welt.** Dieses Vertrauen bröckelt, wenn wir Handlungen setzen, bei denen wir unsere Ziele mit so viel Egozentrik verfolgen, dass es uns kaum mehr interessiert, wenn wir andere dadurch schädigen. Unsere Werte stellen einen Schutzmechanismus dar, der uns davor bewahren soll die Grundsubstanz für ein gemeinschaftliches Leben aus kurzsichtigem Egoismus heraus zu zerstören.

Unsere Werte bestimmen somit unseren Handlungsrahmen, da sie diesen eingrenzen. Die persönlichen Werte definieren in moralischer Hinsicht unser **Ideal-Ich**, so wie wir selbst gerne sein würden und umschreiben damit Verhaltensweisen und Einstellungen, die wir für gut erachten. Unser Selbstwert wurde oben erwähnt. Er ist extrem wichtig, da er bestimmt, wie stark wir daran glauben, dass wir der Umwelt hilfreich sein können, dass wir gut und stark sind. Es ist ein Meta-Bedürfnis mit den Polen:

+ Positiver Pol: Stolz, Ehrbarkeit
- Negativer Pol: Schlechtes Gewissen

Das schlechte Gewissen lösen wir aus, wenn wir unsere Werte und damit unseren **Selbstwert** verletzen. Wenn wir etwas Gutes tun, z.B. jemandem selbstlos helfen, dann stellt sich ein gutes Gefühl der Ehrbarkeit ein, ein Gefühl das Richtige getan zu haben. Genauso stellt sich ein ähnliches Gefühl ein, wenn wir jemanden sehen, der sich für andere einsetzt. Wenn sich Helden in Filmen für Schwächere einsetzen, obwohl sie sich dabei in Gefahr begeben, dann würden die meisten von uns ebenso gerne auf diese Weise handeln. Denn wenn wir so handeln, dann belohnt uns unser Organismus mit einer großen Menge schöner Gefühle, da sehr zentrale eigene Bedürfnisse dadurch befriedigt werden, wie Anerkennung, soziale Nähe und Arterhaltung. Wir wollen anderen helfen – nur oftmals wiegt die Angst stärker. Für unseren Selbstwert ist es aber auf jeden Fall sehr wichtig, nicht gegen die eigenen Werte zu handeln.

Um unsere Ziele zu erreichen würden wir so einiges tun, aber es gibt Handlungen, die würden unserer Überzeugung nach zu weit gehen. Würde man diesen Impulsen trotzdem nachgeben, könnte man kaum mehr in den Spiegel blicken. Denn dort würde man sich mit sich selbst konfrontieren und man müsste die eigenen Taten vor sich verantworten. Das schlechte Gewissen lässt grüßen. Unsere Werte sorgen etwa dafür, dass wir unsere Freunde nicht ausnutzen, **andere Menschen nicht schädigen** – eben nicht „über Leichen gehen“, um unsere Ziele zu erreichen. Selbst wenn es manchmal verlockende Angebote gibt, egal ob zwischenmenschlich oder geschäftlich – wenn wir das Gefühl haben, dass die Konsequenzen zu schwerwiegend sein könnten, dann machen wir es nicht. Die Grenze verläuft bei jedem Menschen wo anders. Es gibt Leute, die haben ein schlechtes Gewissen, wenn sie zwei Euro auf der Straße finden und einstecken – schließlich gehörte das Geld jemandem, der eventuell ohnehin schon viel zu wenig davon besitzt. Jemand anderer freut sich und denkt nicht weiter darüber nach. Auch hier kann man sich nur mit den eigenen Maßstäben messen. Allerdings sollten diese nicht zu niedrig gewählt werden. Je höheren Maßstäben wir genügen, desto höher stehen wir in unserem eigenen Ansehen und das ist wiederum etwas, das unser Gehirn mit sehr angenehmen Gefühlen belohnt.

Welche Gründe gibt es, dass Leute rücksichtlos und gefühlskalt gegenüber anderen Personen werden. Manchen wurde beispielsweise wiederholt Schlimmes angetan, sodass sie der Meinung sind, dass die Menschen alle schlecht sind. So jemand hat womöglich viel weniger Skrupel anderen etwas anzutun, denn in dessen Augen kommt er dem Gegenüber nur zuvor. Wie wir andere Menschen sehen, sagt viel mehr über uns aus als über ebene jene anderen. Ich etwa durchlebte schon Phasen mit einem ziemlich negativen und ebenso mit einen recht positiven Menschenbild. Ganz klar ist die Zeit, in der man anderen Menschen eine hohe Wertschätzung genauso wie Freundlichkeit entgegenbringt die deutlich schönere. Was man aussendet bekommt man wieder zurück, da unsere Wahrnehmung der Welt gleichzeitig negativ oder positiv eingefärbt wird. Dazu jedoch später noch mehr.

Unsere Werte dienen primär als **Schutz für unseren Selbstwert sowie für unser Ansehen bei den Mitmenschen**. Damit bleibt uns dauerhaft die Möglichkeit erhalten, unsere Ziele mit Hilfe uns freundlich gesonnener Mitmenschen zu verfolgen. Unsere Werte bzw. unsere Vorstellungen von Moral sind somit der **Zement, der soziale Strukturen erst möglich macht** und stabilisiert. Es ist die Grundlage für zwischenmenschliches Vertrauen und dieses ist die Grundlage für Beziehungen. In vielen Bereichen gibt es so etwas wie **Handschlagqualität** nicht mehr und das ist extrem schade. In Wahrheit bröckelt hier massiv das Grundvertrauen in die Mitmenschen und damit eben das, was soziale Systeme auf hohem Niveau funktionieren lässt. Bereits an diesem Verschleiß des zwischenmenschlichen Anstandes sieht man, dass **Werte nicht unzerstörbar** sind. Wenn man etwas tut, das eigentlich nur „böse Menschen“ tun – weil einem jemand ein zu verlockendes Angebot gemacht hat und man gegen seine Moralvorstellung handelt, dann beschädigt man die Werte. Man verkauft seine Seele. Etwas, von dem ich allgemein abraten würde, doch ist es letzten Endes wieder jedermanns eigene Entscheidung. Da die kurzfristigen Erfolge in unseren Überlegungen, ob wir eine Handlung ausführen sollen oder nicht, schwerer wiegen als die langfristigen negativen Auswirkungen, kommt es eben leider gar nicht so selten zu moralisch durchaus bedenklichen Aktivitäten.

An dieser Stelle startet aber sofort der **Selbstrechtfertigungsprozess** zur Rettung unseres Selbstwertes. Man redet sich die eigene Handlung schön. „So schlimm war es auch wieder nicht. Andere würden genau so handeln – und dann vermutlich gar nicht mehr darüber nachdenken. Ich werde es schon wieder mal irgendwie gut machen.“ Ist der „dunkle Pfad“ jedoch erst einmal beschritten, dann verliert man leicht die Scheu vor dieser ehemals unmoralischen Handlung und der verletzte Wert löst sich immer mehr auf. Das passiert dann, wenn diese Handlungen, die vorher negativ belegt waren, durch die Selbstrechtfertigung und den erzielten kurzfristigen Erfolg irgendwann akzeptabel geworden sind. Natürlich kann man dadurch Ansehen und Freunde verlieren. Es überrascht nicht, dass jene Leute, die alle Skrupel fahren lassen, um Erfolg zu haben, sehr oft am Ende alleine dastehen und niemanden mehr haben, der sich mit ihnen freut, der sie aufrichtig liebt oder zumindest mag. Wie wichtig geteilte Werte für Beziehungen sind, die in Summe unsere Weltsicht ergeben, werden wir in Kürze aufdecken. Tatsächlich handeln ganze Staaten nach dem gleichen Motto der Kurzfristigkeit. Die hohen Staatsschulden vieler Länder existieren unter anderem deswegen, weil man sich die kurzfristigen Annehmlichkeiten nicht verwehren wollte und sich selbst belog, wenn das Gewissen mahnte, dass man hier die Zukunft für die Gegenwart verkauft.

Welche Werte man in sich trägt, hängt stark von der persönlichen **Prägung** und intensiven Erfahrungen ab. Steht man den Eltern sehr nah und handeln diese immer sehr mit Bedacht auf die Gefühle anderer, dann wird man tendenziell später diese Werthaltung selbst aufweisen. Genauso kann es aber sein, dass man ein sehr negatives Verhältnis zu den Eltern hat und deshalb eher das Gegenteil von dem tut, was sie einem raten oder vorleben. Es ist ja sehr naheliegend, dass wir eher so sein wollen wie die Menschen, die wir toll finden, die oftmals eben das erreicht haben, was wir selbst anstreben. **Die Logik** dahinter ist klar. Jene haben ein Ziel erreicht, das wir selbst anstreben. Deswegen wird das was sie tun und wie sie es tun, dafür geeignet sein eben jene Ziele zu erreichen. Somit ist es sinnvoll dieses Verhalten und die Einstellungen nachzuahmen, um ebenfalls so erfolgreich sein zu können.

Werte zeigen sich neben unseren Handlungen vor allem in dem, wie wir etwas tun und ebenso darin was wir nicht tun. Die Summe unserer Werte ergibt unsere Weltanschauung – wie man unserer Meinung nach leben und handeln sollte.

Unsere Werte und Ziele fließen demnach in unserer **Weltanschauung** zusammen. **Unsere Art zu denken**, unsere Art die Dinge zu sehen und unsere Art mit Situationen umzugehen, ergibt unsere **Wellenlänge**. Sehr entspannte Leute haben eine andere als sehr hektische. Sehr introvertierte Menschen haben eine etwas andere Frequenz als extrem extrovertierte. Jemand, der viel nachdenkt und sich stark mit sich und der Gefühlswelt seiner Umwelt auseinandersetzt, wird mit jemandem, der oberflächlich in den Tag hineinlebt, ebenfalls weniger anfangen können. Diese Denkmuster ergeben sich aber aus den erwähnten Hauptzielen, den gelernten oder abgeleiteten Werten, einzelnen Prägungen und den zusätzlich entwickelten geistigen Fähigkeiten.

Die Wellenlänge hängt sehr stark mit unserem **Humor** zusammen, wie in Kapitel 1.3 „Sympathie“ & „Attraktivität“ genauer erläutert wurde. In unsere Art zu denken fließen unsere Ziele und Wertvorstellungen natürlich direkt ein und unser Humor ist ein Produkt unseres Denkens – da führt kein Weg vorbei. Deshalb sagt unser Humor viel über uns aus.

Die Wellenlänge ist nichts Fixiertes. Man kann und wird sie sogar zwangsläufig in der Spanne des eigenen Lebens verändern. Je mehr Sie die Menschen verstehen, je besser Sie sich in die Situationen anderer hineinversetzen können, umso größere wird Ihr **Frequenzband**. Jedes Mal, wenn Sie ein Gegenüber nicht verstehen, deren Reaktion übertrieben oder geradezu verrückt empfinden, sollten Sie sich fragen, was die Person antreibt und warum sie so agiert, wie sie es tut. Durch dieses Hinterfragen und Hineinversetzen werden Sie bei einer ähnlichen Situation die Problematik bereits besser erfassen und erfolgreicher reagieren können. Sie haben Ihr Frequenzband erweitert. Gerade für eine effektive Kommunikation ist eine aufeinander abgestimmte Wellenlänge wichtig. Menschen, die immer darauf bestehen Recht zu haben, nur die eigenen Ziele und Wünsche sehen und keine Wahrnehmung für die Befindlichkeiten und die Individualität anderer Menschen haben, verfügen über einen sehr beschränkten Frequenzbereich. Dementsprechend werden sie sich nur mit sehr wenigen Menschen richtig gut verständigen können. Die Selbstrechtfertigung wird uns in so einer Konstellation einzureden versuchen, dass es an den anderen liegt und nicht an uns selbst. Alle anderen sind ein wenig beschränkt und können uns nicht nachvollziehen. Gesünder wäre es daran zu arbeiten, wie man sich klarer und verständlicher mitteilt und sich überlegt, worin man sich eigentlich so vom Umfeld unterscheidet. Hier dient die Reflexion dazu, mit anderen Menschen schnelleren, angenehmeren und verständlicheren Kontakt herstellen zu können.

Menschen mit größerer Anpassungsfähigkeit verfügen über gute **Empathie**, die Fähigkeit die innere Struktur anderer Menschen wahrzunehmen. Selbstverständlich können diese besser mit Leuten umgehen. Ihnen ist es möglich zu erahnen, welche Ziele bzw. Bedürfnisse bei Ihrem Gegenüber vorhanden sind und welche gerade frustriert sind. Ebenso können sie aus der Art, wie jemand spricht, gestikuliert, schaut, usw. deren Wellenlänge gut einschätzen. Dadurch erhält man quasi Zugang zu der inneren Welt des Mitmenschen – **Einfühlungsvermögen**. Um dies zu erreichen ist es jedoch notwendig den Menschen grundlegend gut zu verstehen. Denn dadurch entwickelt man eine besonders ausdifferenzierte, reichhaltige innere Struktur. Da wir bei anderen nur erkennen und verstehen können, was bereits in uns selbst vorhanden ist, ist die persönliche Weiterentwicklung so extrem wichtig. Wie könnte man den Verlust eines geliebten Menschen bei jemandem anderen mitfühlen, wenn es einem selbst noch nie so gegangen ist und man auch nicht in der Lage ist, sich diese Empfindung zumindest vorzustellen. Man muss ja keinen rosa Elefanten gesehen haben, um ihn sich vorstellen zu können. Man kennt Elefanten und die Farbe rosa und kann durch einen kreativen Gedanken die beiden verbinden. Jeder weiß was Verlust grundsätzlich bedeutet, ein Nichtwiederkehren. Jeder, der schon einmal ehrlich geliebt hat bzw. gerade liebt, kann dieses Gefühl mit dem Verlust kombinieren und erahnen, wie entsetzlich das Gefühl sein muss, das eben die gegenüberstehende Person gerade erleidet. Wer noch nie geliebt hat – also noch nicht einmal Dinge, Geld oder sonstiges –, der kann sich gar nicht in die Gefühlswelt des Gegenübers hineinversetzen. Je mehr wir erlebt und reflektiert haben, umso vielgestaltiger wird also unser Inneres und umso mehr Gefühlzustände können wir bei anderen wiedererkennen. So entsteht Empathie.

Je besser wir die hier erläuterten Zusammenhänge im Inneren des Menschen reflektiert haben, umso leichter fällt es uns, im Mitmenschen Probleme, Schwächen, Stärken, Zielkonflikte, etc. zu erkennen und kompetent zu helfen. Je stärker wir auf uns fokussieren, umso weniger bekommen wir die Signale von anderen mit. Dann darf man sich nicht wundern, warum man vieles nicht versteht und die Leute komisch auf einen reagieren. Man muss eine gesunde Balance finden zwischen der Reflexion seiner Selbst und dem Befassen mit anderen Menschen.

Die Wellenlänge ist der Schlüssel zu anderen Menschen. Je weiter entwickelt unser Inneres ist, umso universeller wird unser Schlüssel, umso mehr Menschen können wir verstehen.

Nur wenn wir unsere Wellenlängen aneinander angleichen bzw. diese zufälliger Weise von Haus aus sehr ähnlich sind, erfolgt Austausch auf hohem Niveau. Sie kennen sicher den Ausspruch: „Man versteht sich blind.“ oder „Man versteht einander ohne Worte.“ Wenn wir jemanden haben, der uns sehr, sehr ähnlich im Denken ist, dann erübrigen sich tatsächlich oftmals die Worte. Da wir ähnlich denken, werden wir in vielen Situationen zu den gleichen Schlüssen kommen und die gleichen Handlungen bevorzugen. Man muss es dem Gegenüber nicht erklären – für ihn oder sie ist es ohnehin „logisch“ was man macht. Je sympathischer man sich ist, umso größer ist letztlich die Deckungsgleichheit unserer inneren Struktur. Mit jemandem, der mit uns ident ist, bräuchten wir im Grunde gar keine Worte zu wechseln, da die Person in jeder Situation gleich reagieren und gleich denken würde wie wir. Sympathie kann man also auch als **Deckungsgrad der persönlichen Struktur** verstehen.

2.4 Unser Selbstbild

Die nächste Ebene grenzt sich nicht scharf von der Zielstruktur ab. Es handelt sich um die Ebene der Fähigkeiten, persönlichen Stärken und Schwächen, also unser **Können**. Die Verbindung zu unserer Zielstruktur ist recht naheliegend, schließlich kann der Erwerb bestimmter Fähigkeiten in eigens entwickelte Ziele münden. Hat man das Bedürfnis viel zu verdienen und anderen zu helfen, so kommt man eventuell zum Schluss Arzt werden zu wollen. Die Sammlung von Wissen und technischen Fertigkeiten sind hier so wichtig, dass sie – falls der Wunsch anderen zu helfen stark genug ist – zu einem eigenen Ziel werden.

Wie sollte man aber generell unsere Fähigkeiten von unseren Wegen trennen, auf denen wir unsere Ziele anstreben? Vielmehr ermöglichen uns unsere Fähigkeiten erst diese Wege zu gehen. Je größer das Sortiment unserer Fähigkeiten und je stärker diese ausgeprägt sind, umso mehr Wege stehen uns offen. Der eine geht einen langen Umweg, um ans Ziel zu gelangen. Der andere überquert problemlos die schwersten Gebirge und kann viel direkter auf seine Ziele zusteuern. Unser Können entscheidet welche Tätigkeiten für uns überhaupt möglich sind und wie wahrscheinlich wir mit unseren Handlungen Erfolg haben.

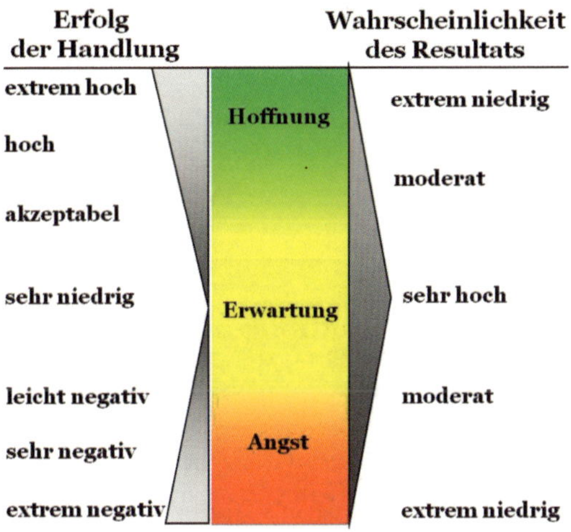

Unser Können schlägt sich hier auf der rechten Seite nieder. Je besser wir uns einschätzen, umso schwereren Aufgaben stellen wir uns, da wir selbst dort akzeptable Resultate erwarten und der Lohn bei großen Herausforderungen meist größer ist. Natürlich kann man scheitern, aber dem gegenüber steht die Hoffnung, dass man sogar noch mehr belohnt wird als man erwarten würde. Es gibt jedoch Handlungen, die überhaupt nicht von unseren Fähigkeiten abhängig sind, so wie es beim Lotto-Spielen der Fall ist. Dann sieht die Handlungsdynamik natürlich anders aus. Es gibt, je nachdem wie gut man in Wahrscheinlichkeitsrechnung ist, einen gewissen Erwartungsbereich. Man erwartet sich heimlich drei oder vier Richtige, wenn man ein paar Tipps gespielt hat. Die Angst geht gegen Null, denn bis auf „ein bisschen Geld" hat man ja nichts verloren. Würde man sein ganzes Geld in Lottoscheine investieren, dann gäbe es natürlich doch wieder einen großen roten Angstbereich. Wenn Sie 100 Scheine kaufen, dann kostet das schon ordentlich Geld und dennoch hätten Sie nur eine sehr geringe Chance auf einen hohen Gewinn. Beim normalen Lottospieler sind es aber die große Hoffnung und der geringe Einsatz bei nur einem Schein, die ihn dazu bringen sein Geld den Lottoanstalten mehr oder weniger zu schenken. Die folgende Abbildung zeigt einen optimistischen Lottospieler, dem der Spieleinsatz (rot) nicht viel bedeutet und der sich einen gewissen Gewinn durchaus erwartet (gelb) und eine stille Hoffnung auf einen gewaltigen Gewinn hegt.

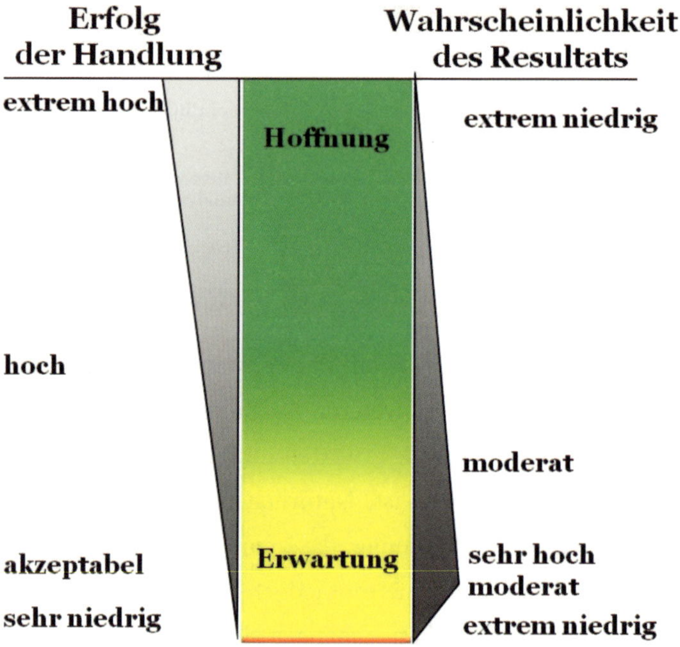

In jedem Fall hängen unsere Fähigkeiten und Merkmale mit den Zielen zusammen, da sie bestimmen welche Optionen wir für uns überhaupt als realistisch einschätzen. Je mehr Fähigkeiten wird entwickeln, umso mehr Wege stehen uns offen. Für die zwischenmenschliche Anziehung ist es entscheidend ein klares Selbstbild bezogen auf die Eigenschaften (Stärken und Schwächen) zu haben – nur dann funktioniert unser unbewusster Mechanismus, der für uns die Freund-Feind-Erkennung durchläuft.

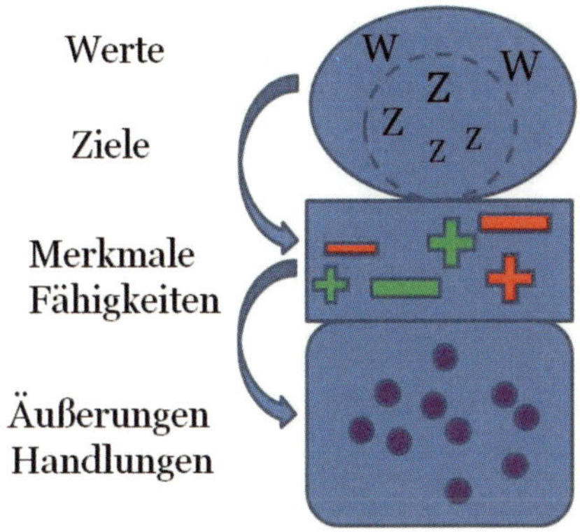

Unsere Fähigkeiten, Kenntnisse und persönliche Ressourcen und Merkmale sind etwas, das wir permanent beurteilen – oft nur halbbewusst. Wenn man vor dem Spiegel steht und sich überlegt, was die eigenen Stärken und Schwächen sind, dann reflektieren wir, was uns an uns gefällt und was uns stört. Persönliche Merkmale und Fähigkeiten sind nicht in jeder Situation immer entweder Stärken oder Schwächen. Stellen Sie sich vor, Sie besitzen ein unfassbares kreatives Potenzial, Sie sprudeln vor Ideen und möchten permanent die Welt verbessern und neu erfinden. Doch auf Grund Ihrer Herkunft, der Bedingungen in Ihrem Land, etc. müssen Sie jeden Tag 10 Stunden an einem Fließband arbeiten. Sie werden innerlich unrund, ja geradezu wund werden, da Sie die kreative Kraft nicht ausleben können, sogar genau das Gegenteil erleben. Hohe Kreativität wäre in diesem Szenario eine echte Schwäche, denn auf Dauer könnte man diesen Job nicht erledigen, ohne dabei krank zu werden – es sei denn, man findet in der Freizeit ausreichend Ausgleich, beispielsweise ein Ventil wie die Kunst. Ebenso wäre ein Perfektionist mit sich ständig ändernden Anforderungen, etwa bei Projekten oder in den dynamischeren Bereichen der Medizin überfordert. Oftmals reicht die Zeit nicht aus, um alle Daten zu sammeln und zu analysieren. Ein Perfektionist hat aber immer das Gefühl der Unvollständigkeit und des starken Zweifels, wenn ihm die vollständige Analyse nicht möglich ist. Eine solche Person verheddert sich in Details und kommt oftmals zu schlechteren Lösungen als jemand, der das Ganze lockerer und intuitiver angeht. Große Sorgfalt kann bei manchen Aufgaben eine Schwäche sein.

Problematisch ist, dass uns gewisse Eigenschaften, Fähigkeiten und äußerliche Merkmale als **universelle Stärken oder Schwächen** vermittelt werden. In dieser vereinfachten Sicht spiegelt sich nur das recht oberflächliche Verständnis unserer Welt. Orientieren Sie sich aber niemals an solchen Allgemeinaussagen. Okay! Erwischt! Das war ja gerade auch eine. Machen wir also hier eine Ausnahme – ausnahmsweise.

Ob eine Eigenschaft bzw. Fähigkeit eine Stärke und Schwäche ist, ist also nicht für jeden gleich. Letztlich ist unser Organismus so aufgebaut, dass wir die Aspekte an uns mögen, von denen wir glauben, dass sie uns unseren Zielen näher bringen. Dies sind unsere Stärken. Wir lehnen jedoch das an uns ab, von dem wir annehmen, dass es uns dabei behindert das zu erreichen, was wir wollen. Dies sind unsere Schwächen. Was uns unseren Zielen näher bringt, finden wir gut. Was uns davon abhält unsere Ziele bestmöglich zu erreichen, finden wir schlecht. So weit, so simpel.

Stärken sind persönliche Merkmale, die helfen die eigenen Ziele zu erreichen. Schwächen sind persönliche Merkmale, die die Zielerreichung erschweren oder gar blockieren.

Wenn Sie etwas Äußerliches an sich nicht mögen, dann weil Sie aus irgendeiner **Prägung oder negativen Erfahrung** heraus annehmen, dass andere Sie deswegen weniger attraktiv finden. Das muss noch nicht mal im Entferntesten den Gegebenheiten entsprechen – es reicht, wenn Sie das glauben. Wie gesagt hängt unsere ganze Motivationsstruktur, unser ganzes Innenleben davon ab, was wir glauben – welche Überzeugungen wir in uns tragen. Das hat nichts mit Wahrheit oder Objektivität zu tun. Den viel größeren Effekt hat das geringe **Selbstvertrauen**, das entsteht, wenn wir etwas an uns überhaupt nicht mögen – warum auch immer. Menschen, die ein tolles Auftreten und eine richtig angenehme, unterhaltsame und selbstbewusste Art haben und mit sich selbst vertraut sind, können auch das eine oder andere ästhetische Defizit haben. Sie werden trotzdem sympathisch und attraktiv bleiben.

Nun haben wir eben alle unsere Ziele und davon ausgehend eine Idee davon welche Fähigkeiten, Einstellungen und sonstige persönlichen Merkmale positiv und welche negativ sind – welche uns unsere Ziele erreichen lassen und welche uns von ihnen abhalten. Die Dinge, die uns an uns stören empfinden wir als Schwächen. Das mögen wir an uns nicht. Wenn wir mutig und kräftig genug sind, dann versuchen wir das an uns zu ändern. Jedoch kann man manche Fähigkeiten und Kenntnisse nicht innerhalb kurzer Zeit erwerben. Wenn ich rhetorisch besser sein möchte, dann benötigt die Entwicklung eine gewisse Zeit. Wenn ich körperlich stärker und ausdauernder sein möchte, dann muss ich konsequent daran arbeiten und trainieren. Das geht nicht von heute auf morgen. Wir haben jedoch schon verstanden, dass **persönliches Wachstum** nicht allein in der persönlichen Entwicklung liegt. In den Bereichen, in denen wir an uns Schwächen erkennen, versuchen wir uns automatisch über andere Menschen zu ergänzen. Deshalb ziehen uns Menschen an, die dort Stärken haben, wo wir Schwächen aufweisen. Das was wir selbst gerne hätten bzw. erreichen möchten, imponiert uns an anderen. Damit hat diese Anziehung zwei Effekte. Anziehung sorgt für:

- Kontakt zu Menschen, mit deren Hilfe wir unsere Ziele besser erreichen, da sie unsere fehlenden Fähigkeiten ergänzen.
- Kontakt zu Menschen, anhand derer wir wachsen bzw. von denen wir zu lernen glauben.

Als Menschen streben wir nach Ergänzung zum Ideal-Wir.

Das Prinzip an sich ist demnach denkbar einfach. Doch wenn man bedenkt, wie es funktioniert zeigt sich ja schon die Achillesferse der Anziehung bzw. Attraktivität. Wir müssen in uns selbst sehr klar sein, was unsere Stärken und was unsere Schwächen sind, denn nur dann sucht unser Gehirn jene Menschen, die wir in dieser Lebensphase wirklich brauchen. Wenn ich der Überzeugung bin keine Schwächen zu haben, dann werden andere Menschen auf mich auch kaum attraktiv wirken. Sie bieten schließlich nichts, was ich nicht selbst habe. Wozu sollte ich Energie aufwenden, um mit ihnen in Verbindung zu treten. Ich bin doch der Beste. Sollen sich die anderen Mühe geben mit mir in Beziehung zu kommen. Das führt natürlich meistens geradewegs in die Einsamkeit. Wir werden das beim Thema „Selbstverliebtheit" noch genauer betrachten.

Sie erkennen jetzt sicher bereits sehr klar, warum es derart wichtig ist, die **persönlichen Ziele zu finden**. Denn nur wenn man die eigenen Ziele gefunden hat, lassen sich **Stärken und Schwächen bestimmen**. Nur wenn wir diese kennen, kann der Mechanismus „Attraktivität" **ergänzende Menschen finden**.

Das Prinzip der Ergänzung ist hinunter bis auf die **Ebene der Gene** zu finden. Je vielfältiger und „bunter" die genetische Ausstattung ist, desto mehr Fähigkeiten und höhere Anpassungsfähigkeit stehen dem Nachkommen zur Verfügung. Deshalb hat sich sehr früh die Tendenz entwickelt möglichst nicht mit blutsverwandten Exemplaren die Vermehrung zu suchen. Hier würden sich sehr ähnliche DNS-Sequenzen verbinden und damit deren evolutionäre Fitness verringern.

Der Wille die **äußere Erscheinung verändern** zu wollen, entsteht immer aus dem Gefühl heraus der Umwelt nicht zu genügen – übrigens der gleiche Grund wie für **unauthentisches Verhalten**. Wir haben gerade gesehen, wie sehr man sich täuschen kann, wenn man Annahmen über die Welt trifft. Im Rahmen dieses Buches werden wir zumindest klären, was auf grundsätzlicher Ebene allgemein gültige Attraktivitäts- und Sympathiefaktoren sind und warum.

Festzuhalten ist, dass wir sehr klar darin sein sollten, welche persönlichen Merkmale und Fähigkeiten wir gut finden und welche nicht – welche uns hinsichtlich unserer Ziele dienlich sind und welche hinderlich. Dies ist selbstverständlich nur möglich, wenn ich immer wieder überlege was meine wirklichen, ureigensten Ziele sind und welche Bedürfnisse bei mir sehr stark sind. Trage ich übernommene und fremde Ziele in mir, suche ich im Grunde Partner, die eher zu anderen passen als zu mir.

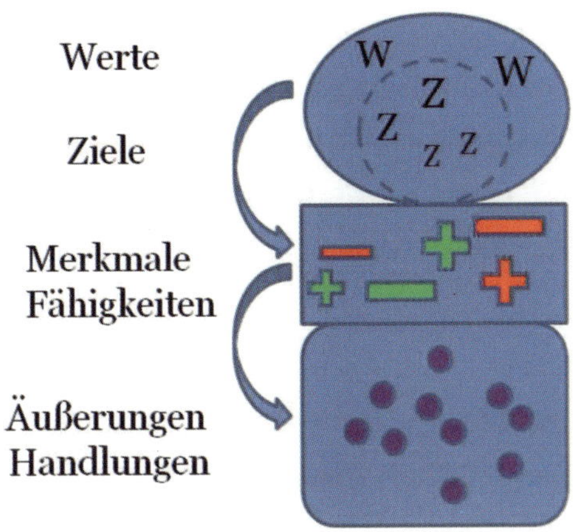

Nun kommen wir zur letzten Ebene – den Handlungen bzw. Äußerungen. Um im Leben etwas zu erreichen muss man Handlungen setzen. Das Leben kommt schließlich nicht zu uns und unsere Ziele erreichen wir auch nicht durch Abwarten und Däumchen drehen. Menschliche Handlungen entstehen immer nach dem gleichen, sehr einfachen Grundmuster. **Jeder Mensch handelt systemrational**. Das bedeutet, dass wir immer versuchen unsere Ziele zu erreichen und hierfür in der jeweils aktuellen Situation nach der besten Möglichkeit suchen, um etwas zu tun, das uns voranbringt. Je wichtiger ein Ziel ist, umso intensiver sucht unser Unterbewusstsein nach Möglichkeiten dieses zu erreichen.

Jede Handlung ist ein Abgleich von dem was wir brauchen und dem was die Situation gerade unter Beachtung der eigenen Fähigkeiten anbietet, um unseren Zielen näher zu kommen.

Dabei ist noch entscheidend, dass wir nicht alle in jeder Situation die gleichen Optionen wahrnehmen. So würde sich Hubert H. nicht zutrauen über einen Bach zu springen, um an den Obstbaum auf der anderen Seite zu gelangen. Stattdessen sucht er nach einem anderen Platz, um hinüber zu gelangen. Wir trauen uns aber auf Grund der Einschätzung unserer Fähigkeiten zu, den Bach zu überspringen und deswegen ist es für uns eine Option. Welche Handlungsalternativen wir erkennen, hängt davon ab, welche Fähigkeiten wir uns selbst zuschreiben. **Unsere Fähigkeiten bestimmen, welche Möglichkeiten uns die Welt bietet**. Je besser wir uns einschätzen können, umso klarer und erfolgreichen setzen wir Handlungen. Die menschliche Welt ist nicht im Entferntesten etwas objektiv Vorhandenes. Unsere Zielstruktur und die Einschätzung unserer Fähigkeiten leitet unsere Wahrnehmung, die immer nur einen speziell für uns zusammengestellten Ausschnitt der Umwelt bietet. Bei jedem Menschen entsteht deswegen eine andere Version der Welt, angepasst an das, was diese Person gerade braucht und welche Optionen ihr der Verstand vorschlägt.

Aber warum ist das alles so wichtig für die zwischenmenschliche Anziehung? Nun, wenn wir sehen was ein Mensch tut, können wir **Schlüsse**

ziehen, bezüglich dessen was dieser Mensch will und was er kann.

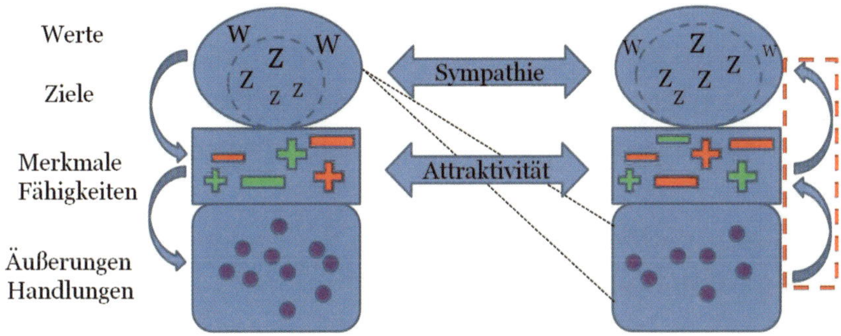

Das heißt, in den Handlungen versuchen wir zu erkennen, welche Ziele eine Person hat und welche Fähigkeiten und Eigenschaften sie aufweist. Zudem wiegen – und da sage ich Ihnen hoffentlich nichts Neues – Taten weitaus mehr als Gesagtes. Geredet wird heute viel und zwar von vielen – doch konkrete Taten sieht man weitaus seltener. Deshalb habe ich mir für mich folgenden Leitsatz zurechtgelegt:

„Des Menschen Worte füllen Bände. Doch des Menschen Taten sprechen Bände."

2.5 Leistung = Wollen x (Können + Persönliches Wachstum)

Mit dieser einfachen Formel bringen wir die menschliche Leistungsfähigkeit und –motivation auf den Punkt. Große Leistungen sind nach dieser sehr treffenden Darstellung eben nur dann möglich, wenn starker Wille auf großes Können trifft. Für einen starken Willen benötigen wir Klarheit über unsere Ziele und den Glauben in uns sie erreichen zu können. Wenn für eine Sache eventuell sogar Leidenschaft in uns brennt und wir ausreichend Vertrauen in unsere Fähigkeiten haben, dann werden uns Hindernisse immer überwindbar erscheinen. Wir werden nicht zweifeln oder unsere Ziele hinterfragen, wenn es hart auf hart kommt. Wenn das Ziel anziehend genug ist, dann finden wir einen Weg das Hindernis zu umgehen oder zu durchbrechen. Das trifft bei Verliebtheit genauso zu wie bei beruflichen Zielen. Wenn unsere Motivation allerdings gegen Null geht, dann werden uns unsere Fähigkeiten allein nicht weiterhelfen.

„Power is nothing without direction.“
„Kraft ist ohne ein Ziel wirkungslos.”

Sie können so hart auf einen Golfball schlagen wie es Ihnen nur möglich ist. Wenn Sie sich vorher nicht auf ein Ziel ausgerichtet haben, dann hat die Länge des Schlages keinen Wert. Vielmehr würden Sie gar nicht abschlagen, denn warum sollten Sie das tun, wenn Sie kein Ziel damit verfolgen? Bei jeder Multiplikation mit einer Null ist das Ergebnis Null. Wenn also Ihr Wollen für ein Ziel nicht existent ist, dann wird es keine Leistung geben – egal wie viel Potential in Ihnen schlummert.

Die Stärke unseres Willens entscheidet, ob wir unsere Möglichkeiten voll ausschöpfen oder unser Leben vergeuden.

Ihr Können ist logischer Weise ebenfalls von Nöten, wenn Sie Leistung erbringen wollen. Wenn Sie sich hohe Ziele setzen, dann sollten Sie sich dabei an Ihren Stärken orientieren. Man kann alles lernen, doch egal wie lange ich üben würde, so gut wie Mozart werde ich am Klavier niemals sein. Jeder Mensch hat aber Bereiche, in denen er besonderes Talent besitzt. Leider erkennen wir das meist sehr spät. Es ist wichtig, dass man sich an verschiedenen Aufgaben versucht, um ein Gefühl dafür zu bekommen, worin man gut ist und natürlich auch um zu erkennen, was einem Spaß macht. Stärken helfen uns Außergewöhnliches zu erreichen –

aber nur dann, wenn wir auf unserem Weg nicht durch Schwächen blockiert werden. Sich **im Schwächebereich weiterzuentwickeln** erscheint uns manchmal sehr mühsam. Aber das ist nur dann der Fall, wenn uns nicht klar ist, wofür wir den Aufwand des Lernens oder Trainierens auf uns nehmen. Doch die permanente Weiterentwicklung ergibt sich von selbst, wenn man immer wieder interessante Ziele findet oder einfach hin und wieder etwas Neues probiert. Ohne Fähigkeiten können Sie Ihre Ziele nicht erreichen. Dabei kann es sich um fachliches Wissen handeln, soziale Fähigkeiten oder auch mentale Kompetenzen. Sie alle kann man weiterentwickeln. Doch macht es Sinn zu versuchen alles weiterzuentwickeln? Nein. Sie müssen nicht alle Ihre scheinbaren Schwächen überwinden – doch in jedem Fall jene, die Sie am stärksten von Ihren Zielen und damit von Ihrem Glück abhalten.

Es gibt die Redensart „Angst ist ein schlechter Ratgeber." Sie stimmt und gerade deshalb gilt **„Angst ist ein guter Ratgeber"**, wenn es darum geht die eigenen Schwächen aufzuspüren. Unsere Ängste sind rot umrandete Hinweisschilder, die gnadenlos auf unsere Schwächen zeigen. Angst entsteht, wenn wir die Möglichkeit des Versagens wittern. Sie ist umso größer, je wahrscheinlicher uns ein Versagen erscheint und umso größer wir die Konsequenz hinter dem Scheitern vermuten. Dieser Satz ist genau zu lesen. „Erscheint" und „vermuten" sind die Schlüsselwörter. Gerade der Glauben in einem Gebiet nicht so gut zu sein, lässt uns an uns zweifeln. Der Zweifel an sich bindet große Anteile unserer Konzentration und oftmals wird gerade dadurch die Niederlage erst verursacht. Die **Angst vor dem Fehler blockiert große Teile unserer Potentiale** und löst damit den Fehler aus – das nennt man eine selbsterfüllende Prophezeiung. Davon wird später noch die Rede sein. Die Situationen, die wir vermeiden wollen, sind genau jene, mit denen wir uns konfrontieren sollten. An ihnen können wir wachsen. Beispielsweise hatte ich früher große Probleme damit vor Leuten zu sprechen. Es war mir mehr als unangenehm und es erforderte jedes Mal eine gewaltige innere Anstrengung. Mein Körper versuchte eigentlich permanent zu fliehen. Wenn man jedoch Trainer und Vortragender werden möchte, weil es ein hohes persönliches Ziel ist anderen gewisse Einsichten zu vermitteln und zu helfen sich weiterzuentwickeln, dann ist diese Schwäche – die Angst vor anderen zu reden – eine mehr als relevante. Also beschloss ich alle Möglichkeiten anzunehmen um vor Leuten zu reden, so gern ich im Innersten eigentlich auch „Nein – sicher nicht!“ gesagt hätte. Ich bereitete mich vor und gab mein Bestes. Es dauerte einige Zeit, doch am Ende verschwand die Angst, wenn auch eine gewisse gesunde Anspannung vor Auftritten immer blieb und selbst heute noch vorhanden ist. Doch was änderte sich? Ich habe die Vorträge absolviert und dabei immer reflektiert wie die Reaktionen der Zuhörer waren, welche Fehler ich gemacht habe, wo ich in der Vermittlung zu kompliziert war und zog daraus meine Schlüsse. Schritt für Schritt wurde ich besser und die Unsicherheit – die Basis unserer Angst – reduziert sich mehr und mehr. Die Wahrscheinlichkeit zu versagen schrumpfte während meine Fähigkeiten und das Vertrauen in diese langsam wuchsen. Ebenso stellten sich mehr Erfolge ein, sodass immer klarer wurde, dass selbst ein schlechter Auftritt keine dramatischen Konsequenzen hätte. Allerdings kam es natürlich nie zu einem wirklich schlechten Auftritt, da man die Dinge, die für die Zuhörer entscheidend sind, selbst im Griff hat. Man muss das liefern, wofür die Leute kommen. Wenn man etwas anbietet, muss es einen **Nutzen stiften**. Wenn man das dann noch ein wenig unterhaltend liefert und zudem mit **echter Wertschätzung** gegenüber den Zuhörern, dann kann man eigentlich kaum mehr etwas Gravierendes falsch machen.

Indem man sich mit relevanten Schwächen auseinandersetzt und sich damit konfrontiert, überwindet man diese. Es gibt nichts, was unser Gehirn nicht lernen könnte.

Unsere Handlungen werden immer davon beeinflusst was wir wollen und was wir können. Wenn ich einen Apfel vom Baum auf der anderen Seite des Baches möchte, dann wird der Weg, den ich wähle davon abhängen ob ich schwimmen oder vielleicht besonders weit springen kann. Wenn ich mir eine Brücke suche, dann werde ich wohl weder gut genug schwimmen bzw. nicht nass werden wollen, noch weit genug springen können. Wenn man eine Handlung setzt, dann beinhaltet sie also immer unser Wollen und unser Können. Wenn einen die eigenen Handlungen überraschen, ist es dringend angeraten sich wieder einmal mit seinem Selbstbild auseinanderzusetzen.

Unsere Ziele, Werte, Fähigkeiten und Merkmale sind immer von unseren Handlungen ablesbar – oft jedoch recht unscharf.

3 Psychosomatik – Woher kommt es? Wie löst man es?

Dieses Kapitel klärt über die Zusammenhänge von emotionalem und körperlichem Befinden auf. Die Psychosomatik nimmt in unserer Gesellschaft immer stärker an Bedeutung zu. Früher trennte man sogar bewusst zwischen Körper und Geist. Entweder das eine war krank oder das andere. Die gegenseitige Beeinflussung wollte man nicht wahrhaben, da die breite Masse eben daran glaubte, dass Körper und Geist unterschiedliche Qualitäten seien. Betrachtet man die Entwicklungen der häufigsten Krankheiten, so zeigen jene Krankheiten, die mit der Psyche in Verbindung stehen den weitaus größten Anstieg. Dies wiederum weißt sehr deutlich darauf hin, dass unsere Gesellschaft bzw. die Art, wie wir in dieser leben nicht gerade ideal sein kann. Genauso zeigt es, dass die Trennlinie von Geist und Körper nicht mehr so scharf gezogen ist. Wir haben in den vorherigen Kapiteln bereits behandelt, auf was man achten sollte, um die innere Struktur gesund zu halten.

Unser Körper bleibt dann widerstandsfähig und energiegeladen, wenn wir das tun können, was uns wichtig erscheint und zwar auf eine Weise, die uns richtig erscheint und wenn der Glaube in unser Können stark ist.

Viel einprägsamer sind aber Fehler und Probleme, also was passiert, wenn man etwas falsch macht, sodass sich dieses Kapitel mit den wichtigsten psychosomatischen Phänomenen unserer Zeit beschäftigt. Die Phänomene Burn-out, Depression, die Begünstigung von degenerativen Erkrankungen genauso wie einfache Erkältungen haben massiv mit der Klarheit und einer gesunden Ausrichtung der Werte, Ziele, Wege und Stärken zu tun. Diese Zusammenhänge werden hier kompakt erläutert und Sie werden sehen, dass es keine Bibliotheken braucht, um die wirklich wesentlichen Kenntnisse aufzuzeigen. Die Eleganz und Einfachheit einer Erklärung ist Indiz für eine tiefe Wahrheit, die sie in sich trägt.

3.1 Depression erkennen – Depression überwinden

Betrachten wir die Grundlage für depressive Zustände. Depression ist bestimmt durch fehlende Antriebskraft. Nun wissen wir bereits wie Motivation funktioniert, sie fließt von unserem obersten Bedürfnis über die Kaskaden von Unterzielen durch unsere Bedürfnisstruktur in unsere Ziele und von dort in unsere Handlungen. Motiviert sind wir bezüglich einer Handlung dann, wenn wir überzeugt sind, dass uns die Handlung einem oder mehrerer unserer Ziele näher bringt und wenn wir daran glauben die Aufgabe unter Nutzung unserer Stärken erfolgreich bewältigen zu können. Damit gibt es drei Faktoren, die für das Austrocknen der Motivation verantwortlich sind.

1) Die Zieldepression

Alle Gründe, um in eine Depression zu schlittern, sind einfach über die Bedürfnisstruktur zu erklären. Beim **Verlust einer Lebensaufgabe** oder eines wichtigen Zieles, wird unsere Zielstruktur massiv beeinträchtigt. Nun kommt es darauf an, über was man sich sehr stark motiviert oder gar identifiziert. Ein extremer Fokus kann sich entwickeln, wenn man in einer einzelnen Aufgabe den Sinn seines Lebens sieht. Die Arbeit, um die Familie zu erhalten, fällt in der Pension weg. Die Kinder, die man schützen und fördern möchte, werden irgendwann groß. Egal, was die Hauptmotivation im Leben ist, wenn einem klar wird, dass jene Aufgabe, für die man tagtäglich aufgestanden ist und gearbeitet hat, weggefallen ist, dann bricht ein gesamter Zielbereich mit seinen Unterzielen weg. Da wir die Empfindung haben, keine sinnvollen Aufgaben mehr vor uns zu haben, wird für viele Tätigkeiten, die sich aus diesen Aufgaben mit Energie gespeist hatten, keine oder wenig Energie zur Verfügung gestellt. Alles wird mühsamer. Wenn keine Kinder mehr zum Mittagessen oder Abendessen kommen, bei denen man sich nett unterhalten konnte und ihnen etwas Gutes tun konnte, dann wird das Kochen tendenziell mühsamer. „Für mich allein zahlt sich das kochen ja nicht aus.“, hört man öfter. Das Kochen als Handlung bekommt umso mehr Energie, je mehr positive Effekte man damit verbindet. Besonders hart trifft es Menschen oft bei der Pensionierung, vor allem dann, wenn sie sich der Illusion hingeben, dass sie danach endlich mal entspannen und nichts tun können – und dabei glauben, dass sie das total genießen werden. Es gibt nur wenige Menschen, mit recht moderatem Leistungswillen, denen es leicht fällt sich über mehrere Wochen oder gar Monate hinweg im Nichtstun zu üben.

Fällt die Lebensaufgabe weg, fällt auch die Motivation für alle daran angeschlossenen Ziele und Handlungen weg.

Problematisch ist **das Nichtstun bzw. die Unterforderung** zusätzlich deswegen, weil Körper und Geist nur die Fähigkeiten und Stärken erhalten, die notwendig sind, um die Aufgaben und Herausforderungen des Tages zu bewältigen. Je länger man sich gehen lässt und sich nicht mehr fordert, desto stärker degenerieren der Geist und Körper. Je schwächer wir werden, desto mühsamer erscheint es uns, uns wieder mit etwas Neuem und Schwierigem zu beschäftigen. Wir werden zunehmend träge, lethargisch und schwach – wir degenerieren.

Das Alter an sich können und sollten wir hier nicht als Ausrede benutzen, um unsere sinkende Leistungsfähigkeit zu beschönigen. Es ist ein alter Mythos, dass unser Gehirn Mitte zwanzig die höchste Intelligenz aufweist. Statistisch stimmt dies zwar, jedoch hat dies fast nichts mit der Entwicklungsfähigkeit des Gehirns zu tun. Viel wichtiger ist die Entwicklung unseres Lebens – die schließlich bestimmt, wie sich unser Gehirn entwickelt. Mitte Zwanzig beginnt die Intelligenz deswegen nachzulassen, weil wir im Schnitt dort alle wichtigen Erfahrungen gemacht und alle großen Veränderungen im Leben bereits bewältigt haben. Wir haben die Schulzeit hinter uns, während derer wir sehr viel lernen mussten, was unser Gehirn fordert. Wir haben die ersten Beziehungen hinter uns, während derer wir viel über Menschen und unser Wirken auf diese nachgedacht haben, was unser Gehirn stark fordert. Wir sind in der Berufswelt angekommen, haben vielleicht sogar schon eine fixe Beziehung, wenn nicht bereits Familie. Das Leben ist – im Durchschnitt – ab Mitte zwanzig ziemlich auf Schiene und es kehrt eine weitaus größere Routine in unser Leben ein als in den zweieinhalb Jahrzehnten davor. Im Verlauf unseres Lebens verlieren wir deshalb permanent an Leistungspotenzial, wenn wir uns nicht immer wieder bewusst Herausforderungen stellen oder die **persönliche Entwicklung zu einem eigenen Ziel** werden lassen.

Wer kontinuierlich an sich arbeitet, kann auf kognitive, mentale und emotionale Level kommen, die für den heutigen Durchschnitt geradezu illusorisch erscheinen – dabei könnte es theoretisch jeder. In den Trainings sind die Teilnehmer oft verwundert, wenn wir uns zu Übungszwecken verschiedenen Denkaufgaben zuwenden. Sehr oft geben Teilnehmer bei jenen Aufgaben auf, von denen sie vorab glauben, dass sie dafür kein Talent hätten, egal ob das Zahlenreihen, Wortassoziationen, räumliche Vorstellung oder andere Aufgaben betreffen. Geht man dann kurz mit Ihnen das Prinzip der Aufgabe durch, können sie die Aufgaben meist sehr gut selbst lösen. Das Positive daran ist die überraschende Erkenntnis, dass sie viel mehr drauf haben, als sie selbst vermuteten. Und jeder von uns kann mehr, als wir vermuten. Wir sind oft nur zu feige oder unmotiviert uns Aufgaben zu stellen, die uns wirklich fordern. Bleibt man aber immer bei dem, was man schon kann, wird man nicht nur nicht stärker sondern lässt seine Fähigkeiten zunehmend verkümmern. So wie ein Muskel schwächer wird, wenn er nicht regelmäßig belastet bzw. trainiert wird, so büßt genauso unser Gehirn jene Fähigkeiten und Stärken ein, die wir ihm nicht immer wieder abverlangen. Jede Fähigkeit kostet dem Gehirn schließlich Energie, da sie durch Botenstoffe und Neuronenkombinationen ermöglicht wird. Das Gehirn ist sehr ökonomisch und erhält nur das Können aufrecht, das wir immer wieder benötigen. Fordern wir uns in manchen Bereichen länger nicht, dann reduziert unser Organismus die betreffenden geistigen Kapazitäten. Neue Herausforderungen sind deshalb eine Art Jungbrunnen.

Wenn man reicher an Jahren ist, hat man schon sehr viel gesehen, doch gibt es immer wieder neue Herausforderungen, man muss sie sich teilweise eben suchen und Verschiedenes probieren. Damit arbeitet man gezielt und nachhaltig gegen degenerative Erkrankungen an. Wir werden schließlich immer älter. Wenn wir mit aktuell durchschnittlich 57,8 Jahren in Pension gehen und dann noch fast 30 Jahren leben, ohne echte Herausforderungen, dann ist es überhaupt kein Wunder, wenn sich der Organismus langsam auflöst. Sie können ein Fahrrad geradezu endlos lange benutzen, solange sie es im Betrieb halten und gut pflegen. Aber stellen sie mal ein Fahrrad ein Jahr ins Freie ohne es zu nutzen. Es wird großen Schaden erleiden und es wird viel Aufwand brauchen, um es wieder einsatzbereit zu bekommen.

Warum sollte also unser Körper stark bleiben, warum gesund? Wenn wir keine sinnvolle Zielstruktur mehr haben und lieber bequem werden, liefert uns der Organismus weder Kraft noch besonders viele Glücksgefühle.

Das Leben wird eintönig und kraftlos. Wir werden krank und unzufrieden. Zusätzlich haben wir dann irrsinnig viel Zeit, um über unsere Unzufriedenheit und Krankheiten nachzugrübeln. Dabei müsste man sich nur wieder einen Sinn im Leben geben und verstehen, dass wir nur so aus der Trägheit und Kraftlosigkeit herauskommen.

Routine und Unterforderung sind der Tod hoher Leistungsfähigkeit. Wer (zu viel und zu lange) rastet, der rostet!

2) Resignative Depression

Wir haben also gerade gesehen, dass Depression fast zwangsläufig mit der Rückentwicklung unserer Fähigkeiten einhergeht. Ausgelöst kann eine depressive Phase aber auch werden, obwohl wir ein wichtiges Ziel haben. Denn wenn uns etwas extrem wichtig ist, aber wir keinen Weg sehen dieses zu erreichen, dann kommt es zur **resignativen Depression** – wir geben auf. Innerlich sagen wir: „Wenn ich das nicht erreichen kann, dann interessiert mich alles andere auch nicht." Beispielsweise kann sich auf Grund irgendwelcher Eindrücke und Ideen die Überzeugung bilden, dass man unbedingt eine berühmte Schauspielerin werden müsse. Die gewaltige Kraft dieses Ziels kommt daher, dass wir glauben, dass damit viele höhere Ziele befriedigt werden. Wir wären abgesichert, weil wir viel verdienen würden, wir würden sehr viel Anerkennung bekommen, wir würden tolle Leute treffen und hätten quasi überhaupt keine Sorgen mehr. Das ist natürlich naiv gedacht und entspricht nicht im Mindesten den Gegebenheiten. Doch da die direkte Erfahrung fehlt und man nur die Eindrücke aus Fernsehen und Illustrierten kennt, weiß man nicht, wie verzerrt diese Vorstellung ist. Also dominiert das Ziel „berühmte Schauspielerin" unsere Bedürfnisstruktur. Die Zugmotivation ist gewaltig und zwar so sehr, dass andere Bedürfnisse wie „Freunde", „Lernen", „Fitness", „Hygiene", „Kleidung", etc. im Vergleich brutal abfallen. In der folgenden Abbildung ist die Auswirkung visuell dargestellt.

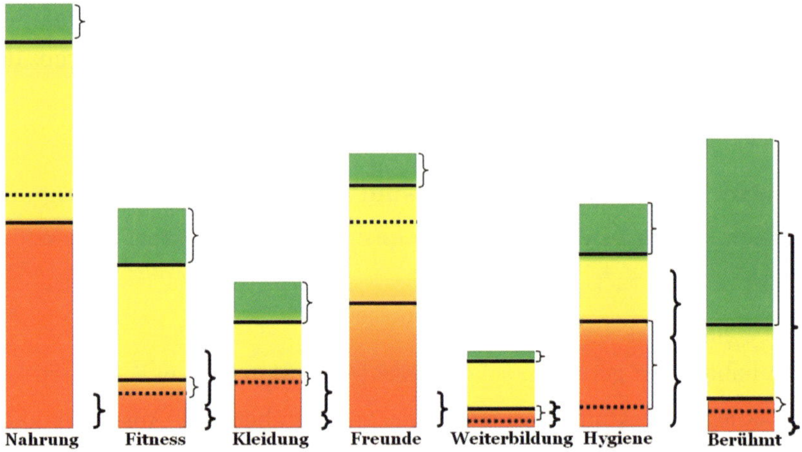

Weiter oben wurde erläutert, dass die Gesamtmotivation eines Bedürfnisses oder Zieles von zwei Kräften abhängt. Zum einen soll verhindert werden, dass wir das bereits erlange Level verlieren. Dies verhindert die Schubmotivation – der Schmerz. Wenn ein Bedürfnis frustriert ist, wir zum Beispiel Hunger verspüren, dann ist das eine Schubmotivation, die uns antreiben soll wieder auf den **Mindestlevel** zurückzukehren. Die Stärke der Schubmotivation ergibt sich aus dem Ausmaß der Unterschreitung unseres Anspruchsniveaus, welches in der Grafik bei jedem Balken den Übergang zwischen gelbem und rotem Bereich mit einer Querlinie dargestellt wird. Die gepunktete Linie repräsentiert den aktuellen **Befriedigungsgrad** der Bedürfnisse. Erst wenn der Befriedigungsgrad unter das notwendige Anspruchsniveau fällt, entsteht die Schubmotivation. Über dem Bereich, in dem unser Bedürfnis grundsätzlich befriedigt ist, wir also keine Art von Schmerz erleiden, wirkt die zweite Kraft – die Zugmotivation. Sie kann man als ein Versprechen auf Wachstum und angenehme Gefühle verstehen. Wenn wir in einem Bereich besser werden, als wir es bereits sind, dann erhoffen wir uns davon zu profitieren. Wenn wir mehr trainieren und körperlich fitter werden, erhoffen wir uns mehr Chancen beim anderen Geschlecht, eine größere Ausdauer im Alltag, mehr Ansehen unter den Kollegen, usw. Die Aussicht zieht uns nach vorne. Die Schubmotivation bei der Fitness wäre, zu verhindern wieder dick zu werden und dann wieder Probleme mit der Atmung, der Ausdauer, dem Ansehen, etc. zu bekommen. Das wollen wir vermeiden, deswegen entsteht hier ebenfalls Motivation. Aus Schub- und Zug- entsteht die Gesamtmotivation eines Bedürfnisses und drängt zu Handlungen, die uns helfen sollen das Bedürfnis zu befriedigen. Im obigen Beispiel ist es so, dass das Bedürfnis berühmt zu werden, eine so starke Gesamtmotivation aufweist, dass dort sehr viel Energie hingeleitet wird.

Doch, da wir keinen Weg sehen dieses Ziel zu erreichen, kann die Energie nicht in konkrete Handlungen umgesetzt werden – wir wissen ja nicht welche das sein sollten. Die Energie wird in diesem Ziel gefangen und kann nicht in Handlungen fließen. Da dieses Ziel aber eine so hohe Gesamtmotivation aufweist, erscheinen uns im Vergleich alle anderen Belange nichtig und uninteressant. Alle Energie staut sich in unserem übertrieben bedeutsamen Ziel berühmt zu werden. So wie sich Wasser einen Weg durch Gestein frisst, so versucht unser Verstand einen Weg zu finden dieses Ziel zu erreichen. Wenn unser Gehirn nicht weiß was zu tun ist, dann beginnen wir zu denken, zu analysieren, zu grübeln. Die Energie verlagert sich also ins Innere und weg aus dem konkreten Tun. In einer solchen Depression ist man hauptsächlich mit Denken und Phantasien befasst.

Zusätzlich wird nach energieschonenden Möglichkeiten gesucht, um ein wenig Glück zu erfahren, nachdem es uns in so einer Blockadesituation an Handlungen und damit an Erfolgserlebnissen und in weiterer Folge an Glücksgefühlen mangelt. Als Kompensation können Spiele, Filme,

Drogen oder andere Ablenkungen, die ohne viel Energieaufwand ein wenig Glück liefern, dienen. Es sollte klar sein, dass weder die harmlosen und schon gar nicht die gefährlichen Möglichkeiten sich mit Glücksmomenten zu versorgen helfen die Wurzel des Problems herauszuziehen.

Der Ausweg aus diesem Dilemma besteht darin, sich klar zu werden, dass viele der positiven Effekte, die man sich von der Berühmtheit erhofft, gar nicht den Tatsachen entsprechen. Wir können bewusst die Bedürfnisstruktur verändern und damit direkt auf den Energie/Motivationsfluss Einfluss nehmen. Wenn man sich klar macht, wie viele der Stars gewaltige Probleme mit Drogen, Beziehungen, Karriere, Selbstwert und alles zusammen haben, dann reduziert sich der Zugeffekt irgendwann. Wenn man sich genauso klar macht, dass man mit anderen Zielen ebenfalls viel Positives erreichen kann, hilft einem dies ebenfalls, gerade dann, wenn diese Ziele erreichbarer erscheinen als das Ziel, vor dem wir resignieren. Genauso kann man die eigenen Bedürfnisse an sich noch einmal analysieren. Warum ist uns die Aufmerksamkeit anderer so wichtig? Wenn man erkennt, dass unverarbeitete, kränkende Erlebnisse Schuld daran sind, kann man diese Verbindungen auflösen und das Bedürfnis reduziert sich. Wenn man den eigenen Selbstwert und das persönliche Selbstvertrauen steigert, wird ebenfalls der Bedarf an externer Anerkennung abnehmen. Durch eine oder mehrere dieser Reflexionen und Techniken der Bedürfnisstrukturierung kann man die Bedürfnis- und Zielstruktur wieder in eine funktionierende Balance bringen. Die anderen Bedürfnisse kommen wieder eher zum Zug. Es werden wieder Handlungen gesetzt. Durch das Tun erlebt man wieder Erfolge. Durch die Erfolge empfindet man Glück und erlangt neues Selbstvertrauen. Die sich nach oben windende Spirale persönlicher Zufriedenheit und persönlichen Erfolges beginnt sich zu entfalten.

3) Depression auf Grund fehlenden Selbstwertes

Diese kann sich ebenfalls mit den obigen Abläufen überschneiden. In diesem Szenario fehlt schlicht der Glaube an sich selbst und die eigene Bedeutung für die Gemeinschaft bzw. die Welt im Allgemeinen. Die Überschneidung mit der resignativen Depression ist augenscheinlich. Wenn wir an uns selbst nicht glauben, werden wir kaum Wege für gangbar halten, um unsere Ziele zu erreichen. Damit erscheinen uns Ziele viel schneller als unerreichbar, als wenn wir großes Selbstvertrauen hätten. Die Selbstwertdepression könnte man, wenn man es extrem betrachtet, als evolutionären Mechanismus betrachten, der jene dem Ende zuführt, die erkannt haben, dass sie keinen Nutzen mehr für die Gemeinschaft haben. Das Problem ist, dass man sich in einer schlechten Phase schnell einreden kann, dass man selbst keinen Wert hat. Hier muss man fast froh sein, dass uns die Religionen und die damit einhergehenden Schauergeschichten von Hölle, ewigem Schmerz im Jenseits etc. den Tod als eine echte Instanz in unser Bewusstsein gebrannt haben. Der Tod ist etwas, das man gern meiden möchte. Natürlich lässt er sich nicht vermeiden und kann auch überhaupt nichts Schlimmes sein, weil wir ja keine Sinne mehr haben werden um etwas zu erfassen. Es ist letztlich eine Umformung von Energie. Unsere Energie bleibt in dieser Welt, wobei jeder kleinste Teil von uns unsere Energiesignatur trägt, wie wir als Wesen einen DNS-Strang tragen. Jeder von uns hinterlässt damit physikalisch zwangsläufig seine Spuren im Universum und bleibt auf ewig darin eingebettet. So wie ein Apfel, der vom Baum fällt, unter diesem verfault, in den Boden eingeht und dann wieder in das Gras, die Erde, die Tiere, den Stamm oder die neuen Äpfeln einfließt, gehen auch wir zurück und verteilen uns wieder. Wir empfinden das Ableben jedoch als extrem bedrohlich – zumindest die meisten von uns, obwohl es sich wesentlich schöner lebt, wenn man keine Angst vorm Sterben hat. Leidet man jedoch an einer Selbstwert-Depression wäre der Weg in den Selbstmord für jemanden, der keine Angst vor Gevatter Tod hat, wesentlich verlockenderer als für jemanden mit Todesangst.

Die Pflege des Selbstwertes ist enorm wichtig, um in seinem Leben sowohl Erfolg als auch Zufriedenheit zu erlangen. Ein übersteigerter Selbstwert kann in die Selbstverliebtheit führen und zu geringer Selbstwert in die hier angesprochene Depression. Wie bei allen Bereichen ist die Balance entscheidend. Ein starker Selbstwert und ausreichend Demut ob der Erkenntnis, dass man sich nicht zu viel auf die eigene Bedeutung einbilden und dankbar sein sollte für das, was man hat und wer man ist – das wäre eine gute Kombination.

Der Weg aus einer Selbstwert-Depression gelingt nur über das Handeln. Da das Bedürfnis nach Anerkennung hier derart frustriert ist, sollte man sich selbst für die erste Zeit zurücknehmen und – so absurd sich dies in jenem Moment anfühlt – sich Gedanken darüber machen, wie man anderen helfen kann. **Sich selbst helfen, indem man anderen hilft** – blicken wir auf den Hintergrund dieser Aussage. Indem wir unsere Aufmerksamkeit auf die Befindlichkeiten und Herausforderungen anderer legen, nehmen wir einen Teil unserer inneren Kraft weg, die letztlich nur auf unsere offene Wunde drückt. Natürlich bedarf es auch der inneren Reflexion. Es darf aber nicht zu viel sein, sonst endet es in einer Selbstzerfleischung oder in neurotischen Störungen. Manchmal erscheinen uns Probleme auch nur so groß, weil wir so verdammt dicht dran sind. Mit mehr Abstand wirken sie oft weniger bedrohlich. Manchmal erkennt man aus größerer Entfernung Lösungen sogar leichter, als wenn man zu nahe ist. Wir lenken also einen großen Teil unserer Konzentration von uns weg auf andere Menschen. Indem wir anderen helfen und dies von denen gar nicht erwartet wird und somit extrem nett und überraschend wirkt, erhalten wir sehr schnell positives Feedback. Dieses stärkt direkt unseren

Selbstwert und hebelt somit die Depression ein wenig aus. Wenn wir sehen, wie andere ihre Ziele erreichen und was alles möglich ist, erkennen wir darin eventuell auch wieder neue Möglichkeiten für den eigenen Lebensweg. Nicht zuletzt wird man uns eher helfen und uns mehr Aufmerksamkeit und Fürsorge schenken, wenn wir freundlich, offen und hilfsbereit auf Menschen zugehen. Der Mensch mag den Tod nicht überwinden, doch ist er in anderer Weise nicht der Physik unterworfen. Physikalisch gesehen ist es nicht möglich, dass man sich gegenseitig nach oben zieht. In einer guten Gesellschafft zieht man sich permanent gegenseitig, indem man sich Kraft und Sicherheit gibt. Gerade durch dieses Gefühl benötigen wir wenig Kraft und Sicherheit von anderen, da wir vor diesem Hintergrund selbst viel mehr schaffen, als wenn wir uns verloren, allein und wertlos fühlen.

Eine Selbstwert-Depression überwindet man am schnellsten, indem man sich anderen zuwendet, hilft und sich an der Gemeinschaft stärkt.

3.2 Pro und Contra von Medikamenten

Sie sehen bereits, dass diese ganzen Krankheiten und Symptome letztlich sehr leicht aus dem Gesamtkontext der funktionalen Humantheorie erklärt sind. Deshalb ist es so wichtig die Bedürfnis- und Zielstruktur zu kennen und zu verstehen, wie man sie direkt beeinflussen kann. Wir können uns selbst auf viel höherem Niveau steuern, als uns das die meiste Zeit bewusst ist. Es bedarf oft gar keiner oder nur sehr geringer externer Hilfe. Die Verwendung von Medikamenten ist heute sehr populär. Da viele Stellen mit diesen viel Geld verdienen, ist das nicht weiter verwunderlich. Diese Medikamente nehmen jedoch direkten Einfluss auf die biochemische Zusammensetzung des Gehirns. Es verstärkt manche Vorgänge und blockiert andere, je nachdem, welche Stoffe einem zugeführt werden. Das Problem ist aber, dass diese Stoffe zum einen oft zusätzliche Wirkungen erzielen, die gar nicht beabsichtigt werden (Nebenwirkungen). Dadurch verursachen Medikamente teilweise – gerade über längere Zeit eingenommen – mehr Schaden als sie Nutzen bringen. Zum anderen reduzieren von außen zugeführte Stoffe die körpereigene Produktion eben jener Stoffe. Das Ganze kann sich dann entwickeln wie im folgenden Schema. In diesem ist die grüne Linie die körpereigene Produktion von einer bestimmten Substanz, z.B. einer Dopaminart oder anderer Botenstoffe, die für unser Glücksempfinden relevant sind. Ein Auf und Ab ist völlig normal – jeder Berg hat sein Tal. Im Beispiel haben wir das Gefühl, das Tal ist zu tief und währt zu lange.

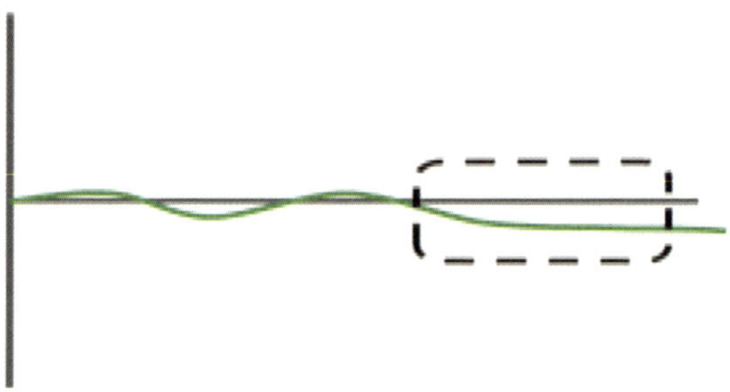

Wir haben ja schon gelernt, dass das Gehirn und unser Körper im Allgemeinen nur die Fähigkeiten und Stoffe herstellen, die gebraucht werden, um die Herausforderungen des Alltags zu bewältigen. Wenn wir die Anforderung reduzieren, z.B. keine körperliche Arbeit mehr verrichten, dann reduzieren sich die Muskulatur und deren Versorgung mit Energie. Wenn Sie sich zwar auf das Fahrrad setzen, lassen jedoch einen Elektromotor die Arbeit verrichten, dann wird sich die Muskulatur nicht weiterentwickeln sondern eher zurückentwickeln. Wenn wir nicht regelmäßig Neues lernen, verlernen wir die Fähigkeit rasch zu lernen. Wenn wir wenig sprechen, verlieren wir an Eloquenz und so weiter. Der Körper stellt immer eine homöostatische Balance in unserem Inneren her. Wenn es uns schlecht geht, dann hat das seine Gründe. Der Schmerz zwingt uns diese Gründe zu erkennen und zu überwinden. Dann geht es uns auch wieder besser. Nehmen wir aber von außen Stoffe auf, die uns fehlen, wird dadurch unsere persönliche Weiterentwicklung, die normalerweise für deren Produktion sorgen soll, ausgestoppt. Dann reduziert der Körper die interne Produktion nur noch weiter. Es ist so, als wenn sie wissen, dass sie 100 Stück am Tag produzieren sollen. Sie wissen, dass es in der aktuellen Lage genau die richtige Menge ist. Mehr oder weniger wäre nicht gut. Jetzt liefert ihnen jeden Tag jemand 30 Stück einfach zu. Um die optimalen 100 Stück zu erreichen, fahren Sie die Produktion auf 70 Stück herunter. Sie erhalten die innere Balance aufrecht, die der Bedürfnis- und Zielstruktur gerecht wird.

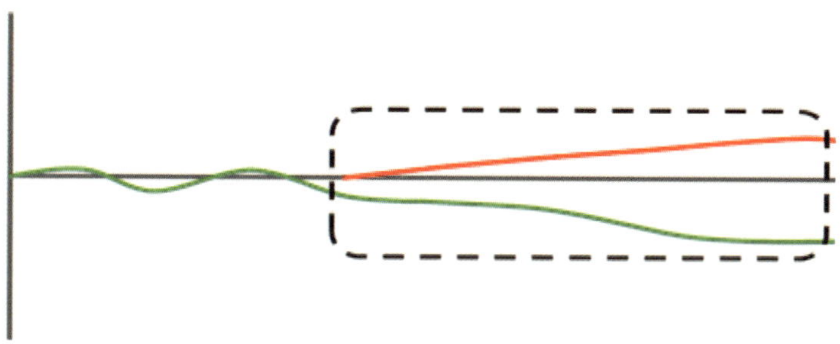

Wenn es uns schlecht geht, dann weil es dringend Bedarf gäbe unsere innere Struktur zu überarbeiten und weiterzuentwickeln. Wenn wir jetzt Medikamente einnehmen, die uns das Gefühl geben, dass alles nicht so schlimm ist oder unser Gefühlsleben betäuben, dann können wir auch mit einer unaufgeräumten, schlecht abgestimmten Persönlichkeitsstruktur leben. Man nimmt dem Gehirn und damit sich selbst den Anreiz eine echte Lösung für die Situation zu finden. Man stabilisiert und verlängert damit im Grunde nur einen schlechten Zustand. Die Medikamente täuschen eine Besserung vor, da man sich schließlich besser fühlt. Diese Verbesserung entsteht jedoch nicht aus unserem Inneren heraus, sondern durch äußere Beeinflussung.

Medikamente sind dann sinnvoll, wenn jemand extrem tief in einem Loch ist und der Person selbst die Kraft fehlt das rettende Seil zu ergreifen, um sich herauszuziehen. In härteren Zeiten würde jemand in so einem Loch verhungern. Durch die Medikamente ist es so, dass jemand selbst in dem Loch überleben kann, so wie wenn man der Person ausreichend Nahrung reicht aber ihr nicht zeigt, dass ein Seil da wäre und dass es außerhalb des Lochs viel schöner ist. Man müsste der Person klar machen, dass sie aus dem Loch heraus muss oder zu einem elenden, sehr reduzierten Leben verdammt ist. Die Medikamente dürften nur so eingesetzt werden, dass die Person ausreichend Kraft empfindet, um sich in Bewegung zu setzen. Wenn ausreichend Momentum aufgebaut wurde, es also erste Erfolgserlebnisse gibt, dann sollte man die Medikamente feinfühlig reduzieren.

Es ist analog einer Krücke, wenn man sich den Fuß bricht. Es ist ja nicht gut, wenn man die ganze Zeit still liegt. Es schwächt den Körper zusätzlich und erschwert dann die Heilung und Rehabilitation. Deshalb macht es Sinn mit Hilfe einer Krücke Bewegung zu ermöglichen. Durch die Krücke belastet man den Fuß nicht und hilft, dass man trotz der Krankheit aktiv bleiben kann. Würde man den Fuß oder gar den ganzen Körper nur schonen und nie belasten, dann würden die Muskeln verkümmern, sich die Sehnen verkürzen und man würde immer weniger belastbar – im besonderen der verletzte Fuß. Da man ihn ja nicht mehr benutzt, warum sollte der Körper diesen Teil unseres Körpers stark halten? Benutzt man also die Krücke sehr lange und versucht dann auf dem Bein zu stehen, wird es einfach unter uns wegknicken – komplett kraftlos. Genauso wäre es, wenn man sehr lange Medikamente nimmt und dann versucht sie plötzlich abzusetzen. Der Körper hat ja während der Zuführung der Medikamente die eigene Produktion der Botenstoffe zurückgefahren.

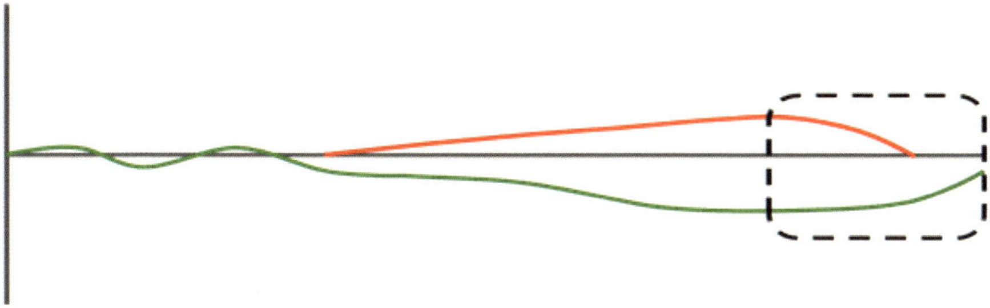

Wenn wir von außen etwas zuführen, warum sollte der Organismus es dann selbst produzieren. Wenn wir die Herausforderungen zurückfahren und zusätzlich noch von außen Stoffe zuführen, die als Krücke dienen, dann schwächt das den Organismus in Wahrheit ganz extrem. Versucht man dann ohne diese Hilfe wieder Herausforderungen zu bewältigen, wird man zu schwach sein. Man wird scheitern, frustriert sein und sich noch weniger zutrauen. Bei einem Reduzieren von äußeren Hilfsstoffen wird es ein wenig dauern, bis die innere Produktion wieder hochfährt. Es wird also einen Verzögerungseffekt geben und es kann das Gefühl entstehen, dass es einem noch schlechter geht als vor der Medikamenteneinnahme. Man sollte hier also im Inneren deutlich aufgeräumter und kräftiger sein, da das Absetzen der Pharmazeutika, die das psychologische und emotionale Gleichgewicht künstlich aufrecht erhalten haben, eine Zusatzbelastung für das System ist.

Medikamente sollten bei psychosomatischen Störungen nur als anfängliche Unterstützung angewendet werden. Hauptziel muss die Ordnung und Ausrichtung der inneren Struktur sein.

3.3 Burn-out durch Sinnverlust, Selbstverleugnung, Überlastung

Es ist in wenigen Jahren zu einem inflationär gebrauchten Modewort bzw. zu einer Modekrankheit verkommen. So wie eine Psychose alles war, was an auffälligem Verhalten nicht erklärt werden konnte und Depression alles war, wenn die Menschen ohne erkennbaren Grund lange Zeit besonders schlecht drauf waren, so wurde Burn-out eine Erscheinung im Bereich der hart arbeitenden Bevölkerung. Nur dort hielt sich dieses Phänomen nicht lange auf. Heute hört man von 20-jährigen mit Burn-out, von Leuten in gemütlichen Bürojobs mit Burn-out, von Pensionisten mit Burn-out. Was soll das sein – was ist hier die gemeinsame Eigenschaft, damit diese unterschiedlichsten Situationen die gleiche Krankheit hervorbringen können. Tatsache ist, Burn-out ist mit der Depression extrem eng verwandt. Das Burn-out zeigt letztlich neue Wege in die Depression auf. Das Thema ist nicht unwichtig, denn diese unangenehmen, zerstörerischen Gefühlszustände, die damit gemeint sind, sind keine Illusion. Aber man sollte den Begriff nicht zu sehr abgreifen und sich lieber damit befassen zu erfassen was in unserem Inneren vorgeht, wenn wir ein Burn-out durchleben. Betrachten wir also die häufigsten Wege in das Burn-out.

Eine heute immer häufigere Art des **Burn-outs** hat einen ähnlichen Hintergrund wie die resignative Depression. Es geschieht dann, wenn Menschen bewusst erkennen, dass ihr Leben nicht die Richtung nimmt, die sie sich erhofft oder gar erwartet haben. Wenn sie den Beruf als sinnlos empfinden, die Kollegen als wenig sympathisch erscheinen und die Chefs weder Anerkennung, noch klare Aufgabenbeschreibungen oder Hilfestellungen anbieten – dann wird alles **extrem mühsam**. Wir wissen bereits, dass uns das Gehirn nur Motivation liefert, wenn wir glauben, dass wir etwas tun, das uns unseren Zielen näher bringt. Merkt unser Verstand, dass wir uns eigentlich mit jedem Tag weiter von dem entfernen, was wir eigentlich viel lieber machen würden, dann bremst uns das Gehirn aus. Es gibt uns aus Selbstschutz keine Energie mehr, um in die falsche Richtung weiterzugehen. Im Grunde ist es so, wie wenn Sie einen Freund am Ärmel zurückhalten, der bei einer Wegkreuzung die falsche, vielleicht sogar gefährliche Richtung einschlägt. Wir müssen also zusätzlich gegen diesen Widerstand ankämpfen, der noch mehr Kraft kostet, als die Erledigung der Arbeit eigentlich kosten würde. Hauptverantwortlich für die Aufrechterhaltung von Lebenswegen, die weniger Wege denn Sackgassen sind, ist das Bedürfnis nach Sicherheit. Die ausgeübte Stelle wird nicht aufgegeben, da man sich nicht sicher sein kann, etwas anderes zu bekommen, um die Lebenskosten zu decken. Man will auch nicht unbedingt auf den erarbeiteten Wohlstand – wie auch immer der aussehen mag – verzichten. Wenn dazu das Vertrauen in die eigenen Möglichkeiten fehlt, die andere Wege offen und gangbar erscheinen lassen würden, dann bleibt man oft sehr lange auf dem Weg, der einen innerlich viel Kraft kostet, weil er z.B. mit den eigenen Werten kollidiert, starke Bedürfnisse frustriert und deswegen im Grunde alles andere als ideal für einen ist. Im Grund ist es ähnlich wie mit längeren Beziehungen, bei denen man eigentlich spürt, dass sie vorbei sind. Man bleibt dran, mit der Hoffnung, dass es ja wieder besser werden muss. Wenn man dabei viel Zeit damit verbringt sich das immer wieder einzureden, obwohl klar ist, dass man sich einfach zu weit entfremdet hat und keine Chance auf erneute Annährung besteht, wäre eine Trennung vernünftiger. Die Angst davor allein zu sein und die damit einhergehenden Unannehmlichkeiten, die Mühsal jemand Neues so gut kennen zu lernen, lassen die Beziehung weiterlaufen. Man nimmt hier, wie am Weg in den Burn-out, eine Vielzahl von negativen emotionalen und dann oft auch körperlicher Phänomene in Kauf, da immer mehr Stimmen in uns rufen: „Beende es – endgültig. Willst du den Rest deines Lebens so verbringen?!“ Nicht selten münden auch Beziehungs-Burn-outs in die Depression. Sie sehen, wie nah diese ganzen Erklärungen zusammenliegen. Wie viel leichter ist es, wenn man die inneren Stimmen, die Gefühle und Intuitionen, richtig übersetzen kann. Das Ihnen hier vorliegende Buch möchte genau diese Fähigkeit fördern, da man so viel menschliches Leid verhindern kann – bei sich und bei anderen –, wenn man diese Sprache lernt.

Hört man auf sein Innerstes, dann vermag man ebenfalls ein Burn-out auf Grund von Selbstverleugnung zu vermeiden. Dieses ist heute allzu häufig in der Arbeitswelt anzutreffen, aber genauso in partnerschaftlichen Beziehungen. **Selbstverleugnung entsteht dann, wenn wir uns verbiegen müssen**. Gehen wir in ein rein spekulatives Szenario, in dem wir mit unseren Kollegen kein gutes Auskommen haben. Möglicherweise hatten wir einen unglücklichen Start im Unternehmen, wurden dann ein wenig verspottet und waren zu dem Zeitpunkt nicht gelassen genug um durch Souveränität dem Ganzen ein Ende zu bereiten. Nun – um mit unseren Kollegen halbwegs klar zu kommen, dürfen wir sie nicht allzu sehr merken lassen, was wir in Wahrheit von ihnen halten. Wir haben bereits festgestellt, dass es uns Kraft kostet, wenn wir eine **Rolle spielen**, weil wir dabei unser **Selbstbild verraten**, unauthentisch sind und wenn wir uns abweichend von unserer Identität präsentieren, dann kostet diese Abweichung ebenfalls Kraft. Wenn Sie über schlechte Witze lachen müssen, dann kostet es Sie Kraft. Wenn Sie nichts auf eine Bemerkung erwidern, die Ihre Überzeugungen angreift oder gar ins Lächerliche zieht, dann kostet das Kraft. Doch um den Frieden zu wahren, investieren wir manchmal diese Kraft. Doch wenn es zu viel wird, dann ist man erstens an der falsche Stelle und riskiert – zweitens – ein seelisches Burn-out. Es bleibt ja zudem in aller Regel nicht bei Spannungen am Arbeitsplatz. Oft ist es so, dass sich eine negative Arbeitsstimmung gleich noch auf die private Ebene durchschlägt – damit es sich richtig auszahlt. Wir kommen missgelaunt von der Arbeit nach Hause. In unserer Wahrnehmung fallen uns bei dieser Laune vor allem die Dinge daheim auf, die wir nicht gut finden. Das macht uns noch gereizter und wenn sich jemand als Schuldiger anbietet, dann muss man aufpassen, dass man diese Person nicht als Ventil für all den aufgestauten Arbeitsfrust verwendet. Denn wenn ich den Partner jetzt – aus seiner Sicht – grundlos angreife, dann wird dieser das als ungerechtfertigt auffassen und sich verteidigen oder mit einem Gegenangriff starten. Dann habe ich nicht nur in der Arbeit Frust sondern noch schönen Frust als Nachschlag, wenn ich zu Hause bin – wie die oben aufliegende Kirsche, die den Eisbecher vollkommen macht – naja, zumindest optisch. Wenn das Leben dann in allen Bereichen Kraft kostet und es wenig Aspekte gibt, die in mir Freude und Energie auslösen, dann ist man am allerbesten Weg ins Burn-out. Wenn man versteht, dass der Partner nichts für den Unmut, den die Arbeit auslöst kann, dann verhindert man diese ungerechten Wutausbrüche, die ein reines Abreagieren sind. Der Partner kann in aller Regel in so einem Szenario nichts für die eigene Frustration. Wenn man es schafft den Heim-Frust zu vermeiden, kann man aus der Beziehung Kraft schöpfen. Das wird aber auf Dauer auch nicht reichen, da die Selbstverleugnung immer stärker empfunden wird, sich oft noch Sinnlosigkeit der Arbeit hinzugesellt und alles immer mühsamer erscheint.

Ab einem gewissen Punkt wird der Körper den Notschalter betätigen. Man schläft nicht mehr so gut, der Appetit lässt nach, es entstehen chronische oder immer wiederkehrende körperliche Probleme, wie Hautausschlag, Infektionen, etc. In dieser Phase wissen die meisten Menschen überhaupt nicht wie ihnen geschieht. Das Allerwichtigste ist, aus dem Umfeld zu flüchten, das einem die ganze Kraft absaugt, über sich selbst ins Klare zu kommen und sich eine Umwelt aufzubauen, die zu einem passt und zu der man passt. Dann muss man sich nicht mehr verstellen, kann sein volles Potential entfalten und glücklich und erfolgreich werden.

Das echte Burn-out ist die letzte Option des Organismus sich wieder auf die richtige Bahn zu bringen. Der Körper übernimmt die Bremswirkung für den außer Balance geratenen Geist.

Im Burn-out selbst, wenn die Kraft für Handlungen verschwunden ist, befindet man sich in der Depression und beginnt sehr viel nachzudenken. Im Grunde sollte man genau jene Dinge reflektieren, die in den oberen Kapitel behandeln wurden, vor allem: „Was will ich wirklich machen? Welche Ziele habe ich im Innersten? Wie kann ich diese Ziele erreichen? Welche konkreten Schritte soll ich gehen? Welche Art von Mensch möchte ich sein? Was möchte ich, dass man von mir hält?" Dabei ist es wichtig sich anfangs kleine, vorsichtige Schritte vorzunehmen, da man nach einem richtigen Burn-out **zerbrechlich** ist. Man hat sehr leicht das Gefühl, dass man überlastet ist, dass zu viel von einem erwartet wird und man den Erwartungen nicht gerecht wird. Daran erkennt man, dass der **Selbstwert** hier sehr gelitten hat. Man rutscht ja quasi in einen Zustand der Kraftlosigkeit und damit ist man keine Hilfe mehr für sich und das Umfeld – man fühlt sich eher als Belastung, denn als wichtiger Teil der Gemeinschaft. Wir wissen, dass unsere Energiestärke sehr davon abhängt, ob wir der Überzeugung sind unsere Ziele erreichen und für andere etwas Sinnvolles beitragen zu können. Deshalb muss man sich seiner Fähigkeiten und Stärken wieder bewusst werden. Hierbei kann es hilfreich sein, Menschen im Umfeld zu fragen, welche Stärken sie uns zuschreiben und warum. Durch die Fremdsicht auf die eigene Person überwindet man die blinden Flecken, die wir alle bezüglich unseres

Selbst haben. Wir können oft gar nicht gut einschätzen, was wir außergewöhnlich gut können oder welche Einstellungen, Haltungen oder anderen persönlichen Merkmale von der Umwelt positiv bewertet werden. So kann man gezielter reflektieren und sich dadurch ein verbessertes Selbstbewusstsein und damit wiederum ein stabiles Fundament für neues Selbstvertrauen entwickeln.

Aus dem Burn-out findet man heraus, wenn man die Zielstruktur aktualisiert und damit wieder im Hier und Jetzt der eigenen Persönlichkeit agiert. Daraufhin muss das Selbstvertrauen durch eine Analyse der Stärken und Schwächen erfolgen.

Nachdem man die Zielstruktur und das Selbstbild wie ein Puzzle auseinandergenommen und wieder neu und aktualisiert zusammengebaut hat, **beginnt die Energie wieder zu fließen**. Das ist ein Prozess und zu Beginn glauben die Leute meist nicht, dass sie noch einmal voll belastbar werden oder noch Großes erreichen können. Ich kann Ihnen versichern, dass es möglich ist, aber nur wenn man sich nach einer tiefen und ausreichenden Reflexion auf den Weg macht die Ziele zu erreichen bzw. die Bedürfnisse zu befriedigen. Im Burn-out ist man so stark auf das Denken und Reflektieren fokussiert, dass manche sich im Planen verheddern. Wichtig ist es den **Schritt vom Denken und Planen in die Aktivität** zu machen. Denn nur wenn man agiert, kann man positive Erfahrungen und bestätigendes Feedback sammeln. Dies unterstützt den Heilungsprozess sehr stark. Man braucht Mut, um die ersten Schritte zu gehen – doch jedes Kind hat diesen Mut und steht auch wieder auf, wenn es sich ein paar Mal unsanft auf den Hintern gesetzt hat. Wir alle könnten heute noch nicht einmal gehen, wenn wir als Kinder nicht so viel neugieriger und mit Selbstvertrauen erfüllt gewesen wären, als wir es heute als Erwachsene sind. Wir müssen nur mit einem Bruchteil dieses natürlichen, optimistischen und auf Entdeckung ausgerichteten Mutes den Weg betreten. Mit einem gesunden Umfeld kann dann gar nichts mehr schief gehen.

Auf das klassische Burn-out, nämlich auf Grund von blanker, anhaltender **Überarbeitung**, wird hier nicht so detailliert eingegangen. Hierfür gibt es ohnehin zahlreiche gute Werke. Um sich nicht zu überlasten, was selbst dann geschehen kann, wenn man die Arbeit mag, die Kollegen gut findet und sonst vieles passt, ist es wichtig zu erkennen, wie man Belastung ausgleichen kann. Wenn die genannten Umfeld-Faktoren stimmen, dann fließt ja grundsätzlich sehr viel Energie, wir regenerieren schnell und es gibt keine Kräfte, die uns von unserem Weg abbringen wollen. Warum brennen wir trotzdem aus? Der menschliche Organismus hat auf jeder seiner Ebenen die Notwendigkeit der Regeneration. Wenn wir konzentriert lernen, dann erschöpft dies den Gehirnbereich, der für die Ablage dieses Wissen schwerpunktmäßig notwendig ist. Wenn wir unseren Körper trainieren, dann erschöpfen wir den Bereich der trainierten Muskeln und aktivieren den Bereich im Gehirn, der diesen Körperbereich abbildet. Der Körper kann viel Energie produzieren, aber alle seine Bereiche benötigen, um auf hohem Niveau funktionieren zu können und die Leistungsfähigkeit noch steigern zu können, **Ruhepausen, also Regeneration**. Intuitiv würde man beispielsweise meinen, dass wir während des Trainings stärker werden, doch in Wahrheit sagen wir unserem Körper durch die Belastung nur, dass er zu schwach ist. Erst in der Regeneration kommt es damit zu einer sogenannten Hyperkompensation – der Körper stellt nicht nur die Kraft wieder her, die wir im Training verbraucht haben, sondern verschafft uns zusätzliche Kraft, da wir ihn an die Grenzen seiner Leistungsfähigkeit gebracht haben, ihm gesagt haben: „Hey, du bist hier zu schwach. Siehst du nicht, dass ich die Belastungen nicht bewältige? Ich brauche mehr Power!“

Durch Belastung geben wir nur das Signal, dass der belastete Bereich wichtig ist und dass wir dort zu schwach sind. Wir brauchen Regeneration, um die durch die Überlastung geforderte neue Stärke aufbauen zu können.

Im Alltag sprechen wir von **Ausgleich**. Ausgleichend wirken Tätigkeiten, die man gern macht, die lustig sind und die man vor allem ohne starke innere Anspannung absolvieren kann – zumindest sollte es von der Belastung her nicht der beruflichen Herausforderung ähnlich sein. Wir alle haben unterschiedliche Belastungsgrenzen und regenerieren auch unterschiedlich. Der eine kann sich entspannen, wenn er ein Buch liest und daneben ein Glas Wein stehen hat. Dessen Freundin lädt ihre Batterien vielleicht beim Sport wieder auf. Egal ob es ein Treffen mit Freunden, ein unterhaltsamer Film, das Ausfüllen von Rätseln ist, die Hauptsache ist, dass man dabei abschalten kann – also die Arbeit bzw. die Belastung aus dem Kopf bekommt. Die folgende Abbildung soll eine vereinfachte Visualisierung des Prozesses zeigen.

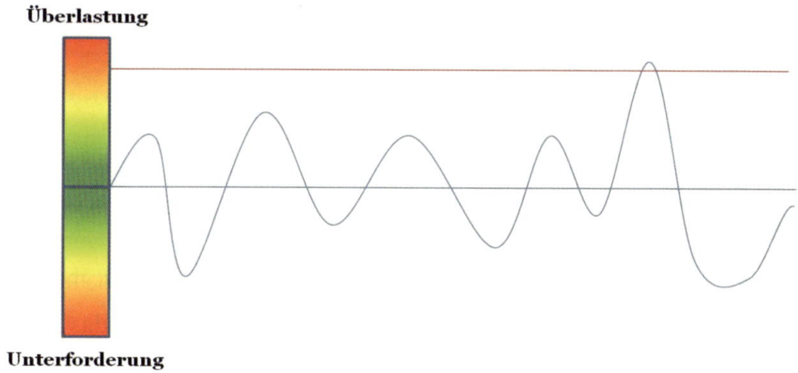

Hieraus wird ersichtlich, dass es Bereiche gibt, die uns noch nicht wirklich belasten, die wir quasi ohne große Mühe bewältigen (grüner Bereich). Je stärker die Belastung ist und je länger sie andauert, umso intensiver und länger muss auch die Entlastung sein.

Ausgeglichen und damit wirklich belastbar sind wir, wenn wir auch immer wieder ausgleichende Aktivitäten und Phasen haben. Analog zum Kraftverbrauch beim muskulären Training, die quasi als Analogie in der Übersäuerung mündet – der Muskel wird blau und kann gar nicht mehr belastet werden bzw. Leistung erbringen–, baut sich bei andauernd Leistungserbringen ebenfalls eine Belastung auf. Wenn man nicht auf die Ermüdungserscheinungen hört, dann hört der Bereich einfach auf zu funktionieren und braucht dann relativ lange, um wieder Kraft zu tanken. Wer schon einmal einen Muskel wirklich „blau" erlebt hat, der weiß, dass dann gar nichts mehr geht und er viel länger zum Regenerieren braucht, als wenn man ein wenig vorher mit der Belastung aufgehört hätte. Der Krug geht eben nur so lange bis zum Wasser bis er bricht. Ist man erst einmal im Burn-out, dann verändert sich die Belastungsgrenze sehr. Wir halten einfach nicht mehr so viel aus.

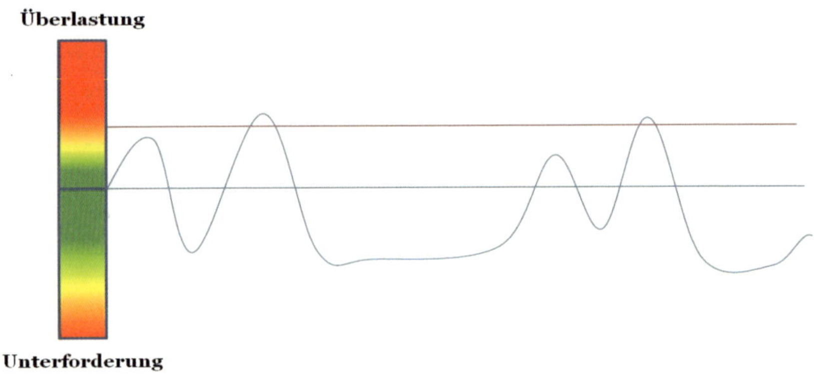

Das Schema soll verdeutlichen, dass wir normale Belastungen mit entsprechendem Ausgleich besser verdauen können. Solange wir das in Balance halten, werden wir sogar zunehmend belastbarer – können quasi die Belastungsgrenzen nach oben schieben. Doch wenn wir erst einmal im Burn-out sind, dann fühlen wir uns sehr schnell überlastet und jedes Mal, wenn wir dieses Gefühl bekommen, schaltet der Körper auf Standby – Ruhebetrieb. Das Problem ist also, dass man noch schneller in die

Überlastung kommt und immer wieder dramatisch und lang zurückgeworfen werden kann. Der Effekt ist so stark, weil viele Menschen in dieser Situation das Gefühl haben, dass sie nicht mehr in den Beruf zurückwollen – was auch sehr gefährlich wäre. Wenn man glaubt, dass alle erwarten man müsse dorthin zurück, dann gibt uns unsere Bedürfnisstruktur keine Kraft – da sie weiß, dass es nicht unser echter Weg ist.

Wir gewinnen nur wieder an Belastbarkeit,

- wenn wir eben unsere inneren Ziele freilegen und richtig in Zusammenhang setzen.
- wenn wir uns klar machen, bei welchen Fähigkeiten und Stärken wir uns weiter entwickeln sollen und wie wir dies schaffen können.
- wenn wir durch Erfolge, die wir auf unsere Fähigkeiten zurückführen, an Selbstwert gewinnen.
- wenn wir ein soziales Umfeld haben, von dem wir bewusst wissen, dass es uns stützt, uns versteht und uns keinen zu großen Druck auferlegt.
- wenn das Umfeld nicht den Fehler macht auf Dauer alle Belastung fern zu halten, denn nur durch das Einsehen, dass man wieder etwas schaffen kann, kehrt der Glaube an sich selbst zurück.

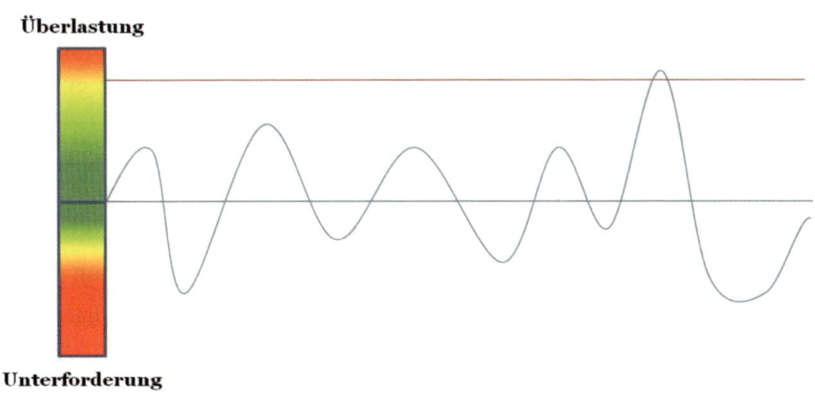

Idealerweise ist der Organismus so ausgerichtet, dass er sowohl Belastung als auch Ruhe für eine gewisse Zeit und in einem moderaten Rahmen aushält. Es gibt schließlich auch die Ruhelosen, die es überhaupt nicht aushalten nichts zu tun – die ein starkes Bedürfnis nach persönlichem Wachstum aufweisen. Meistens sind hier Fixierungen schuld – wie z.B. das Ziel, immer reicher werden zu müssen oder immer mehr Anerkennung bekommen zu müssen. Es sind keine echten Ziele, da sie nicht mit klaren Werten fixiert werden können, deshalb läuft hier ständig Energie und Motivation hinein. Wenn dieser Typ an Mensch jetzt nichts zu tun hat, dann entsteht durch diese Konstellation Unruhe und Ungeduld, weil es zum Gedanken kommt, es müsste die Zeit besser genutzt werden. Auf Dauer fehlt hier natürlich auch eine ausreichend ausgleichende Entlastung – man verliert sogar relativ schnell seine Balance. Wenn man auf andere ruhelos und ungeduldig wirkt, dann ist das für die Phänomene Sympathie und Attraktivität nicht besonders positiv.

Die Ausgeglichenen und gleichzeitig Zielorientierten sind jene, die oft sehr starke Anziehung auslösen. Sie sind immer im Hier und Jetzt. Wenn es darauf ankommt, also in Leistungssituationen, geben sie richtig Gas und sind extrem belastbar. In der Zeit, in denen es um nichts wirklich Wichtiges geht, können sie abschalten und Energie tanken – wofür sie nicht besonders viel Zeit benötigen. Sie nutzen damit das Leben und alle seine Facetten ideal aus, haben viel Kraft und eine große innere Stabilität und Souveränität. Diese Attribute wirken auf sehr viele Menschen attraktiv, sind es doch eben meist Haltungen, die die Mächtigen und Starken zeigen. Die Starken sind es nämlich, die das Tempo vorgeben. Diejenigen, die dem Stärksten dienlich sind, wuseln quasi immer um diesen herum und sind viel Unruhiger, weil sie ja nicht wissen, ob diese Führungskraft etwas will und was sie denkt. Der Primus bestimmt was geschieht und hat damit das Tempo im Griff. Beobachten Sie doch im Beruf, wer stark und souverän wirkt – es werden nicht die Hektiker sein. Im Dschungel ist es der Löwe und der Elefant, die sich am langsamsten und gelassensten bewegen. Sie wissen um ihre Stärke, kennen ihre Umwelt und wissen, dass sie kaum etwas oder gar nichts zu befürchten haben. Deswegen können sie sich ruhig und entspannt bewegen.

3.4 Sucht

Bei einer Sucht handelt es sich ebenfalls um eine **Fixierung in der Bedürfnisstruktur**. Immer sind es diese teuflischen Fixierungen, die unseren Geist so negativ beeinflussen und diesen aus seiner gesunden Balance werfen. Wählen wir zur Veranschaulichung dessen, was in unserer Bedürfnisstruktur bei einer starken, abhängig machenden Sucht vorgeht, das Beispiel einer Drogensucht. Das Ausschütten von Glückhormonen geschieht im Gehirn immer nur dann, wenn wir etwas tun, das besonders gut für uns ist, unseren Bedürfnissen dient. Glückhormone sind also letztlich die Belohnung dafür, dass wir etwas Sinnvolles und Wertvolles tun. Der Organismus wird bei der Einnahme von Drogen aber auf einmal chemisch dazu gebracht extrem viele Glückshormone auszuschütten. Unser Gehirn kann aber nicht verstehen, dass die Einnahme von Drogen eine direkte Manipulation dieses Belohnungssystems ist und hält deswegen die Drogeneinnahme für unheimlich wichtig und positiv, da schließlich jedes Mal so viele Glückhormone als Belohnung ausgeschüttet werden. Durch die ständige Aktivierung des grünen Wachstumsbereiches, wächst auch die Bedeutung des Bedürfnisses rapide – es ist die einzige Möglichkeit direkt, **ohne großen Aufwand, sehr starke Glücksgefühle auszulösen** und damit **widernatürlich**. Deshalb wird das Drogennehmen als starkes Bedürfnis integriert:

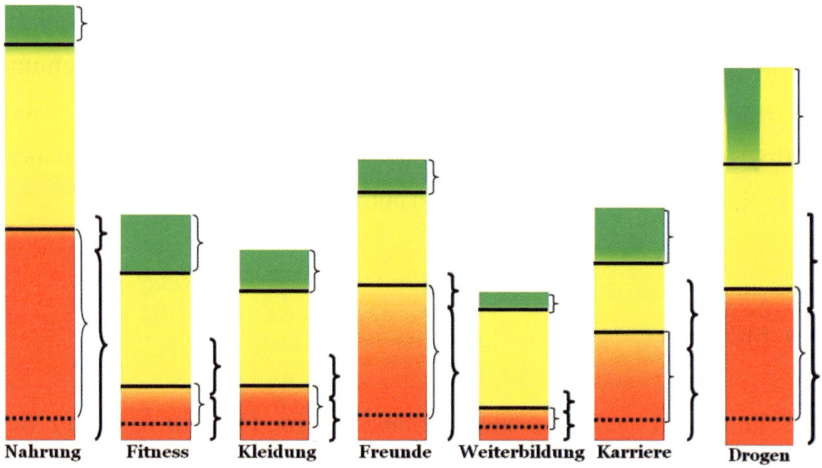

Die Person weiß, dass die Drogen jedes Mal den gewünschten Effekt bewirken und sich dieser sehr gut anfühlt. Deswegen wird das Bedürfnis meist sehr schnell sehr stark. Dies ist durch die Höhe der Balken gekennzeichnet. Je größer der gelbe Bereich ist, umso länger hält man es auch ohne Drogen aus, umso länger benötigt der Körper noch um die Stoffe ganz abzubauen bzw. umso weniger frustriert sind wir im Allgemeinen. Je höher uns das Leben an sich frustriert, umso schneller benötigen wir wieder Glücksmomente. Da man diese mit Drogen direkt hervorrufen kann, ist der Weg in diese Richtung fast schon naheliegend und in jedem Falle verheerend. Der Wunsch auf Grund der Zugmotivation (grün) ist immer latent da. Jedoch wird es im Alltag durchaus andere Bedürfnisse geben, die stärker sind, vor allem wenn sie ein wenig frustriert sind. Problematisch ist die Schubmotivation, also der rote Bereich. Je mehr sich der Körper an diese Glückshormone und die damit assoziierte Handlung gewöhnt hat, umso öfter und umso mehr will er davon. Noch viel wichtiger ist dem Körper jedoch, dass wir nicht auf diese Zuführung von Drogen verzichten und deshalb etabliert sich ein großer Schmerz, wenn der Level im Körper in den Entzug kommt. Das Bedürfnis nach Drogen wird zusätzlich dadurch verstärkt, da es sich um ein künstlich entwickeltes Bedürfnis handelt, das eigentlich die **zeitliche Struktur einer Handlung** aufweist. So wie man Hunger einfach mit Essen befriedigen kann, ist die Drogensucht rasch mit einer Einnahme derselben zu befriedigen. Ein eventuell entwickeltes Bedürfnis nach Weiterbildung oder das nach Sicherheit ist mit viel mehr Aufwand verbunden und weniger unmittelbar zu befriedigen. Wenn es uns nicht gut geht bzw. wir eine **Leere in uns spüren**, dann suchen wir eher nach angenehmen, schönen Erlebnissen, die uns schnell mit Glücksgefühlen belohnen. Nach diesem Muster entstehen die meisten Suchtfixierungen, egal ob das harte Drogen, Zigaretten, Alkohol, Spielsucht, Kaufsucht, Sexsucht, etc. sind. Das Muster ist immer das Gleiche. Je weniger klare, bedeutsame Ziele man im Leben hat, die man auch verfolgen will, umso weiter öffnet man einer Sucht die Tore. Je frustrierter wir sind, also umso weniger unsere Bedürfnisse befriedigt werden, da wir unsere Ziele nicht erreichen oder falsch gewählt haben, desto leichter verfängt man sich in den starken Armen einer Sucht.

Eine Sucht fängt meist als Ausgleich für eine Frustration bzw. Sinnleere an – entwickelt sich jedoch meist zu einem eigenständigen, starken Bedürfnis mit der zeitlichen Struktur einer Handlung.

Die Bedürfnisse nach Nahrung und Drogen (bzw. sonstigen Suchtsubstanzen) haben den Effekt gemeinsam, dass die eingenommenen Stoffe relativ rasch wieder abgebaut werden und damit der **Befriedigungsgrad rasch sinkt**. Es wäre zwar schön, wenn man nur alle paar Tage essen müsste, doch das vermögen wohl nur Menschen in einer immens tiefen Meditation. Doch im Alltag verbrauchen wir Energie und Nährstoffe und müssen dies wieder zuführen. Bei den Drogen verhält es sich ähnlich, sie werden abgebaut und der Körper gewöhnt sich an sie. Es entsteht damit sehr schnell wieder Bedarf an Nachschub. Wenn andere Bedürfnisse nicht stärker sind, dann wird der Wunsch Drogen zu konsumieren sehr oft dominant und bestimmt zunehmend das Leben.

Zusätzlich wissen wir, dass unser Organismus gerade die Bedürfnisse mit großem Grünbereich forciert. In ihnen sieht er eine positive Entwicklungschance. Bei den Drogen kann die Überlegung dahinterstecken, dass man durch die Veränderung der Einnahmeart oder durch andere Drogen bzw. einer Mischung, noch intensivere Glücksgefühle hervorrufen kann. Das Schmerzpotenzial in unserem obigen Beispiel ist sogar noch relativ moderat. Vor allem gibt es einen großen Gelbbereich, der anzeigt, dass der Körper relativ lange mit einer Dosis Drogen auskommt, er diese noch relativ langsam verbraucht. In dieser Phase zieht der Organismus unser Versuchssubjekt über das erhoffte Glücksgefühl (der Grünbereich), das eben meist über eine schwere Phase hinweghelfen soll, in die Drogenkonsumation. Die Drogen entfalten zwar bereits Suchtwirkung, das Niveau ist aber noch relativ niedrig. Von Sucht kann man ja erst sprechen, wenn man nicht mehr ohne etwa sein kann. Die ersten entstehenden Zwangsgefühle lassen sich auch noch prima über Dissonanzbewältigungsstrategien „wegreden". „Eigentlich brauche ich keine Drogen. Aber sie schaden mir ja nicht. Ich könnte jederzeit aufhören. Gleichzeitig machen sie mich besser, konzentriert und ausgeglichener. ..." Deshalb werden die Drogen weiterhin eingenommen und die Bedürfnisstruktur passt sich an.

Bitte berücksichtigen Sie, dass im Alltag natürlich nicht immer alle Bedürfnisse derart frustriert sind. Aber gerade wenn alle anderen Bedürfnisse befriedigt sind, also weder Zug- noch Schubmotivation vorliegt, öffnet dies Tür und Tor für die Drogen – da mit keiner anderen Handlung so schnell positive Gefühle hervorgerufen werden können. Nun ist es interessant, wie sich die Machtverhältnisse zwischen den Bedürfnissen mit der Zeit verändern. Diese sind am deutlichsten zu erkennen, wenn man weiterhin allgemein niedrige Bedürfnisniveaus annimmt.

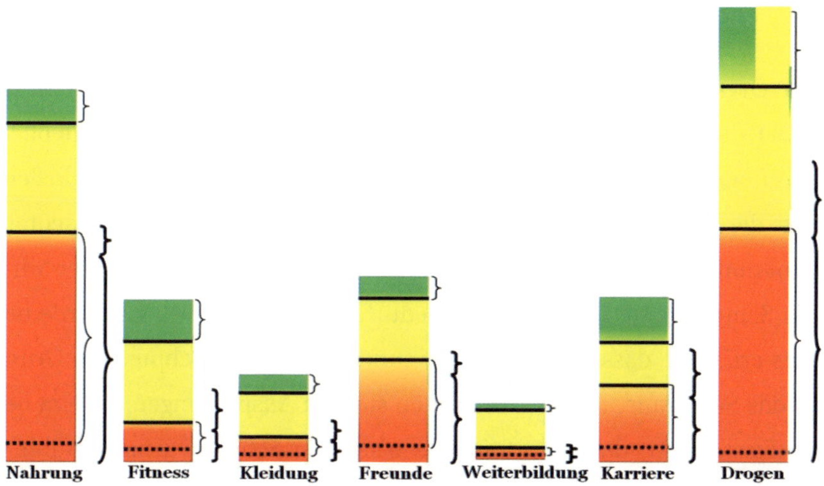

Wenn das Gehirn für eine Handlung so viele Glückshormone ausschüttet, dann nur, weil es glaubt eine besonders wichtige Handlung zu unterstützen und zu fördern – genauso wie unser Denkapparat sehr darauf achtet, dass wir genug essen. Deshalb setzt unser Gehirn alles daran so viel davon zu bekommen wie es geht. Das Anspruchsniveau steigt automatisch immer weiter an. Dies wird als Gewöhnung wahrgenommen. Damit reduziert sich langsam auch die Zugmotivation. Aus dem „ich will" (entspricht noch mehr einem Ziel) wird mehr und mehr ein „ich brauche" (entspricht bereits mehr einem Bedürfnis). Die Zugmotivation steigt dann, wenn die Person glaubt, dass sie durch andere Drogen noch höher „fliegen" kann – dann erhöht sich die Bedeutung des Bedürfnisses sogar noch weiter. Um das gewünschte Glücksgefühl realisieren zu können, muss der betroffene Mensch immer mehr oder stärkere Drogen konsumieren. Er kommt in einen Teufelskreis. Man sieht klar, dass durch das sehr rasche **Steigen des Anspruchsniveaus** die Lust an der Konsumation von Drogen, die Aussicht auf eine noch bessere Erfahrung, relativ rasch durch das sich parallel entwickelnde Schmerzpotential als „Motivator“ abgelöst wird, denn zusätzlich wirkt der **Antidegenerationsmechanismus** – die **Unzufriedenheit**.

Der Organismus möchte natürlich nicht, dass das **Anspruchsniveau (AN)** des scheinbar wichtigsten Bedürfnisses wieder fällt. Schließlich muss der Körper auf Grund der Glücksempfindungen darauf schließen, dass die Drogeneinnahme für den Organismus eine unglaublich wichtige Funktion erfüllt. Je höher das AN wird, umso größer und stärker wird das Schmerzpotential, wenn das Bedürfnis frustriert wird. Es wurde bereits erläutert, dass Unzufriedenheit und körperlicher Schmerz im Grunde das Selbe sind, nur in verschieden starken Ausprägungen. Zudem beeinflusst die Art des Bedürfnisses wie sich der Schmerz genau anfühlt – ob wir es als Trauer, Einsamkeit, Verlust, Schmerz, Hunger, Scham, etc. wahrnehmen. Je wichtiger ein Bedürfnis erscheint, umso stärker sanktioniert der Organismus wenn das AN unterschritten wird. Gleichzeitig reduziert sich aber während dieser Leidensperiode das AN. Dies geschieht aber nur, wenn das Bedürfnisniveau längere Zeit unter dem AN bleibt. Dies geschieht beim Entzug. Indem man dem Körper die Substanz verweigert, frustriert man ihn massiv. Gibt man dem Schmerz nach und nimmt erneut Drogen, hat der Mechanismus funktioniert, genauso wie wir bei Hunger Essen zu uns nehmen. Diese Funktion soll uns ja im Prinzip schützen. Der Organismus möchte uns schützen. Er hat ja keine Ahnung, dass man das Gehirn mit chemischen Stoffen seiner natürlichen Balance beraubt und ihm falsche Bedürfnisse vermittelt hat. Jeden Berg, den man hinaufgeht, den muss man auch wieder hinunter. Und abwärts geht es eben im Entzug. Genauso wie sich das Hungergefühl reduziert, wenn man über längere Zeit wenig oder gar nichts isst – was an dieser Stelle wirklich keine Empfehlung ist! –, genauso reduziert sich der

Wunsch nach Drogen, wenn man diese dem Körper lang genug verweigert.

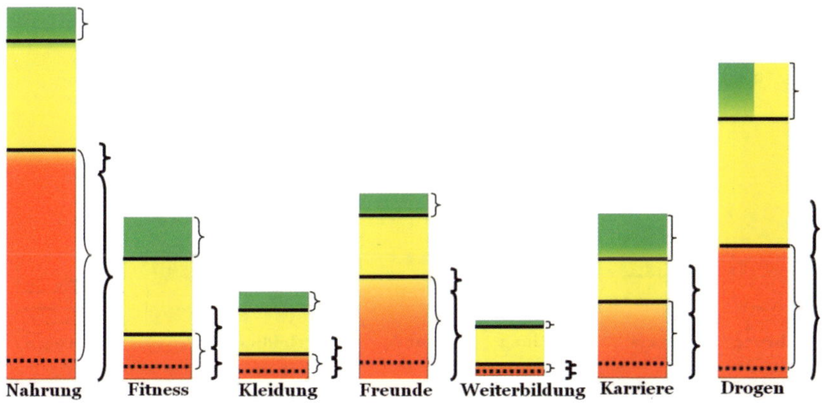

Da wir sie nicht zum Überleben brauchen und dieses Bedürfnis nicht mit anderen, natürlichen Bedürfnissen verbunden ist, werden wir auch nur mit dem Schmerz des einen Bedürfnisses bestraft – was wohl auch schlimm genug sein wird. Doch langsam senkt sich das Anspruchsniveau. Der Körper versucht herauszufinden, wo das absolute Minimum liegt, um überleben zu können. Da es ein solches hier nicht gibt, kann der rote Bereich sogar quasi ganz verschwinden.

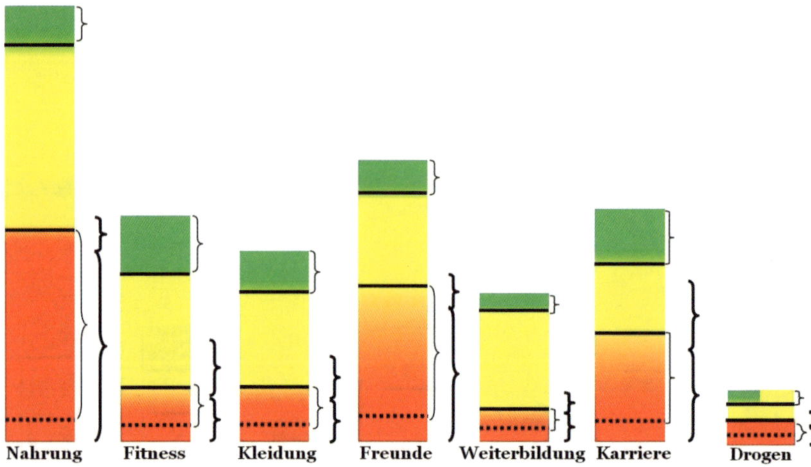

Aber eben nur fast. Alles, was in unserem Gehirn einmal so stark präsent war, wird nicht ganz „vergessen". Es wird reduziert, genauso wie wir unsere Schul-Fremdsprachkenntnisse zwar stark einbüßen, wenn wir sie Jahre lang nicht benutzen, doch wenn wir sie wieder auffrischen, lernen wir viel schneller als beim ersten Mal. Das Gehirn behält sich nämlich einige Grundstrukturen, in denen der Plan für das neuronale Muster gespeichert ist, das diese Sprachfähigkeiten damals ermöglicht hatte. Wenn wir diese Grundstrukturen reaktivieren, wenn wir lernen, dann weiß das Gehirn, nach welchem Plan es das ehemalige Wissen wieder aufbauen muss. Deswegen geht es um ein Vielfaches schneller, als zu dem Zeitpunkt, als wir es zum ersten Mal lernen mussten. Wer nun denkt, dass es nach einem Entzug noch gefährlicher ist Drogen zu nehmen, der hat recht. Das ehemalige Bedürfnis würde extrem schnell wiederbelebt und sehr schnell wäre man wieder im alten Suchtmuster gefangen.

Da der Entzug eine unglaubliche Qual sein muss, vor allem, wenn das AN schon sehr hoch ist und man keine anderen starken Bedürfnisse mehr hat, die ein Gegengewicht zu den Drogen darstellen könnten, wird man es wohl besser meiden auch nur einen starken Gedanken an einen Rückfall zuzulassen. Sobald man sich einzureden beginnt, dass man das nun viel besser meistern und kontrollieren könnte, hat man schon so gut wie verloren. Man sollte, wenn man sich dabei ertappt, sich sofort auf eine andere Sache stürzen, dem Gedanken alle Energie, das heißt Aufmerksamkeit entziehen. Ein Rückfall kann noch schneller noch extremer werden, als die erste Abhängigkeit. Nimmt die Drogenabhängigkeit einmal drastische Ausmaße an, dann werden alle anderen Bedürfnisse analog wie bei großem Hunger (nur noch extremer) zurückgestellt. Es ist durchaus denkbar, dass jemand eher verhungert als die Suche nach Drogen aufzugeben, falls alle Bedürfnisse maximal frustriert sind, wie es in der letzten Abbildung der Fall war.

Die Bedeutung aller anderen Bedürfnisse wird also in Relation zu dem enormen Potential, das der Körper den Drogen zuschreibt, extrem beschnitten. Der Beruf kann dabei durch Verbundwirkung – Drogen kosten schließlich Geld, sodass ein wenig Motivation vom Drogenbedürfnis in das Karrierebedürfnis fließt – im Vergleich wieder ein wenig aufgewertet werden. Allerdings braucht man immer mehr und immer schneller Geld, um die ansteigenden Gelüste befriedigen zu können – dies führt des Öfteren in die Kriminalität. Menschen mit sehr hohem Einkommen, werden die Sucht lange und gut verbergen können, da die Beschaffung keine großen Probleme macht. In der Zeit, in der sie keinen Entzug spüren, also im gelben Bereich liegen, werden sie relativ normal wirken, da sie sich auch keine Sorgen wegen der Beschaffung der nächsten Einnahme machen müssen. In der Regel werden aber die meisten anderen Bedürfnisse auf so einem fortgeschrittenen Niveau dann oft durch **Gedanken rund um die Beschaffung** und Konsumierung von Drogen geleitet. Anfangs wird in diesem Szenario sicherlich versucht die Sucht vor Familie und Freunden zu verbergen, schließlich werden Drogen in den meisten Gesellschaftsschichten als Tabu und absolute Schwäche und Fehlleistung aufgefasst. Um den Selbstwert und das eigene Ansehen zu schützen, verfällt man auf die Strategie „tarnen und täuschen". Meist helfen ohnehin nur Lügen und Ausweichstrategien. Die anderen Interessen und Bedürfnisse verlieren zusehends an Bedeutung. Immer mehr Energie fließt in die Aktivitäten, die durch das Drogenbedürfnis beeinflusst sind, gleich ob es der Beschaffung, der Selbstrechtfertigung oder dem Vertuschen dient. Damit bleibt immer weniger Energie und Bedeutung für die eigentlich wesentlich wichtigeren Aspekte des Lebens übrig. Somit ergibt sich ein **logisches Bild vom suchtgesteuerten Verhalten** eines Menschen. Die Zusammenhänge sind im Prinzip, wie wir hier sehen, recht einfach.

Will man **aus dem Strudel entkommen**, ist die Änderung der Bedürfnisstruktur, um die Energieflüsse wieder besser selbst kontrollieren zu können, eine notwendige Technik. Wenn der Mensch andere, für ihn wichtige, Ziele kennenlernt, dann nimmt die Dominanz der Drogen etwas ab. Es muss die Bedeutung des restlichen Lebens vermittelt und aufgewertet werden, um die isolierte Drogensicht aufzubrechen. Genauso muss einem klar werden, auf wie viele andere Bedürfnisse und Ziele sich die Drogen extrem negativ auswirken, was man alles zu verlieren fürchtet. Am Beginn der Drogeneinnahme redet man sich ja genau das Gegenteil ein, dass alles nicht so schlimm sei. Zur Lösung der Sucht müssen die während der Einstiegszeit unter Suchteinwirkung entstandenen **Bedürfnisverknüpfungen** aufgehoben werden. Zum Beispiel kann sich jemand einreden, dass er ohne Drogen nicht mehr arbeiten oder nicht mehr kreativ sein oder keinen Spaß mehr haben kann. Die Augen müssen für auf die tatsächlichen, negativen Entwicklungen geöffnet werden. Andere Bedürfnisse müssen wieder gestärkt werden. Sehr oft verursachen ja erst Frustrationen den Weg in die Drogensucht. Der Mensch braucht auf Dauer eine positive Gefühlsbilanz – den Silberstreif am Horizont, etwas, für das es sich zu leben und zu kämpfen wirklich lohnt. Findet man hier nichts, dann hilft auf Dauer kein Entzug.

Ein wenig anders verhält es sich mit anderen Suchtarten, da sie für gewöhnlich keine direkte Stimulation über Neurotransmitter bewirken, sondern **indirekt Glücksgefühle durch Handlungen auslösen**. Bei Nikotin und Alkohol ist es noch eine Mischung, da gerade der Einstieg hier oft mit dem sozialen Bedürfnis nach Anerkennung oder der Suche nach Zerstreuung gekoppelt ist. Viele brechen unter dem Druck, den Gruppen ausüben, zusammen. Es ist nun einmal einfacher mit als gegen den Strom zu schwimmen. Wenige wissen, dass es tatsächlich nicotinerge Rezeptoren im Gehirn gibt, die man direkt durch Tabakkonsum anregt. Das heißt, dass hier ähnlich wie bei anderen Drogen eine direkte Beeinflussung des Gehirns entsteht – wenn auch in wesentlich geringerem Maße als bei harten Drogen. Drogen sind ja nichts anderes als Manipulatoren unseres Gehirns, dem man damit seine Hauptfunktion erschwert, nämlich sich selbst so zu organisieren, dass wir unsere langfristigen und kurzfristigen Bedürfnisse effektiv befriedigen können. Durch die Manipulation wird die Balance zerstört. Abhängig kann aber alles machen, was für uns einen klar positiven Effekt zeigt und sich beliebig wiederholen lässt – ob dies dann Schlafmittel, Schmerzmittel oder sonstige Präparate sind. Sie verändern unsere Gehirnchemie. Es ist so als würde man immer nur die Blätter einer Brennnessel abreißen und nicht die Wurzel selbst entfernen. Man löst nicht das Problem sondern hilft sich nur gegen die unmittelbare Auswirkung auf das Befinden.

Wenn jemanden das Leben in seiner ausufernden Monotonie langweilt, dann kann es zu anderen Fixierungen und damit Süchten kommen. Hat jemand ein eher geringes Sicherheitsbedürfnis und ausreichend Selbstvertrauen, dann wird die Person wahrscheinlich zu einem **Adrenalin-**

junkie und sucht ständig gefährliche Situationen. Hat jemand ein stärkeres Sicherheitsbedürfnis steigt die Wahrscheinlichkeit, dass die Langeweile durch Spiele, z.B. Computerspiele, zerstreut wird. Computerspiele sind zudem meist so konzipiert, dass sie den Spieler sehr rasch und immer wieder für „seine Leistung" belohnen. Die Person erhält also ständig Anerkennung. In den offenen, interaktiven Spielen übers Internet bekommt man sogar Anerkennung von echten Menschen und kann Abenteuer erleben, denen man sich im echten Leben niemals stellen würde. Diese vielen positiven Gefühle, die mitunter ausgelöst werden, können ebenfalls zur Sucht werden, gerade, wenn man im echten Leben wenig Anerkennung bekommt und man im Alltag keine interessanten Herausforderungen erkennt. Wir wissen, dass in den Computerspielen früher im Schnitt wesentlich längere Spielzeiten erforderlich waren, bis man wieder ein Rätsel gelöst oder eine Aufgabe geschafft hatte und man wieder mit Glückgefühlen belohnt wurde. Die Frustrationstoleranz und die Aufmerksamkeitsspanne wie auch daraus resultierend das Durchhaltevermögen der Spielenden reduzierte sich mittlerweile deutlich. Spielsucht hat aber weniger mit den Spielen zu tun als vielmehr mit den Möglichkeiten, die den Menschen in der wirklichen Welt geboten werden. Wer im realen Leben Aussicht auf Erfolg hat, wird diese stets einem ähnlich großen virtuellen Erfolg vorziehen. Doch im Alltag müssen wir oft sehr lange und hart für Bestätigung und Erfolg arbeiten. Es ist anstrengend, manchmal langweilig und kostet Kraft. Am Computer erhält man mit weitaus weniger Anstrengung viel schneller Glücksmomente und genau darin steckt die Gefahr der Computerspielsucht. Genauso kann bei einem frustrierten sozialen Bedürfnis, also einer sehr geringen Beliebtheit bzw. Einsamkeit, die Flucht in eine virtuelle Welt massiv verstärkt werden.

Computerspielsucht wird über ein frustriertes Wachstumsbedürfnis (fehlende Herausforderung, Langeweile), soziales Bedürfnis (Unbeliebtheit, Einsamkeit) und geringen Selbstwert (fehlende Anerkennung, fehlendes Selbstbewusstsein) gefördert.

Ein Mangel an Geld, Selbstwert, Sicherheit und sozialer Nähe kann dazu führen, dass man in die klassische Spielsucht, nämlich das **Spiel um Geld**, verfällt. Dominant beim Spielen ist die Hoffnung, die Glücksspiele bei uns auslösen. Man kann mit relativ wenig Einsatz sehr viel gewinnen. Wenn wir es schaffen uns einzureden, dass wir in der Lage sind durch unseren Verstand, eine clevere Strategie oder spezielles Wissen die Gewinnwahrscheinlichkeit zu verbessern, erhöht sich die Spielwahrscheinlichkeit. Jemand, der rechnen kann, wird kaum Lotto spielen, da beispielsweise in Österreich bei einem System von 6 aus 45 die Gewinnchance für sechs Richtige bei über 1 : 8.000.000 liegt. Man muss also theoretisch 8 Millionen Mal spielen, um einmal einen Sechser zu haben. Bzw. müsste jeder Bürger einen Lottoschein ausfüllen und hier alle unterschiedlichen Zahlenkombinationen wählen, damit auch nur einer den Sechser sicher hat. Dennoch spielen viele Menschen, da wir ja die Hoffnung auf den Gewinn eher aus dem Bauch heraus entwickeln.

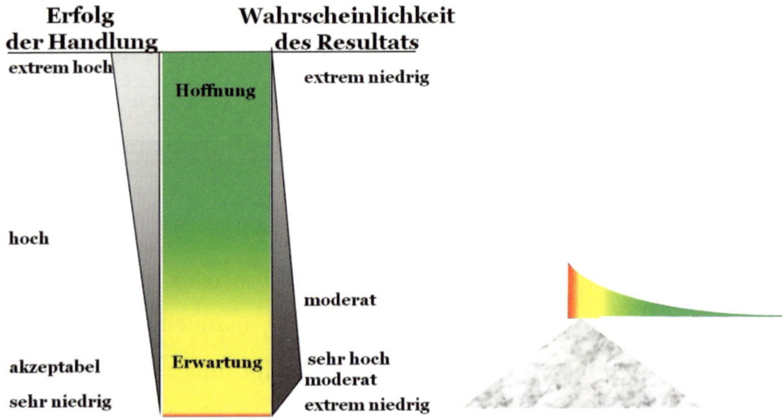

Wir erwarten nicht zu gewinnen aber da es möglich ist und im Fall des Gewinns die Belohnung enorm ist, erscheint der Einsatz der paar Euro – immer und immer wieder – gerechtfertigt. Da wir praktisch nicht enttäuscht werden können, da man doch eigentlich davon ausgehen muss, dass man nichts gewinnt und der Einsatz relativ gering ist, hält sich der Frust in Grenzen, wenn man dann verliert. Deswegen spielen manche schon aus Routine. Es kümmert sie nicht weiter, wenn sie verlieren und die Hoffnung doch einmal das große Los gekauft zu haben, bleibt bestehen. Selbst wenn man sich nur eine sehr kleine Gewinnchance erhofft, so bekommt diese durch die enormen Summen, die mit der Chance gewonnen würden, relativ viel Gewicht, was sich in unserer Handlungseinschätzung, wie in der obigen Abbildung, ausdrückt. Der negative Bereich ist sehr wahrscheinlich. Er wiegt jedoch sehr gering. Wenn das Bauchgefühl uns sagt, dass wir gewinnen können und dann so viel Geld hätten, dass alle unsere Probleme erledigt wären – was ja auch nicht wahr ist –, dann kann der grüne Bereich durchaus das Übergewicht bekommen. In diesem Fall spielen wir. Bei anderen Menschen funktionieren eher Glücksspiele, bei denen man zwar weniger gewinnen kann aber dafür die Siegwahrscheinlichkeit höher ist. Hier sind oftmals die Einsätze höher, da diese beim Lotto ja wegen der verschwindenden Siegwahrscheinlichkeit und der hohen Spielerzahl so gering wird. Beim Poker oder anderen Spielen mit ähnlicher Gewinnchance, sieht dann die Einschätzung ein wenig anders aus. Hier spielt der Gedanken, dass man durch Können die Chancen steigern kann, ebenfalls eine große Rolle.

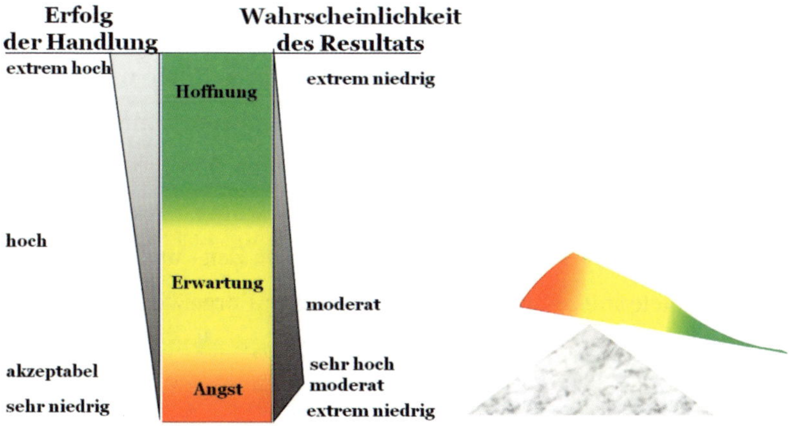

In so einem Fall ist die Angst davor zu verlieren schon deutlich größer, da es um höhere Einsätze geht. Der große Gelbbereich zeigt in diesem Fall, dass die Person die eigenen Chancen zumindest im Plus zu landen, recht gut einschätzt. Den großen Gewinn traut sich die Person weniger zu, hat ihn aber dennoch als leise Hoffnung im Hinterkopf. In Summe wird diese Person dem Impuls nachgeben und spielen. Geht es beispielsweise um Poker und unser Spieler merkt, dass die anderen extrem gut spielen, dann kann sich die Einschätzung des Gelbbereichs wieder ändern, da man nun annimmt, dass die eigenen Chancen auf einen moderaten Gewinn doch nicht so gut stehen. Wächst sich diese Einschätzung zur Gewissheit aus, kann die Angst das Übergewicht bekommen und die Person wird den Tisch verlassen.

Klar zeigt sich, dass vor allem Menschen mit geringerem Einkommen und solche die sich in einer **finanziellen Zwangslage** befinden und keine Alternative sehen, ins Glücksspiel flüchten. Manche halten das für verwerflich, da mit den Steuern, die auf dem Glücksspiel lasten, eher Einrichtungen unterstützt werden, die den oberen Schichten dienen. Damit ist das Glücksspiel eine Umverteilung des Geldes von unten nach oben – von denen die ohnehin schon wenig haben zu denen, die ohnehin schon viel haben. So werden die Menschen an ihren Nöten und Hoffnungen gepackt, um auch noch das Letzte aus ihnen herauszupressen. Letztlich entscheidet aber jeder für sich, ob und wann und in welcher Höhe das eigene Geld für einen möglichen, großen Gewinn eingesetzt wird. Für die meisten bleibt es doch ein recht harmloser Zeit- und Geldvertreib, mit dem Spiele interessanter gemacht und der Ehrgeiz zusätzlich angestachelt werden soll.

Am gefährlichsten sind ohnehin nicht die schnellen Niederlagen. Gefährlich sind die Gewinne, da mit ihnen die Erwartung auf neue Gewinne steigt und bei steigendem Einsatz sogar die Hoffnung auf noch höhere Gewinne wächst. Wenn bei Drogen über die Zeit vor allem der Schmerz des Entzugs quält, so schmerzt beim Glücksspiel vor allem das Gefühl der Hoffnungslosigkeit, da man für sich keinen anderen Weg sieht im Leben voranzukommen – außer eben den Weg des Glücksspiels. Je mehr Bedürfnisse ein Mensch an das Geld gekoppelt hat, umso eher wird dieser in diese Suchtfalle tappen. Wer sich aus Geld nichts macht, der ist im Grunde immun gegen diese Suchtformen.

3.5 Verdrängung

Manchmal gerät man in Situationen, die uns schockieren, uns verstören oder uns über die Maßen ängstigen. Es sind außergewöhnliche Situationen, die mit unserem normalen Leben nichts gemein haben und gerade deswegen so extrem verstörend wirken. Wenn uns Ereignisse zu stark aus der Balance bringen würden bzw. sie fast schon surreal anmuten, wird das Gehirn diese Informationen an einem Platz ablegen, der im Alltag kaum aktiviert wird. Diesem Vorgang liegt eine ganz einfache Logik zu Grunde. Im Gehirn werden ähnliche Inhalte immer nahe beieinander gespeichert. Wenn wir bei uns zu Hause ins Wohnzimmer gehen, dann sehen wir praktisch nur Bekanntes. Wir müssen nicht alles als Neu aufnehmen sondern, durch die Ähnlichkeit mit den unzähligen Eindrücken, die wir früher von diesem Zimmer bekommen haben, löst das Gehirn beim erneuten Betreten eigentlich hauptsächlich die Erinnerungen an das Zimmer aus. Sobald klar ist, dass es das bekannte Zimmer ist, nutzen wir die Informationen, die bereits im Gehirn gespeichert sind. Damit schonen wir unser Bewusstsein, dessen Aufgabe es ist sich mit dem wirklich Neuen und Wichtigen zu befassen. Dass Eindrücke jene gespeicherten Inhalte auslösen, mit denen sie ein ausreichendes Maß an Ähnlichkeit aufweisen, ist ein Mechanismus, der nicht nur unsere geistigen Ressourcen schont sondern ist ebenfalls eine Schutzfunktion.

Ein Trauma zeichnet sich dadurch aus, dass es sich um extrem negative Erlebnisse handelt, die sich gänzlich von den bisherigen Erfahrungen unterscheiden – etwas, das normalerweise nie vorkommt. Wenn jemand zu sehr erschüttert wird, dann ist dieses Erlebnis so einzigartig und ungleich zu allem anderen, was in unserem Kopf gespeichert ist, dass der Speicheort (eigentlich ist es die außergewöhnliche neuronale Verknüpfung, die die Erinnerung repräsentiert) sich ebenfalls an einem sehr einsamen und unbenützten Ort (Ort ist immer im übertragenen Sinn gemeint) befinden wird. Wenn man etwa Opfer eines Gewaltverbrechens wird, dann ist das Ausmaß an Bedrohung und Angst genauso wie der ganze Ablauf so außergewöhnlich, so fremdartig, dass er sich bei einigen Menschen nur schwer in das vorhandene Wissen und die existierende Gefühlswelt einbauen lässt. Es erscheint surreal, traumartig – wenn es auch ein Alptraum ist. Und genau hier liegt der **„Nutzen“ einer Verdrängung.** Wenn eine Erfahrung alles woran wir glauben kaputt machen würde, unsere Vorstellung von der Welt, unsere Ziele und die Art wie wir sie erreichen möchten, unsere Vorstellung von Gut und Böse, etc. in Frage stellt, dann löst dies eine Flut von Gedanken und Emotionen aus, weil sich das gesamte System durch diesen neuen, starken Eindruck verändert. Die meisten, gewöhnlichen Erfahrungen werden einfach hinzuaddiert – **additives Wissen**. Solche Eindrücke bestätigen nur, was wir ohnehin schon kennen. Wenn Sie mit Ihrem guten Freund Andreas sprechen und im Gespräch erfahren, dass ein anderen Freund, Sven, den Sie schon lange kennen, früher im Gefängnis saß, homosexuell ist oder drei Doktortitel hat, dann werden Sie vielleicht durch diese neue Information Ihre Erinnerungen an gemeinsame Erlebnisse mit Sven noch einmal Revue passieren lassen. Das Gehirn integriert hier die neue Information und setzt es mit den Erfahrungen in Verbindung, die davon betroffen sind. Wenn Ihnen jemand erklärt, wie wichtig es ist, sich gerade in einer Streitsituation in die Lage des Gegenüber zu versetzen, um den Konflikt abbauen zu können, dann gehen Sie vielleicht die heftigsten Streitsituationen durch und überlegen sich, was Ihr Gegenüber damals wohl gedacht und empfunden haben mag. Wenn eine neue Information uns dazu veranlasst, mehrere bereits vorhandene Ideen, Erfahrungen oder Kenntnisse zu überdenken und damit anzupassen, reden wir von **multiplikativem Wissen**. Wenn wir Dinge auswendig lernen, ist es immer additives Wissen. Wenn wir beginnen Dinge zu verstehen, ist es praktisch immer multiplikatives Wissen. Sie haben sicher schon Erlebnisse gehabt, die Ihnen das Gefühl gaben, dass es Ihnen nun wie Schuppen von den Augen fällt und Sie vieles auf neue Weise betrachten. Das ist meist etwas Gutes.

Schlecht sind diese intensiven neuen Eindrücke dann, wenn Sie unsere Bedürfnis-, Fähigkeiten- und Wissensstruktur derart durcheinander wirbeln, dass wir handlungsunfähig würden, weil alles in Frage gestellt ist. Beim **Trauma** passiert genau das. Es wird uns geistig der Teppich unter den Füßen weggezogen. Die Welt verliert ihren Halt. Wenn wir etwas prinzipielles Lernen, dann kann sich dies in unvorhersagbarer Weise auf unser inneres System auswirken – hier sprechen wir von **exponentiellem Lernen**. Wenn etwa ein Einstein die allgemein Relativitätstheorie entwickelt und damit alle physikalischen Vorgänge, alle Modelle und Beschreibungen der Welt auf eine neue Basis stellt und die Welt dadurch sogar erweitert, dann löst er exponentielles Lernen aus. Das sind natürlich nur Worte, die es leichter machen sollen die verschiedenen Arten der Beeinflussung unseres Verstandes durch neue Eindrücke zu beschreiben.

Um **unangenehme Änderungen unseres Wissenssystems** zu verhindern, ist die Verdrängung sehr hilfreich. Wir setzten das neue Wissen dann nämlich einfach nicht in Beziehung mit dem, was wir bereits wissen. Dadurch müssen wir es in unseren täglichen Überlegungen, Entscheidungen und in unserem Verhalten nicht beachten. Das ist umso praktischer, wenn uns das, was wir bisher geglaubt haben, viel besser in unsere Pläne passt, als das neue Wissen. Manches will man also gar nicht wahrhaben. Und wenn laut unserem Bedürfnissystem etwas besser nicht wahrgenommen werden sollte, dann wird es auch nicht wahrgenommen bzw. die Erinnerung daran wird so gut versteckt, dass wir uns prima einreden können, dass wir noch nie davon gehört oder so etwas noch nie gesehen haben. Hier mischt sich also die Dissonanzbewältigungsstrategie mit dem Mechanismus, der sehr fremdartige negative Eindrücke an stark abgelegten Speicherorten ablegt.

Wir verdrängen, damit diese Eindrücke keine negativen Auswirkungen auf unsere Welt, unsere Ziele, Einschätzungen und Vorstellungen haben.

Da es sehr unterschiedlich starke Verdrängungen gibt und jeder Mensch dafür unterschiedlich „anfällig" oder „geeignet" ist, ist es nicht leicht vorherzusagen, was jemand wirklich nicht weiß oder was jemand verdrängt hat. Je ungünstiger eine Information für eine Person ist, umso eher wird sie verdrängt werden bzw. umso eher wird man diese nicht wahrhaben wollen. Je instabiler eine Persönlichkeit ist, umso eher wird ein stark negatives Erlebnis als Trauma empfunden und versucht zu verdrängen, um den Verstand nicht zu stark zu beeinträchtigen. Je weniger interessant eine Information für jemanden ist, umso schwerer und kürzer wird sich dieser an die Information erinnern. Je interessanter wir etwas finden, umso dichter ist quasi das Netz in unserem Inneren, in dem sich die Information verfangen kann.

Wenn ein Trauma (extrem negatives Erlebnis) durchbricht, also ihre Isolation nicht halten kann, dann ist das, wie wenn eine Eiterbeule explodiert, die das umliegende System vergiftet – eventuell das Ganze. So wie eine Blutvergiftung unseren gesamten Körper den Garaus machen kann, so kann eine gedankliche Vergiftung unseren Verstand so weit zerstören, dass man uns als verrückt einstufen wird bzw. wir verschiedenste neuronale Störungen entwickeln werden. Ob dies in depressionsähnliche Zustände führt oder andere physische Krankheitsbilder auslöst bzw. diese verstärkt, hängt vom Charakter, der aktuellen Stabilität und entwickelten Fähigkeit sein Inneres bewusst zu organisieren ab. Ideal wäre es natürlich diese Extremsituationen möglichst rasch und effektiv aufzuarbeiten. Da sie uns aber meist sehr unvorbereitet treffen, ist dies leichter gesagt als getan. Doch genau wie aus einer Depression, so kann man sich auch aus einem traumatisierten Zustand befreien. Unsere Kräfte sind enorm, wenn wir lernen sie zu steuern.

3.6 Schlafstörungen

Es ist wohl den meisten von uns nur andeutungsweise klar, wie bedeutend Schlaf für unsere geistige Gesundheit, die Überwindung von Problemen, die Fähigkeit zu lernen und die innere Balance ist. Deshalb soll Ihnen dieser Abschnitt kompakt näher bringen, was hinter dem Phänomen Schlaf steckt und was in diesen nächtlichen Stunden in Ihrem Kopf vor sich geht.

In unserer leistungsorientierten Gesellschaft neigt man ja fast dazu, den Schlaf als etwas Sinnloses abzutun. Es erscheint nicht sehr nützlich, so viel Zeit damit zu verbringen, auf einer Matratze zu liegen und nichts zu leisten. Wie hoch wäre unser Bruttoinlandsprodukt wohl, wenn wir weniger oder sogar gar nicht schlafen würden? In Wahrheit wäre es dann katastrophal niedrig, da wir uns wesentlich weniger schnell weiterentwickeln könnten, emotional unausgeglichen und viel unkonzentrierter wären – ja, letztlich wären wir gar nicht überlebensfähig.

Tatsächlich sind wir während der Nachtruhe nicht faul. Nur unsere Muskulatur stellt ihren Betrieb für diese Zeit ein. Unser Geist arbeitet im Schlaf sehr hart an sich. Während des Schlafs

- entwickeln wir neue Ideen,
- vertiefen wir die jüngsten bedeutsamen Erkenntnisse,

- entwickeln wir unsere Persönlichkeit weiter und
- setzen uns mit inhaltlichen und emotionalen Problemen auseinander.

Bei so vielen Schlafaufgaben muss man Acht geben, dass man dafür überhaupt ausreichend Schlaf bekommt. Wichtig wäre allerdings nicht unbedingt die Quantität als vielmehr die **Schlafqualität**. Im Rahmen dieser Schlaftätigkeiten unterscheidet man zwei Schlafphasen. Die Hauptphasen sind die Traumphase oder der REM-Schlaf (rapid eye movement) und die Tiefschlafphase oder der N-REM-Schlaf (non rapid eye movement). Beide Phasen haben ihre jeweiligen Aufgabengebiete, denen sie sich widmen, wenn sie aktiv sind. Betrachten wir das näher.

Während der Traumphase ist das Gehirn praktisch im **Bewusstseinszustand** – nur dass die Außenwahrnehmung und die motorische Umsetzung extrem reduziert sind. Diese Blockade gegen äußere Einflüsse ermöglicht es dem Gehirn sich ausschließlich dem zu widmen, was wir an Gedanken bereits in uns haben. Während des Tages dringen schließlich ständig neue Informationen auf uns ein. Wir haben kaum Momente, in denen wir nicht auf das reagieren müssen, was gerade um uns geschieht. Die auf uns einstürmenden Eindrücke aktivieren dabei die für unsere Handlungen notwendigen neuronalen Substrate (Neuronen [Elementarneuronen, Integrationsneuronen], Nervenfasern, Areale usw.). Permanent wird die neuronale Struktur verändert bzw. genutzt, um sich an die äußeren Anforderungen anzupassen. Wir müssen untertags **auf unsere Umwelt reagieren.** In der Wachphase streben wir danach unsere Bedürfnisse und Ziele mit den uns zur Verfügung stehenden Mitteln zu erreichen.

Die Aufmerksamkeit wird im Gehirn immer auf die neuesten und wichtigsten Informationen gelenkt. Am Tag sind dies beispielsweise Umgebungsinformationen, um sich orientieren zu können, oder Inhalte, die man in Gesprächen erfährt. Während des Schlafes sind diese externen Reize weitgehend ausgeschaltet. In der **Nacht** ist es unserem Gehirn möglich, **ohne** diese **störenden Außeneinflüsse** zu arbeiten. Das heißt, dass die Außenwelt im Schlaf hinter einer Wattewand existiert. Solange Reize (meist Geräusche) nicht eine Intensität erreichen, die Gefahr bedeuten könnten, wachen wir nicht auf.

Generell verschafft sich das Gehirn mit dem Schlaf eine Ruhephase, um sich auf aktuelle Probleme konzentrieren zu können. Es gibt doch sicherlich Tätigkeiten oder Stimmungen, bei denen Sie lieber allein sind. Situationen, bei denen Sie das Gefühl haben, Sie könnten besser und schneller damit fertig werden, wenn Sie nicht gestört würden. Also ziehen Sie sich zurück, stellen das Handy ab und sorgen dafür, dass Sie nicht von irritierenden Einflüssen abgelenkt werden. Dann konzentrieren Sie sich auf die Sache, die Sie erledigen müssen. Genau das macht das Gehirn im Schlaf.

Dank dieser Mauer gegen äußere Störungen können jene Inhalte in den Vordergrund rücken, die sich bereits im System befinden. Unsere Wahrnehmung wendet sich vom Äußeren dem Inneren zu. Unser Bewusstsein befasst sich immer mit dem, was laut Bedürfnisstruktur ⇔ Umgebungsinformation aktuell am wichtigsten ist. Im Traum können die Inhalte aktiv werden, die für den Organismus an sich von Bedeutung sind, ohne dass die Umgebungsinformationen stören. Die Umgebungsinformation wird fast gänzlich aus dieser Gleichung genommen, sodass sich das Gehirn damit befassen kann Ordnung in die Bedürfnis- und Zielstruktur zu bringen. Im Schlaf werden Widersprüche in dieser Struktur aktiv, also Themen, bei denen wir hin und her gerissen sind. Das Gehirn beschäftigt sich mit anstehenden Handlungen und simuliert Abläufe, möglicherweise fühlt man die damit verbundene Angst zu scheitern. Es werden die Probleme aktiviert, die uns im Alltag unglücklich machen oder von unseren Zielen abhalten und das Gehirn versucht Lösungen für diese Probleme zu entwickeln. Es werden auch jene Informationen aktiviert, für die man sich während der Wachphase eventuell keine Zeit nehmen konnte, da man noch Dringlicheres zu erledigen hatte.

Wenn Sie untertags Ihre Freundin im Büro anruft und Ihnen sagt, dass sie etwas Wichtiges mit Ihnen besprechen will, dann haben Sie, weil es ein sehr hektischer Tag ist, im Moment des Anrufs keine Zeit sich damit zu befassen. Natürlich sind Sie neugierig, da Ihre Freundin sehr aufgewühlt auf sie gewirkt hat. Doch die Flut der Aufgaben, die Ihre Kollegen an Sie weitergeben, lässt das Thema in den Hinterkopf verschwinden. Sobald der äußere Strom an unmittelbaren Tätigkeiten abreißt, wird Ihr Gehirn auf das Thema zurückkommen, das ihm aktuell am wichtigsten erscheint – und das wäre in diesem Fall die Nachricht Ihrer Freundin. So wie im Beispiel zuerst die beruflichen Aufgaben dominant sind und abgearbeitet werden müssen, bevor man sich diesem anderen Thema widmen kann, so kann sich das Gehirn vielen Themen erst widmen, wenn die Ablenkungen des Tages verstummen. Das Wichtigste kommt zuerst. Was am Wichtigsten ist, hängt wieder von unseren Bedürfnissen und Zielen ab – immer im Austausch mit den Möglichkeiten und Risiken, die unsere Umwelt gerade bietet.

Das Gehirn setzt sich im Schlaf stark mit unseren Problemen auseinander und zwar eingehender als im Wachzustand, da unsere Alltagsbrille wegfällt. Jeder von uns hat eine bestimmte Art zu denken und die Dinge zu sehen. Unsere Denkweise macht uns in gewisser Weise aus aber sie schränkt das Denken auch ein. Sie kennen sicher jemanden, der bei gewissen Aufgaben schneller auf die Lösungen kommt, da diese Person scheinbar eine etwas andere Denkweise zeigt. Im Schlaf legen wir unsere Denkweise ein Stück weit ab und damit wird unsere Problemlösungskompetenz größer, wir werden kreativer und können in größeren Zusammenhängen denken. Mit unserem Schlafdenken können wir unsere Herausforderungen besser lösen als im Wachzustand. Diese Herausforderungen können unerledigte Aufgaben im Büro oder schulische Probleme sein, aber natürlich genauso emotionale Belastungszustände, z. B. spezifische Ängste, Beziehungsstress, Zielkonflikte, Unklarheiten, Erwartungsdruck, etc. Das Gehirn macht da keinen Unterschied. Wenn unser Angstzentrum den ganzen Tag über immer latent aktiv ist, weil uns etwas belastet, dann beschäftigt sich das Gehirn natürlich auch im Schlaf mit diesem Bereich. Genauso träumen wir von Dingen, die uns in jüngster Zeit viel Glück erfahren lassen haben. Wenn bei einem Thema viele Emotionen hochkommen, bedeutet dies für unseren Verstand, dass es sich um eine wichtige Sache handelt. Wenn wir frisch verliebt sind, dann sind die Gefühle sehr intensiv. Deswegen wird man nach kurzer Zeit von der Person träumen, die der Auslöser für diese Gefühle ist.

Alles, was bei uns untertags dauerhaft stärkere Emotionen auslöst, wird im Schlaf ebenfalls behandelt – zu Träumen verwoben und noch einmal genauer betrachtet.

Genauso lenken wir Bedeutung auf Bereiche, wenn wir **intensiv lernen** oder uns mit einem inhaltlichen Problem **konzentriert beschäftigen**. Auch damit befasst sich das Gehirn im Schlaf weiter, wenn es uns untertags in ausreichendem Maße beschäftigt hat, wir ihm also genug Aufmerksamkeit gewidmet haben. Indem wir uns auf etwas konzentrieren, sagen wir dem Gehirn, dass diese Sache von Bedeutung ist. Und alles was von großer Bedeutung ist, wird auch im Schlaf näher analysiert und einer

Lösung zugeführt – sofern es dem Gehirn möglich ist. Vielleicht haben Sie es schon erlebt, dass Sie so intensiv an einem Projekt oder einer Aufgabe gearbeitet haben, dass Sie später davon träumten. Das heißt, es ist Ihnen garantiert schon passiert. Es ist eher die Frage, ob Sie sich daran erinnern können, da man sich ja nicht an jeden Traum erinnert. Der Verstand arbeitet im Schlaf weiter an den Themen, mit denen wir uns zur jeweiligen Zeit am stärksten befassen, gewinnt oftmals tolle Einsichten und entwickelt gute Ideen.

Durch die ungestörte Vernetzung von Themen im Schlaf, die unsere bunten und oft etwas wirr erscheinenden Träume hervorbringen, können auch **Widersprüche entstehen** – Spannungszustände. So können wir untertags aufgeschnappt haben, dass wir im nächsten Jahr mehr im Außendienst aktiv sein sollen. Wir haben uns dazu Gedanken gemacht und freuen uns schon ein wenig auf die neue Aufgabe. Zu diesem Zeitpunkt haben wir jedoch nicht bedacht, dass im nächsten Jahr im nebenberuflichen Studium das Verfassen der Diplomarbeit ansteht und man dafür den aufgesparten Urlaub verwenden will und generell mehr Zeit zu Hause benötigt. Wir haben diese Informationen zwar allesamt im Kopf, doch sind sie nicht nahe genug beieinander abgelegt, weil die wichtigsten Aspekte nicht die Zeitpunkte sondern die Aufgabenstellungen sind – das eine ist Beruf und das andere ist „Freizeit“. Die hier beschriebene Person trennt diese Bereiche recht stark voneinander, sodass die Neuigkeiten diesbezüglich ebenfalls nicht nahe beieinander liegen. Im Schlaf verbindet das Gehirn jedoch – befreit von unseren Denkkategorien – über die inhaltliche Nähe diese zwei Informationen miteinander und es entsteht ein Spannungszustand, weil sich beides nicht gut miteinander vereinbaren lässt. Hier würden wir unangenehm träumen, aber vermutlich nicht besonders klar und rational, sondern eben einen Traum, in dem das Hauptgefühl vielleicht eine Art „gespalten sein“ oder „hin-und-hergerissen sein“ wäre. Das Gehirn versucht im Schlaf solche Widersprüche zu finden und diese aufzulösen. Wenn es sie nicht auflösen kann, dann begleitet uns am nächsten Tag ein ungutes Bauchgefühl.

Widersprüche sind das Kerngeschäft unseres Bewusstseins. In Träumen wird der Versuch unternommen diese Widersprüche bzw. Spannungszustände zu entdecken und aufzulösen.

Wenn sich ein Widerspruch ergibt, der unsere Sicherheit bzw. unsere innere emotionale Ausgeglichenheit angreift, dann erscheinen uns Versuche des Gehirns, das aufzuarbeiten, als Alpträume. Selbst die Spannungszustände, die uns untertags nur am Rande bewusst werden, werden hier behandelt. An den Gründen für diese **Alpträume** kann man arbeiten, wenn man wach ist. Dabei ist wichtig, die unmittelbare Empfindung der Träume zu verstehen. Was ist das Hauptgefühl des Alptraums? Sterbe ich jede Nacht in meinen Träumen? Werde ich verfolgt? Streite ich die ganze Zeit mit jemandem? Wenn man weiß, welche Gefühle die Träume prägen, liegt der nächste Schritt darin sich zu überlegen, welche Probleme im Leben diese Gefühle untertags auslösen. Man muss hier oftmals der **Intuition folgen**, um die Ursache für die beängstigenden Gefühle zu finden. Wir erinnern uns ja auch nicht immer an unsere Träume. Was bleibt ist aber das Bauchgefühl, das uns auch im Wachzustand begleitet und den gleichen Spannungszustand als Ursache hat, wie unsere Träume. Eine Methode die Ursache zu finden ist, sich in einen ruhigen Raum zurückziehen, die Augen zu schließen und sich auf dieses Ziehen in der Bauchgegend zu konzentrieren. Man sollte sich in diese Intuition hineinfallen lassen. Entweder es kommen dann sofort erste Gedanken, die uns zur Quelle des Problems führen oder Sie gehen einfach die wichtigsten Neuigkeiten der letzten Zeit durch. Je näher Sie dem Thema kommen, in dem das Problem steckt, umso intensiver wird das

Bauchkribbeln. Unsere Intuition funktioniert hier ähnlich wie ein Metalldetektor, der umso lauter und schneller Piep-Laute von sich gibt, je näher man einem Metallstück kommt. Das Bauchgefühl wird eben umso stärker, je näher wir einem Spannungszustand kommen.

Hat man den Ausgangspunkt gefunden, kann man das **Problem an der Wurzel packen**. Das Gehirn gibt einem den Hinweis, dass es eine wichtige Situation oder Herausforderung gibt, man aber nicht weiß, wie man ihr begegnen soll. Nun kann man entweder einen Weg finden oder die Herausforderung fallen lassen, um die Angst auszulöschen. Wenn wir das Beispiel oben heranziehen, so kann man die Zerrissenheit im Traum auf die Unvereinbarkeit von Diplomarbeit und neuer Außendienstaufgaben zurückführen. Wenn sich die betroffene Person nun einen Zeitplan zurechtlegt, der es zulässt beide Aufgaben doch parallel zu bewältigen, so fällt das Gefühl der Zerrissenheit weg, der Widerspruch im Gehirn ist aufgelöst und damit fällt der Spannungszustand und damit die Ursache für den Alptraum und das ungute Bauchgefühl weg. Eine andere Möglichkeit wäre, sich bewusst dafür zu entscheiden, ein Semester anzuhängen, damit man sich in der ersten Phase der neuen Außendienstaufgaben voll auf diese konzentrieren kann und danach den Kopf für die Diplomarbeit frei hat. Eine weitere Option wäre, dass man sich entschließt die Erfahrungen in der Arbeit als Thema oder Teil des Themas in die Diplomarbeit einzubeziehen. So entstünde das Gefühl, dass man während der Arbeit sogar etwas für die Diplomarbeit macht. Egal welche Lösung am Ende für einen die Beste ist, man muss sie bewusst akzeptieren und gut mir ihr leben können, sich vielleicht sogar über die clevere Bewältigung der Aufgabe freuen, dann wird man auch garantiert **von den negativen Spannungszuständen befreit**.

Wenn Sie bedenken wie viele kleine, oft noch unbewusste Widersprüche allein in unserer Zielstruktur, in unserem Selbstbild, der Wahrnehmung unserer Umwelt, etc. stecken, dann ist es kein Wunder, dass man recht viel Schlaf benötigt. Man sollte jedoch nicht davon ausgehen, dass die Träume alle Probleme auflösen können. Außerdem muss man die Lösungen noch bewusst akzeptieren und deshalb ist es notwendig sich im Wachzustand mit diesen Spannungen zu befassen. Je mehr dieser Spannungen behoben werden, umso entspannter, kraftvoller und angenehmer gestaltet sich unser Leben. Wenn unser Körper überall verspannt ist, dann ist das schließlich auch keine feine Sache. Man bewegt sich immer unter Schmerzen oder nimmt Ausweichhaltungen ein, damit man die Verspannungen weniger fühlt. Wenn diese Verspannungen über Massagen, Bewegung, Physiotherapie oder sonstiges aufgelöst werden, fühlt sich der Körper wieder viel besser an und das Leben lebt sich wieder leichter und schöner. Je weniger Widersprüche und Probleme wir in uns tragen, umso mehr Qualität hat unser Leben, umso freundlicher erscheint uns die Welt. Tatsächlich regeneriert man im Schlaf umso schneller, je klarer man in seinen Zielen und Vorstellungen ist und umso weniger Neues einen belastet. Außerdem erholt man sich im Schlaf besser, wenn der Körper über regelmäßiges körperliches Training gelernt hat **schneller zu regenerieren.**

Eine weitere Besonderheit des Schlafes ist, dass wir während diesem kreativer sind. Im Alltag haben wir stets unser angelerntes Denkraster aufgestülpt. Dieses leitet sich aus unseren Erfahrungen ab und lässt wirklich neue Ideen, die eventuell unserer Erfahrung widersprechen, gar nicht zu. Im Traum wird dieses Denkraster, unsere Alltagsbrille, abgenommen. Deshalb werden im Schlaf mehr **intelligente bzw. kreative Verknüpfungen** – also neue Gedanken – hergestellt. Den Wegfall unseres Denkschemas erkennen wir durch die scheinbar willkürlichen Sprünge in den Träumen, die irrational und aus unserem Wachdenken heraus äußerst ungewöhnlich anmuten. Man geht durch die Tür ins Wohnzimmer der eigenen Wohnung und steht in einem Badezimmer eines anderen Hauses, das sich zudem auf einer weiten Wiese befindet. Man redet mit seinem Bruder und doch ist der Bruder eigentlich im Traum wer anderer. Tiere sprechen mit uns und halten uns weise Vorträge oder reden nur wirres Zeug. Wir sind wieder in der Schule und müssen einen Test schreiben, von dem wir nichts wussten. Wir erleben einen Flirt und wissen, dass wir in Wahrheit eine Freundin haben oder wissen es im Traum nicht und haben danach ein schlechtes Gewissen – sofern wir uns erinnern. Und das alles erscheint uns im Traum meist sehr logisch und überhaupt nicht abstrus. Wer im Wachzustand über die Entwicklungen eines Traumes nachdenkt und sich selbst halbwegs gut kennt, kann meistens nachvollziehen, woher die Elemente (Menschen, Räume, Situationen,...) kommen und wie sie zusammenhängen. Dass sie zusammenhängen, steht außer Frage – ob räumlich, zeitlich, kontextbezogen, über Menschen, farblich oder wie auch immer. Durch diese Verbindungen treten dann im Traum rasch diese spektakulären Situationsänderungen auf. Gerade dieses Phänomen ist es, das jene intelligente Funktion des Träumens ausmacht. Hier werden **Ideen generiert.** Ideen sind nichts anderes als solche kreativen Verbindungen zwischen Inhalten mit dem Zusatzkriterium, dass Ideen etwas Verwertbares ergeben, etwas das von Nutzen ist.

Es ist alles andere als überraschend, wenn man immer wieder hört oder selbst erfährt, dass sich die Lösung eines Problems, mit dem man sich intensiv beschäftigt, nach einer Ruhephase findet. Während wir schlafen und träumen werden also tiefe, kreative Einsichten gefördert. Dies wurde bereits in mehreren psychologischen Tests bestätigt und auch bekannte Wissenschaftler dienen als Beispiel für diese Annahme. Wie etwa Friedrich August Kekulé von Stradonitz (1829 – 1896), der Entdecker der ringförmigen Struktur des Benzols, der in einem Traum auf die Form des Moleküls stieß, als sich dort eine Schlange in den eigenen Schwanz biss. Er konnte hier den richtigen Zusammenhang zwischen dieser Ringform und seiner Arbeit herstellen. Albert Einstein stellte sich vor wie es wäre, auf einem Lichtstrahl durchs Weltall zu fliegen und ließ sich davon zu seiner Relativitätstheorie inspirieren. Unsere Träume, unsere Intuition und selbst die losen Phantasien arbeiten für uns und sie sprechen mit uns, wenn wir lernen richtig hinzuhören.

Während des Traumes wird unser **Organismus aktualisiert.** Man kann es sich übertragen so vorstellen, dass man am Tag Informationen aufnimmt wie ein Wissenschaftler, der Beobachtungen oder Messungen durchführt, um eine Theorie zu überprüfen. In der Nacht werden diese Messungen ausgewertet und es wird geprüft, wo es Auffälligkeiten gibt – wo man auf Grund der Theorie andere Ergebnisse erwartet hätte. Wenn im Alltag etwas geschieht, das uns sehr überrascht, dann weil laut unserem Modell der Welt, dieses etwas nicht hätte geschehen dürfen. Wenn wir mit einem Freund reden und uns dieser aus heiterem Himmel böse anfährt, uns Vorwürfe macht, sich umdreht und geht, dann hätten wir das nicht erwartet und können uns es in diesem Moment nicht erklären. Da es geschehen ist, müssen wir unser Modell der Welt anpassen – wir suchen eine Erklärung und erweitern unser Modell der Welt um diese Erklärung. **Auf diese Weise lernen wir.** Dadurch erhält man jeden Tag – an dem man reflektiert – eine weiterentwickelte Theorie der Welt, auf Basis derer man den nächsten Tag bestreitet und neue Eindrücke sammelt. Schritt für Schritt findet so eine Weiterentwicklung statt. Wir verstehen die Welt – hoffentlich – immer besser und besser. Unsere Entscheidungen werden effektiver, unser Verhalten wird souveräner und passender, unsere Menschenkenntnis verfeinert sich, usw.

Kurz zum Mythos **mit dem Buch unter dem Kopfpolster schlafen**. Es bringt nichts – wie man gerne glauben möchte –, wenn man die Lernunterlagen unter dem Kopfpolster aufbewahrt, während man schläft. Das wäre dann doch zu einfach. Die Idee kommt wohl eher daher, dass die zuletzt aufgenommenen Informationen im Gehirn im Rahmen der Verarbeitung in den Träumen höher gewichtet sind als ältere Informationen. Wenn man also kurz vor dem Schlafengehen in den Büchern liest, dann erhöht sich der Lerneffekt, den man im Schlaf erzielt, da die zuletzt aufgenommenen oder überdachten Themen meist als erste aufgearbeitet werden und dann auch noch recht frisch und unverfälscht im Gedächtnis sind. Wenn man direkt über dem Buch einschläft und es sich dadurch quasi zum Kopfpolster macht, dann ist das natürlich positiv – man muss nur vorher konzentriert darin gelesen haben. Dann kann es durchaus sein, dass der erste Traum sich um das Gelernte dreht. Wir träumen aber natürlich nicht die ganze Nacht. Wir haben weiter oben bereits festgehalten, dass es noch eine weitere essentielle Schlafphase gibt.

Im Tiefschlaf kommt das Bewusstsein zur Ruhe und das Gehirn schaltet in einen anderen Modus. Welche Funktion hat dieser tiefe Ruhemodus? Ganz untätig ist das Gehirn hier ebenfalls nicht. In diesem Zustand vergessen wir beispielsweise die Inhalte, mit denen wir uns in letzter Zeit nicht befasst haben. Zudem werden die synaptischen Spalten gesäubert, die beim Lernen, konzentrierten Nachdenken und genauso beim Träumen mit Botenstoffen überladen werden. Das Gehirn bleibt durch diese Aufräumprozesse flexibel und schnell. Unsere neuronalen Strukturen werden laufend optimiert. Jeden Morgen steht uns damit im Kopf ein aktualisiertes und aufgeräumtes Modell der Welt zur Verfügung. Das Gehirn schafft ständig eine optimierte Grundlage für unsere Entscheidungen und Taten.

Der Mensch muss vergessen! Wir haben zwar das Gefühl, dass diese Rückentwicklung, die wir gerade im Tiefschlaf durchmachen, etwas Negatives wäre, aber das Vergessen ist genauso so wichtig wie das Lernen an sich! Eigentlich ist Vergessen eine Art des Lernens. Wir lernen genau wie in der Wissenschaft durch Versuch und Irrtum. Wir lernen was wichtig ist und welche Wissensbausteine im Grunde wenig zu gebrauchen sind. Das Gehirn lernt was funktioniert hat und festigt dieses Wissen. Genauso lernen wir, was nicht so toll funktioniert und in dem Fall erschwert uns das Gehirn sogar, diese Gedanken noch einmal denken zu können. So lenkt es unser Denken in die sinnvolleren Bereiche. Alles, was die **Klarheit** unseres Denkens belastet, ohne vom Gehirn als wichtig eingestuft zu werden – ansonsten wären es Spannungszustände, die während der Traumphase behandelt würden – wird im Tiefschlaf vor die Tür gekehrt.

Damit der lehrreiche Schlaf funktioniert, muss er möglichst störungsfrei ablaufen. Wenn man **für ungestörten, ruhigen Schlaf sorgen** kann (und den vorher nicht hatte), dann gewinnt man sofort viel an Lebensqualität, Energie und Zufriedenheit. Indem man sich untertags gezielt mit den Bereichen beschäftigt, die einem im Traum begegnen, löst man die unterschwelligen Probleme auf und optimiert so die eigene Bedürfnis- und Erkenntnisstruktur.

Der Mensch absolviert mehrere **vollständige Schlafzyklen** während einer gewöhnlichen Nachtruhe. Jeder vollständige Schlafzyklus umfasst sowohl eine Traumphase als auch eine Tiefschlafphase und dauert ca. 1,5 Stunden. Ein cleverer Mechanismus, der verdeutlicht, wie kontraproduktiv durchgemachte Nächte sind. Gerade wenn man etwas lernen will oder an schwierigen Problemen arbeitet, ist Schlaf hochgradig wirksam für das Vorankommen. Der Input ist zwar wichtig, ebenso wie das konzentrierte Arbeiten mit den Inhalten, weil diese Beschäftigung dem Gehirn zeigt, dass diese Inhalte von großer Bedeutung sind und deshalb im Schlaf bearbeitet werden sollen. Die weitestreichenden Verbindungen und die nachhaltige Speicherung entstehen jedoch erst dann, wenn das Bewusstsein sich von der uns umgebenden Welt zurückziehen kann.

Versuchen Sie in Zeiten, in denen Sie besonders leistungsfähig sein wollen, fixe Schlafzeiten zu etablieren. Wichtig dabei ist, dass Ihre Schlafzeit in **1,5-Stunden-Rhythmen** eingeteilt ist. Schlafen Sie also immer 6 oder 7,5 oder 9 etc. Stunden. Indem Sie dem Körper Gewissheit über die verfügbare Zeit geben, kann er seine Aufgaben dieser Zeit ideal anpassen. Perfekt wäre, wenn Sie immer zur gleichen Zeit schlafen gehen und aufstehen würden. In diesem Fall kann sich der Körper optimal einstellen und ein Maximum aus dem Schlaf herausholen. Schlafmittel wird ein ausgeglichener und geforderter Verstand und Körper für gewöhnlich nicht brauchen, sofern die Umgebung nicht sehr schlafunfreundlich ist. Wenn Sie nicht schlafen können, dann weil in Ihnen etwas unaufgearbeitet ist, etwas an Ihnen nagt. Wenn Sie in sich hineinfühlen, das Problem erkennen und für sich eine Lösung finden, dann löst sich der Spannungszustand, der Sie Ihren Schlaf kostet auf und Sie können wieder entspannt schlafen. Wenn Sie aus Ihrem Schlafrhythmus ausbrechen, dann wird es ebenfalls schwerer einzuschlafen und aufzustehen. Es lässt sich natürlich manchmal einfach nicht verhindern, aber zumindest wissen Sie dann woran es liegt. Vernachlässigen Sie auch nicht Ihren Körper. Regelmäßiges Training erhöht ebenfalls die Regenerationsfähigkeiten, nicht nur den Regenerationsbedarf. Sobald Sie ein regelmäßiges, stärkendes Training in Ihren Alltag integriert haben, benötigen Sie weniger Schlaf und Ihnen steht mehr Energie zur Verfügung.

Damit haben wir die häufigsten Zusammenhänge zwischen Geist und Körper, der Psychosomatik, dem Wesen nach erfasst. Es sollte uns mit diesem Wissen leichter fallen zu verstehen, warum es uns teilweise schlecht geht, warum Antriebslosigkeit entsteht, warum sich teilweise Infektionen gerade in schwierigen Lebensphasen häufen, und vieles mehr.

In einem gesunden Körper ruht ein starker Geist – aber ein gesunder Geist ist ebenso Voraussetzung für einen gesunden Körper.

Mit diesem Wissen können wir mittel- und langfristig für eine wesentlich höhere Lebensqualität sorgen und unser ICH gesund und stark machen und halten. Wenn wir unser ICH auf diese Weise pflegen, dann schenken wir uns damit ebenfalls großartige Voraussetzungen für herausragend schöne Beziehungen.

DU

4 Die Personenwahrnehmung

Bis hierher haben wir uns vor allem mit uns selbst befasst. Wenn wir das eigene Leben auf der Reihe haben und wir die obigen Themen beachten, dann sind wir grundsätzlich bereit und fähig wirklich gute und intensive, vor allem auch gesunde Beziehungen zu erleben. Doch selbst Menschen, die mit sich im Reinen sind, können Probleme in Beziehungen haben. Viele Probleme in unseren Beziehungen würden aber erst gar nicht entstehen, wenn wir besser verstehen, wie Wahrnehmung und vor allem Personenwahrnehmung funktioniert und wo sie ihre Tücken hat. Intuitiv glauben wir, dass die Welt so ist, wie wir sie sehen, riechen, schmecken, etc. Außerdem vertrauen wir sehr stark darauf, dass wir ziemlich fehlerfrei wahrnehmen.

Unsere Wahrnehmung dient, wie alles andere, unserer Bedürfnisbefriedigung. Wir können uns das so vorstellen, dass unsere Bedürfnisse wie kleine Ärmchen ständig die Umwelt abtasten und zwar nach Möglichkeiten mit denen sie das jeweilige Bedürfnis befriedigen können und nach Gefahren, die unsere Bedürfnisse frustrieren könnten. Je stärker ein Bedürfnis wird – heißt, je frustrierter es ist – umso stärker wird dieser Arm und umso forscher sucht er in unserem Wahrnehmungsbereich. Wenn wir Hunger haben, dann nehmen wir Nahrungsmittel stärker war. Wenn wir einsam sind, dann nehmen wir Menschen, Handys, Computer (z.B. um zu chatten, eine E-Mail zu schreiben) stärker wahr. Unsere Wahrnehmung ist so eingestellt, immer das verstärkt zu fokussieren, was wir gerade am Dringendsten benötigen.

Der Befriedigungslevel unserer Bedürfnisse beeinflusst massiv die Ausrichtung unserer Aufmerksamkeit.

Schwerer haben es Eindrücke von außen, wenn Bedürfnisse gerade sehr dominant sind. Wenn wir beispielsweise gerade besonders stark in etwas vertieft sind, dann konzentriert sich unsere Aufmerksamkeit auf das was wir tun und andere Bedürfnisse verlieren in dieser Phase sehr an Bedeutung. Fast jeder hat schon Situationen erlebt, in der man in etwas extrem vertieft war. Man macht eine Arbeit fertig oder ist in ein Spiel oder Buch vertieft. Man kommt zum Ende, speichert die Datei und klappt den Laptop oder das Buch zu und auf einmal merkt man, wie sich der Magen vor Hunger fast verkrampft. Wie konnte man einen solchen Hunger bekommen, ohne es zu bemerken? Wenn wir eine Handlung ausüben, die ein Bedürfnis befriedigt, dann rastet quasi in uns eine Verankerung ein, damit wir uns nicht sofort wieder von der Handlung lösen. Dies soll dafür sorgen, dass wir an den Dingen dranbleiben und nicht ständig die Richtung wechseln. Den Mechanismus, der dies hervorbringt, nennen wir Valenzprinzip. Dieses Prinzip wird uns noch öfters über den Weg laufen und wird später noch genauer erläutert.

Solange ein Bedürfnis dominant ist, ist es schwer für andere Bedürfnisse sich durchzusetzen.

Gleichzeitig ist noch ein weiterer Punkt zu beachten, nämlich die **Möglichkeiten zur Bedürfnisbefriedigung**, die unsere jeweilige Umgebung gerade bieteen. Wenn sich attraktive Möglichkeiten auftun, dann wird das hierfür zuständige Bedürfnis verstärkt. Leichter ist das mit Beispielen zu erklären. Stellen Sie sich einfach vor, Sie arbeiten gerade an etwas und sind in Gedanken, dann plaudern Sie ein wenig mit Kollegen. Es ist gerade nichts Besonders los. Auf einmal nimmt ein Kollege eine leckere Jause heraus, die richtig verführerisch riecht. Plötzlich meldet sich Ihr Hunger, den Sie vorher überhaupt nicht gespürt hatten. Die Möglichkeit auf Essen hat aber dieses Bedürfnis angesprochen und der bisher nur ganz vorsichtig tastende Arm des Nahrungsbedürfnisses packt zu. Wenn die Verbindung von Bedürfnis und Möglichkeit hergestellt ist, dann bekommt das Bedürfnis zusätzliche Kraft. Das ist ein alter Mechanismus, der uns darauf aufmerksam machen soll sich uns bietende Möglichkeiten nicht ungenutzt zu lassen.

Die Aufmerksamkeit wird von sich uns bietenden Möglichkeiten zur Bedürfnisbefriedigung angezogen.

Letzten Endes ist damit naturgemäß in jedem Moment unseres Lebens die Aufmerksamkeit durch diese Faktoren beeinflusst. Sie wird durch unsere Bedürfnisse / Ziele, deren Erfüllungs- bzw. Frustrationsgrad plus den sich aktuell bietenden Möglichkeiten, sofern wir sie als solche erkennen, gesteuert. Dadurch soll gewährleistet sein, dass wir für unsere Zielstruktur das Maximum herausholen. Genauso soll aber dafür gesorgt sein, dass wir eben die Bedeutung der Ziele und Möglichkeiten zueinander abschätzen. Deshalb werden die meisten Menschen den Partner ihrer besten Freundin oder ihres besten Freundes nicht anbaggern, da in Abwägung der Freundschaft und des kurzen Vergnügens die Bedeutung der Freundschaft überwiegen dürfte. Wenn es doch passiert, dann war die

Freundschaft wohl doch nicht ganz so innig oder die Anziehung zur Affäre zu stark. Natürlich kann es auch sein, dass man sich die Konsequenzen nicht bewusst gemacht hat. Ein weniger delikates Szenario ist das obige, wenn ein Kollege eine leckere Jause hervorkramt und sich bei uns der Hunger meldet. Dieses Hungergefühl gibt ja hier im Grunde den Auftrag sich das Essen zu holen und es zu verzehren. Das soziale Bedürfnis wird aber hier eine Gegenstimme aufbauen, da wir wissen, dass wir nicht einfach den Leuten ihr Essen wegnehmen können. Wir würden da doch sehr an Ansehen verlieren. Es bleibt also bei den Abwägungen, die wir uns schon weiter oben zum Thema Handlungen angesehen haben. Tendenziell lassen wir uns durch die kurzfristigen Verlockungen ein wenig zu stark ködern. Die langfristig erfolgreicheren, souveräneren und glücklicheren Leute sind jene, die sich gut überlegen wie die Chancen und Risiken zueinander stehen. Ohne vernünftige Reflexion wird man wesentlich häufiger in Fettnäpfchen tappen und sich durch Möglichkeiten verlocken lassen, obwohl die Handlungen unseren langfristigen Zielen viel zu großen Schaden zufügen.

Je weniger man über Konsequenzen nachdenkt, umso mehr wird man erleben, da man vielen Impulsen folgt. Doch langfristiges Glück verlangt den Einsatz des Verstandes.

4.1 Aufmerksamkeit, Erwartung und Täuschung

Alles was wir sehen und als real bezeichnen würden, besteht aus Bildern, die unser Verstand nach Lust und Laune malt. Natürlich gibt es etwas, das diesen Bildern zu Grunde liegt – aber wenn ich einen Menschen betrachte, dann existiert das was ich sehe, ausschließlich in meinem Kopf. Es wird eine Unmenge an visuellen und anderen Eindrücken aufgenommen, miteinander kombiniert, durch unsere Erfahrung und Erwartung strukturiert und daraus entsteht unsere Wahrnehmung. In den Augen von Ihnen mag eine Person eher schlank und groß aussehen. Jemand anderer legt andere Standards an und sieht die Person als normalgewichtig und durchschnittlich groß an.

Sie würden kaum glauben wollen, wie viel wir in die Welt hineininterpretieren und wie klein der Aufmerksamkeitsbereich ist, in dem wir tatsächlich so halbwegs genau Informationen aufnehmen. In der folgenden Abbildung, dem Heringschen Gitter, sehen Sie sofort, dass uns unser Blick täuscht, sobald wir uns nicht stark konzentrieren. Überall dort, wo wir nicht geballte Aufmerksamkeit aufbringen, interpretiert unser Gehirn einfach etwas Plausibles in die Welt hinein – hier sind es die grauen Schatten, die in den Kreuzungen der weißen Linien entstehen.

Nur dort, wo wir unseren Fokus hinlegen, schaffen wir es diese Fehlinterpretation zu korrigieren. Bei etwas schwächerer Aufmerksamkeit geschehen deswegen leichter Irrbilder, Illusionen und Täuschungen. Die meisten Täuschungen bleiben unerkannt, werden uns also nicht bewusst, sodass uns nicht klar ist, wie oft wir Dinge falsch sehen bzw. hören. Sobald wir nicht sehr konzentriert sind, sieht das Gehirn das, was es zu sehen erwartet. Sie kennen vermutlich die Analogie zwischen Bewusstsein und Eisberg. Unser Bewusstsein entspricht nur dem Anteil des Eisberges, der aus dem Wasser ragt, der Spitze. Der weitaus größere Anteil ist unter Wasser. Im Gehirn ist das Verhältnis in Wahrheit noch extremer. Wenn Sie sich vorstellen, dass unsere Wahrnehmungen – also wenn Sie etwa den Kopf heben und in den Raum hineinblicken – in Summe einen Eisberg darstellen, dann sind die Informationen, die Sie tatsächlich direkt und nur wenig uminterpretiert aufnehmen nur ein Bruchteil des Anteils über dem Wasser. Fast alles, was wir zu sehen glauben sind Informationen, die bereits im Gehirn sind und ausgelöst werden, weil wir die Räume bereits kennen. Es ist also gar nicht notwendig, immer alles neu aufzunehmen. Es ist auch nicht notwendig, jede Türe oder jeden Tisch, Stuhl oder Menschen als Ganzes konzentriert aufzunehmen, da die Tür, der Tisch, der Stuhl und der Mensch sehr vieles aufweisen, was jede Türe, jeder Tisch, jeder Stuhl und jeder Mensch aufweisen. Doch das Gemeine ist, je unaufmerksamer wir werden, desto mehr interpretieren wir in die Welt hinein und desto fehlerhafter wird unsere Einschätzung, da wir **geringe Abweichungen ausblenden**. Diese bekommen wir entweder gar nicht mehr mit oder wir tun sie als Täuschungen ab.

Genauso können wir uns irrtümlich einreden, dass anderen Menschen unsere Nase nicht gefällt oder andere eine andere unserer inneren Eigenschaften oder äußeren Merkmale bei anderen Menschen besonders schlecht ankommen. Das geschieht natürlich dann, wenn uns selbst Nase / Kinn / Po / Art zu reden / Art zu lachen / Haare/ Beine / Sprachgewandtheit / Kleidungsstil ... nicht gefällt – vielleicht hat uns das jemand eingeredet oder es gab ein prägendes Erlebnis, das uns nicht aus dem Kopf geht. Spricht uns jemand darauf an, dass wir aber kurze Beine haben, dann mögen wir diese Bemerkung noch nicht so wichtig nehmen.

Kommt am nächsten Tag wieder eine Person auf uns zu und teilt uns das gleiche mit, dann fangen wir eventuell schon zu grübeln an.

Wenn wir von der unangenehmen Erscheinung der Nase oder der unattraktiven Kürze der Beine überzeugt sind, dann deutet unser Verstand automatisch die Reaktion von anderen so, dass sich diese Annahme bestätigt fühlt. Wenn jemand schmunzelt, wenn er uns sieht, dann sicher weil die Person sich über die Nase oder Beine amüsiert – egal ob das Schmunzeln überhaupt uns gegolten hat. Wenn sich jemand kein zweites Mal mit uns verabreden will, dann sicher, weil ihm oder ihr unsere Nase oder Beine nicht gefallen haben. Wir sehen Schatten wo eigentlich gar keine sind. Wir interpretieren das einfach in die Welt hinein. Fixierungen finden wir immer wieder und diese sind immer mit Vorsicht zu genießen und so schnell wie möglich aufzulösen bzw. zu hinterfragen, ob sie eine berechtigte Grundlage haben. Und selbst wenn die Nase überdurchschnittlich groß sein sollte, macht das nicht automatisch unattraktiv. Es mag unseren ästhetischen Prinzipien nicht perfekt entsprechen, doch wir wissen bereits, dass Attraktivität weitaus differenzierter ist als bloße Schönheit. Und für unser Leben ist Attraktivität wesentlich bedeutsamer als oberflächliche Schönheit – mag sie auch in manchen Situationen von Vorteil sein.

Zurück zu den Fallen unsere Wahrnehmung. Das Gefährliche an unserer Wahrnehmung ist gar nicht so sehr, dass wir uns recht häufig täuschen sondern, dass wir oft nicht mehr in der Lage sind von dieser **Täuschung** Abstand zu nehmen. Beim Hering´schen Gitter kann man leicht die einzelnen Felder direkt ansehen, um zu erkennen, dass die Schatten eigentlich gar nicht da sind, wir sie uns nur einbilden. Jetzt stellen Sie sich vor ich zeigen Ihnen das Bild nur für eine Sekunde mit der Bitte sich auf die Mitte zu konzentrieren. Danach bitte ich Sie das Bild zu zeichnen. Sie würden auf Grund Ihrer Wahrnehmung und der fehlenden Zeit diesen zu überprüfen die Schatten mit einzeichnen – und aus Ihrer Perspektive völlig zu recht, ich würde es genauso machen. Wir täuschen uns auf Grund von fehlender Aufmerksamkeit recht häufig und haben aber sehr oft nicht die Gelegenheit es noch einmal genau so zu sehen oder zu hören. Da wir daran glauben, was wir mit eigenen Augen sehen und eigenen Ohren hören, **nehmen wir es als wahr an => Wahrnehmung**. So entstehen sehr oft Streitigkeiten, weil man sich bei Diskussionen immer wieder auf Täuschungen oder leichte Fehlinterpretationen bezieht. Ist man sich bewusst, wie schnell man Informationen verzerrt, dann wird man hier vorsichtiger und damit toleranter und umgänglicher. Viele Konflikte werden durch die weichere Haltung im Gespräch vermieden, ohne dass man deswegen an Überzeugungskraft einbüßt. Ganz im Gegenteil, denn mit der genaueren Art und Weise wahrzunehmen, zu denken und zu argumentieren, ist man viel präziser und damit schlagkräftiger in seinen Argumenten.

Gerade bei neuen Bekanntschaften sollte man aufmerksam und „neutral“ eingestellt sein. Irritierendes sollte aufgeklärt bzw. überprüft werden, um Täuschungen auszuschließen.

Tatsache ist, dass man mit hoher Wahrscheinlichkeit das sieht, was man zu sehen erwartet. Wenn Sie einen schlechten Tag erwarten, dann werden Ihnen auch die negativen Dinge stärker auffallen. Dann ist der Regen natürlich blöd, der Kaffee hat auch komisch geschmeckt, aufgeräumt ist auch wieder nicht, das Klopapier muss gerade jetzt ausgehen, der Bus hat gerade an diesem Tag Verspätung, die Leute müssen wohl immer so blöd aus der Wäsche gucken, usw. Wer sich einmal bewusst wird, dass wir es selbst in der Hand haben, ob wir mehr gute oder mehr schlechte Dinge sehen, der kann das Leben ohne Aufwand wesentlich schöner gestalten.

Natürlich wird es trotzdem negative Ereignisse geben – das geht uns allen so. Aber wir sind zumindest in der Lage die Zeit, in der es keine wirklichen Probleme gibt, viel gelassener und fröhlicher zu erleben. Das gibt zusätzliche Kraft für die Herausforderungen, mit denen wir uns dann befassen, wenn sie da sind und die wir nicht schon lange im Vorhinein in unsere Gedanken eindringen lassen sollten.

Positive Einstellung ist keine Sache von Esoterik sondern von Neurowissenschaft. Wer sich erlaubt Positives zu erkennen, dessen Leben wird automatisch positiver verlaufen.

Gerade wenn es Leuten schlecht geht, fokussieren sie sehr stark auf ihr Problem. Das wirkt auf den ersten Blick äußerst plausibel, schließlich will man eine Lösung finden und lenkt seine Aufmerksamkeit auf das Problem. Doch wenn man sich gar keinen Abstand mehr vom Problem gönnt und sich immer auf die negativen Konsequenzen, die Gefahren und das Leiden konzentriert, dann kann man sich in einen **negativen Teufelskreis** hineindenken. Das habe ich leider bei einigen Coaching-Gelegenheiten erleben müssen. Oft ist es gar nicht so leicht zu jemandem durchzudringen, dem es gerade wirklich schlecht geht. Man merkt rasch, dass das, was man versucht zu vermitteln, gar nicht richtig wahrgenommen wird. Es reicht nicht einfach zu sagen: „Komm schon, denk mal positiver." Zuerst muss man auf die Person zugehen, ihre Leidenszone betreten und so lange weiter auf sie zugehen – sich in ihre Welt hineinversetzen – bis man nachvollziehen kann, **wie sich die Welt für sie gerade darstellt** – was alles vorgefallen ist und warum alles so belastend und hoffnungslos erscheint. Jemanden aus einer so depressiven Lage herauszuholen braucht Kraft, denn nur wenn man nahe genug an die Person rankommt, kann man auf sie wirken und dann kann man ihr sanft und behutsam helfen den Kopf wieder etwas zu heben. Denn genau darin liegt die Kunst. Wenn ihnen ein Glas runterfällt und sie blicken hinab auf die Scherben und die angerichtete Schweinerei, dann verlieren sie die vielen schönen Dinge aus dem Blick. Wenn man zu stark fokussiert und sich hineinsteigert, dann erstarrt der Blickwinkel und es wird schwer den Rest unserer eigentlich schönen Welt zu erkennen – wieder hängt man in einer **Fixierung**. Nur indem man seine Aufmerksamkeit ein wenig von dem Problem löst und auf andere Dinge lenkt, kann man sich wieder aus der negativen Fokussierung lösen. Eine unterstützende Möglichkeit die Aufmerksamkeit vom Negativen abzulenken bzw. sie dort zu schwächen ist Sport. Durch die körperliche Anstrengung verlagert man einiges an neuronaler Energie in die Bereiche, die benötigt werden, um den Sport zu betreiben. Zusätzlich erschöpft man den Energiehaushalt, sodass ein Gefühl der Leichtigkeit entsteht. Damit gönnt man sich ebenfalls eine Pause von den Problemen. Der Abstand, den man sich hier verschafft, ist elementar um überhaupt Lösungen erkennen zu können und wieder Kraft zu schöpfen.

Lassen wir ein Problem zu nah an uns heran, versperrt es uns die Sicht auf die schönen Dinge. Man braucht ein wenig Abstand, um Energie zu tanken und Lösungen finden zu können.

Diese Problematik hängt auch mit dem nächsten Thema zusammen. Das, was wir zu sehen glauben, wird maßgeblich von dem beeinflusst, was sich zu diesem Zeitpunkt um uns herum abspielt. Dies kann auch auf Beziehungen massive Auswirkungen haben – beim Kennenlernen genauso wie im Rahmen einer längeren Beziehung.

Ein erster Eindruck kann täuschen, auch ein zweiter, ein dritter und das nicht nur bei der Personenwahrnehmung, wenn dort auch besonders leicht, wie wir sehen werden. Aber werfen Sie doch einfach einen Blick auf die folgende Abbildung und Sie werden sehen wie stark manche Einflüsse auf unsere Wahrnehmung wirken. Sie sehen eine Figur, die aus einem großen Rechteck besteht, die von links nach rechts immer heller wird und eine schmaleres Rechteck, das von links nach rechts immer dunkler wird. So weit so klar.

Decken Sie nun bitte das große Rechteck so ab, dass nur das schmale Rechteck übrig bleibt: Das kleine Rechteck verliert seinen Hell-Dunkel-Verlauf – den es natürlich niemals hatte. Der Verlauf von hell auf dunkel wird allein durch die Umgebung hervorgerufen. Und doch, selbst wenn wir das wissen, tritt dieser Effekt beim nächsten Mal wieder auf. Man muss sich schon sehr stark auf das innere Rechteck konzentrieren, um es in einer einzigen Graustufe wahrnehmen zu können. Einzig unser Verstand und die Einsicht, dass man sehr stark von umgebenden Faktoren getäuscht bzw. unsere Einschätzung getrübt werden kann, versetzt uns in die Lage unsere Meinung von diesen Fehlern zu befreien. Denn wenn uns klar ist, wie sehr wir uns von umgebenden Faktoren beeinflussen lassen, können wir bewusst mehr Aufmerksamkeit auf die Sache lenken, die wir möglichst unverzerrt wahrnehmen möchten.

Was wir rund um ein Objekt oder eine Person an Informationen auffangen, beeinflusst unsere Einschätzung also extrem – und meist, ohne dass uns das auffällt. Wenn Ihnen ein hochgeschätzter Bekannter oder Freund freudestrahlend jemanden vorstellt, dann werden Sie die Person anders wahrnehmen, als wenn diese im Alltag an ihnen vorbeiläuft oder wenn sie von jemandem vorgestellt wird, den Sie gar nicht leiden können. Wenn Sie jemanden in der Freizeit im Zoo treffen, den Sie immer nur im Anzug im beruflichen Umfeld gesehen haben, dann kann dies ein komisches Gefühl auslösen – es wirkt so ungewohnt, deplatziert. Es lohnt deswegen sehr sich immer wieder einmal zu hinterfragen, ob das, von dem man glaubt, dass es „wahr" ist, tatsächlich plausibel ist oder ob man sich durch andere Einflüsse zu stark beeinflussen ließ. Manchmal verrennt man sich in irrige Überzeugungen oder Vorstellungen. Das ist vor allem dann sehr negativ, wenn der eigene Selbstwert darunter leidet – wenn man sich etwa einredet, dass etwas an der eigenen Person negativ oder unansehnlich sei – und dies jeder Grundlage entbehrt.

Genauso negativ ist es, wenn man anderen auf Grund festgefahrener Überzeugungen Leid antut. Beispielsweise gibt es Streitfälle, bei denen der Glauben oder Weltanschauungen dafür sorgen, dass Situationen komplett unterschiedlich gesehen werden. So fühlt sich beispielsweise eine Margarete von ihrer Tante, Susanne, ungerecht behandelt. Der Freund der Tante, Roland, versucht das Ganze aufzuklären, da sich Susanne bereits fragt, was sie nur falsch gemacht hat. Roland versucht die Ursachen in der gemeinsamen Vergangenheit von Tante und Nichte zu finden. Möglicherweise wurde ja irgendwann etwas Gesagtes falsch aufgenommen – ein schwarzer Schatten (im Hering´schen Gitter), der nicht mehr hinterfragt wurde. Margarete, die Nichte, meint kurz darauf, dass sie in der Kindheit von ihrer Tante weniger beachtet wurde als ihre Geschwister. Roland versucht herauszufinden warum Margarete zu dieser

Einschätzung gekommen ist. Er bemüht sich um eine eher sachliche Herangehensweise. Nun schaltet sich noch die Mutter von Margarete ein. Natürlich stellt sie sich auf die Seite ihres Kindes und wirft nun ebenfalls Anschuldigungen in Richtung ihrer Schwester, Susanne. Die Mutter will ihre Tochter natürlich schützen und auf Grund ihres Glaubens, behauptet sie, dass Susanne in einem vorherigen Leben böse zu Margarete war und das immer noch nachwirkt. Die sachliche Herangehensweise von Roland, der die Ursache in diesem Leben sucht und diese glaubensorientierte Sichtweise von Margaretes Mutter, lässt für beide Seiten die Situation in einem vollkommen unterschiedlichen Licht erscheinen. Wenn man eine Analogie zur obigen Abbildung herstellt, dann repräsentiert der kleine graue Balken in der Mitte die Fakten dieser Situation. Nur, da die zwei Seiten diese Fakten aus gänzlich unterschiedlichen Perspektiven betrachten, sieht die Situation – der Balken in der Mitte – für jeden anders aus.

Die verschiedenen Sichtweisen sind die Umgebung – unser gedanklicher Rahmen, in dem wir unsere neuen Wahrnehmungen einordnen. Die zwei Sichtweisen sind genau gegengleich, sodass sich das kleine Rechteck für die eine Seite von hell auf dunkel darstellt und für die andere Seite genau umgekehrt. Eine verfahrene Situation, wenn man das nicht erkennt.

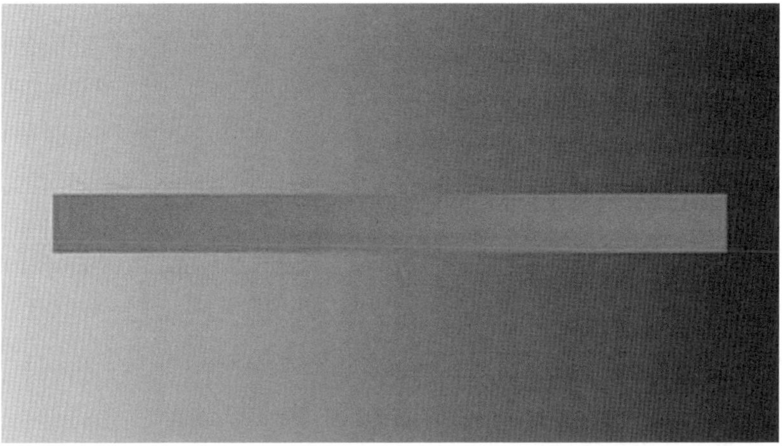

Wie soll man hier auf einen Nenner kommen, wenn man nicht versteht, dass die eigenen vorgefertigten Überzeugungen die Einschätzung der Situation so extrem verzerren? Nur, wenn man versteht, wie stark unsere Erwartungen und Vorstellungen, die Umgebung, usw. auf die Einschätzung einer Situation wirken, kann man überhaupt versuchen die Sache etwas neutraler zu betrachten. Beide Seiten müssten ihre Sichtweise ein Stück der des Gegenübers annähern, erst dann wird ein Konsens denkbar.

Machen Sie sich gerade in Streitsituationen immer klar, dass Ihr Gegenüber die Situation eventuell ganz anders wahrnimmt und Sie eventuell über zwei unterschiedliche Dinge streiten. Wenn man sich in die Lage des Gegenübers versetzen kann, lösen sich Missverständnisse meist schnell auf.

Wenn wir jemanden zum ersten Mal treffen, dann wissen wir in Wahrheit nichts über diese Person. Wie weiter oben dargestellt wurde, müssen wir auf Grund von äußeren Erscheinungsmerkmalen versuchen zu erkennen, ob uns die Person freundlich oder feindlich gesinnt ist. In weiterer Folge schließen wir dann auf Werte, Wellenlänge, Ziele, Stärken und Schwächen. Sie wissen das alles und doch muss ich es noch einmal betonen, denn es muss uns voll und ganz eines klar sein:

Die Einschätzung einer Person beim ersten Kontakt beruht allein auf Vorurteilen. Nur, wenn man sich dessen bewusst ist, kann man überhaupt zu einem fairen Urteil kommen.

Vorurteile haben einen extrem schlechten Ruf. Das Wort wird praktisch immer negativ verwendet. Aber was haben wir anderes als die Möglichkeit auf unsere Erfahrungen zurückzugreifen. Da diese Erfahrungen niemals von jemandem geprägt worden sein können, den wir noch nicht kennen, ist jeder erste Eindruck einer, der rein auf Vorurteilen beruht. Vorurteile sind wichtig, da sie uns erlauben sehr schnell ein grobes Bild von einer Person zu erzeugen. Wer in sich gereift und gut reflektiert ist, der weiß, wie er Leute zu beurteilen neigt. Wenn mir jemand begegnet, der ein sehr schroffes Auftreten an den Tag legt, dann ist mir das intuitiv eher unangenehm und man wäre geneigt gegenüber diesen Leuten eher auf Abstand zu gehen. Allerdings habe ich gelernt, dass dies meist ein Defensivmechanismus ist, weil diese Leute schon öfter negative Erfahrungen mit anderen Menschen machten – vielleicht ja zufällig gerade mit Menschen, die mir ähnlich sahen oder sich so ähnlich wie ich verhielten. Die Vorurteile sind ja in jedem von uns und deshalb muss man sich auch klar sein, dass unser Gegenüber ebenfalls ein erstes, eventuell verzerrtes oder gar gänzlich falsches Bild von uns hat. Dieses zu korrigieren gelingt aber nur, wenn wir eben nicht dem Impuls folgen uns abzuwenden, sondern nach dem ersten Eindruck Gelegenheiten schaffen für zwei oder drei weitere Eindrücke. Sollte sich bestätigen, dass uns die Person nicht sympathisch ist, weil wir ihre Aussagen, Art, Werte und Vorstellungen eben nicht teilen, dann handelt man nicht aus einem Vorurteil heraus, sondern aus einem Urteil.

Man muss sich selbst immer die Chance geben andere Menschen ein wenig kennen zu lernen, bevor man sich erdreistet sie zu beurteilen. Wir sollten anderen Menschen die Chance geben eventuelle auf uns bezogene Vorurteile zu korrigieren.

Nur wenn man ein paar festere Eindrücke sammelt, als das erste Auftreten und die Kleidung zulassen, ist man in der Lage die Mechanismen von Sympathie und Attraktivität sinnvoll wirken zu lassen. Man darf die Türe zu anderen Menschen nicht zu schnell zuschlagen. Wir alle haben mit Sicherheit schon mehreren Leuten auf Grund von Fehleinschätzungen Unrecht getan und ziemlich sicher sind uns dadurch bereits interessante oder gar intensive und innige Bekanntschaften oder Freundschaften entgangen. Unsere nicht überprüften Vorurteile schaden uns viel mehr selbst, als dass sie anderen Schaden zufügen könnten. Sich von ihnen zu befreien, bedeutet sich selbst ein Stück mehr Entscheidungsfreiheit zu erkämpfen.

4.2 Ohne Valenz keine Partnerschaft

Valenz kann grob mit Bedeutungsgewicht übersetzt werden – obwohl Sie sicher mit dem Begriff noch ähnlich wenig anfangen können. Valenz tritt überall dort auf, wo es darum geht Entscheidungen zu treffen. Wenn wir vor einer Entscheidung stehen und mehrere Möglichkeiten zur Auswahl haben, dann wählen wir die Option, die unserer Einschätzung nach die Beste ist. Meistens wird dies bedeuten, dass diese Option die meisten und **gewichtigsten Argumente auf sich vereint**. Wenn wir dann von einer Option überzeugt sind, diese ausreichend Valenz erreicht hat, dann kippen wir mental quasi in diese Option hinein – sie bekommt Übergewicht – wenn man sich beispielsweise nach längerer Suche und längerem Vergleichen für ein Auto entscheidet. Das Interessante ist, dass das Gehirn danach schwerer andere Möglichkeiten oder Zweifel an der getroffenen Entscheidung zulässt und die Entscheidung damit praktisch einrastet. Das **Gehirn schützt die Entscheidung**, wenn wir sie mit bewusster Überzeugung getroffen haben. Dieser Valenz-Mechanismus schützt uns davor ständig von einer Idee zur anderen zu hüpfen und so niemals konsequent auf etwas zusteuern zu können.

Dieser Valenzeffekt hilft uns demnach über längere Zeit an einer Sache dranzubleiben. Oftmals ist es notwendig ein Ziel lange zu verfolgen oder für etwas zu üben, trainieren und lernen. Wenn es keine Überzeugung gäbe, kein Einrasten auf Ziele und Entscheidungen, dann wären wir viel zu wankelmütig, als dass wir kontinuierlich an etwas arbeiten könnten. Ständig würden wir durch andere interessante Gelegenheiten abgelenkt. Ein Problem ergibt sich aber aus dieser Valenz natürlich schon. Wenn man sehr schnell auf etwas einrastet und dann keine anderen Optionen mehr vom Gehirn zugelassen werden, dann kann es passieren, dass man Optionen, die sogar besser wären, außer Acht lässt – und man erkennt das noch nicht einmal mehr, da der zuvor besprochene Effekt zusätzlich wirkt, nämlich, dass wir in der Umwelt nur das sehen, was wir erwarten bzw. was wir unbedingt sehen wollen.

Der Valenzeffekt ist wichtig, da wir ohne ihn keine starken Entscheidungen treffen könnten und nicht ausdauernd an etwas glauben würden. Jeder Mensch ist jedoch mit einem etwas **unterschiedlich starken Valenzeffekt** ausgestattet. Sicher kennen Sie Menschen, die sich sehr schnell für etwas entscheiden können und andere, die alles sehr lange analysieren und sich ungern auf etwas festlegen. Ein starker Valenzeffekt bedeutet, dass jemand nur ein oder zwei Argumente braucht, um sich z.B. für die Anschaffung eines bestimmten Fernsehapparates zu entscheiden. Manuel M. braucht einen neuen Fernseher und geht in den nächstgelegenen Elektronikmarkt. Er steuert das Regal mit größeren Screens an, sieht das Angebotsschild bei einem, findet, dass das Bild okay ist und das Gerät elegant aussieht und hat sich schon entschieden. Die anderen Geräte betrachtet er ab diesem Moment gar nicht mehr genauer. Thomas H. wählt hier eine andere Strategie. Er schaut sich genau an welche technischen Daten die Qualität eines TV-Gerätes bestimmen und welche Geräte diese jeweils in welcher Ausprägung aufweisen. Auflösung, Kontrast, Reaktionszeit, Bildfrequenz, Verbrauch, Internetzugang, USB-Recording, Bildschirmdiagonale, Klang, Preis, etc. Thomas H. geht in viele unterschiedliche Läden, recherchiert im Internet, liest Kundenrezensionen und vergleicht über einen Zeitraum von mehreren Wochen viele Stunden lang alle möglichen Geräte, bis sich in ihm das Gefühl einstellt eine ausreichend gute Option gefunden zu haben. Erst so spät entsteht in ihm genug Valenz, um das Gefühl hervorzubringen eine gute Entscheidung getroffen zu haben.

Sie erkennen sofort, dass ein **starker Valenzeffekt** zwar einen Menschen ausmacht, der **schnelle** Entscheidungen treffen kann, jedoch wohl öfters qualitativ eher **suboptimale Wege** beschreitet.

Ein Mensch mit **schwachem Valenzeffekt** kann sich nur sehr schwer festlegen, analysiert **sehr lange** und ist damit eher jemand, der wenige, dafür aber qualitativ **hochwertige Entscheidungen** trifft.

Zusätzlich gilt natürlich, dass wir umso sorgfältiger überlegen, wenn uns eine Entscheidung besonders wichtig erscheint. Je wichtiger uns etwas ist, umso mehr nimmt die Denkarbeit zu. Beim extremen **Entscheider** allerdings wesentlich geringer als beim extremen **Denker**. Deshalb wäre ein Entscheider beispielsweise für die analytische und konzeptionelle Wissenschaft kaum zu gebrauchen. Es würden zu rasch Schlüsse gezogen, zu viele Aspekte übersehen oder als nichtig abgetan, um große, komplexe Konzepte durchdringen oder gar entwickeln zu können. Die großen Wissenschaftler können über lange Zeit tief und weit in Wissensgebiete eindringen und die Stimmigkeit von Konzepten geduldig und leidenschaftlich aufbrechen, neu zusammensetzen und wieder auf Plausibilität überprüfen. Große Wissenschaft ist mit starker Valenz praktisch nicht möglich, es sei denn, die Person verfügt über eine enorme Leidenschaft für den Bereich und über große Selbstdisziplin und viele Techniken (Brainstorming, Mindmapping, kontrollierte Gedankendrifte, gedankliche Keimtheorie, analoge Denkmuster,...) um die Fallen der Valenz zu umgehen. Dafür wird man kaum jemanden in eine wichtige leitende Funktion setzen, der ewig braucht, um Entscheidungen zu treffen – egal wie brillant diese letztlich sind. Gerade in unserer schnelllebigen Welt gibt es recht kleine Zeitfenster für Entscheidungen. Ideal ist man dann unterwegs, wenn man die Prioritäten für sich richtig setzen kann. Es gilt zu entscheiden, wann man wie viel Zeit und Methodik verwendet, um Probleme zu lösen und Entscheidungen zu treffen.

Unsere Lebenspartner werden ebenfalls durch diesen **Valenzeffekt** ausgewählt, besonders schön bei **Liebesbeziehungen** zu beobachten. Deutlich sichtbar wird der Valenzeffekt in der Phase, wenn wir uns verlieben. Dies geschieht dann, wenn genug Faktoren für eine Person als Partner sprechen. Je nachdem was uns eben wichtig ist (Intellekt, Stärke, Größe, Sprechweise, Haltung, Kleidung, Status, Verdienst, Ausbildung,

Fürsorglichkeit, Durchsetzungskraft,...), suchen wir Menschen, die diese wichtigen Aspekte aufweisen. Anfangs müssen wir wieder anhand unserer Vorurteile von den äußerlichen Merkmalen auf die wirklich entscheidenden Faktoren schließen. Wenn eine Person, unserer Wahrnehmung nach, genug dieser Aspekte in starker Ausprägung auf sich vereint, um ausreichend Valenz (Bedeutungsgewicht) für uns zu erreichen, dann verlieben wir uns. Gerade in der Phase der ersten Verliebtheit werden **andere potenzielle Partner sofort uninteressanter**. Genauso verhält sich unsere Wahrnehmung in einer Bar, in der wir uns nach dem anderen Geschlecht umsehen. Intuitiv versuchen wir die Aufmerksamkeit der Person zu gewinnen, die für uns die größte Anziehungskraft besitzt. Die anderen fallen im Vergleich ein wenig ab. Verlässt unser Nr.1-Lustobjekt den Raum, dann kann nach kurzer Enttäuschung die Valenz bei der zweitattraktivsten Person einhaken. Damit werden unsere Aufmerksamkeit, unsere Energie auf das Ziel gebündelt, das am vielversprechendsten wirkt.

Das gleiche Prinzip finden wir bei unterschiedlichen Raubtieren – allerdings sind die Vorzeichen hier ein wenig anders. Ein Gepard geht zwar nicht in die Disco und sucht sich dort die attraktivste Gespielin – zumindest soweit ich informiert bin –, jedoch beobachtet die Raubkatze beispielsweise ein Rudel von Springböcken oder anderen potentiellen Mahlzeiten. Es schätzt die Stärke und Geschwindigkeit der einzelnen Tiere ein und konzentriert sich dann auf ein besonders schwach wirkendes Tier – die Valenz rastet ein. Im Angriff fokussiert der Gepard also seine Kräfte auf das „attraktivste" – weil schwächste – Opfer, anstatt beispielsweise immer dem am nächsten befindlichen Springbock nachzujagen. Im Durcheinander würde der Gepard ansonsten einmal links, einmal rechts laufen müssen und könnte seinen großen Vorteil, die Geschwindigkeit, nicht ausspielen. Durch den Fokus erhöht man schlichtweg die Chance auf Erfolg. Streut man die Energie und Kraft zu stark, geht man viel eher leer aus. Genauso wie man das Licht mit einer Lupe bündeln muss, um genug Energie auf einen Punkt konzentrieren zu können, um Feuer entstehen zu lassen. Das normale, gestreute Tageslicht reicht dafür nicht aus – was in dem Fall natürlich eher positiv ist.

Lassen wir den Gepard auf seiner Jagd sein Glück allein versuchen und kommen zurück zum Menschen. Wenn wir wirklich verliebt sind, dann sehen wir andere Menschen gar nicht mehr so sehr mit den Augen eines Suchenden an – schließlich glauben wir bereits fündig geworden zu sein. Uns ist nun wichtiger die ausgewählte Person näher kennen zu lernen, viel Zeit mit ihr zu verbringen. Die übrigen Menschen in unserem Umfeld verlieren in dieser ersten Phase im Verhältnis ein wenig an Bedeutung. Wer hat nicht erlebt, dass ein guter Freund oder eine gute Freundin frisch verliebt ist und nur mehr von ihrem Schwarm schwärmt – sofern überhaupt Zeit für die anderen Freunde übrig bleibt.

Durch die Fokussierung hebt unser Gehirn diesen besonderen Menschen hervor und unsere Wahrnehmung verändert sich. So interpretieren wir in der Verliebtheit gerne zusätzliche positive Eigenschaften in die Person hinein und sehen eventuelle negative Aspekte nicht bewusst – es entsteht eine **positive Überhöhung des Partners**. Das Gehirn will also, dass wir uns auf dieses „Ziel“ fixieren bzw. zumindest diese attraktive Person nicht dadurch vertreiben, indem wir weiter anderen hinterherjagen. So soll genug Energie freigesetzt werden, um die **Person an sich zu binden**, da sie ja offensichtlich wichtig für uns ist. Je nachdem wie unsere Zielstruktur hinsichtlich Beziehungen aussieht, wird diese Energie so lange ausgeschüttet, bis wir unsere **Ziele erreicht** haben. Wenn jemand nur Sex will, quasi den Jagdinstinkt befriedigen möchte bzw. sein Selbstvertrauen auf Eroberung basiert, dann wird die Begeisterung für die Person rasch verlöschen, sobald diese Ziele erfüllt sind. Es sei denn, dass man im Gegenüber etwas erkennt, das noch andere Facetten der eigenen Bedürfniswelt anspricht. Das ist dann ähnlich wie mit dem Sport-Beispiel, wo man wegen Schmerzen mit Sport anfängt, aber dann dran bleibt, weil es viele weitere positive Effekte aufzeigt. So kann eine anfangs eher körperliche Beziehung über die geführten Gespräche durchaus dazu führen, dass man erkennt, dass das Gegenüber beispielsweise sehr humorvoll, sehr ehrgeizig und großzügig ist. Wenn das Werte und Eigenschaften sind, die wir teilen bzw. die wir schätzen, dann vertieft sich die Beziehung automatisch.

4.3 Täuschend echte Erinnerungen

Mittlerweile ist überdeutlich geworden, dass unsere Wahrnehmung alles andere als eine „realistische" Abbildung äußerer Vorgänge sein kann. Viel mehr legen wir aktiv Sinn in das, was wir um uns herum zu sehen glauben. Wir gestalten unsere persönliche Welt über Erfahrungen und Erwartungen. Daher wirkt es wohl naheliegend, dass Erinnerungen ebenfalls fehleranfällig sind. Dies trifft selbstverständlich genauso auf die Personenerinnerung zu und zwar sogar besonders stark, da die Personenwahrnehmung schließlich nur aus einem kleinen Anteil direkter Information und einem großen Anteil Ergänzung aus unserem Erinnerungsvermögen besteht. Machen wir diesen theoretischen Inhalt durch Beispiele etwas griffiger.

Nehmen wir als Situation einen Klassiker. Eine Frau kommt nach einem Tag im Büro und anschließendem Friseurbesuch nach Hause und freut sich bereits auf die schmeichelnden Worte ihres Angetrauten. Ihr Mann begrüßt sie mit einen herzlichen Kuss und fragt sie, wir ihr Tag war. Sie wird ein wenig ärgerlich, hat sie doch einiges an Geld beim Friseur ausgegeben, damit sie für ihren Mann weiterhin anziehend bleibt. Warum erwähnt er ihre neue Frisur nicht. Gefällt sie ihm nicht oder ist ihm seine Frau schon so egal, dass er sie nicht mehr richtig ansieht? Ganz einfach – der Mann sieht keine neue Frisur. Dahinter steckt aber keine böse Absicht oder ein sich verminderndes Interesse an seiner Frau. In seiner Wahrnehmung hat seine Frau noch immer die alte Frisur. Das ist kein Witz – die Neurowissenschaft bietet uns Männern eine absolut plausible Erklärung für unser Unvermögen neue Frisuren zielsicher zu erkennen. Dahinter steckt die **kumulierte Wahrnehmung**. Diese muss natürlich an dieser Stelle erst erklärt werden.

Wenn wir viel mit einer Person zusammen sind, dann wissen wir sehr genau wie diese Person im Wesentlichen aussieht. Wenn man lange mit einer Person zusammen ist, ob freundschaftlich oder intim verbunden, dann nehmen wir nur mehr die Dinge an ihr wahr, die sich deutlich von dem abheben, was wir bereits an ihr kennen. Damit wir nicht jedes Detail einer Person wieder neu aufnehmen müssen, konstruiert das Gehirn ihr Bild zum allergrößten Teil aus unserer Wahrnehmung heraus. So kann es sein, dass die Person bereits einige graue Haare bekommen hat. Doch uns fallen diese Haare erst auf, als wir ihr Jammern wegen dieser Entwicklung hören. Von da an sehen auch wir die Haare. Nur, was wir aufmerksam und bewusst wahrnehmen, wird zu unserem gespeicherten Bild von dieser Person hinzugefügt. Das klingt merkwürdig und ist doch ein sehr cleverer und sinnvoller Mechanismus, der überhaupt erst dafür sorgt, dass wir unser Bewusstsein für die wirklich wichtigen und eben neuen Eindrücke frei haben. Auf Grund dieses Mechanismus baut sich also unsere aktuelle Wahrnehmung von Personen, die wir bereits gut kennen, aus der Summe der bewussten Eindrücke auf, die wir gesammelt haben – die kumulierte Wahrnehmung, eine sich aufbauende Wahrnehmung.

Unsere Wahrnehmung bekannter Personen oder Objekte beruht zum Großteil auf sich aufbauender Erinnerung, nur wenig auf aktueller, direkter Information.

Dieses Phänomen sorgt für viele Effekte, wie eben die Tatsache, dass wir nur eine Veränderung wahrnehmen, die wirklich markant ist. Wenn eine Frisur also nur eine „leichte" Änderung der vorherigen ist und wir zudem nicht zufällig bewusst danach suchen, werden wir die Veränderung überhaupt nicht sehen. Unser Bild wird in diesem Fall eben aus unserer Erinnerung zur Verfügung gestellt und in dieser trägt die Frau noch die vorherige Frisur. Der Mann sieht also zu jenem Zeitpunkt, an dem die Frau gern die anerkennenden Worte gehört hätte, die neue Frisur tatsächlich nicht. In seiner Realität trägt sie die bereits bekannte Frisur.

Dieser Vorgang sorgt allerdings positiver Weise gleichfalls dafür, dass uns Menschen, die wir lange kennen, immer jünger erscheinen, als sie es täten, wenn wir sie zum aktuellen Zeitpunkt neu kennen lernen würden. Dank der kumulierten Wahrnehmung tappen wir dem Jetzt immer einige Schritte hinterher. So erscheinen uns unsere Eltern immer Jahre jünger, wenn wir sie nicht konzentriert mustern. Gleiches gilt letztlich ebenso für unsere Lebenspartner, ob freundschaftlich verbunden, geehelicht oder in anderen Partnerschaftsverhältnissen. So gesehen wäre es taktisch klüger, wenn wir die Aufmerksamkeit nicht ständig auf unser Äußeres bzw. Veränderungen an uns lenken. Wir wirken auf den Partner jünger, wenn wir den Effekt der kumulierten Wahrnehmung zum Tragen kommen lassen. Tatsächlich sehen wir, wenn wir jemanden wirklich mögen, ohnehin mehr die „inneren Werte", die ausgestrahlt werden. Schließlich wollen wir wissen, ob es unseren Lieben gut geht oder ob sie sich schwach fühlen, Zweifel haben, kränkeln, etc. Dann spielen Körperhaltung, Mimik, die Augen, usw. eine stärkere Rolle als oberflächliche Schönheitsmerkmale.

4.4 So konstruieren wir andere Menschen

Sie haben sicherlich schon gemerkt, dass eigentlich das ganze Thema zwischenmenschliche Anziehung seinen Ausgangspunkt in uns hat. Die Wahrnehmung zeigt, dass wir eigentlich nur ganz wenige Informationen aus der Außenwelt aufnehmen und sehr viel in die Welt hineininterpretieren. Wenn wir etwas Neues kennenlernen, dann betrachten wir dies immer durch die Brille unserer Vergangenheit. Sollten wir Beziehungen erfolgreicher gestalten wollen, dann müssen wir diese grundsätzlichen Vorgänge gut verstehen. Das macht uns nicht nur toleranter und offener, und damit für andere sympathischer, sondern es hilft uns andere Menschen wahrhaftiger zu erkennen.

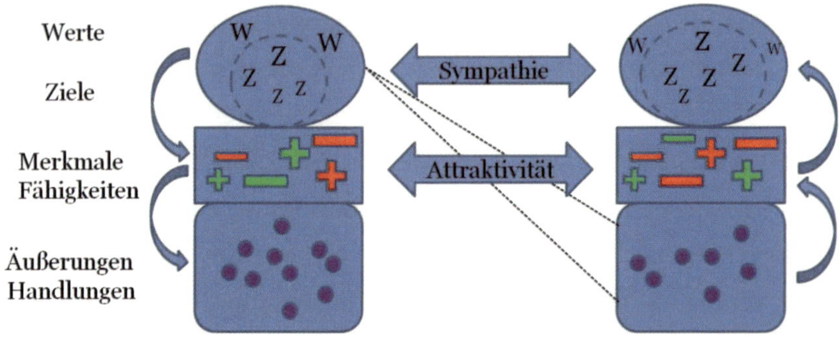

Was auf den ersten Blick klar wird, ist, dass wir natürlich nicht direkt das Wesen eines Menschen erkennen, soll heißen, auf seine Ziele, Werte, Eigenschaften und Fähigkeiten blicken können. Alles was wir wahrnehmen können, sind Äußerlichkeiten, also Kleidung, Haltung, Handlungen und Äußerungen. Dies sind jene Aspekte, die von den Trainingsteilnehmern gerne angeführt werden, wenn es darum geht zu erklären wie Anziehung abläuft. Man orientiert sich hierbei an:

- Kleidung
- Stimme
- Geruch
- Körpersprache
- Sprache
- Gesagtes
- usw.

Diese Äußerlichkeiten sind es, die uns grundsätzlich bewusst sind. Was uns weitaus weniger bewusst ist, ist, was unser Gehirn mit diesen Informationen anstellt. Auf unsere Netzhaut treffen Millionen Photonen, die vom Körper der Menschen abprallen. In unser Ohr strömen Schallwellen, die von ihnen ausgelöst werden. In unsere Nase dringen Gerüche, die von ihnen abgesondert werden, usw. Dies alles sind sehr oberflächliche Eindrücke. Wir können so gesehen nur die Hülle eines Menschen abtasten und doch haben wir das Gefühl, dass wir Menschen als Ganzes einschätzen können. Wir konstruieren uns eine Persönlichkeit. Dies bedeutet logischer Weise, dass wir eigentlich zu Beginn einer Bekanntschaft nur eine **Hypothese über den Charakter** eines Menschen erstellen können – eine Annahme. Durch Gespräche und die Beobachtung unseres neuen Bekannten sammeln wir Informationen, die entweder unsere Annahme bestätigen bzw. ergänzen oder widerlegen. Daraus kann man leicht den Schluss ziehen, dass Sympathie und Attraktivität zu Beginn einer Begegnung ebenfalls nur auf Annahmen beruhen. Auf der einen Seite wollen wir das oftmals nicht glauben, gerade wenn jemand besonders anziehend oder extrem abstoßend wirkt. Dann sind wir auf Grund der enormen

Kraft dieser Gefühle verleitet zu denken, dass hier „echte" Kräfte und Gefühle am Werk sind. Natürlich sind sie echt, aber sie fußen dennoch auf Annahmen und oberflächlichen Eindrücken.

Erste Eindrücke und die ersten Gefühle für neue Bekanntschaften beruhen immer auf Annahmen und Vorurteilen.

Kein Mensch hat ein bestimmtes – quasi reales – Ausmaß an Attraktivität. Niemand wirkt auf alle Menschen gleich anziehend. Für uns alle sind schließlich jeweils andere Eigenschaften und Merkmale wichtig, da uns unterschiedliche Aspekte ergänzen. Attraktivität ist nichts rein Sexuelles und lässt sich nicht auf Schönheit bzw. ästhetische Merkmale zurückführen, selbst wenn es die meiste Zeit so verstanden wird. Natürlich spielen diese Komponenten gerade bei möglichen Lebenspartnerschaften oder kurzweiligen diesbezüglichen Arrangements eine dominante Rolle. Aber Anziehung geht weit darüber hinaus und Sie haben sicher schon Menschen getroffen, die oberflächlich sehr gut aussahen, mit denen Sie aber nicht unbedingt besonders gern gesprochen haben bzw. Zeit verbringen wollten. Die oberflächliche Attraktivität, die körperliche Anziehung, ist im Grunde eine sehr wichtige und recht primitive. Es geht letztlich darum für die Fortpflanzung Partner zu finden, die möglichst überlebensfähige Nachkommen garantieren. Deshalb sind für die meisten Menschen körperliche Stärke, Beweglichkeit, Ausdauer und gleichmäßiges Wachstum attraktiv. Diese Fähigkeiten und Eigenschaften werden von der äußeren Erscheinung abgeleitet. Erscheint jemand körperlich attraktiv, entsteht das Gefühl sexueller Anziehung und Verlangen. Unser Bedürfnis nach Arterhaltung bzw. Fortpflanzung klopft uns hier auf die Schulter und lässt uns wissen, dass wir mit dieser Person vermutlich tolle Nachkommen produzieren könnten. Also, los geht´s... Es funktioniert genau so, wie wenn jemand im Raum etwas Leckeres zum Essen herausholt.

Dann meldet sich der Hunger, den wir vorher gar nicht registriert hatten und weißt uns damit auf die Gelegenheit zu essen hin. Das Gefühl der sexuellen Anziehung ist also nur ein Hinweisschild unseres Bedürfnisses, dass hier eine Möglichkeit zur Bedürfnisbefriedigung existiert – soweit zur sexuellen Anziehung. Weißt jemand andere, nicht-sexuelle positive Merkmale auf, entsteht ebenfalls Anziehung, jedoch mit einer anderen Gefühlsfärbung. Wir haben oben bereits gesehen, dass die Art wie sich ein Gefühl anfühlt, davon abhängt von welchem Bedürfnis es stammt. Wenn wir jemanden witzig und unterhaltend finden, dann zieht uns das ebenfalls an, jedoch fühlt sich die Anziehung anders an. Wenn uns jemand intellektuell anzieht, hat das Gefühl ebenfalls eine andere Färbung. Da uns jedoch die Medienwelt und teilweise auch schlechtdurchdachte populärwissenschaftliche Veröffentlichungen sehr oft mit Binsenweisheiten versorgen, entstand immer stärker die Auffassung, dass Anziehung immer etwas Sexuelles sei und sich auf Schönheit bezieht. Dadurch entsteht bei Menschen sogar manchmal der Zweifel, ob sie schwul oder lesbisch seien, weil sie starke Gefühle für einen gleichgeschlechtlichen Freund oder eine gleichgeschlechtliche Freundin haben und mit diesem Gefühl nicht umzugehen wissen. Wenn man versteht, dass man sich ruhig zu Freunden und Freundinnen hingezogen fühlen kann, ohne dass diese Anziehung etwas Körperliches ist, dann fällt diese Last ab. Das hilft ungemein, denn es kommt immer mal wieder vor, dass sich jemand aus einer Freundschaft zurückzieht, da die Person der eigene Gefühlszustand zu sehr verwirrt, ihn nicht versteht und als Fluchtreaktion die Beziehung verfallen lässt.

Attraktivität ist weitaus mehr als eine sexuelle Kraft oder Schönheit. Attraktivität ergibt sich durch unterschiedlichste positive Merkmale, die jemand aufweist. Je nachdem welche Merkmale das sind, variiert die Art des Anziehungsgefühls.

Hinsichtlich der Konstruktion von Personen und das geschieht jedes Mal, wenn wir neue Menschen kennen lernen, ist es wichtig zu verstehen, dass wir immer von uns bzw. von unserem Vorwissen ausgehen. Die untere Abbildung deutet es an. Wir – auf der linken Seite – haben gewisse Vorstellungen davon, wie Ziele, Fähigkeiten und Handlungen zusammenhängen. Die rot eingerahmten Pfeile repräsentieren diese Schlussfolgerungen bzw. Zusammenhänge. Diese Vorstellung übertragen wir bei der Personenwahrnehmung auf unser Gegenüber – quasi als Umkehrschluss. Wir gehen von den Dingen aus, die wir sehen, hören und riechen können und suchen dann nach sinnvollen Verbindungen zu inneren Faktoren – immer mit der stillen Hoffnung möglichst interessante und starke Leute finden und für sich gewinnen zu können.

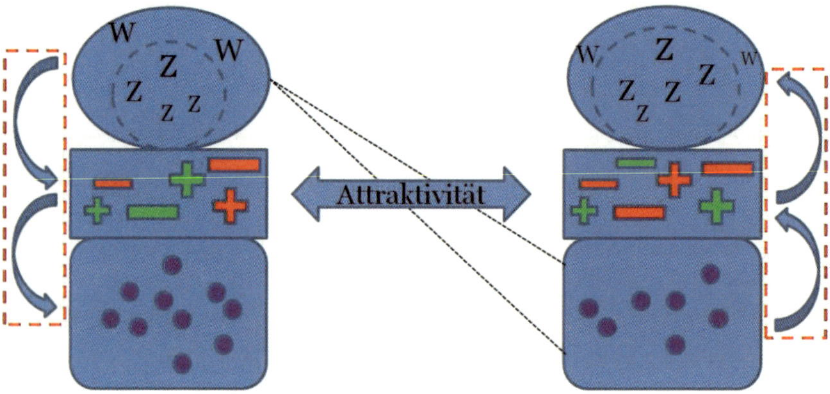

Je nachdem worin man Stärke erkennt, gefallen uns eben dann Menschen, die jene äußeren Merkmale aufweisen, die wir mit Stärke verbinden. Xaver X meint beispielsweise, dass eine Frau dann geeignet ist, wenn sie besonders schlank ist. Er assoziiert aus seiner Entwicklung heraus die Schlankheit mit körperlichem Fleiß oder besonnener Ernährung oder aber seine Mutter war sehr schlank – nicht umsonst bestimmt das Elternbild bei vielen sehr stark das, was uns attraktiv erscheint. Die ersten Erfahrungen sind die stärksten und diese sind in aller Regel sehr positiv. Man hat eine starke körperliche Nähe, das Gefühl von Schutz und zudem wird man gut versorgt. Dies assoziiert man mit seinen Eltern und damit automatisch auch mit deren äußerer Erscheinung. Deshalb ist es nicht verwunderlich, warum Frauen immer wieder Männer wählen, die ihrem Vater in mancher Hinsicht ähnlich sind und Männer Frauen wählen, die mit ihren Müttern gewisse Merkmale teilen. Letztlich ist dieser Prozess aber höchst individuell und wenn man eine sehr harte Kindheit hatte und mit den Eltern eher unangenehme Erinnerungen verbindet, wird man sich keinen Partner suchen, der diese Erinnerungen auslöst.

Wir schließen vom Äußeren auf das Innere. Anhand von äußeren Merkmalen versuchen wir auf Werte, Wellenlänge, Ziele, erfolgsrelevante Fähigkeiten und persönlichen Ressourcen zu schließen.

Betrachten wir unsere Eigenschaften einmal näher. Eigenschaften werden zumeist als geradezu unveränderliche persönliche Merkmale verstanden. Wir entwickeln die Eigenschaften, die uns vorgelebt werden bzw. sinnvoller Weise primär die Eigenschaften, von denen wir glauben, dass sie uns unseren Zielen näher bringen. Wenn wir nun Menschen kennen lernen, dann versuchen wir ihren Charakter, ihre Eigenschaften zu erfassen. Wir leiten diese von den beobachteten Handlungen, Gesten, etc. ab. Sorgfältig erscheint uns eventuell jemand, der eine sehr gerade Haltung hat, dessen Kleidung makellos sitzt und der seinen Stift mit Bedacht neben dem Block Papier ausrichtet. Auf Grund des Valenzprinzips reichen einige solcher Eindrücke, um in uns die Einschätzung einrasten zu lassen, dass es sich um eine sorgfältige Person handelt. Geht jemand mit festen Schritten auf uns zu, hat einen starken Händedruck, redet sehr prägnant und klar artikuliert, kommt sofort auf den Punkt und liefert seine Beiträge und Leistungen stets rasch ab, dann erscheint uns die Person wahrscheinlich als zielstrebig – einem anderen eventuell als Streber oder Workaholic. Auch hier interpretieren wir immer aus unserer Welt heraus. Wenn wir die Art des Menschen nicht mögen, dann entwickeln wir aus den Beobachtungen eine negative Eigenschaft.

Mit Hilfe dieser schnellen Urteile können wir Menschen rasch und halbwegs gut einschätzen – sofern wir die richtigen Schlüsse von den Beobachtungen auf die Eigenschaften gezogen haben. Durch die Zusammenfassung von unzähligen kleinen Handlungen, Äußerungen und äußeren Eindrücken in Eigenschaften, vereinfachen wir die Charakterisierung des Menschen. Dadurch müssen wir uns nicht jedes Detail, jede gemachte Gestik, jedes gesprochene Wort und jede kleine Handlung merken. Wir schmelzen diese vielen kleinen Eindrücke ein und daraus formen sich die Eigenschaften, die wir der Person zuschreiben. Mit dieser Einschätzung soll es uns möglich sein zukünftiges Verhalten der Person besser vorherzusagen. So übergeben wir einen Auftrag, bei dem es auf Genauigkeit ankommt, wohl lieber jemandem, den wir als gewissenhaft und sorgfältig einschätzen.

Doch noch einen Aspekt sollte man verstehen, wenn man möglichst wenig Fehler in der Einschätzung von Menschen machen möchte. In der Wissenschaft spricht man vom **Halo-Effekt**. Gemeint ist, dass wir nicht nur innere Eigenschaften an äußere Merkmale koppeln, z.B. Sorgfältigkeit bei Personen, die sehr gepflegt auftreten. Vielmehr koppeln wir zusätzlich persönliche Eigenschaften miteinander. Oftmals nehmen wir an, dass Menschen, die sehr sorgfältig sind auch geduldige Artgenossen sein müssen. Sprunghafte Menschen sind in unserer Vorstellung tendenziell kreative Menschen. Ruhige Menschen sind Phlegmatiker, usw. Das bedeutet, wenn wir bei anderen gewisse Eindrücke hinterlassen, werden bei diesen zusätzlich noch weitere Erwartungen an uns ausgelöst. Über die

Zuschreibung von Eigenschaften machen wir eine Person kalkulierbar, was uns wiederum Sicherheit gibt und es wird für uns leichter mit diesen Leuten zu planen. Eigenschaften sind also Verallgemeinerungen, die wir aus beobachteten Handlungen von Personen oder Erzählungen über die Personen entwickeln. Damit braucht man sich nicht alles merken, was andere getan haben sondern man nutzt diesen allgemeineren Eindruck. Zusätzlich schreiben wir Menschen sogar Eigenschaften zu, die für uns persönlich zusammengehören. So kann jemand aus Erfahrungen den Eindruck gewonnen haben, dass alle Menschen, die körperlich sehr stark aussehen, auch aggressiv sind oder dass Leute mit einer sehr gewählten Ausdrucksweise auch immer höflich und zuvorkommend sind. Das sind natürlich wieder nur Vorurteile, derer sich der Halo-Effekt bedient. Er dient ja eben nur dazu sich schneller ein vollständigeres Bild zu machen – nicht unbedingt ein wahrhaftigeres.

Eine **grobe Ersteinschätzung** einer Person ist immer sehr fehleranfällig. So kann es sein, dass wir jemanden bei einer Tätigkeit kennenlernen, die für ihn wichtig ist (zielrelevant) und er deswegen hier besonders sorgfältig und engagiert agiert. Bei Dingen, die ihm nicht so wichtig sind, mag er deutlich ungenauer vorgehen. Auf Grund der kumulierten Wahrnehmung und des Valenzeffektes haben wir aber auf Basis der ersten Eindrücke die Eigenschaft „sorgfältig“ mit diesem Menschen verbunden und sind fast geschockt, als er eines Tages sehr salopp agiert oder übertrieben leger gekleidet erscheint. Wir denken uns eventuell: „Was ist denn los mit ihm / ihr? So kenne ich sie / ihn gar nicht.“ Dabei ist die Grundlage nur eine unzureichende Einschätzung unsererseits. Treffen wir erste Eindrücke zu schnell und lassen zu, dass sie sich zu schnell verhärten, dann unterliegen wir sehr oft fehlerhaften Einschätzungen.

Eigenschaften sind die gemeinsamen Nenner von Handlungen. Es sind Vereinfachungen, um sich nicht alle Taten, Worte, etc. merken zu müssen. Auf Basis der Eigenschaften entstehen in uns Erwartungen bezüglich des Verhaltens von Personen.

Nun ist es aber wichtig, dass diese Schlüsse auf die inneren Merkmale zumindest halbwegs stimmen. Sonst haben wir das Problem, dass wir für unsere Pläne immer wieder auf die falschen Leute setzen – egal ob im Beruf oder im Privaten. Die Fähigkeit sich von Menschen ein differenziertes und vollständiges Bild machen zu können, ist zentral für Erfolg und persönliches Glück. Wenn jemand sehr gut von äußeren Merkmalen auf die persönlichen Eigenschaften schließt, dann spricht man von guter **Menschenkenntnis**. Diese Fähigkeit verbessert man dadurch, dass man in sich hinein hört, wenn man andere Menschen kennen lernt. Wie schätzt man die Person ein und warum macht man das? Man macht sich bewusst, warum man etwas an der Person gut oder schlecht findet und wo in uns selbst der Grund für diese Einschätzung liegt. An welchen äußeren Merkmalen macht man etwa Egoismus fest? Welche Einschätzung löst ein grauer Anzug aus oder die Art wie jemand spricht? Wie interpretiere ich eine lockere oder eine steife Körperhaltung und warum ziehe ich diesen Schluss? Wenn man versteht, woher die Einschätzungen kommen, was uns so geprägt hat, dann kann man diese Prägungen auflösen und eine differenziertere Menschenkenntnis entwickeln. Es gibt interessante Phänomene bei der Einschätzung von Menschen, wie die selbsterfüllende Prophezeiung oder das Beuteschema, denen in diesem Buch Extrakapitel gewidmet sind.

Letztlich legen wir die Persönlichkeit in diese äußere Hülle hinein, die sich vor uns offenbart. Es ist tatsächlich so – wir konstruieren die Menschen um uns herum. Es ist ein gestalterischer Prozess – wie es Wahrnehmung immer ist. Das klingt vielleicht für manchen hart und unmenschlich und doch ist es unsere einzige Möglichkeit und sollte an dieser Stelle des Buches bereits offenkundig sein. Die Konstruktion von Persönlichkeiten bzw. die Fähigkeit die Menschen zu verstehen und ihre innere Struktur zu erfassen, ist im Grund ein sehr interessanter und ziemlich komplexer Prozess, den man wohlklingender als **Empathie** bezeichnet.

Empathie ist die Fähigkeit das Innere eines anderen Menschen möglichst korrekt wahrzunehmen und darauf einzugehen.

Nun hängt es aber nicht vom anderen Menschen ab, ob ich diesen verstehen kann oder nicht. **Ich kann in anderen Menschen nur etwas wiedererkennen** und damit verstehen, das sich bereits in mir selbst befindet. Stellen Sie sich vor in Ihnen gäbe es keinen Bereich im Gehirn, der in der Lage ist Farbe aus den Photoneninformationen zu berechnen. Die Welt wäre für Sie farblos. Nicht, weil es keine Farbe in der Welt gäbe sondern weil es in Ihnen keine Möglichkeit gäbe, diese Information aus der Umwelt zu gewinnen. Wenn in Ihrem Gehirn keine Entsprechung für einen Vorgang in der Umwelt vorhanden ist, dann existiert dieser Vorgang für Sie nicht. Wenn Sie auf Grund einer bestimmten, harten Prägung nicht in der Lage sind Mitleid zu empfinden, dann können Sie diese emotionale Regung, wenn jemand diese über sein Gesicht, seine Worte und seine Haltung ausdrückt, nicht nachvollziehen, nicht erkennen und schon gar nicht verstehen. Sie würden versuchen herauszufinden was dieser komische Gesichtsausdruck und diese seltsame Regung bedeuten sollen, aber Sie könnten es nicht nachfühlen und damit in diesem Bereich nicht empathisch sein. Sie hätten einen blinden Fleck. Sie müssen erst in sich selbst die Fähigkeit zum Mitleid entwickeln, bevor sie es bei anderen

Menschen sehen können. Das gilt für jedes Gefühl, letztlich für jede Art der Information.

Unser Verstand ist im Prinzip dafür da, dass wir unsere **Ziele in der Umwelt erreichen**. Hierfür lässt er jene Fähigkeiten entstehen, die notwendig sind aus den Möglichkeiten der Umwelt Wege zu entwickeln, die uns unseren Zielen näher bringen. Unsere Fähigkeiten und Eigenschaften sind genau jene Entwicklungen, die uns helfen sollen das zu erkennen und zu nutzen, was wir brauchen, um das zu erreichen, was wir wollen. Deshalb schließen wir im Umkehrschluss von den Fähigkeiten und Merkmalen der Leute auf deren Ziele.

Abhängig von unseren Zielen und prägenden Erfahrungen entwickeln sich unterschiedliche Wahrnehmungen der Welt. Wir alle sehen die Welt ein wenig anders. Ein Beispiel, das ich gerne in den Trainings verwende ist, dass ich, wenn ich aus dem Schulungsraum hinausgehen würde, nicht mehr sagen könnte welche Kleidung die einzelnen Teilnehmer tragen. Wenn jemand keine tragen würde, würde mir das wohl schon auffallen, aber Kleidungsstil, Farbe, etc. haben für mich keine Bedeutung. Sehr wohl könnte ich im Gegenzug praktisch alles wiedergeben, was die Leute gesagt haben, genauso speichere ich viele Eindrücke bezüglich ihrer Körperhaltung und Körpersprache, aber über die Kleidung könnte ich nichts sagen. Für mich ist Kleidung einfach irrelevant. Ich habe nie gelernt, von Kleidung auf Eigenschaften zu schließen, die für mich wichtig wären. In meiner Entwicklung hat sich kein Anlass ergeben, durch den mein Gehirn den Eindruck gewonnen hätte, dass es sinnvoll wäre die Menschen nach der Kleidung zu beurteilen. Da ich also unbewusst davon ausgehe, dass die Kleidung, die Leute tragen, für meine Einschätzung nicht wichtig ist und ich mit der konkreten Kleidung kaum persönliche Eigenschaften assoziiere, nehme ich sie nur ganz schwach wahr. Dies gilt nicht für den Eindruck, ob jemand gepflegt oder schlampig erscheint. Das ist mir sehr wohl wichtig, denn hier schließe ich durchaus auf die Grundhaltung. Aber ob jemand einen grünen oder blauen Pullover oder Sweater schlampig trägt, ist mir gleich. Dafür kenne ich Menschen, die aus dem Raum gehen und bis auf das letzte Detail wiedergeben können, welche Kleidung, Uhren, Brillen, Schuhe, etc. die Personen darin trugen.

Es spielen also viele unsichtbare Wahrnehmungsprinzipien eine Rolle, wenn wir Menschen konstruieren. Wir nehmen bei Menschen vor allem das wahr, was für uns gerade interessant ist – unsere Ziele/Bedürfnisse anspricht. Genauso verfärbt unsere eigene Stimmung unsere Wahrnehmung des Umfeldes. Wenn wir einen schlechten Tag haben, kommt uns vieles blöd vor. Wir werden viel pingeliger und ungeduldiger als an einem Tag, an dem alles passt, wir ausgeschlafen und einfach gut drauf sind. Wenn wir an einem guten Tag jemanden kennen lernen, dann ist die Person für uns anders als wenn wir sie an einem schlechten Tag kennen lernen. Die Person ist exakt die gleiche und doch können wir einen gänzlich anderen Eindruck gewinnen. Das sollte man sich im Hinterkopf bewahren – es wird allerdings noch einmal Thema sein.

Wir haben nun erfahren was notwendig ist, um andere Menschen richtig einzuschätzen und auf was wir hier achten sollten, um grobe Fehleinschätzungen zu vermeiden. Leute richtig einzuschätzen ist an sich bereits eine echte Herausforderung, selbst wenn sie sich geben wie sie wirklich sind. Erschwert wird die Personenwahrnehmung jedoch zusätzlich, wenn wir uns oder andere sich nicht authentisch verhalten. Dies wird der erste Hauptpunkt sein, wenn wir uns mit den Beziehungsförderern und -killern befassen.

5 Die wichtigsten Beziehungsförderer und -killer

Bevor wir Gäste in unser Heim lassen, räumen wir die Zimmer auf, damit alles einen guten Eindruck macht. Nachdem sie wieder aus dem Haus oder aus der Wohnung verschwunden sind, nimmt der Alltag mit seinen schmutzigen Klauen wieder Besitz von den Räumlichkeiten. Natürlich sind diese Klauen nicht bei jedem von uns gleich kräftig. Je nachdem wie gut man den Haushalt im Griff hat und wie wichtig einem selbst die Sauberkeit ist, ist es bei uns entweder immer so sauber, dass jederzeit jemand vorbeikommen könnte oder es erfordert jedes Mal große Anstrengungen, bis die Räumlichkeiten wieder vorzeigbar sind.

Mit unserem Inneren ist es ähnlich. Wenn wir mit anderen Menschen Kontakt aufnehmen und uns nur oberflächlich unterhalten, reicht es, wenn wir unser Inneres nur oberflächlich aufgeräumt präsentieren. Die Gespräche gehen nicht so in die Tiefe und wie aufgeräumt jemand wirklich ist, zeigt sich sowieso erst im Alltag – oder beim Golf. Bei einer anhaltenden, tieferen Beziehung ist es jedoch so, dass wir nicht nur kurz Besuch bekommen, sondern, dass jemand quasi bei uns einzieht. Das funktioniert nur dann wirklich gut, wenn wir vorher bei uns im Inneren einiges auf die Reihe bekommen haben. Ansonsten wären wir gezwungen unseren Mist immer kurzfristig zu verstecken, wenn die andere Person in der Nähe ist. Es gibt einige Gefühle und emotionale Verprägungen, die heute sehr häufig sind und den Aufbau einer guten Partnerschaft massiv erschweren. Deshalb wollen wir uns diesen nun etwas genauer widmen. Wenn man anderen Menschen nahe kommen möchte und will, dass man das auch genießen kann ohne böse Überraschungen befürchten zu müssen, dann sollte man bei sich selbst beginnen und die folgenden Punkte verstehen.

5.1 Die hohe Bedeutung der Authentizität

Hier kommen wir zu einem sehr modernen Schlagwort: „Bleib authentisch!“ Das wird einem immer wieder geraten. Im Englischen, gerade im Hip-Hop-Bereich hört man oft die etwas klangvollere Variante: „Keep it real.“ Aber warum ist das so wichtig? Vor allem: Was soll das überhaupt bedeuten?

Um dies zu verdeutlichen können wir unser Eingangsbeispiel mit uns als Höhlenmensch in der Steinzeit heranziehen. Wenn wir auf diese Lichtung treten und die Person wahrnehmen, von der wir anfangs nicht sicher sagen können, ob es Freund oder Feind ist, wird unser erster Impuls sein eher vorsichtig zu agieren und weitere Eindrücke zu sammeln. Vorsichtig deswegen, weil wir unsere Chance zu Entkommen verkleinern würden, falls wir auf jede Person einfach offen zugehen. Jeder Schritt auf den potentiellen Feind zu, erhöht die Gefahr diesem zum Opfer zu fallen. Damals war die Gefahr ja viel unmittelbarer und physischer als heute. Einmal schön die Keule über den Kopf und das nächste Mal, wenn man die Augen aufschlägt, findet man sich gefangen im feindlichen Dorf wieder oder in einem Kochtopf, je nach den Essgewohnheiten und Sitten des Stammes entsprechend mariniert.

Geht man also neugierig und gänzlich unvoreingenommen auf den Steinzeitmenschen zu und es stellt sich nach ein paar Metern heraus, dass dieser einen Faltenlendenschurz trägt und demnach ein Feind ist, dann können diese Meter einen entscheidenden Nachteil ergeben und uns im schlimmsten Fall das Leben kosten. Das ist der Grund, warum uns Menschen, die wir nicht richtig einschätzen können, bei denen wir das Gefühl haben, dass sie nicht so sind, wie sie sich geben, nicht ganz geheuer sind. Ihnen schenken wir unser Vertrauen in aller Regel nicht. Der Hintergrund ist auch heute noch die Abwehr von Gefahr. Wir wollen uns nicht verletzen lassen und schenken unser Vertrauen nur jenen, bei denen wir uns sicher sind, dass wir sie richtig einschätzen können.

Authentisch erscheinen uns Personen, bei denen alle wahrnehmbaren Merkmale und die Eindrücke, die diese bei uns erwecken, stimmig zusammenpassen – also nachvollziehbar sind. Wir haben ja gewisse Vorstellungen, wie sich ein Anzugträger zu verhalten hat. Eher ein wenig steif, keinen Kaugummi, ordentliches Auftreten, etc. Genau solche Vorstellungen haben wir in Bezug auf viele äußere Attribute. Jeder hat seine Schubladen und versucht Menschen möglichst schnell in eine solche zu stecken. Passt jemand in unsere Schublade gut hinein, haben wir das Gefühl das Gegenüber richtig einschätzen zu können. Scheint jemand in verschiedene Schubladen zu gehören, dann entsteht ein Gefühl der Ungewissheit. Unsicherheit ist nah genug an Gefahr, um lieber ein wenig mehr auf Abstand zu bleiben.

Wenn wir das Gefühl haben unser Gegenüber ist authentisch, glauben wir zu wissen, wie unser Gegenüber reagieren wird, wenn wir etwas Bestimmtes tun. Somit können wir unser Verhalten darauf ausrichten. Dies ist aber nur vernünftig möglich, wenn die vom anderen Menschen kommenden **Reaktionen vorhersagbar** erscheinen. Sie haben es sicherlich schon öfter erlebt, dass eine Person etwas macht, das Sie nicht erwartetet hätten und wie irritierend dies sein kann. Beispielsweise bieten Sie einem Bekannten Ihre Hilfe an und dieser Mensch reagiert zornig oder ignoriert Sie. Unsere Hilfe bieten wir meist dann an, wenn wir denken, jemand möchte bzw. braucht Unterstützung. Wenn dann harsch und unfreundlich reagiert wird, dann überrascht uns das und unser Bild von der Person kann sich ziemlich ändern. Handelt es sich um eine Bekannte, denkt man sich vielleicht: „Das hätte ich mir von ihr nie gedacht. So etwas Undankbares." Wenn Sie sich in so einem Moment innerlich beobachten, stellen Sie fest, wie Sie ein wenig mehr innerlichen Abstand zu dieser Bekannten aufbauen. Dies geschieht aus unserem Sicherheitsbedürfnis heraus.

Erscheint jemand nicht authentisch, so wird er unbewusst mit größerem Abstand behandelt und nicht in die Freund-Kategorie eingelassen.

Dieser Schutzmechanismus ist tief in uns verankert. Heute ist Authentizität jedoch oft nur mehr ein Schlagwort. Wir machen uns häufig nicht mehr bewusst, welche Nachteile wir uns auferlegen, wenn wir versuchen anders zu sein, als wir uns im Innersten fühlen. Beim Thema „Burn-out" haben wir eine ganz wesentliche Gefahr bereits behandelt. Für den zwischenmenschlichen Bereich hält fehlende Authentizität jedoch noch weitere Fallen bereit.

Kurz gesagt, wenn wir jemanden nicht einschätzen können, dann wissen wir nicht klar, wie wir mit dieser Person umgehen sollen. Da wir im Hinterkopf immer noch die **mögliche Gefahr** vom faltigen Lendenschurz mitschleppen, den wir vielleicht auf Grund der zu großen Distanz nur noch nicht erkannt haben, bleiben wir bei Menschen, die uns undurchsichtig und unecht vorkommen – die vielleicht sogar durch ihr komisches Verhalten etwas Böses verbergen wollen – eher auf Abstand. Interessant ist auch, dass sich dies umso stärker ergibt, je unsicherer wir selbst sind. Menschen mit einem hohen Sicherheitsbedürfnis reagieren hier viel sensibler, als Menschen, die wenig Angst kennen, meist ein hohes Selbstvertrauen haben und damit der Neugier stärker folgen. Denn grundsätzlich ist Neues ja spannend, aber unsere Ängste sind heute meist zu stark, als dass die Neugier – aus dem Bedürfnis nach persönlichem Wachstum –

sich gegenüber dem Sicherheitsbedürfnis durchsetzen könnte. Bei Kindern sieht man das sehr schön. Diese gehen während der ersten Jahre auf andere Menschen meist völlig unbefangen zu. Je weniger negative Erlebnisse sie haben, umso länger bleibt das so. Sobald man jedoch ein schlimmes oder erschreckendes Erlebnis hatte, wird man vorsichtiger, um es nicht noch einmal erleben zu müssen. Dann beginnen der Aufbau des Sicherheitsbedürfnisses, der Ängste und damit die Reduktion der Offenheit. Wir sind dann immer mit einem Auge auf der Suche nach einer drohenden Gefahr und halten eben Abstand, solange wir die Gefahr nicht ausschließen können.

Das bedeutet für unseren Alltag aber im Umkehrschluss ebenfalls, dass, wenn wir nicht authentisch sind, die Leute bei uns ebenfalls eher auf Abstand bleiben. Wenn wir uns verbiegen um zu gefallen, dann kann es geschehen, dass wir keinen „sauberen Kontakt" herstellen können – wir unauthentisch wirken. Je feinfühliger Menschen sind, umso eher werden sie die angestrengte Verbiegung unserer Identität fühlen. Freundschaftliche Verbindungen bzw. der Aufbau solcher werden auf Grund dieses Mechanismus immens erschwert. Es fällt uns schwerer einen echten Kontakt herzustellen, wenn wir bei anderen widersprüchliche Empfindungen auslösen. Deshalb ist es so ungemein wichtig, dass wir **mit uns selbst im Reinen** sind – zumindest halbwegs – und wir mit ausreichendem Selbstbewusstsein und Selbstvertrauen auf andere Menschen zugehen. Dann wirken wir auf andere Menschen wesentlich klarer und damit authentischer.

Authentisch können wir nur in hohem Maße sein, wenn wir Klarheit über das haben, was wir wollen und was wir können – unsere wahre Zielstruktur und unser Selbstbild kennen.

Es ist relativ wenig von Coachings zu halten, die Ihnen beibringen wollen, wie man seinen Körper steuern soll, um auf andere positiv zu wirken. Natürlich kann man das theoretisch lernen. Wenn man sich unbewusst sehr auffällige und störende Verhaltensaspekte angewohnt hat, dann ist es durchaus legitim diese ablegen zu wollen. Beispielweise hat eine Teilnehmerin in einem Bewerbungscoaching ein solches unbewusstes Bewegungsmuster gezeigt. Während des Gesprächs hatte sie die Hände ineinander geschoben und ließ die Daumen umeinander kreisen wie ein kleines, biologisches Doppelsternsystem. Diese ständige und recht schnelle Bewegung wird normalerweise als Ungeduld oder gar Genervtheit interpretiert und nervt auch den Gesprächspartner relativ rasch. Allen in der Gruppe war es aufgefallen und auf charmante Art und Weise konnten wir ihr diesen Eindruck vermitteln. Die Teilnehmerin war ganz überrascht, da sie sich dieser Angewohnheit überhaupt nicht mehr bewusst war. Sie war dankbar und hat bei den nächsten Gesprächen diesen Tick bewusst unterdrückt. Relativ rasch hat sich die Angewohnheit aufgelöst und ihre Ausstrahlung wirkte sofort ruhiger und angenehmer.

Fremdeinschätzung ist wichtig, muss aber immer wertschätzend geschehen. Auf uns selbst sind wir teilweise betriebsblind geworden, sodass wir manche Angewohnheit nicht mehr wahrnehmen können – genauso wie wir Tippfehler in Texten, die wir selbst verfasst haben, nur mehr schwer sehen können. Es ist sehr wichtig anderen zuzuhören, wenn sie uns Tipps geben. Man muss ja nicht alles umsetzen. Es geht ja nicht darum perfekt zu sein, sondern sich stetig weiterzuentwickeln. Damit hat man bereits einen gewaltigen Fortschritt gegenüber allen, die keine Fehler machen oder sehen wollen.

Ein typisches Verhaltensmuster bei Unsicherheit ist noch das „sich ins Gesicht greifen“. Das Spiel mit den Haaren mag zwar beim Flirten ein

Zeichen dafür sein, dass man das Gegenüber attraktiv findet, aber bei einem ernsten Gespräch drückt sich darin unsere Unsicherheit aus. Es sollte aber nicht versucht werden einen Katalog an erwünschten Bewegungsabläufen und dem perfekten äußeren Erscheinungsbild zu erfüllen. So lernt man nur zu blenden anstatt sein wirkliches Ich nach außen strahlen zu lassen. Gerade die **perfekt gecoachten Leute** wirken fast alle irgendwie identitätslos und unecht, wie ein blank poliertes Abbild einer echten Persönlichkeit. Unsere kleinen Schwächen und unsere Nicht-Perfektion machen uns menschlich und sind ein sehr, sehr wichtiger Faktor, wenn es darum geht „gut rüberzukommen".

Echte, starke Ausstrahlung geschieht dann, wenn wir wirklich ein klares **Selbstbewusstsein** und ein gutes **Selbstvertrauen** besitzen und uns eine **freundliche und offene Grundhaltung** gegenüber Menschen angeeignet haben. Sie haben sicher schon erlebt, dass Menschen eine tolle Ausstrahlung haben, obwohl sie ganz und gar nicht dem gängigen Klischee äußerer Attraktivität entsprechen. Wenn wir eine gute Einstellung und innere Klarheit haben, dann drückt unser Körper diese Einstellungen automatisch aus, da braucht man diese ganzen Kleinigkeiten nicht noch bewusst steuern. Sobald ich bewusst einzelne Dinge steuere, passen sie ja nicht mehr zum restlichen Eindruck, den ich vermittle und lassen mich widersprüchlich und damit unauthentisch wirken. Somit löst man meist einen schlechteren Eindruck aus, als wenn man natürlich geblieben wäre. Uns ist wichtig, dass wir das Gefühl haben, dass wir unser Gegenüber so nehmen können, wie er sich gibt.

Brüche in unserer Authentizität erleben wir meist dann, wenn wir unter Druck stehen und / oder wir uns Situationen gegenübersehen, die uns sehr fremd sind. Wenn eine Frau zum ersten Mal ein Ballkleid trägt und dazu hohe Schuhe, dann kann sie sich auch kaum mehr so bewegen, wie sie es gewohnt war. Dadurch, dass sie sich anders bewegt und die Haltung eine ist, in der sie sich nicht sicher fühlt und die jene Menschen, die sie kennen, an ihr eben noch nicht kennen, erscheint sie bereits hier auf gewisse Weise unauthentisch. Irgendwie passt es nicht zu ihr. Es sind kleinste Eindrücke im Bewegungsfluss. Wenn wir uns unwohl fühlen, dann werden all unsere Bewegungen ein wenig in ihrem gewohnten Ablauf gestört. Das fängt in der Gesichtsmuskulatur an und geht bis hin zu unserer Art zu gehen und zu sprechen. Wenn wir uns unwohl fühlen bzw. überfordert sind, dann strahlt unser Körper dies sehr deutlich aus. Es mögen für sich genommen die Abweichungen von unserem natürlichen Bewegungsmuster minimal sein. Die Summe dieser vielen kleinen Abweichungen strahlt aber recht stark.

Wenn wir glauben, dass wir mit unseren Fähigkeiten einer Herausforderung bzw. Situation nicht gerecht werden, dann versuchen wir uns anzupassen – werden dadurch jedoch rasch uneins mit uns. **Unsere Angst nicht zu genügen** ist eine Hauptursache für sinkende Authentizität. Indem wir versuchen jemand zu sein, der die anstehende Aufgabe bewältigen kann, z.B. einen besonders korrekten Eindruck beim Erstkontakt mit den Freunden oder den Eltern eines neuen Partners, spielen wir eine Art Rolle. Da unser Selbstbild ungern in der Außendarstellung verzerrt wird, kostet dieses „Verstellen" Kraft. Zudem ist es sehr schwer nicht widersprüchliche Signale zu senden. Denn zumeist versucht man die eine oder andere Eigenschaft zu mildern, etwa nicht zu schnell ironisch bzw. frech zu werden oder aufrechter zu stehen oder die Wortwahl etwas gehobener zu halten. Leicht geschieht es jedoch, dass unser eigentlicher Charakter durchschimmert und dann wirkt unser Verhalten **dissonant – widersprüchlich**. Es ist dann wie in der Musik, wenn zwei Töne gespielt werden, die sich für unser Gehör nicht gut vertragen. Es wirkt unstimmig und hinterlässt ein ungutes Gefühl – das sehr subtil sein kann.

Die Abbildung unten soll das ein wenig demonstrieren. Links ist unser Selbstbild. So sehen wir uns heute, und die Punkte unten sind die Handlungen, die wir normalerweise setzen, die Kleidung die wir tragen und unsere Art zu reden. Wir wollen aber einen besonders guten Eindruck machen und deshalb passen wir unser Verhalten an. Dieses angepasste Verhalten zeigt die rechte Figur.

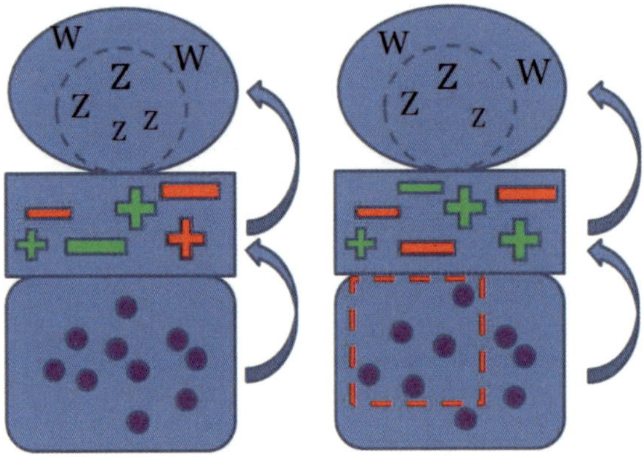

Das Problem daran ist, dass man unterschiedliche Zuschreibungen auf Werte, Ziele und persönliche Merkmale auslöst. Dadurch wird das Gefühl der Unstimmigkeit ausgelöst, das wir als fehlende Authentizität empfinden. Selbst wenn man es schafft die Rolle eine Zeit lang gut zu spielen, so entsteht gerade durch die Vorstellung, die man von sich in den Köpfen anderer auslöst eine Erwartungshaltung an uns. Weicht man dann später von der Rolle ab, dann wirkt das irritierend und man verliert garantiert an Boden bei den Freunden, Arbeitskollegen, etc.

Jede gute Beziehung hat als erste Grundvoraussetzung, dass wir mit uns selbst im Reinen sind und authentisch auftreten.

Dies soll aber nicht heißen, dass wir nicht an uns zweifeln dürfen, unsere Persönlichkeit verändern oder uns entwickeln sollen. Dann würde unsere Entwicklung zum Stillstand kommen. Man muss sich aber im Klaren sein, dass wir in den Phasen großer Umbrüche, der ungeklärten Ziele, der starken Selbstzweifel oder des Rollenspiels weniger authentisch und weniger stark und positiv auf andere wirken.

Sie können natürlich an sich arbeiten, soll heißen, Ihre Ziele und Fähigkeiten reflektieren und sie beeinflussen. Machen Sie das aber nicht gerade in Leistungssituationen oder wenn Sie neue Menschen kennen lernen, die für Sie von Bedeutung sein könnten. Sie werden es selten erleben, dass ein Musiker im Konzert einfach zu improvisieren anfängt (Jazz oder Jamsessions mal ausgenommen) oder etwas probiert, das er noch nie geübt hat. Musiker, Sportler und alle anderen, die Leistungen zu einer bestimmten Zeit erbringen, haben einen Trainingsbereich und einen Leistungsbereich. Wenn man sich vorbereitet, darf man ruhig alles Mögliche austesten. Man sollte prüfen, ob man sich dabei wohl fühlt, ob man sich darin sicher ist. Beim Training kann man vieles ausprobieren. Wenn es um etwas geht, sollte man versuchen, das, was man kann, optimal abzurufen.

Wenn Sie eine starke Ausstrahlung haben und Ihre Potenziale nicht blockieren möchten, dann sollten Sie in den entsprechenden Situationen ganz Sie selbst sein.

Weiter oben (2.5 Leistung = Wollen x (Können + Persönliches Wachstum)), wurde erwähnt, dass Angst ein guter Ratgeber bezüglich dessen ist was wir verbessern sollten. Trainieren Sie also Fähigkeiten und Einstellungen, die Ihnen helfen, bei jenen beängstigenden Herausforderungen, die sich Ihnen stellen, immer besser zu werden. In Situationen, in denen Sie dann Leistung erbringen sollen, gehen Sie **konzentriert aber locker** an die Aufgaben heran. Denken Sie nicht an das Scheitern oder mögliche Konsequenzen. Das Beste, was Sie tun können, ist Ihr Bestes zu geben. Das können Sie aber nicht mehr, wenn Sie Energie verschenken, indem Sie diese dafür verwenden über Ängste, Druck, die Meinung anderer, Ihre Körperhaltung, Ihre Art zu reden, etc. nachzudenken.

Entspannte Konzentriertheit ist der Schlüssel zur optimalen Nutzung seiner persönlichen Ressourcen in Leistungssituationen. Der Aufbau von Beziehungen ist eine solche wichtige Leistung – der Erstkontakt entscheidet oft über den Beziehungsverlauf.

Da dieses Thema so wichtig ist, betrachten wir noch einmal kompakt, was für eine maximal authentische Ausstrahlung zu beachten ist. Es hängt stark mit der Klarheit und dem Bewusstsein für unser Selbstbild zusammen. Dies betrifft die bereits eingangs erwähnten Werte, Ziele, Eigenschaften und Fähigkeiten, die ineinander greifen sollten, wie ein gut abgestimmtes Uhrwerk. Dann erreichen wir nicht nur unsere Ziele leichter und sind im Allgemeinen zufriedener, sondern unsere Wirkung auf andere Menschen wird viel direkter und stärker ausfallen.

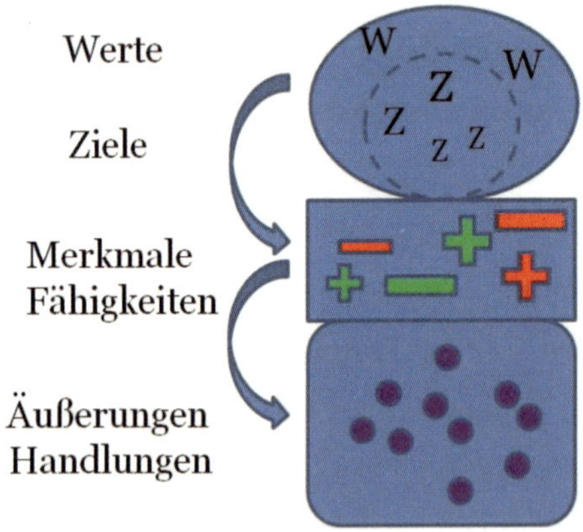

Die vielfachen positiven Effekte im zwischenmenschlichen Zusammenleben ergeben sich vor allem, wenn folgende Punkte gegeben sind:

- eine klare Vorstellung davon, was wir erreichen wollen.
- eine klare Vorstellung davon, was wir bereit sind dafür zu tun.
- Klarheit darin, wie wir anderen Menschen begegnen und mit ihnen umgehen.
- Klarheit darüber, welche unserer Eigenschaften uns wesentlich nützen und welche hinderlich sind – welche Fähigkeiten sind wertvoll und welche müssen wir noch entwickeln.
- echte Wertschätzung für die Mitmenschen empfinden, da wir jeden Menschen vorweg als potentielle Bereicherung sehen lernen.
- der Glaube an uns selbst und daran die Ziele erreichen zu können.

Wenn Sie über sich selbst im Klaren sind, was alles andere als selbstverständlich ist, dann entstehen auf Grund der Motivationsflüsse, des starken Selbstwertes und der Energien, die in die persönliche Entwicklung eingespeist werden unter anderem folgende Effekte:

- Wir formulieren und artikulieren wesentlich verständlicher, nachdrücklicher, überzeugender.
- Wir verlaufen uns nicht in Widersprüche, sondern das Gesagte passt alles stimmig ineinander.
- Unsere Körperhaltung wird kraftvoller und aufrechter, da sich der Tonus erhöht.
- Der Blick wird fokussierter und aufmerksamer.
- Sie werden freundlicher – weil offener und interessierter – auf die Menschen zugehen.
- Sie werden wesentlich mehr Energie in sich spüren, weniger Schlaf benötigen und viel kreativer und unternehmenslustiger werden. Sie werden also viel mehr im Tun sein, als nur in Wünschen zu leben.

Wenn wir eine klare und saubere Ausstrahlung haben, ist es für unser Gegenüber leicht uns einzuschätzen und uns in eine Schublade zu stecken. Die Menschen fühlen sich in unserer Nähe wohler, denn ihnen ist klar, was unsere Absichten sind und was sie von uns zu erwarten haben. Unser Verhalten ist offen, freundlich und leichter zu prognostizieren. Es bleibt kein Sicherheitsabstand, da wir nicht als Bedrohung wahrgenommen werden.

Wenn wir wissen, was wir wirklich wollen, dann lassen wir uns nur mehr schwer davon abbringen und wirken im **Auftreten stärker** und bestimmter. Je eher wir uns zutrauen unsere Ziele auch zu erreichen, desto intensiver wird dieser Effekt. Damit erscheinen unsere Äußerungen und unser Verhalten nicht nur geradliniger sondern sehr bestimmt und kraftvoll. Das wirkt auf viele Menschen attraktiv, gerade auf jene, die sich selbst wünschen würden, solche Energie und Bestimmtheit zu besitzen – und davon gibt es heute mehr als genug.

Wie erwähnt, müssen wir dabei ausreichend **Zutrauen in uns** selbst haben. Wenn wir zwar ein Ziel haben, aber erachten es als außerhalb unserer Reichweite liegend, dann resignieren wir. In diesem Fall tappen wir erst wieder auf der Stelle herum und setzen keine echten Handlungen. Es reicht eben nicht nur etwas zu wollen, man muss auch wissen wie man es erreichen kann und sich zutrauen diesen Weg gehen zu können. Wie gesagt, man soll nicht in realitätsfremden Zweckoptimismus fallen. Manches ist eventuell realistisch nicht erreichbar, aber immer wieder zeigen uns Menschen wie viel möglich ist, wenn der Wille stark genug ist. Wenn ich mich zurückerinnere, wie oft mir erzählt wurde, was alles nicht möglich sei. Hätte ich den Zweiflern geglaubt, wäre ich heute nicht da wo ich bin – und hier gefällt es mir wirklich recht gut. Lassen Sie sich lieber von den Leuten inspirieren, die Ihnen Kraft geben und nicht von den vielen

Zweiflern. Letztere sind ja auch Gefangene ihrer Selbst und wissen es nicht besser. Die Übertragung der eigenen Schwächen auf andere dient nur der Gewissensberuhigung und resultiert oft sogar aus ehrlicher Fürsorge. Aber letzten Endes können wir uns nur selbst vernünftig einschätzen.

Echte Klarheit über sich zu gewinnen öffnet uns das Tor zu echtem Erfolg und tiefer Zufriedenheit.

Nun ist es eine Sache mit sich selbst im Klaren zu sein – das wird sich in jedem Fall positiv auf unsere Authentizität auswirken. Es ist aber noch einmal eine andere Sache, ob unser Auftreten für unser Gegenüber stimmig und nachvollziehbar ist. Darauf kann man achten, wenn man merkt, dass man uns gegenüber **auf Distanz bleibt**, uns unsicher oder zweifelnd ansieht. Die Wahrnehmung – quasi die Denk-Schubladen – unseres Gegenübers können wir nicht direkt beeinflussen. Jedoch verstehen wir mittlerweile welche Wahrnehmungsfehler sehr häufig sind und woran es liegen kann, dass uns jemand falsch einschätzt. In jedem Fall können wir erkennen, ob es dieser Person bereits gelungen ist, uns passend einzuordnen oder nicht. Wenn wir merken, jemand kann mit uns noch nichts anfangen oder bleibt unsicher auf Distanz (dies erkennen wir an der zurückhaltenden Gesprächsführung, kurzen Sätzen, defensiver Körperhaltung), dann zeigt sich darin ein noch vorhandener Erklärungsbedarf. **Wir müssen nachvollziehbar sein!**

Wir wissen ja warum wir tun, was wir tun (im Idealfall zumindest), aber woher soll unser Gegenüber verstehen, was uns dazu bringt unser Leben auf unsere Art zu leben. **Wir sind das Resultat zahlreicher Erlebnisse und Überlegungen**. Ein paar davon müssen wir eventuell den anderen mitteilen, damit sie sich in unsere Lage versetzen können. Sobald klar ist, warum wir wollen was wir wollen, erhöht sich sofort unser Authentizitätsgrad. Die Sicherheitsdistanz kann abgebaut werden. Dabei ist es gar nicht dramatisch, wenn man bei manchen Themen oder Ansichten verschiedener Auffassung ist. Das wird immer wieder so sein und ist absolut in Ordnung. Unsere Unterschiedlichkeit ist ja sogar die Grundlage für unsere Beziehungen, für den Wert einer Gemeinschaft. Sobald die Distanz abgebaut ist, kann man über diese verschiedenen Sichtweisen sprechen. Wenn beide Seiten eine gesunde Wertschätzung gegenüber Menschen haben, dann akzeptieren sie die Tatsache, dass man unterschiedlicher Meinung sein kann. Dann ist es interessant, wie das Gegenüber zu seiner Überzeugung gelangt ist – welche Erfahrungen und Erlebnisse die Person in diese Richtung geprägt haben. Dadurch baut man ein noch besseres gegenseitiges Verständnis auf, wird noch Nachvollziehbarer und damit maximal authentisch.

Wenn jemand eine andere Meinung vertritt als wir, dann sollten wir immer versuchen die Beweggründe und Ursachen für die Entwicklung dieser Meinung zu verstehen.

Nicht nur, dass sich damit automatisch unsere Menschenkenntnis verbessert und jeder Mensch, der einen ähnlichen Entwicklungsweg hat wie unser Gegenüber, von da an für uns besser nachzuvollziehen ist. Viel mehr bekommen wir damit sogar noch Argumente und Ideen geliefert, die uns in Situationen und Diskussionen mit derartigen Meinungsträgern sehr hilfreich sein können. So können wir viel eher Streitigkeiten schlichten, da wir wissen, woher die unterschiedlichen Meinungen kommen.

5.2 Prägung: Materielle vs. Soziale Orientierung

Fundamentale **Charakterunterschiede** ergeben sich oftmals aus frühen Prägungen sehr grundlegender Bedürfnisse. Das **Sicherheitsbedürfnis** kann beispielsweise, je nachdem wie man aufgewachsen ist und welche Erfahrungen man gemacht hat, unterschiedliche Charakterentwicklungen anstoßen. Stellen Sie sich eine Person vor, deren Eltern immer **alles mit Geld regeln** konnten. Es waren ängstliche Eltern aber wohlhabend. Arme Menschen nahmen sie unterschwellig immer als Bedrohung wahr, da diese neidisch und missgünstig sein mussten, und gaben diese Empfindung ihrem Nachwuchs weiter. In Gesprächen wird immer wieder betont, dass man sich in der guten Wohngegend sicher fühle, dass sie froh seien ein so sicheres und großes Auto zu fahren, dass ihre Zusatzversicherung ihnen ein gutes Gefühl gäbe, usw. Das Kind nimmt gerade in den ersten Jahren diese Eindrücke recht unreflektiert auf, da es in diesem Szenario die Eltern sehr liebt und damit alles was von ihnen gesagt wird auch als wichtig und richtig empfindet. Hier etabliert sich eine Zielstruktur, in der Geld eine große Rolle spielt. Wenn die Person in eine Lebenssituation kommt, in der sie Unsicherheit erfährt, wird das Subziel – nämlich Geld zu verdienen – ausgelöst, um das Sicherheitsbedürfnis wieder befriedigen zu können. Wenn diese Prägung stark genug ist, dann entstehen Persönlichkeiten, die „über Leichen gehen", wie man so unschön sagt, um sich selbst abzusichern. Dies geht solange, bis Situationen auftauchen, in denen das Schema Sicherheit = Geld nicht funktioniert. So etwas kann ein Umdenken auslösen.

Zwei Kilometer weiter wächst ein Kind heran, dem permanent vor Augen geführt wird, dass es wichtig ist, für andere Menschen da zu sein. Nur so könne man sich der **Verbundenheit und Unterstützung** anderer versichern. Die Eltern und die Verwandtschaft als auch die Nachbarschaft lebt das vor. Wenn einmal Not am Mann bzw. an der Frau ist, dann hilft sofort jemand aus. Wenn man schnell etwas braucht, dann geht man zum Nachbarn und nach einem netten Gespräch, bei dem viel gelacht wurde, kommt man mit dem zurück, was einem fehlte – ob Zucker, ob Werkzeug spielt keine Rolle. Diese besonders stark erinnerten Erfahrungen prägen das Kind und unter dessen Sicherheitsbedürfnis entsteht das starke Subziel: Soziales Netz bzw. Freundschaft. Für dieses Kind haben Freunde und gute Bekannte immer Vorrang vor Geld und es kommt mit Streit und disharmonischen Beziehungen eher schlecht zurecht. Wird diese Person später oft ausgenützt und/oder im Stich gelassen, kann das natürlich ebenfalls zu einer neuen Umprägung führen. Ein Erlebnis mit Schockcharakter, kann sogar zu einer Umkehrung führen, so wie sich magnetische Pole auf einen Schlag umkehren können. Wenn eine solche Person etwa merkt, dass sie von vielen ihrer Freunde hintergangen wurde und man sich sogar hinter ihrem Rücken über sie lustig macht, dann kann es geschehen, dass diese extrem negativen Gefühle dazu führen, dass das Subziel negativ assoziiert wird und Freunde und soziale Kontakte negativ gesehen werden. Hier würde sich wahrscheinlich eine Mauer bilden, die Schutz vor neuen engeren Kontakten bieten soll, um der Gefahr zu entgehen noch einmal so dramatisch verletzt zu werden. Die Grundprägung ist, genauso wie alles andere in unserem Inneren durchaus veränderbar. Es ist nur wichtig zu verstehen, warum wir uns verändern und dass wir selbst wählen sollten, wie uns ein Erlebnis beeinflussen darf und wie stark. Denn sobald wir die Mechanismen verstehen, die in diesem Buch erläutert sind, können wir viel gezielter und ganzheitlicher neue Erfahrungen und intensive Situationen für uns nutzen.

Dass durch unterschiedliche Grundprägungen verschiedene Werthaltungen und damit Weltanschauungen entstehen, wird jedem klar sein. Doch es steht theoretisch jedem offen seine eigene Bedürfnisstruktur durch tiefe Reflexion aufzubrechen und neu zu ordnen. Im Alltag bleibt zumeist wenig Zeit, um sich mit der eigenen Bedürfnis- und Zielstruktur auseinanderzusetzen. Dabei wäre es die Basis für Zufriedenheit und Motivation im Alltag.

Jeder von uns kann sich durch tiefe Reflexion fundamental weiterentwickeln. Entwicklung kann extrem schnell erfolgen.

5.3 Gier als Fixierung auf mehr, Mehr, MEHR!

Nun, die Gier wird in aller Regel nicht als besonders sympathisch aufgenommen. Sie hängt eng mit dem Egoismus zusammen und dem Gefühl immer mehr von Dingen haben zu müssen. Gier leitet sich primär aus dem **Sicherheitsbedürfnis** und oft auch aus dem **Anerkennungsbedürfnis** ab, das sich abstrahiert und fixiert hat. Bei dieser Anerkennung geht es nicht mehr darum sich in sozialen Netzwerken gut zu positionieren – obwohl diese Absicht zuvor ein ganz normales Ziel war. Durch eine oder mehrere Erfahrungen hat das Ziel sich massiv verstärkt und irgendwann ist es so dominant geworden, dass eine Fixierung entstand. Oft erwächst eine solche aus einem geringen inneren Selbstwert, der durch viel Zuspruch von außen kompensiert werden soll. Wir sind in so einem Fall fast schon süchtig nach der Bestätigung von anderen Personen. Einen stabilen Selbstwert erhält man nur durch ein klares Selbstbewusstsein. Fehlt dies, so versucht man als Ausgleich für die innere Bestätigung mehr externe zu bekommen. Externe Bestätigung ist jedoch rasch vergessen. Nicht umsonst heißt es: „Nichts ist so alt wie der Erfolg von gestern.“ – was nicht unbedingt für unsere Gesellschaftswerte spricht. Doch in so einer Welt und so einer Fixierung muss externe Bestätigung immer wieder neu gewonnen werden.

Das Sicherheitsbedürfnis hat sich hier meist so verzerrt, dass die Überzeugung entsteht immer mehr an Besitz anhäufen zu müssen und eventuell sogar mehr haben zu müssen als all die anderen. Wenn ein Raubtier eine Herde angreift, dann darf man schließlich in der Herde nicht das langsamste Tier sein. Am längsten überlebt das Tier, das am stärksten ist, wird es doch auch zuletzt angegriffen. Da in der modernen Welt sehr viel über Geld möglich wird, kann man sich leicht einreden, dass Geld als Stärke in unserer Welt gilt. Die Idee, dass man mit Geld alles kaufen kann, das starke Sicherheitsbedürfnis und die Idee mehr haben zu müssen als andere, um sich zu schützen, greifen hier Hand in Hand und führen tendenziell zu einer gierigen Persönlichkeit. Indem man mehr hat als die anderen, kann man sich zudem einreden, dass man besser ist als die anderen. Man definiert sich darüber, was man besitzt und nicht wie man sich gegenüber Menschen verhält oder welche Fähigkeiten man entwickelt hat. Das ist sogar eine Grundidee des Kapitalismus, der sich auf den Calvinismus bezieht, der wiederum ja eigentlich eine tiefreligiöse Überzeugung als Grundlage hat. In ihm heißt es, dass jene, die Erfolg haben, das nur erreichen, weil Gott sie dazu bestimmt habe. Wenn jemand zu Reichtum kommt, dann weil Gott es so gewollt hat. Zu Beginn wurde das noch mit Fleiß und Tugend verbunden. Später hat sich der Erfolg verselbstständigt, sodass auch das Ausbeuten von anderen durch Gott legitimiert wird, sofern man dadurch Erfolg hatte. Denn wenn man Erfolg hat – egal wie –, dann ist es automatisch von Gott so gewollt. Die Konsequenz daraus ist, dass keiner mehr Skrupel haben muss, wenn es darum geht sich selbst besser zu stellen. Wäre es nicht Gottes Plan, dass man Erfolg hätte, dann würde es uns ja gar nicht gelingen. Das ist die Grundlage für den modernen, brutalen und komplett gewissenlosen und entarteten Wirtschaftsliberalismus – besonders extrem im spekulativen Finanzbereich – und ebenso Grundlage für die Mentalität vieler Menschen, denen die Gier als permanente Stimme im Nacken sitzt. Selbst die Evolutionstheorie wurde noch einbezogen, da dort der markante Satz „Survival of the fittest." vorkommt und diese verzerrt in die Wirtschaftswissenschaften als „Überleben des Stärkeren" als Rechtfertigungsgrund für skrupelloses Handeln übernommen wurde.

Durch die Fixierung auf dieses „man muss immer mehr und mehr haben", machen sich viele Menschen Beziehungen kaputt. Die Gier überschneidet sich zudem oft mit der Missgunst. Wenn andere etwas haben, dann würde man das ja auch gerne besitzen – lieber wir als die anderen. Über die Körpersprache und unpassende Bemerkungen kann man sich schnell eine unangenehme Aura aufbauen, die unsympathisch wirkt. Durch die Fixierung werden andere Bedürfnisse und damit Fähigkeiten schließlich reduziert. Wer dieses entartete calvinistische Prinzip wirklich verinnerlicht hat, der wird wenig Mitleid mit anderen empfinden, schließlich muss man auf sich selbst achten und nicht auf die Schwachen. Die Schwachen sind ohnehin schwach und arm, weil Gott es so will. Die sozialen Fähigkeiten werden nur weiterentwickelt, um ein Maximum aus den sozialen Kontakten herauszupressen. Sobald dies zu stark spürbar wird, bekommt man diese harte äußere Art des Auftretens und wird bei den meisten Menschen wenig sympathisch rüberkommen.

Wenn man an sich selbst merkt, dass man die Tendenz zur Gier hat, dann sollte man sich Gedanken darüber machen, warum man unbedingt von allem so viel haben möchte. Was sind die Beweggründe und woher kommt dieses Verlangen? Wann wäre es genug? Was haben wir schon getan, um unsere Gier zu stillen, was wir früher eigentlich nie tun wollten – wo haben wir unsere Werte verraten, egal ob wir danach irgendeine Rechtfertigung entwickelt haben? Wann wäre es genug? Gäbe es etwas, das wir vernachlässigt haben, weil wir so fixiert waren? Welche Wünsche und Träume haben wir für unsere Gier aufgegeben? Durch diese Reflexion kann man einige Verbindungen aufbrechen und die Bedürfnisstruktur wieder zu seiner gesünderen Balance verhelfen – sofern man möchte.

Eine gesunde Beziehung ist für sehr gierige Menschen kaum möglich, außer zwei Geister geben sich einer gierigen Beziehung hin, weil sie zusammen ständig mehr anhäufen möchten. Auch das ist denkbar, doch tiefes Glück ist mit einer solchen Fixierung im Hintergrund nicht möglich, da die Hintergründe der Gier auf eine unausgewogene Bedürfnisstruktur bzw. eine in Schieflage geratene Identität schließen lassen.

5.4 Aggression: Die Kraft der Zerstörung

Aggression im Sinne von geäußerter Wut ist eine starke, manchmal nicht mehr zu beherrschende Kraft. Jeder kennt sie und jeder weiß, dass aus dieser Kraft kaum etwas Gutes oder Konstruktives entsteht. Das ist auch gar nicht ihr Zweck. Gleichgültig ob es blanker Zorn ist, der sich in unser Inneres entlädt, verbale Aggression oder körperliche Gewalt gegenüber anderen oder uns selbst, die zum Ventil für die extremen inneren Spannungszustände wird, es ist immer der Versuch etwas zu ändern, das unserer Zielerreichung im Wege steht bzw. uns direkt schadet.

Von Aggressivität spricht man im Alltag dann, wenn Wut auf ein konkretes Ziel gerichtet nach außen bricht. Sie kann sich dann gegen andere richten oder gegen uns selbst. Ein Bedürfnis, aus dem diese Kraft strömt ist das **Sicherheitsbedürfnis**. Um unsere Sicherheit gewährleisten zu können, müssen wir Gefahren abwehren und damit die direkte Schädigung/Zerstörung vermeiden. Dieses Bedürfnis bietet ursprünglich betrachtet wieder zwei Handlungsmöglichkeiten. Flucht und Kampf. Das, was wir als **Aggression** erleben, ist im Grunde der **Kampfmodus** unseres Gehirns. Aggression rüstet den Körper für den Kampf gegen einen Feind, indem der Körper möglichst **schmerzunempfindlich** und gleichzeitig **muskulär möglichst stark** gemacht wird. Die Konzentration wird von den anderen Bedürfnissen und abstrakten Denkvorgängen zurückgezogen. Das Überlebensbedürfnis zieht – wenn es nach wie vor das dominante ist – die Ressourcen auf sich. Dieser Vorgang kann, je nach Situation und nach persönlicher Veranlagung recht unterschiedlich stark sein. Manche Menschen entwickeln nur sehr wenig aggressive Kraft. Andere können sich hingegen sehr schnell in Rage, blinde Wut hineinsteigern, wenn sich Ihnen etwas in den Weg stellt. Blinde Wut ist rein kampftechnisch nicht mehr ideal. Es reduziert zwar die Schmerzempfindlichkeit auf ein Minimum und erhöht die Skrupellosigkeit, doch setzt es jede taktische oder kognitiv höhere Fähigkeit außer Kraft, sodass man schnell dumme und überhastete Entscheidungen im Kampf trifft. Der überlegene Kämpfer – z.B. auch im modernen Kampfsport – weiß, dass wütendes „Drauf-los-Schlagen“ nicht zum Sieg führt. Man wird blind für die Stärken und Schwächen des Gegners, kann sich nicht richtig einstellen und wird unterliegen, selbst wenn man eigentlich der Stärkere gewesen wäre, sofern das Gegenüber seine Aggressivität dosierter einzusetzen weiß. Hitzige Aggressivität kann hier zu einer Art kurzfristigen Fixierung werden – der Gegner muss sofort ausgeschaltet werden. Andere Gedanken werden unmöglich. Das Blick- und Denkfeld werden massiv eingeschränkt.

Kampf resultiert aus zwei Situationsmöglichkeiten:

1. Man neigt aus Erfahrung dem Kampf zu, da wir uns von diesem irgendetwas versprechen (Prestige, Ressourcen, die Gunst einer Frau, Territorium,...) und die Situation wird so eingeschätzt, dass man den Kampf gewinnen kann.

2. Es gibt keine Fluchtmöglichkeit – man steht mit dem Rücken zur Wand – und die einzige Chance, die der Organismus erkennt ist die des Kampfes. Unterwerfung ist als Art Flucht zu verstehen.

Kampf und damit Aggression entstammt Situationen bei denen wir etwas verändern bzw. zerstören möchten, das uns daran hindert unser Ziel zu erreichen, also das machen oder haben zu können, was wir wollen – es entsteht **offensive Aggression**. Genauso gibt es jedoch Situationen, bei denen wir uns angegriffen fühlen, wir aber keine Fluchtmöglichkeit, keine Ausweichstrategie zum Kampf erkennen.

Heute sind es in den seltensten Fällen körperliche Angriffe, derer wir uns erwehren müssen. Allerdings gibt es gar nicht so wenige Fälle, bei denen wir uns angegriffen fühlen, wir aber eventuell nicht wissen, wie wir erfolgreich ausweichen können. Durch den **extremen Sozialisationseffekt** sind wir in unseren Verhaltensmöglichkeiten eingeschränkt. Es wird uns sozusagen eingebläut, dass man niemandem Gewalt antun darf – was als gesellschaftlicher Grundgedanke durchaus Sinn macht. Zudem kommt die Angst vor Verletzungen.

Wichtig, um Aggression zu vermeiden, ist es, Alternativstrategien zu finden bzw. die Ursache für die Aggressionen zu reflektieren – sofern sie nicht offensichtlich ist. Wenn Ausweichen nicht möglich ist, dann werden sich die Aggressionen aufstauen und irgendwann sind die Bedürfnisse durch die Angriffe so stark frustriert, dass selbst die starke Hemmung durch die Sozialisation nicht mehr ausreicht, um diese Frustration nicht schlussendlich doch in eine geballte Aggressionsentladung münden zu lassen.

Erika hat beispielsweise das Gefühl, dass es in ihrem Leben keinen rechten Sinn mehr gibt. Sie geht in die Arbeit, die sie anstrengt aber nicht befriedigt. Die Unzufriedenheit staut sich mit der Zeit auf, doch weiß sie gar nicht so recht wo sie herkommt. Gerade durch dieses langsame Aufstauen lässt es sich kaum zurückverfolgen. Sie vermutet, dass ihr Freund eventuell Schuld haben könnte. Er könnte ihr doch mehr Aufmerksamkeit schenken, ihr öfter Komplimente machen und mehr mit ihr unternehmen. Dauernd hängt er am Computer, trifft seine Freunde und beschäftigt sich mit seiner Arbeit, selbst wenn er zu Hause ist. Erika macht sich nicht bewusst, dass ihr Freund immer schon diese Lebenseinteilung hatte und sie das früher sogar ganz gern hatte – zu der Zeit, als sie sich selbst noch mehr mit ihrer Arbeit auseinandergesetzt hat. Nicht ihr Freund hat sich verändert sondern sie sich selbst und dadurch die Art wie sie ihren Freund nun sieht – nämlich als den Schuldigen und damit ist alles was er macht ebenfalls negativ. Erika sagt lange nichts, obwohl immer klarer wird, dass ihr Freund das Problem ist. Warum kommt er nicht selbst darauf oder hat er sich damit abgefunden und sie ist ihm ohnehin schon egal? Im Bereich Wahrnehmung haben wir gesehen, dass wir durch Interpretation das in der Welt sehen oder hineininterpretieren, was unserer Überzeugung am besten dient. Jedes Mal, wenn ihr Freund den Computer anschaltet, nervt das Erika jetzt. Jedes Mal, wenn er sich mit einem Kuss verabschiedet, um sich mit einem Freund zu treffen oder noch einmal kurz ins Büro zu schauen, wird sie innerlich wütend. Nach einem Tag im Büro, an dem sie der Chef runtergeputzt hat, weil sie einige Aufgaben unsorgfältig erledigt hatte, geht ihr Freund nach dem Essen, das er als sehr lecker bezeichnet hat, ins Arbeitszimmer und schaltet den Computer ein. Erika fährt aus der Haut und alles bricht aus ihr heraus. Ein Schwall an Vorwürfen und Beleidigungen bricht wutdurchzogen aus ihr heraus und über ihren Freund hinein. Für diesen kommt das sehr unerwartet, denn auch wenn ihm aufgefallen ist, dass Erika stiller geworden ist und immer mehr über ihre Arbeit lästert, so hatte er mit dieser Reaktion nicht gerechnet. Er hat die letzten Wochen immer wieder am Computer recherchiert, um einen schönen entspannenden Urlaub für sie zwei zu finden, damit Erika wieder einmal richtig Abstand zum Entspannen bekommt. Der Schwall war jedoch so unerwartet und mit solch blinder Wut über ihn hereingebrochen, dass ihre Beziehung in diesem See voll aufgestauter Aggression ertrinkt. Es kommt zur einer Arie gegenseitiger Vorwürfe und rasch ist auch Erikas Freund so emotional geladen, dass ein sinnvolles Gespräch überhaupt nicht mehr möglich ist.

Dies ist ein klassisches Beispiel für **fehlgeleitete Aggression** bzw. eine Art **Ventilaggression**. Nicht die wirkliche Ursache wird angegriffen, da sie einem nicht wirklich bewusst ist oder aber man das Gefühl hat diese sowieso nicht ändern zu können. Die Wut ist in beiden Fällen dennoch da, wenn man nicht innerlich die Situation, die man nicht so schnell ändern kann, akzeptiert oder nach einer Möglicheit sucht sie doch zu ändern. Wenn wir einer Fixierung auf eine falsche Quelle unserer Unzufriedenheit erliegen, dann kann es zu solch fatalen und gänzlich unnötigen Problemsituationen wie oben kommen. Dass es praktischer ist die Ursache für unsere Probleme und unserer Unzufriedenheit bei anderen zu finden ist klar, doch liegt man falsch und wartet zu lange, bis sich zu viel Aggression aufstaut, dann wird es immer zu einem massiven Streit, einer brutalen Konfrontation kommen. Äußert man frühzeitig seine Zweifel, seinen Ärger und Änderungswünsche, wird das Gespräch wesentlich weniger emotional geladen, da man sich oft erst über längere Zeit - manchmal über Tage oder Woche – jeden Fehler zig-mal vor Augen führt, sich in Rage denkt und dann schon so viel Wut aufbaut, dass es für alles Konstruktive zu spät ist.

Zusätzlich wird heutzutage oft die Überzeugung vermittelt, dass Fehler immer in einem selbst liegen. „Suche den Fehler nicht bei anderen – suche ihn bei dir selbst!“ Im Sinne der persönlichen Weiterentwicklung ist es auch sinnvoll sich zu überlegen, was man selbst anders machen könnte, wenn es im Leben nicht so läuft, wie man das gerne hätte. Aber wenn uns keine Methoden gegeben werden, um zu erkennen wo die Probleme liegen, dann kann es fatal enden, wenn man davon ausgeht, dass man immer selbst an den Problemen schuld ist. Die **Unfähigkeit die Quelle unserer Unzufriedenheit zu finden** und die damit einhergehende fehlende Möglichkeit gezielte Änderungen herbeizuführen, bewirken **Aggressionen gegen sich selbst**. Dies kann sich durch verachtendes Mit-sich-selbst-Sprechen, durch Schläge auf den eigenen Körper, Schneiden der Haut oder noch extremeres selbstzerstörerisches Verhalten äußern.

Nun existiert in uns Menschen immer ein Idealbild dem man zustrebt, das IDEAL-ICH. Wir haben zudem eine komplexe Zielstruktur, wie wir zuvor gesehen haben. Scheitert man immer wieder an etwas, was man nach eigenem Ermessen eigentlich schaffen müsste, dann kann sich der Frust bis zur Wut steigern. „Der Fehler liegt in dir!“ **Zentral bei der Aggression ist, dass man zumindest die Ursache bzw. den Verursacher für das Scheitern zu kennen glaubt**. Aggression ist gerichtete Unzufriedenheit mit dem Ziel das Problem durch eine Kampfhandlung auszuschalten. Wenn das Zerstören von „bösen“ Quellen immer wieder dazu geführt hat, dass dadurch die Bedürfnisse befriedigt wurden, dann wird natürlich der Zerstörungswille zu einer Eigenschaft, die sich zu einem eigenen Bedürfnis entwickeln kann. Durch **Selbstbestrafung** versucht der Organismus beispielsweise falsche oder nicht dem Idealbild entsprechende Verhaltensweisen zu sanktionieren. Ist man unachtsam und wirft ein Glas, das zu knapp an der Tischkante platziert war, hinunter, wird man über sich selbst ein wenig wütend werden und vielleicht sogar zu sich selbst ein paar unliebsame Worte sprechen. Ein nicht gewolltes Verhalten, das unserem Wollen entgegenwirkt, soll durch Eigenaggression schmerzhaft negativ belegt werden. Durch diese negative Belegung soll die Wahrscheinlichkeit, dass wir zu einem späteren Zeitpunkt wieder so unaufmerksam ein Glas hinunterwerfen, verkleinert werden. Wenn man etwa immer wieder wegen seiner introvertierten Art daran scheitert Kontakt zu Leuten herzustellen und man deshalb einsam ist – das soziale Bedürfnis frustriert –, dann wird man sich viel mit dem Problem beschäftigen. Je länger man es nicht schafft etwas daran zu ändern, umso stärker wird der Frust und damit die Wut auf sich selbst, sofern man nicht allen anderen sondern sich selbst die Schuld gibt. Man wird sich irgendwann „einen Depp" schimpfen oder sich sogar auf physische Art bestrafen, beispielsweise wenn man nicht den Mut gefunden hat jemanden anzusprechen, wenn man im Gespräch Blödsinn dahergeredet hat, wenn man zu stark geschwitzt hat und so weiter. Der Organismus koppelt dieses unerwünschte Verhalten mit dem Schmerz, den die Selbstbestrafung hervorruft und damit soll das Verhalten in Zukunft unterdrückt werden. Es gibt aber verschiedenste **Probleme bei der Selbstbestrafung**, weswegen sie in den meisten Fällen nicht funktionieren kann.

Wenn wir uns selbst nicht mögen und respektieren, dann mindert dies den **direkten Lerneffekt** der Selbstbestrafung. Stellen Sie sich vor jemand gibt ihnen einen Tipp, wenn Sie eine Entscheidung treffen wollen und unentschlossen sind. Wie Sie diesen Tipp wahrnehmen und in Ihre Entscheidung einfließen lassen, hängt davon ab, was Sie vom Tippgeber halten. Schätzen Sie die Person sehr, dann wird deren Meinung ein hohes Gewicht haben und Ihren Entschluss relativ stark in die empfohlene Richtung beeinflussen. Schätzen Sie die Person nicht, dann ist es Ihnen egal, was sie sagt oder Sie werden sogar dazu neigen das Gegenteil des Empfohlenen zu tun. Meist ist Selbstbestrafung, also Aggression gegen sich selbst, mit einem sehr negativen Selbstbild bzw. Selbstwert gepaart. Das heißt: Ich bestrafe mich selbst. Ich halte aber von mir selbst nur sehr wenig. Warum sollte ich auf mich hören, wenn ich nichts von mir halte? Dies kann sogar dazu führen, dass Aggression mit Aggression bestraft wird, da man sich ärgert nicht auf sich selbst zu hören und sich dafür wiederum bestraft. Eine gefährliche „Lernspirale."

Ein weiterer, oft vorkommender Aspekt ist **die Fehlgerichtetheit der Bestrafung**. Wenn wir Unzufriedenheit spüren, suchen wir nach der Ursache. Wir wissen bereits, wie das Gehirn bei einer solchen Suche funktioniert. Dinge die gleichzeitig geschehen, werden mit höherer Wahrscheinlichkeit verknüpft. Gerade die Tatsache, dass Unzufriedenheit oft langsam entsteht, bei unserer Suche aber meist ein relativ kleiner Zeithorizont betrachtet wird, führt zur Fehleinschätzung. Wir stellen meist falsche Zusammenhänge zwischen unserer Unzufriedenheit und den angeblichen Ursachen her. Oft bedeutet das: **Wir sanktionieren die Wirkung, aber nicht die Ursache**. Im obigen Beispiel war der Freund überhaupt nicht die Ursache, doch eine Auswirkung der Unzufriedenheit, die vorwiegend durch den Job ausgelöst wurde, war, dass man die Eigenheiten und das Verhalten des Freundes negativ wahrgenommen hat. Das war nur eine Auswirkung, die Erika jedoch als Ursache aufgefasst hat. Wenn wir uns selbst als das Problem auffassen, obwohl es tatsächlich ganz woanders gelagert ist, dann beheben wir das Problem selbst nicht sondern fixieren uns auf unsere Fehler und Schwächen. Nun bestrafen wir uns selbst aber es ändert sich nichts. Wie es scheint, bestrafen wir uns noch nicht stark genug, also werden wir noch aggressiver gegen uns. Da das wirkliche Problem ganz woanders liegt, kann die verstärkte Selbstbestrafung zu nichts führen. Doch, wenn uns das nicht bewusst ist, verstärkt sich die Bestrafung mehr und mehr. Dies führt nirgendwo hin, außer eventuell in die Selbstbestrafungsspirale, die schließlich immer nach unten führt. Bestrafung macht prinzipiell keinen Sinn, wenn unklar ist, was der wahre Grund für ein Problem und damit der gerechtfertigte Auslöser der Wut ist.

Wie eingangs erwähnt, ist **Wut ein Resultat eigener Ohnmacht**. Selbst wenn wir das Gefühl haben, dass jemand anderer uns wütend macht, so liegt dennoch die Quelle der Wut in uns selbst. Eigentlich sollte das klar sein. Schließlich sind wir es, die wütend sind. Die Wut entsteht in uns – nicht außerhalb von uns. Jemand anderes würde in einer Situation, die uns auf die Palme bringt, vielleicht vollkommen gelassen bleiben. Wir alle haben unsere kleinen Schwachpunkte, bei denen wir empfindlicher reagieren. Wenn man einen schlechten Tag hat, dann vervielfacht sich die Empfindlichkeit dramatisch und wir werden viel schneller wütend. Treffen Worte einen wunden Punkt, verletzen eine persönliche Leidenschaft, greifen unser Selbstbild an oder würden uns zwingen eigene Überzeugungen zu überdenken, reagiert das neuronale System mit Widerstand. Es will sich gegen diesen scheinbaren Angriff wehren. Das schlechte Gefühl, das entsteht, wenn unser Selbstbild angegriffen wird, wenn uns unsere Schwächen vorgehalten werden, usw. soll schließlich weggehen. Unser inneres System soll geschützt werden und deshalb wird Wut entfacht, um den Angreifer zu zerstören. Wenn jemand anderes als unmittelbare Quelle für die Unzufriedenheit und damit als Angreifer identifiziert wird, dann wird eine Kampfhandlung gegen diese Quelle des Angriffs eingeleitet. Auch hier haben wir eine Fehlassoziation von Ursache und Wirkung. Wenn uns jemand sagt, dass wir schlampig arbeiten, dann kann uns das wütend machen. Es kann uns wütend machen, weil wir wissen, dass wir sehr genau arbeiten und die Behauptung jeder Grundlage entbehrt. Wer ein starkes Selbstbewusstsein und Selbstvertrauen hat, der wird jedoch eher gelassen bleiben und seinem Gegenüber eine souveräne Antwort entgegenhalten. Wirklich starke Menschen, die sich ihrer Stärke auch bewusst sind und die ihren Selbstwert nicht von einzelnen Meinungen anderer Leute abhängig machen, werden selten wütend – es sie denn, die anderen behindern sie beim Erreichen ihrer Ziele. Trifft die Behauptung der schlampigen Arbeitsweise jedoch einen wunden Punkt, weil wir wissen, dass wir nicht die genauesten sind, uns das jedoch nicht eingestehen und deswegen auch nicht gegenüber anderen eingestehen wollen, dann gehen wir in die Verteidigungshaltung – wir werden wütend. Das Problem ist dann in unserer Wahrnehmung die Person, die diese gemeine Behauptung aufgestellt hat, obwohl das wahre Problem unsere unsorgfältige Arbeitsweise wäre.

Ob Wut entsteht hängt von unserer inneren Verfassung und der Stärke unseres Selbstbildes ab und ob sich jemand zwischen uns und unsere wichtigsten Ziele stellt.

Wie kann man sich solch fehlgerichteten Aggressionen erwehren? Jeder Mensch kann diesen inneren Zorn bekämpfen. Aber sicher nicht mit weiterem Zorn oder Gewalt. Dies führt nur in die oben erwähnte Spirale. Vielmehr müssen wir aus dem lernen, was hier angeführt wurde. Praktisch alle aggressiven Menschen zeigen sehr oft **Trotzverhalten**. Diesen Trotz kann man gegen die eigene Aggression anwenden. Wenn der Organismus unverhältnismäßig stark und oft mit Aggression reagiert, ist es möglich sich bewusst zu machen, dass man auf Grund einer nicht ausbalancierten inneren Struktur stark in ein Verhalten gezwungen wird. **Aggression bedeutet Unfreiheit** – Zwang. Indem man der Aggression trotzt und sich dem inneren Brodeln entgegenstellt, kann man ein großes Stück Kontrolle gewinnen. Das bedeutet nicht, dass Wut nicht manchmal gerechtfertig sein kann, aber sie darf unser Verhalten nicht ständig bestimmen. Es darf nicht auf jede Kritik, auf jeden unfähigen Autofahrer, jedes laute Geräusch, usw. Aggression in uns wach werden. Wenn es so ist, dann brodelt in uns ein Vulkan der Unzufriedenheit, der nur jede Gelegenheit nutzen will, um seine negative Energie abzulassen. Das Problem liegt dann nicht in der Umwelt sondern in einer fehlenden Balance unserer Bedürfnisstruktur bzw. unseres Selbstbildes. Egal ob man Atemtechniken nutzt oder sich in diesen Situationen darauf konzentriert, wie unwichtig das, was gerade geschehen ist, eigentlich ist – man sollte daran arbeiten dieser zerstörerischen Emotion kein zu ausuferndes Eigenleben zuzugestehen. Kommt man in die Wutspirale, dann überlässt man sein Leben einer Kraft, die alles Wertvolle über kurz oder lang zerstören wird.

Weder sollte man jeden Angriff tolerieren, noch sollte man bei jeder Gelegenheit ausrasten – es gilt die Balance zu finden. Wenn man sich die persönliche, echte Bedeutung der Situationen bewusst macht, entsteht die passende Stärke an Emotion.

Lernt man als ein Mensch mit sehr aufbrausendem Gemüt gegen die innere Wut anzugehen, dann verstärkt sich dieses Verhalten durch die positiven Gefühle, die man erhält, wenn man gegen diese primitiven Impulse gewinnen kann. Man hat es dem aufbrausenden Teil seines Selbst gezeigt. Man hat sich selbst im Griff. Das Freiheitsbedürfnis, das frustriert wird, wenn man sich den eigenen Emotionen so hilflos ausgeliefert fühlt, belohnt das Auflehnen gegen die unbändige Wut mit einer Aktivierung des Lustzentrums – wir fühlen innere Stärke und es fühlt sich gut an. Dies baut unser Selbstbild auf. Es beweist die Stärke der Identität. Dadurch, dass man aktiv kämpft, ist es keine Verdrängung der Wut. Man staut sie nicht irgendwo in einem hinteren Winkel des Verstandes auf. Zudem wird das Umfeld angenehm von uns überrascht sein. Man wird lockerer mit uns umgehen und das ganze Leben gewinnt an Leichtigkeit.

Kurz zusammengefasst: Innere Wut und Selbstbestrafung sind immer Phänomene, die auf Ohnmachtsgefühle und damit innere Schwäche zurückgehen. Man spürt einen Angriff und darf sich nicht wehren oder weiß nicht wie oder gegen wen es sich zu wehren gilt. Selbstbestrafung macht keinen Sinn, weil wir ja von uns selbst auch nicht viel halten, weil wir die Selbstbestrafung selbst wieder bestrafen würden und sie so in eine Teufelsspirale führt und weil sie meist nicht die echte Ursache der Unzufriedenheit trifft.

Durch Lernen, dass man auf die eigene Aggression trotzig reagiert und ihr nicht nachgibt, werden die Impulse schwächer. Das gute Gefühl sich immer besser in den Griff zu bekommen verstärkt den Lernerfolg. Die Gründe für die Unzufriedenheit sollten in der Bedürfnis- und Zielstruktur analysiert und behoben werden. Das Ziel sollte sein diese Struktur zu seinem Besten zu verändern. Wie dies funktioniert, wissen wir bereits.

Wenn jemand sehr stark mit diesem Problem kämpft, dann besteht immer die Gefahr eines unkontrollierten Ausbruchs. Man sollte hier mit sich halbwegs im Reinen sein und zumindest immer wissen, wer an den Problemen Schuld ist, um nicht aus dem Affekt heraus alles und jeden mit Aggression zu überschütten. Eine gesunde Beziehung kann nur entstehen, wenn es in diesem Bereich keine zu großen Probleme gibt. Aggression kann man überwinden – wie jedes andere Problem. Sie ist ein Resultat einer nicht sauber entwickelten Bedürfnisstruktur bzw. eines in Schräglage geratenen Selbstbildes. Schafft man es die Klarheit und das Vertrauen in sich herzustellen, dann verschwindet die Aggression ebenfalls bzw. kommt nur auf, wenn sie ihren ursprünglichen Sinn erfüllen möchte – die Überwindung hartnäckiger Hindernisse und direkter Bedrohungen.

WIR

6 Der erste Kontakt und das Kennenlernen

Wir haben gesehen, dass das Grundprinzip der zwischenmenschlichen Anziehung darauf ausgerichtet ist, Menschen zusammenzubringen, die ähnliche Werte und Lebensziele haben und sich auf der Ebene der Fähigkeiten ergänzen. Die Grundessenz für Anziehung lautet also: **Gemeinsames Wollen, gemeinsame Wellenlänge und ergänzendes Können!** Dieses Prinzip ist unbestreitbar eine großartige Sache. Wir erleben im Alltag jedoch immer wieder, dass Beziehungen doch komplizierter sind, als man das nach diesen ersten Erklärungen erwarten dürfte. Sehen wir uns an, warum das so ist. Gehen wir hier Schritt für Schritt vor und Tasten uns vom ersten Kontakt über das Kennenlernen vor und erkunden so die interessantesten Beziehungsphänomene, was wir von ihnen lernen können und wie wir die häufigsten Probleme vermeiden oder überwinden können.

6.1 Die selbsterfüllende Prophezeiung

Sie sitzen in einem Schulungsraum. Ihre Firma hat Sie dazu eingeladen eine Schulung zu besuchen, in der Sie mit der neuen firmeneigenen Software zu arbeiten lernen. Die meisten im Raum kennen Sie, doch gibt es ebenso ein paar Kollegen von anderen Zweigstellen, die Ihnen noch nie begegnet sind. Es ist 7:59 und der Trainer fährt den Projektor hoch, um die Einführung zu beginnen. Der Stift in Ihren Fingern wandert munter über den Block, während Sie das Datum auf das Papier schreiben. Besondere Lust haben Sie ja nicht darauf, den ganzen Tag hier zu sitzen, aber immerhin hatten Sie das Glück, dass der Stuhl neben Ihnen frei blieb und Sie sich ein wenig ausbreiten können. Es ist auch nur mehr dieser eine Platz frei und sie kramen noch rasch in der Tasche nach Ihrem Handy, um es stumm zu schalten. Plötzlich öffnet jemand die Türe. Mit unruhigem und leicht gesenktem Blick tritt ein Mann ein, dessen Kleidung recht unordentlich ist, dessen Haare heute wohl keinen Kamm zu sehen bekommen haben und der sich wohl nicht so gerne rasiert. Na toll – wo ist der letzte freie Platz. Natürlich – neben Ihnen. Jetzt ärgern Sie sich darüber, worüber Sie sich gerade noch freuten. Sie beginnen Ihre Unterlagen auf Ihre Seite zu ziehen. Als sich der Mann hinter Ihnen vorbeischiebt spüren Sie seine Körperwärme, die etwas Feuchtes mit auszustrahlen scheint. Er murmelt etwas Unverständliches und lässt sich neben Sie auf den Stuhl fallen. Was empfinden Sie in einem solchen Szenario?

Vermutlich können Sie sich eine solche Situation vorstellen. Wie zuvor beschrieben, verknüpfen wir beim ersten Eindruck die äußeren Merkmale mit inneren Eigenschaften, Zielen, Werten, etc. Tja, und dem ersten Eindruck nach hält dieser Mann wenig von Körperpflege. Nun könnte man leicht schließen, dass so jemand auch generell wenig auf sich achtet, nicht besonders strebsam und leistungsorientiert ist. Scheinbar ist ihm auch sein Umfeld egal, sonst würde er Deo benutzen und sich zumindest ein wenig ordentlicher präsentieren und dann nicht auch noch fast zu spät kommen, sodass alle auf ihn warten müssen. Unser Impuls wäre bei einer solchen Deutung, ein wenig von der Person abzurücken, um nicht noch mehr seiner körperlichen Aura abzubekommen. Auf Fragen werden wir kurz und knapp antworten und hoffen damit weitere Gespräche im Keim zu ersticken. Das klappt auch meistens sehr gut.

Dies ist eine Schilderung einer selbsterfüllenden Prophezeiung. Denn was wir nicht gewusst haben ist, dass Harald – der Mann, der fast zu spät kam – um 3.15 Uhr in der Nacht aus dem Schlaf gerissen wurde, als sein bester Freund anrief. Dieser hatte sein Auto galant in einen Straßengraben manövriert, als er einem Reh auswich, das mit einem Sprung die Straße überqueren wollte. Harald sprang aus dem Bett, praktisch direkt in seine Kleidung hinein und stürmte aus dem Haus. Das blöde an so dicken Freundschaften ist, man teilt nicht nur die Freude, sondern auch den Schmerz und die Angst. Thomas, Haralds Freund, wollte nicht die Polizei rufen, dachte er doch, dass es nichts bringen würde und es sich nur um eine kleine Sache handelte bzw. dass er selbst Schuld habe, wenn er wegen eines Rehs sein Auto von der Straße lenkt. Als Harald an der Unfallstelle ankommt erkennt er, dass das Auto tatsächlich nur einen geringen Schaden aufweist, doch Thomas war nicht angeschnallt gewesen und sein Kopf war bei dem abrupten Manöver gegen die Seitenscheibe geschleudert worden, sodass er aus einer Platzwunde ziemlich heftig blutete. Die starke Übelkeit, die nun einsetzte, deutete auf eine Gehirnerschütterung hin und deswegen regelte Harald nicht nur den Anruf mit dem Abschleppdienst sondern brachte seinen Freund ins Krankenhaus. Bis die Formalitäten erledigt waren und sein Freund verarztet war, war bereits der Morgen angebrochen. Er brachte Thomas nach Hause und war sich klar darüber, dass er jetzt selbst richtig Gas geben musste, um rechtzeitig zur angesetzten Schulung zu kommen. Harald war ein sehr höflicher und umgänglicher Menschen und es wäre im sehr respektlos erschienen, wenn er zu spät gekommen wäre. Peinlich berührt, ob seines schlampigen Äußeren, schaffte er es gerade noch rechtzeitig. Die letzten Meter war er gelaufen, so dass er zu allem Überfluss auch noch leicht zu schwitzen begonnen hatte. Das einzig Gute in dem Moment, als Harald die Tür aufstieß war die Gewissheit, dass es Thomas gut ging. Im Kurs hatte er dann gleich das Glück, dass nur mehr der Platz neben jemandem frei war, neben den sich offensichtlich niemand setzen wollte. Auf Grund der unfreundlichen, kurzen Antworten und der generell abweisenden Art verwunderte es ihn nicht, dass dieser Platz der letzte freie war.

Wenn wir der festen Überzeugung sind, dass wir Menschen auf den ersten Blick richtig einschätzen können, dann sollten wir das wirklich noch einmal ernsthaft überdenken. Denn wenn wir über jemanden ein negatives Urteil gefällt haben, zeigen wir dies sehr stark über unsere Körpersprache aber auch durch die Stimmlage, Länge der Sätze, etc.

Wir kommunizieren Abneigung durch Körperhaltung, Stimme, Sprache, Mimik, etc.!

Sobald wir solche Signale aussenden, erscheinen wir dem Gegenüber als unfreundlich und dementsprechend wird diese Person dann auf uns reagieren. Diese Reaktion wird also ebenfalls eine sein, die uns unsympathisch erscheint. Dass wir dieses Verhalten bei der Person selbst durch unser eigenes Verhalten ausgelöst haben, ist uns hier meist nicht klar. Die selbsterfüllende Prophezeiung ist genau deswegen so eine gemeine Falle im Alltag. Wir sehen gar nicht, was wir auslösen und warum wir das machen. Unsere erste negative Einschätzung beinflusst unser Verhalten auf eine Weise, die dem Gegenüber unfreundlich erscheint, worauf dessen Verhalten ebenfalls unfreundlich wird. Dieses gemeine Verhalten des Gegenübers nehmen wir jedoch lässig als Bestätigung unserer ersten Prophezeiung – dass die Person nicht sympathisch ist.

Menschen spiegeln meist unsere Haltung. Agieren wir ablehnend, provozieren wir eine entsprechende Reaktion.

Es gibt immer wieder Situationen, in denen uns vor Augen geführt wird, dass unser erster Eindruck von anderen Menschen gerne täuscht. Typisch ist das bei Trainings, in Arbeitsgruppen, etc. Wenn man längere Zeit miteinander arbeiten muss und durch eine grundsätzlich positive Gruppendynamik verschiedene Seiten der Leute kennen lernt, dann können negative erste Eindrücke relativiert werden – man wird geradezu gezwungen weitere Eindrücke zu sammeln. Dies hilft das Einrasten auf einem negativen ersten Eindruck zu verhindern, wie wir es beim Valenzeffekt behandelt haben.

Wenn man der Überzeugung ist, dass man jeden Menschen innerhalb einer Sekunde richtig einschätzt und dann noch die Selbstkritik fehlt, die notwendig wäre um spätere, positive Eindrücke überhaupt wahrzunehmen, dann versperrt man sich den Zugang zu vielen positiven Bekanntschaften. Meine Sicht auf neue Leute ist immer eine grundsätzlich positive, offene und wertschätzende – die Türe ist geöffnet, solange mir kein Grund geliefert wird, weshalb ich sie lieber schließe. Wenn man davon ausgeht, dass jeder Mensch irgendetwas kann oder hat, das gut, stark, edel oder sonst wie positiv ist, dann sieht man über einen eher weniger guten ersten Eindruck hinweg. Ebenso wird man verständnisvoller, wenn man sich klar macht, dass das Verhalten von Menschen auch von deren Umwelt mitbestimmt wird. Jemand kann durch eine unangenehme Situation zu etwas gezwungen werden, was er oder sie sonst nie machen würde. Lernen wir die Person gerade zu diesem Zeitpunkt kennen, dann nehmen wir einen ganz falschen ersten Eindruck mit. Geben Sie anderen Menschen immer etwas Zeit. Vermeiden Sie, dass sich Ihre ersten Eindrücke zu schnell verfestigen, ansonsten verlieren Sie unzählige mögliche Beziehungen – wie intensiv diese auch immer sein mögen. Geben Sie sich selbst die Chance sich ein Urteil zu bilden – ansonsten wir Ihr Leben von Ihren Vorurteilen bestimmt.

Das Thema der **Fixierung** begegnet uns immer wieder. Beim Kennenlernen spielt sie wieder eine prominente Rolle, da sie zu einer Verfestigung **der selbsterfüllenden Prophezeiung** führen kann. Sie tritt vor allem dann ein, wenn wir uns von einer Person ein sehr klares Bild gemacht haben. Wenn wir ein überaus positives Bild von jemandem haben, dann werden von diesem Eindruck aus die nächsten Informationen interpretiert. Dadurch entsteht ein Phänomen, das uns ebenfalls häufig begegnet, nämlich jenes der **Dissonanzbewältigung**. Dissonanzen sind Widersprüchlichkeiten, wie wir bereits bei der Authentizität bemerkt haben (siehe auch Kapitel 5.1 Die hohe Bedeutung der Authentizität). Dort lösen Widersprüchlichkeiten und fehlende Nachvollziehbarkeit einer Persönlichkeit verminderte Authentizität aus. Dieser Mechanismus tritt aber bei jeder Entscheidung auf, die stark genug ist, um einzurasten – also die nötige Valenz auf sich ziehen konnte.

Wir wollen klare Entscheidungen, denen wir guten Gewissens und ohne Zweifel folgen können. Deshalb lässt unser Gehirn Zweifel an einmal klar und bewusst getroffene Entscheidungen ungern zu. Um dies zu erreichen, werden Informationen so uminterpretiert, dass sie unseren eingeschlagenen Weg eher bestärken als in Zweifel ziehen. Wenn wir ein Auto kaufen und dafür viel Geld gezahlt haben, dann stört es uns, wenn andere den Kauf hinterfragen. Wenn wir ein Auto sehen, dass einen Vorteil gegenüber dem unsrigen hat, dann wird der Vorteil eher kleingeredet und die Nachteile, die eben jenes Auto hat, werden überhöht. Ähnliches passiert immer wieder, wenn wir etwa in einer Partnerschaft sind, von denen uns von ein paar Leuten abgeraten wurde. Nun wollen wir es ihnen erst recht beweisen und reden uns ein, dass die Beziehung eigentlich eh recht gut ist und sich auf jeden Fall wieder bessern wird – selbst wenn wir in unserem Innersten schon lange fühlen, dass das Ende schon längst an die Tür geklopft hat. Doch um keinen Fehler eingestehen zu müssen, stemmen wir uns gegen die Türe und wollen das Klopfen überhören. Es ist ein **Selbstrechtfertigungsprozess**, der manchmal sinnvoll ist, aber in manchen Situationen gegen uns arbeitet. Gerade bei einer unzweckmäßigen oder gar schädigenden Fixierung kann es geradezu gefährlich werden. Es gibt Beziehungen, die kosten uns mehr Kraft, als dass sie uns eben jene geben. Bleibt man jetzt unvernünftig lange bei jemandem, der einem eigentlich nicht gut tut, nur um zu beweisen, dass man keine falsche Entscheidung getroffen hat, dann ist das unklug - menschlich, aber unklug.

Beim Kennenlernen von Menschen und dem Bilden eines Urteils über die Menschen, spielt die Valenz und die Dissonanzbewältigung ebenfalls eine große Rolle. Unsere Wahrnehmung wird eben sehr stark in die Richtung gedeutet, die unsere Überzeugungen stützt. Wir sehen eher das, was wir zu sehen erwarten. Wenn wir etwas nicht sehen wollen, dann tun wir schnell mal etwas als Täuschung ab. Nun lernen wir jemanden kennen, der einen irrsinnig guten Eindruck bei uns hinterlässt. Michaela M. ist eine redegewandte, humorvolle Frau mit vielen Talenten und einer höflichen und hilfsbereiten Art mit Menschen umzugehen. Das erkennen wir bereits nach wenigen Minuten Gesprächs. Wir teilen einige Interessen und haben ähnliche Vorstellungen davon, was im Leben wichtig ist. Zusätzlich hat Michaela tolle Verbindungen und ihre Art lässt in uns die Erwartung aufkommen, dass sie nur allzu gern bereit sein wird ihre Möglichkeiten mit uns zu teilen. Bei den nächsten Gelegenheiten scheint sich unsere Einschätzung zu bestätigen. Sie vermittelt uns einen interessanten beruflichen Kontakt, leiht uns ein tolles Buch und wir haben immer viel Spaß, wenn wir zusammen sind. In unserem Kopf macht es unbewusst „klick“ und die Frau empfinden wir als „übertoll“. Das Ganze erstreckt sich über einige Wochen und damit festigt sich unsere Meinung bezüglich Michaela. Natürlich sagt sie hin und wieder auch einmal ein Treffen kurzfristig ab, aber nie ohne gute Begründung und sowieso in ihrer ungemein charmanten Art. Dafür entschädigt sie uns praktisch jedes Mal mit einer neuen tollen Geschichte aus ihrem Berufsleben. Deshalb finden wir es ungeheuerlich, dass der Kontakt, den sie uns vermittelt hat, über Michaela einige Gemeinheiten loslässt, von wegen Unzuverlässigkeit und scheinheiligem Getue. Von einem so klassisch frustriertem Kerl kann man ohnehin nicht viel mehr erwarten, als dass er über alles und jeden schlecht spricht. Wir haben kein Problem mit Michaela und helfen ihr sehr gerne, wenn sie einmal Hilfe braucht oder wir sie irgendwie unterstützen können, auch wenn sie aus nachvollziehbaren Zeitgründen nicht mehr so gut zu erreichen ist und uns leider bei unseren Belangen nicht mehr so gut unterstützen kann. Das ist aber aus unserer Sicht eine Fehleinschätzung unsererseits gewesen, nachdem sie uns zu Beginn sofort geholfen hat. Wir haben uns wohl zu viel verhofft, zu viel erwartet.

Bis wir uns eingestehen, dass Michaela eine Blenderin ist, die sich gut zu verkaufen weiß und es versteht einen strahlenden ersten Eindruck zu vermitteln, kann sehr viel Zeit vergehen. Schließlich sind wir von unserer guten Menschenkenntnis überzeugt. Tatsache ist, dass wir von einmal eingerasteten Entscheidungen und Meinungen – je nach Stärke unseres persönlichen Valenzeffektes – nicht mehr gerne abrücken. Würde jemand, den wir nicht so gern haben, diese Nachlässigkeiten, dreisten kurzfristigen Absagen und unterlassenen Hilfeleistungen uns gegenüber zeigen, wäre diese Person schon lange abgeschrieben. Wenn wir aber der festen Überzeugung sind, dass jemand toll ist, dann suchen wir die Gründe für dessen Missgeschicke nicht bei der Person selbst sondern in der Umgebung. Wir finden Ausreden für die Fehler der Person, um unser Bild von ihr nicht korrigieren zu müssen. Dem Gehirn ist es komplett egal, ob sich die Valenz zu einem Autokauf, der Entscheidung für einen Holzfußboden oder bei der Einschätzung eines Menschen entwickelt. Die Phänomene sind immer die gleichen. Starke, bewusste Entscheidungen werden verteidigt. Dies ist so gesehen sehr praktisch für uns, denn wenn Sie diese Mechanismen einmal verstanden haben, dann verstehen Sie sich selbst und alle Menschen um sie herum gleich sehr viel leichter. Oft entstehen Streitigkeiten und innere Unzufriedenheit auf Grund dieses verhärteten Beharrens auf einmal getroffene Entscheidungen. Sie müssen sich in Wahrheit gar nicht so viele verschiedene Phänomene und Abläufe in unserem Geist merken, da diese auf nur ein paar sehr grundsätzliche Vorgänge unseres Verstandes zurückzuführen sind. Die Wissenschaft bläst das Thema „Verhalten" unverhältnismäßig auf, da sie jedes individuelle Einzelphänomen mit einer eigenen Erklärung umgibt, sich jedoch zu wenig mit den Gesamtzusammenhängen beschäftigt. Das soll gar kein Vorwurf sein, vielmehr sind diese Teilerklärungen die Grundlage, um überhaupt größere Erklärungsmodelle hervorbringen zu können. Die Wissenschaft ist laufendem Wandel unterworfen, einem Werden und Vergehen von Erklärungen, die die Welt betreffen. Für das ganzheitliche Verständnis des menschlichen Geistes gibt es ja nun den Ihnen vorliegenden Erklärungsansatz. Solange keine Phänomene erkennbar werden, die sich aus dem hier zugrunde liegenden Ansatz nicht erklären lassen, wird an ihm auch nicht zu rütteln sein.

Zurück zu den überhöhten Eindrücken. Wenn wir jemanden auf ein Podest stellen, ist das also nicht gut. Genauso wenig ist es allerdings ratsam, wenn wir jemanden kategorisch in die Schublade mit der Aufschrift „Volldepp" stecken. Es kann sehr leicht geschehen, dass jemand mit einem unglücklichen Einstand in dieser Schublade landet. Hat jemand erst einmal einen schlechten Ruf, dann passiert hier ebenfalls die Interpretation aller neuen Eindrücke ausgehend von unserer Meinung. Wenn jemand, den wir für unfähig halten, einen Fehler macht, dann war das eh klar – konnte ja gar nicht anders sein. Macht die Person etwas gut, dann nehmen wir das gar nicht so richtig zur Kenntnis oder denken: „Auch ein blindes Huhn findet einmal ein Korn – hatte wohl Glück." Wir überhöhen die negativen Eindrücke, die unsere gefasste Meinung bestätigen und wir verkleinern jene Informationen, die uns dazu veranlassen sollten, unsere Einschätzung noch einmal zu überdenken. Das machen wir nicht bewusst und genau das ist das Gefährliche daran. Wir haben das Gefühl, dass wir die Dinge „objektiv" wahrnehmen, dass es ist, wie wir es einschätzen. Dabei machen wir die Leute unbewusst kleiner, als sie es oft verdienen würden. Im Umgang mit der Schublade „Volldepp" ist es bei der Zuschreibung für Leistungen der Person genau umgekehrt wie bei Michaela. Wenn die Person Mist baut, dann geht die schlechte Leistung auf deren Unfähigkeit zurück. Wenn etwas Gutes hervorgebracht wird, dann wird ihr wohl jemand geholfen haben oder es war einfach Glück. Selbst hätte er oder sie es ja sicher nicht geschafft.

Dieser Vorgang führt – wenn er sehr stark ausgeprägt ist – selbstverständlich dazu, dass man Menschen praktisch gar nicht mehr die Chance gibt aus dem **modrigen Kerker** oder dem **goldenen Käfig** unserer Einschätzung zu entkommen. Eine gesunde Personeneinschätzung kann man dann garantieren, wenn man sich immer wieder einmal die jüngsten Eindrücke einer Person ansieht. Was waren die letzten Dinge, die eine

Person getan und gesagt hat? Wenn es die ersten Eindrücke wären, wie würde man sie dann einschätzen? Diese, in der Quellentheorie der funktionalen Humantheorie dargestellten, Vorgänge sind zu beachten, wenn man nicht auf Basis einer verzerrten Personeneinschätzung handeln möchte. Denn sonst verlässt man sich oft auf Menschen, auf die man sich schon lange nicht mehr verlassen kann und man ignoriert Leute, die es mittlerweile mehr als wert wären, dass man ihnen eine neue Chance gäbe.

Wenn Sie sich noch an die kumulierte Wahrnehmung erinnern (Kapitel 4.3 Täuschend echte Erinnerungen) – die Ausrede der Männer neue Frisuren der Frauen nicht bemerken zu müssen –, dann verstehen Sie sicherlich, dass jener Effekt auch hier eine Rolle spielen kann. Wenn wir nämlich die neuen Eindrücke aus unserer Einschätzung heraus so verstärken, dass sie unsere Meinung mehr und mehr stützen, dann baut sich durch die kumulierte Wahrnehmung trotz vielleicht sogar überwiegend positiver Eindrücke – würde man diese neutral betrachten – ein sogar noch zunehmend schlechtes Bild auf. Nur wenn man diese Vorgänge versteht und sie aufbricht, kann man diese meist wirklich nicht zielführenden Prozesse verhindern und wieder eher das sehen, was tatsächlich um einen herum geschieht. Eine gute Menschenkenntnis kann niemand entwickeln, der sich dieser Phänomene nicht bewusst ist und lernt sie zu kontrollieren.

Wer Leute zu schnell in Schubladen steckt und sie nicht mehr heraus lässt, der lebt in seiner eigenen Vergangenheit und baut seine Entscheidungen auf vergangene Vorstellungen.

6.2 Der erste Eindruck und der überhöhte Gegeneindruck

Wie es so schön heißt, hat man keine zweite Chance für einen ersten Eindruck. Dieser sollte demnach immer ein guter sein, besonders, wenn man das Phänomen der selbsterfüllenden Prophezeiung bedenkt. Nun hat man den ersten Eindruck allerdings nicht immer voll unter Kontrolle, wie man am Beispiel des fast zu spät kommenden Schulungsteilnehmers schön sehen kann. Was kann man aber beachten, um die Wahrscheinlichkeit eines guten ersten Eindrucks möglichst hoch zu halten? Wir haben keinen Einfluss darauf, ob jemand einen guten oder schlechten Tag hat und doch wissen wir, dass die Laune unseres Gegenübers beträchtliche Wirkung darauf hat, wie wir von diesem wahrgenommen werden. Wir müssen darauf gefasst sein, dass jemand mit einem richtig miesen Tag, uns nicht mit einem breiten Grinsen begegnen wird. Außerdem gibt es jede Menge Menschen, die sich ein negatives Menschenbild entworfen haben und deshalb grundsätzlich die Türe zu haben und sie nur in Ausnahmefällen aufmachen. Oft ist diese Vorstellung, dass alle anderen Menschen böse und gemein sind, ein Schutzmechanismus gegen neue Verletzung. Auslöser für den Aufbau eines solchen Schutzwalles sind meist schlimme Erlebnisse. Nun können wir unserem Gegenüber nicht seine negativen Erfahrungen nehmen – so gerne wir das auch möchten. Was können wir aber machen, damit wir selbst Leuten mit geschlossenem Visier noch einigermaßen sympathisch und möglicherweise attraktiv erscheinen?

Im Grunde ist die Antwort banal. Blickt uns jemand ablehnend und unfreundlich an, würden wir für gewöhnlich auf Distanz bleiben, selbst negative Empfindungen aufbauen und versuchen bald von dieser Person wegzukommen. Nur, dass wir damit schon wieder in der selbsterfüllenden Prophezeiung stecken. Wir können die Kraft dieses Phänomens allerdings nutzen, indem wir seine Wirkungsrichtung umdrehen. Egal ob jemand auf uns beim ersten Eindruck sympathisch, nett oder verschlossen und unfreundlich wirkt – wir selbst sollten eine **freundliche, starke und offene Haltung** einnehmen.

Eine freundliche, offene Haltung gegenüber Menschen nehmen wir nämlich automatisch ein, wenn wir uns wohlfühlen und uns für andere Menschen ehrlich interessieren und ihnen nichts Böses wollen. Indem wir diese Haltung einnehmen, lösen wir bei der uns gegenüberstehenden Person das Gefühl aus, dass wir sie schätzen und dass wir keine Gefahr darstellen. Nun ist es das eine diese Art der Körperhaltung und der Mimik zu imitieren. Wenn wir aber nur so tun, als würden wir die Person wertschätzen, dann werden das empathische Leute immer merken und uns unauthentisch finden. Dann bleiben sie erst recht auf Distanz. Viel besser funktioniert der Kontakt mit Menschen, wenn man ihnen beim ersten Kontakt generell mit echter Freundlichkeit, Offenheit und Wertschätzung gegenübertritt. Doch wenn es aus Überzeugung kommen soll, dann muss in uns zuerst ein **echtes, positives Gefühl für neue Menschen** entstehen.

Dafür ist es ja so derart wichtig, sich bewusst zu machen, dass in jedem Menschen etwas von Wert steckt und man von jedem irgendetwas lernen oder erfahren kann. Jeder Mensch kann etwas besonders gut oder es steckt zumindest das Potenzial in jedem, tolle Stärken zu entwickeln. Sie brauchen sich nur zu überlegen, welche Haltung und Aktivität Sie bei einem Gespräch an den Tag legen, welches Sie ehrlich interessiert und wie Sie im Gegenzug dastehen, wenn Sie gelangweilt sind. Eine aktive und interessierte Haltung unseres Gegenübers nehmen wir als Anerkennung unserer Person wahr und das gefällt uns. Deswegen mögen wir Menschen, die uns ehrlich ihre Aufmerksamkeit widmen, die stark und kompetent erscheinen, die offen und optimistisch sind – natürlich nicht in manischen Ausmaßen. Sie müssen und sollten eben gar nicht groß überlegen, wie genau Sie Ihren Körper bewegen müssten, um diese Wirkung zu erzeugen. Mit diesen Erläuterungen soll genau dies verhindert werden. Wenn Sie diese Haltung nur spielen, wirken Sie nicht glaubhaft und haben nicht den Kern der Sache erfasst. Natürlich ist man nicht immer voller Energie und schafft es sich voll auf einen anderen Menschen einzulassen. Keinem von uns scheint in jedem einzelnen Moment seines Lebens die Sonne aus dem Hintern. Wenn man sich einmal nicht so gut und neugierig fühlt – die Einstellung dahinter aber dennoch passt –, spricht nichts dagegen, wenn man aus Höflichkeit die Haltung bewusst zu erzeugen versucht, die man normalerweise automatisch einnimmt, wenn uns das Gegenüber interessiert.

Ihr **Körper folgt immer Ihren Zielen, Werten und Gedanken**, wie wir oben gesehen haben. Wenn Sie jeden Mensch als mögliches Puzzlestück für den Weg zu Ihren Zielen auffassen – insbesondere, wenn soziale Nähe und damit das Bedürfnis anderen zu helfen in Ihnen stark ist –, dann fließt ganz von selbst viel Energie in Ihre Haltung. Ihr Körper strahlt aus, was in Ihrem Innersten an Persönlichkeitsstruktur vorhanden ist. Genauso wie man nur gut von etwas überzeugen kann, von dem man selbst voll überzeugt ist, so funktioniert das optimale Auftreten nur mit der richtigen Einstellung gegenüber den Mitmenschen.

Im Erstkontakt sollte man einiges daran setzen sich rasch ein gutes Bild vom Gegenüber zu machen, damit wir darauf folgend versuchen können, eine gemeinsame Wellenlänge zu finden. Wenn Sie einen zurückhaltenden Menschen vor sich haben, der jedoch so wirkt, als hätte er durchaus Selbstvertrauen, dann wird der Person wohl diese Zurückhaltung gefallen. Hier liegt es nahe, dass man sich selbst soweit in Zurückhaltung übt, wie es das Selbstbild zulässt. Weiterhin gilt, dass man authentisch sein sollte, jedoch macht der Ton die Musik. Man sollte also sicher nicht das gesamte Musikstück verändern, jedoch kann man die Betonungen, das Tempo, die Klangfarbe durchaus an das Auditorium anpassen. Das gelingt ohnehin nur, wenn man eine ausreichende Menschenkenntnis und damit genug Empathie entwickelt hat, um dies halbwegs zielsicher auszuführen.

Man sollte sich selbst immer treu bleiben. Doch durch das Eingehen auf die Bedürfnisse und Wahrnehmungsphänomene anderer, kann man sein Selbstbild klarer vermitteln.

Gerade beim Erstkontakt ist es unerhört wichtig **Gemeinsamkeiten** zu finden. Nur auf diesen kann eine rasche Grundsympathie aufbauen. Erste Annahmen über Gemeinsames leitet man teilweise von Äußerlichkeiten ab, doch nachhaltiger sind geteilte Themen, Herausforderungen und Meinungen (beruflich wie privat) und vor allem Einstellungen (z.B. Bedeutung der Handschlagqualität, Ehrlichkeit, Bedeutung von Kommunikationsstärke, etc.). Über Gemeinsamkeiten kommt man in Gespräche und dort erfährt man schließlich etwas über die Stärken und Schwächen des Gegenübers, sodass sich auf dem Fundament der Sympathie eine gewisse Anziehung entwickeln kann, die wiederum zu einer Beziehung – welcher Art auch immer – führen kann.

In ein Gespräch gelangt man über Gemeinsamkeiten. Im Gespräch kann man wertvolle Unterschiede ertasten.

Bei einem **schlechten ersten Eindruck** ist nur dann alles verloren, wenn es keine Gelegenheit mehr gibt, diesen zu korrigieren. Im Berufsleben, der Schule, als auch im Privaten gibt es immer wieder Szenarien, bei denen man gezwungen ist, mehr Zeit mit einer Person zu verbringen. In diesem Fall gibt es ein Phänomen, das es möglich macht einen schlechten ersten Eindruck zu nutzen, um einen **überhöht positiven zweiten Eindruck** auszulösen. Die geschieht dann, wenn wir jemanden sehen und uns sofort ein eher nicht so schmeichelhaftes Bild von dieser Person machen. So hat mir eine Teilnehmerin etwa einmal gesagt, dass Sie vor Beginn des Trainings auf Grund des Bildes auf meiner Homepage gedacht hatte, dass ich eher ein junger Theoretiker sei, der sehr trocken und monoton von oben herab vorträgt. Sie hat sich also, ohne mich zu kennen, ein erstes Bild gemacht, das nicht in besonders sympathischen Farben gemalt war. Im späteren Verlauf des ersten Tages sprach Sie mich in einer Pause darauf an und meinte, dass sie sich grob verschätzt hätte. Sie war äußerst positiv überrascht, da ich quasi das Gegenteil von dem war, was sie erwartet hatte. Teilnehmer, die sich vorher gar kein Bild machen und einfach schauen was auf sie zukommt, sind zwar auch – laut anonymen Feedbackbögen – positiv angetan, doch schwer begeistert sind stets diejenigen, die sehr niedrige Erwartungen hatten. Denn genau dies ist der Knackpunkt. Wir alle wissen, dass unsere Erwartungen maßgeblich daran beteiligt sind, wie gut uns letztlich wirklich etwas gefällt. Wenn wir ins Kino gehen und erwarten, dass der Film das Komischste ist, was wir je gesehen haben, dann werden wir sehr leicht enttäuscht sein, weil wir jede Sekunde auf eine Jahrhundertpointe warten. Gehen wir in den gleichen Film ohne große Erwartungen hinein, würde uns der Film wesentlich besser gefallen.

Wichtig bei dem eher ungünstigen ersten Eindruck, der sich zum überhöht positiven zweiten Eindruck wandelt, ist, dass man **keine echte Begründung für die negative Einschätzung** liefert. Es dürften nur unwichtige, subtile Signale sein, die leicht falsch gedeutet werden. Wenn jemand mit einem perfekt sitzenden, formellen Anzug den Raum betritt und eventuell noch einen Doktortitel hat, dann kann man zur Annahme kommen, dass es sich um einen überkorrekten, abgehobenen Schnösel handelt. Wenn die Person das Jackett ablegt und sich die Hemdsärmel hochkrempelt und ein pragmatisches Vorgehen genauso wie eine zugängliche und sympathische Art zeigt, dann wird die Einschätzung eventuell ins Gegenteil umschlagen und zwar mit Schwung. Es trägt hier auch unser schlechtes Gewissen seinen Teil bei. Wenn wir jemandem Unrecht tun, dann schämen wir uns dafür und wollen es wieder gut machen. Beurteilen wir ohne echten Grund jemanden schlecht und müssen uns eingestehen, dass wir total falsch lagen, dann entschuldigt sich unser Verstand beim Gegenüber dadurch, dass wir die Person noch viel positiver wahrnehmen als es der Fall wäre, wenn wir ihr gegenüber von Beginn an neutral eingestellt gewesen wären.

Erkennen wir, dass wir jemanden fälschlicher Weise beim ersten Eindruck negativ eingeschätzt haben, entschuldigt sich unser Verstand mit einem überhöht positiven zweiten Eindruck.

6.3 Übertriebener Jagdtrieb

Damit es nicht nur beim ersten Eindruck bleibt, sondern wir wirklich eine Beiziehung aufbauen können, ist es wichtig der Partnerschaft etwas Zeit zu geben, um sich entwickeln zu können. Blöd nur, dass es in dieser Welt ständig interessante neue Partner gibt, die man erobern möchte, da sie vielleicht etwas haben, das unserem aktuellen Partner zu fehlen scheint. Natürlich wollen wir alle einen möglichst interessanten, humorvollen, starken Partner, der unsere Träume teilt und mit dem wir gerne unser Leben verbringen würden. Das ist ein grundsätzliches Ziel, das durch viele andere Bedürfnisse mit Motivation versorgt wird (Artüberleben, Sicherheit, Fortpflanzung, Anerkennung, soziale Nähe, persönliches Wachstum) usw. Die große Liebe, und noch stärker die Hoffnung auf diese – nämlich „das Verliebtsein“ – sind deshalb so starke Gefühle, weil sie eben mit ganz vielen anderen starken Bedürfnissen und Zielen seit jeher intensiv verknüpft sind. Die Verliebtheit ist tatsächlich sehr stark von Hoffnung gezeichnet. Man schreibt dem potenziellen Partner oft viel mehr positive Eigenschaften zu, als dieser hat. Da wir aber unbewusst davon ausgehen, dass diese Eigenschaften da sind, erscheint uns der Partner so überhöht und unfassbar anziehend.

In unserer heutigen Welt werden gleich noch viele weitere romantische Ideen von Liebe beigemengt – z.B. die **Idee des perfekten Partners**, wie es ihn im Film immer wieder gibt, oder die Idee, dass es **nur eine echte Liebe** gäbe. Das ist in Wahrheit ein sehr naiver Gedanke und zudem ein sehr frustrierender. Wie hoch ist die Wahrscheinlichkeit bei zig Milliarden Menschen „den Einen“ oder „die Eine“ zu finden? Allein die Wahrscheinlichkeit, dass die Person auf dem eigenen Kontinent wohnt, ist schon nicht mehr besonders groß. Von dieser Idee sollte man Abschied nehmen. Das gilt auch für die Situation, wenn man bereits einmal sehr verliebt war, die Beziehung nicht hielt und man dann denkt, dass es niemand anderen gibt, der so gut zu uns passen würde. Wenn wir uns das einreden, dann lösen wir eine selbsterfüllende Prophezeiung aus. Das muss uns klar sein. Es gibt für uns nicht nur eine Person, die uns glücklich machen kann. Wenn man sich über die zwei Ebenen Sympathie und Attraktivität halbwegs im Klaren ist, dann wird deutlich, dass es natürlich nicht unzählige ideal passende Partner gibt, aber es doch viele Menschen gibt, die zu uns passen würden. Vielen Beziehungen gibt man ja aber gar nicht die Chance, weil wir früh genug einen Rückzieher machen oder uns falschen Vorstellungen und unreflektierten Vorurteilen genauso hingeben, wie uns oft gar nicht klar ist, was uns wirklich fehlt und was wir deshalb in einem Partner wirklich brauchen würden.

Bezüglich des angeblich perfekten Partners, wie sie uns in Filmen oft vorgegaukelt werden, sollte man sich einiger Aspekte im Klaren sein. Im Film haben diese Personen höchstens Teilzeitjobs, um all die romantischen und lieblichen Überraschungen und Gesten vorbereiten zu können. Viele Filme würden nicht mehr funktionieren, wenn das Liebespaar einen normalen Alltag als Rahmen hätte. Zudem werden die „Leben" der Protagonisten immer nur sehr schemenhaft skizziert. Das Umfeld, die Freunde, die Probleme werden oft stark ausgeklammert, um eine utopische Liebessituation zeichnen zu können. Das soll kein Schlag gegen romantische Liebe sein – jedoch sollte man sich nicht dem klebrigen, rosaschimmernden Romantikklischee aus Hollywood, Bollywood, Dollywood oder sonst woher verschreiben. Wer solche Erwartungen entwickelt, wird kaum sein Glück finden und sogar von Gesten enttäuscht sein, über die sich durchschnittliche Leute sehr freuen würden. Gibt man sich dennoch den rosa Erwartungen hin, kann es geschehen, dass unser Gehirn diese Filme tatsächlich heranzieht, um sich ein Modell des idealen Partners zu entwerfen. Fixiert man sich dann auf dieses Modell, dann kann man sich schon einmal auf ein Leben voller Frust und Enttäuschungen einstellen.

Natürlich gibt es interessante Szenarien:

1. Man lässt sich nach langer Suche doch auf einen nicht ganz idealen Partner ein und hält diesem dann im Stillen oder Lauten vor, was er oder sie alles nicht ist, kann und hat.

2. Man sucht bei jeder neuen Bekanntschaft sofort nach Abweichungen von der Idealvorlage und beendet die Beziehung, wenn die Abweichung zu groß wird.

3. Man erkennt, dass man bei einer Fixierung auf den Traumpartner den neuen Bekanntschaften gar nicht die Chance gibt einen zu verzaubern, da man nur die Aspekte seiner Person wahrnimmt, die man in Zusammenhang mit der eigenen Idealvorstellung bringen kann. Wenn wir eine Idealvorstellung haben, dann ist das wie eine gedankliche Schablone und jede neue Bekanntschaft wird durch diese Schablone betrachtet. Damit erkennt man aber nur, wo die Person negativ von der Idealvorstellung abweicht. Es wäre uns hier nicht bewusst, wenn jemand Fähigkeiten und Eigenschaften aufweist, die nicht in unserem Idealbild enthalten sind. Wir machen die Leute also tatsächlich schlechter, als sie sind. Macht man sich das bewusst, kann man die Fixierung langsam überwinden, erkennen, was einem wirklich an einem Partner wichtig ist und offen auf neue Leute zugehen. Die Wahrscheinlichkeit dann einen richtig gut geeigneten Partner zu finden ist hier groß.

Punkt 2 ist jener, der sich gern mit einem übersteigernden Jagdtrieb paart. Praktisch jeder Mensch findet es **schön einen anderen Menschen zu erobern**, diesen von sich zu begeistern. Unser Gegenüber entscheidet sich für uns und hebt uns damit von den anderen ab. Das **hebt unseren Selbstwert**. Je attraktiver eine Person ist, umso geschmeichelter sind wir, wenn sie sich für uns interessiert. Das ist komplett natürlich. Nun kann es aber zur Jagdfixierung kommen. Man will das Gefühl der Bestätigung, wenn man jemanden erobert, immer wieder fühlen, weil – nun ja –, weil es sich eben verdammt gut anfühlt. Das bedeutet, dass „die Beute“ an Reiz verliert, wenn klar ist, dass man sie erobert hat. Für viele Männer bedeutet das, dass das Interesse nach ein paarmal Beischlaf erledigt ist. Für manche verliert das Gegenüber sogar schon an Reiz, wenn klar ist, dass die Jagd ohnehin erfolgreich enden wird. Der Herausforderungscharakter spielt für jene eine größere Rolle als die fleischliche Lust. Weiß man, dass man die Person, die einem gegenübersitzt „haben“ kann, erwacht der Jagdinstinkt bereits aufs Neue und richtet sich auf eine andere Beute. Wenn sich das nun mit dem Gefühl koppelt, dass man eigentlich nur intensiv auf der Suche nach der oder dem Einen ist, dann kann sich das fatal entwickeln. Die Person, die unsere sämtlichen Wünsche und Träume besser erfüllt und das zu jeder Zeit als es jede andere Person auf der Welt könnte – gibt es ja leider nicht. Es wird immer wieder einen Mann geben, der ein noch schöneres Gesicht hat als der eigene, eine Frau, die eine bessere Figur hat als die eigene. Es wird immer jemanden geben, der in einem Bereich noch gebildeter ist, der noch sportlicher, smarter, weltgewandter, reicher, intelligenter, usw. ist. Wenn man wirklich glaubt, dass eine Person in jeder Hinsicht das Maximum auf sich vereint – in jeder Sekunde unseres Lebens – und dann diese Person auch noch auf uns abfährt, dann wird man unter Garantie einsam sterben. Deshalb ist es eine lohnende Sache, sich von dieser Jagdfixierung früh genug zu lösen. Es gilt ein persönlich ideales Gegenstück zu finden und nicht einen Menschen, der in allen scheinbar positiven Kriterien ein Maximum aufweist.

6.4 Meine Laune färbt mein Leben und damit dein Leben

Lassen Sie niemals Ihre (schlechte) Laune an anderen aus! Wenn Sie sich an die selbsterfüllende Prophezeiung erinnern, dann wissen Sie auch gleich warum. Sobald ich meinen Frust – oftmals unbewusst – an jemand anderem auslasse, wird mein Gegenüber davon nicht so positiv angetan sein. Vielmehr werde ich als Reaktion eine negative Erwiderung zurückbekommen und damit bestätigt sich, dass diese Person unsympathisch ist und die Welt überhaupt ein großes Klo zu sein scheint.

Wenn man weiß, warum man schlecht drauf ist, dann ist das Problem nicht mehr so gravierend. **Den Grund für die schlechte Laune** muss man aber erst mal finden. Und solange man diesen nicht kennt, macht man gerne alles und jeden dafür verantwortlich, dass einem zurzeit nichts gelingt oder man sich einfach schlecht fühlt. Die Gefühle sind aber in uns und können nicht wirklich von anderen in uns injiziert werden, wenn wir das nicht zulassen wollen. Selbst wenn uns jemand extrem gemein und provokativ anspricht, liegt es an uns, wie wir damit umgehen. Verfügen wir über eine hohe innere Ausgeglichenheit und starke Empathie, erkennen wir vielleicht, dass es der anderen Person gerade extrem schlecht geht, da alles Mögliche auf sie einstürmt und sie sich fühlt, als stünde sie mit dem Rücken zur Wand. Deswegen braucht die Person gerade ein Ventil für ihre Ängste und den Frust und wir haben halt das Pech zur falschen Zeit am falschen Ort zu sein. Wenn wir das erkennen, dann fällt es uns leichter diesen gemeinen Worten, die an uns gerichtet werden, keine große Bedeutung zuzuschreiben. Sehr wahrscheinlich werden der anderen Person ihre Gemeinheiten in Kürze sehr leid tun, da sie in einer ruhigeren Minute erkennen wird, wie ungerechtfertigt sie waren. In so einer Situation würden sich jedoch die meisten angegriffen fühlen und sich wehren. Daraus würde Streit entstehen, da die Person, die ohnehin schon unter Druck steht, keine Chance mehr hat das Szenario nüchtern zu betrachten. Vielmehr wird es in unserer Reaktion ein Schuldeingeständnis sehen und damit in uns einen Grund erkennen, warum es bei ihr gerade so schlecht läuft. Wer dies versteht, der versetzt sich in die Lage auf Angriffe gelassen zu reagieren. Es muss eben klar sein, dass im Streit keine Probleme gelöst werden und Streit meist ausgelöst wird, wenn wir auf Grund einer Häufung blöder Situationen ohnehin gerade mies drauf sind.

Wer gelassen und weitsichtig bleibt, der durchlebt weitaus weniger negative Gefühle und kann sich und anderen helfen ihre Probleme zu überwinden.

Genauso gilt im Gegenschluss, dass Leute positiv auf uns reagieren, wenn wir freundlich und gut drauf sind. Wenn ich jemanden provoziere und mit Gemeinheiten eindecke, dann wird entsprechendes zurückkommen. Diese negativen Äußerungen kommen in der Regel recht authentisch rüber, da wir das in der Situation immer ernst meinen. Wenn man positive Dinge sagt und die ebenfalls authentisch wirken, dann löst man positive Rückkoppelungen aus. Logischer wäre es also viel eher, dass wir uns gegenüber anderen Menschen – wenn es bei uns selbst nicht so toll läuft – **besonders freundlich und wertschätzend verhalten**. Denn dann werden diese das gute Gefühl zurückspiegeln und die Welt gewinnt wieder ein wenig an Glanz und Strahlkraft. Es ist ohnehin eine alte Weisheit. Wie man in den Wald hineinruft, so schallt es zurück. Das Schwere ist nur etwas Positives und Nettes hineinzurufen, wenn man sich selbst gerade alles andere als gut fühlt. Doch genau das zu schaffen ist ein absolut wesentlicher Schritt, wenn man im Leben glücklich werden will. Denn es wird immer wieder einmal harte Schläge geben, die bleiben niemandem erspart. Daher heißt es zu lernen mit ihnen so gut wie nur eben möglich umzugehen.

Wenn es Ihnen schlecht geht, sollten Sie sich phasenweise darauf konzentrieren anderen zu helfen und Positives zu bewirken. Der positive Rückfluss hilft Ihnen aus Ihrer Krise.

Unsere Stimmung verfärbt unsere Wahrnehmung. An schlechten Tagen nehmen wir also viele Dinge negativer wahr. Der Himmel wirkt grauer, das Essen ist nicht so gut und die Menschen sind nicht so sympathisch.

Die Wahrnehmungsthemen oben haben uns auch erkennen lassen, dass wir in anderen nur erkennen können, was in uns selbst vorhanden ist. Wenn jemand überhaupt keine materielle Einstellung hat und auch nie besessen hat, dann kann diese Person einen Menschen, der primär nach Materiellem strebt nicht verstehen, da die Beweggründe für die Person nicht zu erfassen sind. Zudem haben wir vom Halo-Effekt gehört, der uns dazu verleitet Menschen Eigenschaften zuzuschreiben, die unserer Meinung nach zum Erscheinungsbild passen. Wenn jemand sehr sorgfältig wirkt, kann das bei uns die Einschätzung auslösen, dass die Person auch vertrauenswürdig ist. Hat man nun einen schlechten Tag, lernt hier Leute kennen oder hat Kontakt mit jemandem, den man noch nicht gut kennt, dann kann durch die negative Einfärbung, die unsere Welt an diesem Tag hat, vieles an Beziehungen kaputt gemacht werden. Es können sich hier eben mehrere Mechanismen gegenseitig verstärken, sodass wir mit ein paar blöden Aussagen an einem schlechten Tag die Grundlage für viele weitere schlechte Tage schaffen können – und das muss wirklich nicht sein. Das ist ein Teufelskreis, den man möglichst meiden sollte.

6.5 Die Tücken der Selbstverliebtheit

Wenn man zu viel auf sich selbst hält, dann reduziert sich die Motivation andere Menschen näher kennen lernen zu wollen. Die Selbstverliebtheit ist zwar auch eine Form der Liebe, aber sie existiert nicht zwischen zwei Menschen sondern innerhalb nur einer Person. Wenn man sich das grundsätzliche Prinzip wieder vor Augen führt, nämlich die Übereinstimmung von Zielen und Werten sowie die Ergänzung über Eigenschaften und Fähigkeiten, dann kommen wir zu folgender Konstellation. Jemand der sich selbst für absolut toll hält, der erkennt keine eigenen Schwächen. Nun finden wir zwar an anderen auch gut, was uns an uns selbst gefällt, jedoch **entfällt die Möglichkeit der Ergänzung**. Doch gerade aus der Ergänzung entsteht diese tiefe Anziehung. Fehlt diese Komponente, gibt es eigentlich nichts, was man am Gegenüber mehr schätzt als bei sich selbst. Eine tiefe Unverzichtbarkeit des Partners kann sich auf der Gefühlsebene dann nicht entwickeln.

Ideal wäre es ja, wenn beide Partner leicht zueinander aufsehen und den anderen für wertvoller halten als sich selbst.

Jemand der sich selbst übertrieben stark liebt, sucht jemanden wie sich selbst. Es ist schon möglich, dass diese Person ein Abbild seiner selbst findet. Nun, so jemand wird aber recht sicher ebenfalls in sich selbst verliebt sein. Beide haben nun jemanden, den sie toll finden, quasi einen **Spiegel für die eigene Vollkommenheit**. Aber sobald es irgendwo schwierig wird, geht es auch mal darum sich selbst zurückzunehmen. Man nimmt sich selbst aber vor allem darum zurück, um nicht das Besondere und Ergänzende des anderen zu verlieren. Das gibt es hier aber nicht. Man würde nichts verlieren, was man nicht ohnehin selbst auch besitzt. Wenn der andere auf seinem Standpunkt besteht, soll er sich zum Teufel scheren, man braucht ihn ohnehin nicht. Das denken sich beide Seiten. Deshalb werden beide nicht einsehen, warum sie im Streit nachgeben sollten. „Der andere muss doch froh sein, jemanden wie mich zu haben!" – denken sie. Es wird bei beiden wenig oder gar keine Kompromissbereitschaft vorhanden sein – natürlich ist das hier jetzt exemplarisch überzeichnet.

Zudem ist es dezidiert nicht das einzige Szenario, in dem es kaum **Kompromissbereitschaft** gibt. Oft wollen Leute nicht nachgeben, weil sie Angst haben, dass andere sie dann für schwach halten. Oder sie wollen vor sich selbst nicht rechtfertigen, warum sie selbst zurückstecken. Das kann aus einzelnen Prägungen entstehen, zum Beispiel wenn ein Elternteil immer nachgegeben hat und man das als schwach und enttäuschend empfunden hat. So eine Prägung kann dazu führen, dass man sich immer durchsetzen möchte, da man sich eben selbst nicht als schwach und enttäuschend erleben möchte. Dieser unbedingte Durchsetzungswille kann auch aus großer Missgunst erwachsen, also der fehlenden Fähigkeit anderen etwas zu gönnen. Das alles sind jedoch eher Fehlprägungen, da sie auch einem eigenen, ausgeglichenen Glück im Wege stehen. Ich halte nichts von dem Spruch: „Der Klügere gibt nach". Wenn ich mir die grundsätzlichen Mechanismen ansehe, würde ich diese Aussage zumindest ein wenig korrigieren wollen und zwar auf: „Der Klügere hat die Wahl nachzugeben." Mit einer tiefen Einsicht entstehen immer mehr Handlungsmöglichkeiten und mit großer Stärke ebenso. Der Klügere weiß, wann es Sinn macht wirklich für etwas zu kämpfen und wann es für die langfristigeren Ziele klüger ist einen Streit nicht auszufechten oder tatsächlich einfach nachzugeben. Bei Menschen, die wir als stark wahrnehmen, wirkt es auch nicht wirklich schwach, wenn sie jemanden quasi verschonen und nicht kämpfen. Es wirkt eher großmütig und souverän – und das wirkt sympathisch.

Besonders kompromissbereit und außerordentlich sympathisch können deswegen Leute, die sich selbst am besten finden, eher nicht sein bzw. wirken. Bei zu großer Selbstverliebtheit und der dazu gehörigen fehlenden Selbstkritik, entwickeln sich Menschen außerdem nicht nur nicht weiter sondern können auch keine echte Liebe empfinden. Nur über ein wenig Selbstkritik oder prägende Erlebnisse, die diese Reflexion auslösen, können sich solche Menschen aus ihrer psycho-sozialen Einkapselung befreien. Und nur, wenn man andere Menschen wieder als wertvoll anerkennen kann, ist man wieder in der Lage tiefere Gefühle für Mitmenschen zu empfinden.

Echte Zuneigung verlangt als eine Zutat also ein gewisses Maß an Demut gegenüber dem Partner – idealerweise beidseitig, versteht sich. Nur wenn man im Partner etwas erkennt, was man selbst gerne hätte und diesen dafür wertschätzt, dann gibt es auch eine gefühlte Anziehung.

6.6 Egoismus versus Altruismus – Achtung: Falle!!

Ob man sich selbst über andere stellt oder den Wünschen anderer auch manchmal Vorrang vor den eigenen gibt, hat allein mit unserer Bedürfnis- und Wertestruktur zu tun. Altruismus entsteht aus dem Bedürfnis anderen zu helfen, um dadurch Anerkennung und damit eine bessere Stellung im sozialen Netz zu gewinnen und entspringt damit aus den Bedürfnissen „Sicherheit“ und „soziale Nähe“. Gleichzeitig speist sich tiefer Altruismus ebenfalls aus dem Bedürfnis „Arterhaltung“, dem Urbedürfnis. Die menschliche Hilfsbereitschaft hat damit ursprünglich eine tiefe Verankerung, jedoch kann unser Bedürfnissystem durch Erfahrungen neu geprägt werden.

Wer oft ausgenutzt wurde, der wird vorsichtiger im Umgang mit Menschen. Es wird das ursprünglich eventuell stark vorhandene Vertrauen reduziert, man wird verschlossener und ist nicht mehr freigiebig und hilfsbereit. Dabei ist es traurig zu beobachten, dass Egoismus gerade dort in der Bevölkerung extrem stark ist, wo eigentlich für alle genug vorhanden wäre. Wenn man jedoch ein Menschenbild im Kopf hat, das einem sagt, dass andere Menschen auch alles nehmen, was sie kriegen können und einem nicht helfen würden, wenn man Probleme hat – warum sollte man dann hilfsbereit sein? **Man würde nur ausgenutzt**.

Ausgenutzt fühlt man sich dann, wenn man eine direkte Gegenleistung erwartet. Erwartungen bestimmen unsere Gefühle, die positiven wie die negativen. **Echter Altruismus ist von der Erwartung einer unmittelbaren Gegenleistung befreit**. Als mich eine Teilnehmerin eines Vortrags zum „Integrierten Lernen lernen" fragte, ob ich ihr mit ein paar Anwendungsfragen helfe könne, da sie sehr schnell besser werden müsse, um nicht demnächst im FH-Studium zu scheitern, erwartete ich mir keine direkte Gegenleistung und verlangte auch kein Honorar. Ich hoffte, dass ich ihr – einer jungen, alleinerziehenden Mutter – helfen könne, ihr Leben positiv zu beeinflussen. Ihr Erfolg ist meine Freude und sie schaffte nicht nur ihre Entscheidungsprüfungen alle sondern verbesserte ihren Notenschnitt innerhalb von drei Semestern von 3,3 auf 1,9. Ohne die ständige Angst zu versagen lebt es sich natürlich besser. Mittlerweile hat sie ihr Studium erfolgreich beendet. Tatsächlich fühle ich großes Glück, wenn ich Leuten begegne, denen ich wirklich helfen konnte und deren Leben nun besser läuft. Das ist weder mit Geld, öffentlicher Bekanntheit oder sonstigen Gegenleistungen aufzuwiegen. Ich habe anderen geholfen, uneigennützig und das Grundbedürfnis „Arterhaltung", welches natürlich ebenso die Förderung der Artgenossen beinhaltet, belohnt mich mit freudigen Empfindungen.

Egoisten können auch nicht darauf bauen, dass ihnen von anderen Menschen besonders viel oder gern geholfen wird. Wenn jemand sehr attraktiv ist, was bedeutet, dass sich andere viel von dessen Freundschaft versprechen, kommt dieser jemand länger damit durch zu nehmen ohne zu geben. Doch wenn man von seinen attraktiven Ressourcen ohnehin nichts teilt, werden sich die Freunde irgendwann verabschieden, da sie sich ausgebeutet fühlen und die Person eben als zu selbstbezogen empfinden.

Altruismus in der Beziehung ist eine der wesentlichsten Grundfaktoren für Glück. Stellen Sie sich vor, dass Sie den Partner immer über Ihre eigenen Bedürfnisse stellen. Sie möchten ihm immer Gutes tun, ihn verwöhnen. Ihr Partner sieht das genauso. Es wird hier praktisch keinerlei Streit geben und man wird sich auf das einigen, was für die Partner in Summe am besten ist. Wenn man sich eines Tages fragt, was man am Abend macht und Sabine will ins Kino gehen, Frank jedoch lieber zu Hause eine Basketballübertragung ansehen, dann wird die Entscheidung davon abhängen, was den Partnern jeweils mehr bedeutet. Wenn Frank weiß, dass der Film, den Sabine sehen möchte, nur mehr kurz im Kino läuft und er sich seine Sendung aufnehmen kann, dann wird er sich fürs Kino aussprechen. Wenn Sabine weiß, wie lange sich Frank schon auf das Spiel freut und dass sich schon noch eine andere Vorstellung ausgehen würde und sonst die DVD ohnehin bald erscheint, wird sie Frank das Spiel sehen lassen. Der „ideale Beziehungsstreit" ist der, wenn beide Seiten Partei für ihren Partner ergreifen und das nicht nur zum Schein sondern weil der Partner für einen eben wichtiger ist als man selbst. Klingt kitschig, ist jedoch denkbar. Funktionieren kann dies selbstverständlich nur bei Gegenseitigkeit, ansonsten wird die eine Seite mit Sicherheit aufs äußerste ausgebeutet.

Man muss sich klar sein, dass Beziehungen praktisch nie komplett gleich empfunden werden. Es gibt immer eine Seite, die mehr verliebt ist als die andere. Das kann durchaus schwanken, da es darauf ankommt, was man im anderen sieht und was man an ihr oder ihm attraktiv bzw. sympathisch findet. Wenn man eine neue Seite am Partner entdeckt oder sich die guten Seiten, die man so schätzt, wieder bewusst macht – was man regelmäßig tun sollte –, dann können die Gefühle rasch stärker werden bzw. eine Wiederbelebung erfahren. Die Gefühle erkalten ja vorwiegend dann, wenn man sich zu sehr der Gewöhnung hingibt und damit den

Partner als selbstverständlich sieht. Jedenfalls hat die Seite, die weniger Gefühle für den Partner hat, mehr **Macht in der Beziehung**.

Gerne wird mit Liebesentzug manipuliert, was moralisch gesehen so ziemlich das Letzte ist. Dennoch gibt es wohl kaum jemanden, der – wenn auch in geringem Ausmaß und womöglich in einer noch unreiferen Phase – mit diesem Werkzeug nicht schon einmal gearbeitet oder dessen Anwendung überlegt hat. Man redet weniger mit dem Partner. Man spricht nur in kurzen, kalten Sätzen. Man beachtet den Partner weniger, zeigt diesem die kalte Schulter. Man bleibt länger aus und meldet sich weniger übers Handy. Man zeigt weniger oder gar kein sexuelles Interesse mehr. Man spricht darüber, wie toll so manche Kollegen sind, usw. Das sind **Machtspiele**. Die gibt es eigentlich in jeder Beziehung, die nicht wirklich ideal ist und das sind in Reinkultur naturgemäß sehr, sehr wenige. Es wäre jedoch empfehlenswert die Machtspiele so gut wie eben möglich ganz auszuschalten. Das gelingt am ehrlichsten und besten, indem man sich darauf besinnt, was eine Beziehung schön und tief macht und dies gelingt mit einer Besinnung auf das, was den Partner für uns schön, anziehend und sympathisch macht. Das sollte im Vordergrund stehen, dann werden die Phasen, in denen Macht ausgespielt wird, kürzer und weniger intensiv sein. Machtspiele dienen immer der Durchsetzung eigener Interessen über die Bedürfnisse des anderen hinweg und es verliert immer die leidensfähigere und verliebtere Seite. **Manche Menschen brauchen das Drama** und kämen ohne Machtspiele nur schwer aus. Wenn das so ist, dann muss es für beide Seiten ein akzeptables Spiel sein, ansonsten hat die Beziehung ohnehin keine Chance. Dann kann zwar eine Seite ihren Sadismus ausleben, doch die empfindsamere Seite wird hier eine sehr negative Prägung erfahren, die sie beziehungstechnisch empfindlicher machen wird.

Durch solche Prägungen können gestörte **Beuteschemata** entstehen. Wenn z.B. Vera in einer Beziehung ist, bei der sie der Freund kaum beachtet, lieber am Computer spielt und fortgeht als Zeit mit ihr zu verbringen, sie aber den Sex ihres Lebens mit dieser Person hat – vielleicht hat sie keinen echten Vergleich – und sie von ihm verlassen wird, dann hat sie eine Kopplung „Missachtung der Person“ und „toller Sex“. Sie wird, falls sie sich nicht bewusst macht, dass das kein echter Zusammenhang ist, unbewusst wieder egoistische Männer suchen und zwar umso stärker, je frustrierter ihr Sexualbedürfnis ist. Damit ist die Grundlage für ein Beuteschema gelegt. Es sind also **Koppellungen von besonders positiven Attributen an Eigenschaften, die eigentlich gar nicht so gut für uns sind.** Nur wenn man in sich selbst diese Prägung erkennt und sie sich bewusst macht und auflöst, entkommt man dem Beuteschema.

Eine wirklich reife Persönlichkeit versteht es die **Balance zwischen gesundem Egoismus und Altruismus** aufrecht zu erhalten. Ihr ist klar, dass sie ihre eigenen Ziele erreichen will. In Situationen, wo die eigene Hilfe dem anderen deutlich mehr bringt, als sie einen selbst kostet, wird man helfen – solange es die eigene Zielerreichung eben nicht maßgeblich behindert. So jemand lässt sich aber auch nicht ausbeuten und hilft denen, von denen er oder sie glaubt, dass diese die Hilfe auch verdienen. Diese Person wird versuchen als Vorbild zu dienen, sofern die Einstellung keine blind übernommene sondern eine bewusst entwickelte ist. Manche von uns werden schlicht zur Höflichkeit und Hilfsbereitschaft erzogen, was ja grundsätzlich sehr positiv ist. Wenn man aber versteht, was man mit so einer positiven vorgelebten Haltung bei anderen an Entwicklung auslösen kann, gerade wenn man ein hohes Ansehen genießt, dann hat man eine zusätzliche Motivation so zu leben – zumindest wenn das Urziel der Arterhaltung für einen selbst noch eine Bedeutung hat.

Hilfsbereitschaft, Offenheit und Freundlichkeit sind altruistische Artefakte und werden von so gut wie jedem als sympathische Eigenschaften wahrgenommen.

Es ist kein tolles Zeugnis für unsere Gesellschaft, dass jeder von klein auf das Wort „Egoismus" kennt und problemlos zu nutzen versteht, aber „Altruismus" für die meisten von uns lange ein Fremdwort ist, mit dem man nichts anzufangen weiß. Es zeugt deswegen von einer nicht gerade idealen sozialen Gesellschaft, da sich unser Wortschatz an unserem Tun und unserem Denken orientiert. Wenn wir uns in ein neues Thema einarbeiten, dann lernen wir die Worte, die notwendig sind, um die Inhalte zu verstehen und zu vermitteln. Das, was für uns und die Leute um uns von Bedeutung ist, kann für gewöhnlich auch in Worte gefasst werden. Dass Altruismus um so viel unbekannter ist als Egoismus, ist deshalb ein stiller, mahnender Finger, der auf eine fragwürdige Entwicklung unserer sozialen Kultur deutet.

6.7 Von der Verliebtheit zur Liebe

Eine lange andauernde Beziehung funktioniert zum Teil auch auf Grund von Gewöhnung. Man gewöhnt sich aneinander. Zuerst sorgt der Valenzeffekt dafür, dass man viel Zeit mit jemandem verbringen möchte. In diesem Zeitraum der Verliebtheit sollte man viele positive gemeinsame Erlebnisse schaffen. Daraufhin bleibt man natürlich bei der Person, da man implizit davon ausgeht, dass man weitere angenehme bzw. lustvolle Erlebnisse teilen können wird. Außerdem haben wir durch den intensiven

Kontakt die Person besser kennen gelernt und konnten feststellen, wo wir uns in ihr getäuscht haben und wie sie nun tatsächlich ist. Der Halo-Effekt, dank dem wir jedem gleich nach dem ersten Eindruck weitere Eigenschaften und Merkmale zuschreiben, wird über den anhaltenden Kontakt zu dieser Person überprüft. Wenn wir währenddessen merken, dass das Subjekt unserer Begierde wirklich so viele positive Seiten hat und sogar einiges aufweist, das uns ergänzt und das wir damit als sehr anziehend empfinden, dann verfestigt sich die Beziehung. Es bleibt ein permanenter Strom der Anziehung. Natürlich ist es wichtig sich über Gespräche näher kennen zu lernen, um Einsicht in die Denkweise und die Weltanschauung des Gegenübers zu bekommen. Wenn wir über die Gespräche und auch die Haltung, Gesten, etc. den Eindruck bekommen, dass wir ähnlich „ticken", dann verstärkt sich auch die sympathische Kraft, sodass wir gerne zusammen sind.

Den Übergang von der Verliebtheit in die Liebe schafft man wohl aber erst dann, wenn man mit sich selbst halbwegs im Reinen ist, wie die ersten Kapitel dieses Buches vermitteln sollten. Denn man muss auch die Stärke haben, mit den Schwächen des Partners umgehen zu können. Im nächsten Kapitel wird gezeigt, wie es sogar dazu kommen kann, dass man die Schwächen des Partners nach kurzer Zeit besonders gern hat. Wer jedoch davon ausgeht, dass es den perfekten Partner gibt – auch das Problem haben wir schon behandelt –, der wird sich nicht auf eine Beziehung einlassen, wenn die eine oder andere Schwäche oder suboptimale Eigenschaft erkennbar wird. Dabei steht es außer Frage, dass man auch einmal unterschiedlicher Auffassung sein wird. Wir sind nicht immer mit allem einverstanden, was der Partner macht und diesem geht es mit uns genauso. Wir werden Interessen haben, die den Partner eher langweiligen und umgekehrt. Erstens ist es nicht gesagt, dass wir nicht über die Zeit selbst ein gewisses Interesse an den Leidenschaften des anderen finden und zweitens muss man eben bilanzieren, was stärker wiegt – die positiven Seiten oder die negativen Seiten. Bei der **Bilanz der Gefühle** entscheidet es sich, denn hier kommen sowohl persönliche Reife, die Klarheit in dem was man will und braucht und gewisse Prägungen zum Tragen.

1. **Persönliche Reife**

   Die Fähigkeit richtig in anderen Menschen zu lesen, also Empathie entscheidet, ob ich meinen Partner überhaupt richtig wahrnehme. Sehr oft schreiben wir anderen Menschen falsche Eigenschaften, Fähigkeiten und Merkmale zu. Wir übertragen unsere Schwäche, wollen gewisse Stärken nicht sehen, geben uns selbst nicht die Zeit die Bedeutung mancher Eigenschaften und Fähigkeiten zu reflektieren, usw. Die vielen Phänomene, die im Rahmen dieses Buches – vor allem in den Bereichen DU, aber auch ICH, – aufgezeigt wurden, beeinflussen die Fähigkeit jemanden überhaupt halbwegs wahrhaftig erkennen zu können.

   Dazu gesellt sich die eigene Entwicklung. Ist man überhaupt schon bereit und fähig eine dauerhafte, tiefe Beziehung zu führen und die entsprechenden Empfindungen zu entwickeln? Hat man überhaupt schon die Einsichten entwickelt, um jemanden anderen ausreichend wertzuschätzen und vernünftig und liebevoll miteinander umzugehen? Das ist keine Selbstverständlichkeit. Dass so viele Beziehungen schwierig verlaufen und scheitern, ist kein Muss – auch wenn natürlich nicht jeder mit jedem eine ideale Beziehung führen kann. Doch es gibt mit Sicherheit viele Beziehungen, die gar nicht hätten zu Stande kommen dürfen und genauso Trennungen, zu denen es nicht hätte kommen müssen und sollen. Die Fähigkeit aus der Chance in Form eines passenden Partners eine wirklich gute und dauerhafte Beziehung zu entwickeln, kann man weiterentwickeln und das muss man auch, wenn man sein Leben mit einer glücklichen Beziehung aufwerten möchte.

2. Klarheit der Bedürfnisstruktur

Nur wer sich selbst gut kennt, wird passende Partner erkennen. Wir brauchen schon sehr viel Glück und verworrene Wege, wenn wir jemand passenden finden, ohne dass wir uns über uns selbst zuvor im Klaren waren. Wir sollten zumindest ungefähr wissen, was uns wichtig im Leben ist, wo wir im Groben hinwollen. Davon ausgehend sollten wir uns ehrlich betrachten und für uns erkennen, was wir an uns mögen und welche unserer persönlichen Merkmale, Eigenschaften oder fehlenden Fähigkeiten uns bei der Erreichung unserer Ziele im Weg stehen. Je klarer wir hier sind, umso besser funktioniert unser Suchmechanismus – die Sympathie und Attraktivität, die andere auf uns ausüben.

3. Prägungen

Übersteigerter Jagdtrieb, Selbstverliebtheit, die fehlende Fähigkeit zu Vertrauen, eine emotionale Schutzmauer und viele andere kognitiv-emotionale Verprägungen sind ziemliche Beziehungsblockaden. Die wichtigsten und häufigsten wurden hier im Buch angesprochen und erklärt, sodass man daran arbeiten kann. Dennoch ist es immer sinnvoll, sich klar zu machen, dass man gerade die besonders intensiven negativen Erfahrungen gedanklich nicht auf Ewig meiden sollte. Man muss sich mit ihnen auseinandersetzen, im Idealfall mit einem reifen, verständnisvollen Menschen, der einem hilft die Ursachen und die Konsequenzen dieser Erfahrungen gedanklich zu durchdringen. Wenn man diese Knoten aufgelöst hat, geben sie uns wieder frei und unsere persönliche Struktur kann sich wieder besser entspannen. Egal ob das Hänseleien in der Schule waren, ob ein Elternteil Unaussprechliches mit einem angestellt hat, ob man von der ersten großen Liebe auf das Brutalste enttäuscht und verraten wurde, ob einem immer Schwächen eingeredet wurden, ob man Versagensangst eingepflanzt bekam,... Ich garantiere Ihnen, dass unser Verstand in der Lage ist, praktisch jede Erfahrung so aufzuarbeiten, dass man nicht nur keine negative Störung in der Persönlichkeit – wie Brandwunden – zurückbehält. Werden diese harten und schmerzenden Situationen und Erfahrungen richtig aufgearbeitet, dann kann man sogar neue, ungewöhnliche Stärke daraus entwickeln. Erfahrungen sind der Rohstoff für Weisheit und geistige Stärke. So wie wir mit Kraftübungen unsere Muskeln herausfordern und dadurch stärken, stärken wir unseren Geist mit kognitiven und emotionalen Erfahrungen – sofern sie richtig reflektiert werden. Nicht umsonst sind oft die nettesten und stärksten Menschen jene, die besonders harte und schmerzliche Lebenserfahrungen hinter sich haben. Diamanten entstehen unter Druck, sofern der Rohstoff, der Kohlenstoff – aus dem wir ebenfalls großteils bestehen – eine hohe Reinheit aufweist.

Viele von uns werden dazu erzogen schwere Situationen zu verschweigen, sie sogar auszublenden und keine Fehler und Schwächen zuzugeben. Doch diese gesellschaftliche Haltung wird notwendiger Weise dazu führen, dass wir eine Menge unnötiger psycho-emotionaler Störungen mit uns herumtragen. Diese sind echte Beziehungskiller und untergraben damit die Hoffnung auf anhaltendes, tiefempfundenes Glück in einer erfüllenden Beziehung.

Wenn die verschiedenen Problembereiche, die wir alle unterschiedlich stark in unser tragen, nicht zu schwer wiegen, dann werden wir von der

Phase der Verliebtheit langsam in die dauerhaftere Liebe gleiten. Unser Sicherheitsbedürfnis sorgt dann zusätzlich dafür, dass wir lieber bei einem akzeptablen Partner bleiben, als wieder in die Ungewissheit des Partnermarktes einzutreten. Wir haben dann das Gefühl, dass es recht unwahrscheinlich ist jemanden zu finden, der noch besser zu uns passt. Die viele Energie und Zeit, die notwendig ist, um jemanden wirklich gut kennen zu lernen, ist ein weiteres Argument gegen eine Trennung. Wir trennen uns deshalb – sofern keine der oben genannten Verprägungen vorliegt – für gewöhnlich nur dann, wenn die Beziehung wirklich im Argen liegt. Wer jedoch die drei Hauptbereiche (1. Persönliche Reife, 2. Klarheit der Bedürfnisstruktur, 3. Prägungen) beachtet hat, der wird seltener in diese Situation kommen. Natürlich gibt es für nichts im Leben eine echte Garantie. Es ist immer möglich, dass man sich durch große Änderungen im Leben oder den Lebensumständen auseinanderlebt. Doch je weiter entwickelt die Persönlichkeiten der Partner sind, umso geringer wird die Wahrscheinlichkeit, dass es noch derartig große Wandlungen gibt. Zusätzlich kommt noch der Druck von außen, da man ungern zugibt in einer Beziehung zu scheitern. Was andere über uns denken, sollte jedoch nicht der einzige Grund sein, warum man mit jemandem zusammenbleibt. Wenn man in einer Beziehung unglücklich ist und trotz offener Gespräche und beidseitigem Willen daran zu arbeiten, es einfach offensichtlich wird, dass die gemeinsame Basis verschwunden ist, dann ist ein verbissenes Festhalten wohl nur in recht speziellen Szenarien eine sinnvolle Alternative zur Trennung.

6.8 Wenn nette Menschen schön werden

Vielleicht kennen Sie ja selbst jemanden, für den Sie anfangs hauptsächlich sympathische Gefühle hegten. Es war einfach nett Zeit mit dieser

Person zu verbringen. Man hatte ähnliche Interessen und lachte viel gemeinsam. Auch wenn man die Person nicht als schön empfand, so hatte sie doch Eigenschaften, die sie besonders machten. Nach einiger verbrachter Zeit erschien Ihnen Ihr Gegenüber allerdings immer attraktiver und Sie begannen eine gewisse Schönheit an dieser Person festzustellen. Vielleicht war es die Art, wie sie lachte oder sie beim Schmunzeln den Mund verzog. Vielleicht waren es die Augen – oft sind es die Augen. Nach und nach empfinden Sie eine stärkere körperliche Anziehung, die in Ihnen Widersprüche auslöst, da Sie zu wissen meinten, was Ihnen gefällt. Es ist absolut nicht ungewöhnlich, dass wir Menschen, die viele positive innere Eigenschaften und Merkmale aufweisen, im Laufe der Zeit als immer schöner wahrnehmen.

Es kann auch in Beziehungen geschehen, dass man anfangs etwas am Partner nicht so gern hatte, etwas, das einem missfiel. Vielleicht war es ein Muttermal, die Form der Ohren, die Art wie er oder sie sich entschuldigte – ganz egal. Wenn Sie Ihren Partner lieben und sich immer mehr Gefühle und tiefere Empfindungen zwischen Ihnen entwickeln, dann kann es geschehen, dass sie diesen anfänglichen Makel sehr lieb gewinnen – da dieser Makel ein markantes äußeres Merkmal des Menschen ist, den sie lieben. Nun kann es sogar sein, dass Ihnen von da an Menschen sympathisch erscheinen, die ein solches Muttermal, eine solche Ohrenform haben. Das muss Ihnen noch nicht einmal bewusst sein.

Äußere Merkmale empfinden wir dann als attraktiv, wenn wir sie mit positiven Erinnerungen bzw. Eigenschaften, Fähigkeiten, etc. verbinden.

Tatsächlich ist es nicht so, dass unsere ganz frühen Prägungen endgültig bestimmen, was wir attraktiv finden. Attraktiv sind für uns Eigenschaften, die wir positiv mit unseren Zielen assoziieren. Das haben wir ziemlich zu Beginn dieses Buches festgehalten. Wenn Sie einen Menschen kennen lernen und anfangs das eine oder andere äußere Merkmal nicht so schön finden, dann ist das natürlich ganz normal. Vielleicht erinnert Sie dieses Merkmal an jemanden, den Sie nicht gut finden. Es kann genauso sein, dass es nicht den **ästhetischen Prinzipien** entspricht. So gefallen uns beispielsweise Gesichter besser, bei denen die linke und rechte Gesichtshälfte möglichst symmetrisch sind. Zudem gibt es gesellschaftliche Trends, was uns gefallen soll. Zu Zeiten der Venus von Willendorf war die vollleibige Frau attraktiver, da große Körpermaße darauf schließen ließen, dass jemand gut für sich sorgen konnte. Heute sind es eher die sportlichen Typen, da die Sportlichkeit darauf schließen lässt, dass so jemand auf sich selbst achtet und auch körperliche Kraft und Ausdauer mitbringt. Doch wir sind eben nicht absolut durch solche Vorprägungen dominiert. Wir sind durchaus in der Lage Menschen schön zu finden, die den gängigen Konventionen dessen, was schön sein „soll", nicht entsprechen.

Nun nehmen wir einfach den Fall an, dass Sie sich in die im ersten Absatz beschriebene Person verliebt haben, auch wenn diese zu Beginn eben gar nicht so sehr Ihrem Schönheitsideal entsprach. Durch die vielen tollen menschlichen Eigenschaften gewann sie dennoch Ihr Herz. Sie wissen ja, dass man in diesem hormonüberladenen, herrlichen Zustand, das Objekt der Begierde noch zusätzlich „verschönt" wahrnimmt. Tatsächlich geschieht in so einem Fall eben etwas sehr Interessantes. Es beginnt eine echte **Neuverknüpfung der Faktoren, die wir als attraktiv wahrnehmen**. Wenn Sie Ihr Gegenüber lieben, dann weil Sie das Gefühl haben, dass Sie diese Person geradezu ideal ergänzt. Ihr Gehirn glaubt Ihnen das jetzt einfach mal und macht nun folgendes. Es schaut sich diese beeindruckende Person genauer an und speichert die äußeren Merkmale gemeinsam mit diesen positiven Gefühlen ab. Gerade Besonderheiten im Aussehen verbinden wir dann sehr stark mit der Person an sich – auch wenn uns in Wahrheit die Werte, Ziele, Weltsicht, Fähigkeiten, etc. so beeindrucken. Wir können ja weiterhin nicht ins Innere sehen und müssen dann eben naiv annehmen, dass jemand der so aussieht eben jene tollen inneren Eigenschaften aufweisen wird.

Nun sollte es vielleicht nicht glücklich enden. Nehmen wir an, dass der Mensch, der uns so viel bedeutet, den wir geradezu anbeten, verstirbt. Eine Welt bricht zusammen. Ein Teil unseres Selbst stirbt – aus dem Wir geht das Du verloren und unser Ich bleibt wimmernd und schmerzerfüllt zurück. In der ersten Zeit sehen wir andere Menschen eigentlich gar nicht richtig. Die Trauer liegt wie ein grauer Schleier über der Welt und lässt sonnige Gefühle kaum durch. Nach eben jener Zeit, die wir benötigen, um erste Schritte aus diesem Tief zu gehen, gehen wir mit einer neuen Wahrnehmung durch die Welt. Es ist eine andere als vor unserer letzten Beziehung. Vor dieser hätte uns jemand mit einer solch breiten Nase noch eher abgestoßen. Nun verbinden wir sie jedoch mit diesen stark positiven Gefühlen und sie erscheint uns sehr attraktiv – so wie viele andere Kleinigkeiten, die wir mit unserem ehemaligen Partner in Verbindung bringen. Unser Schönheitsideal wurde neu gestaltet.

Das Prinzip der Verknüpfung von oberflächlichen Eindrücken mit Fähigkeiten und Eigenschaften finden wir auch bei vielen anderen Gelegenheiten. Beispielsweise ist es für Comedians zu Beginn ihrer Karriere sicherlich wesentlich schwerer Lacher zu erzielen. Wir kennen den da vorne auf der Bühne schließlich nicht. Erst wollen wir Beweise für seine Qualität haben, bevor wir lachen. Wenn aber heute ein Michael Mittermaier oder ein Roland Düringer auftreten, dann ist fast alles, was die machen, lustig, da wir die Person an sich schon lustig finden – assoziieren wir sie doch mit unzähligen Lachern und Pointen aus der Vergangenheit. Genauso wie jemand witziger wirkt, wenn er oder sie beispielsweise genau die Stimme eines Comedians hat oder sich so bewegt oder die gleiche Art zu sprechen hat.

Attraktiv ist alles, was uns dabei hilft das zu bekommen, was wir wollen. Was uns dabei hilft, lernen wir durch Erfahrungen. Wenn wir über längere Zeit mit jemandem in Kontakt sind, der Stärken aufweist, dann erscheinen uns Menschen, die dieser Person ähnlich sind in Zukunft ebenfalls attraktiver. Da wir – zumindest in Situationen ohne Zwang – eher mit Menschen zusammen sind, die uns sympathisch sind, kommt es immer wieder dazu, dass Menschen, die uns sympathisch sind, letzten Endes des Öfteren auch attraktiv erscheinen. Das Ganze ist offensichtlich ein Entwicklungsprozess, in dem sich unsere Menschenkenntnis Schritt für Schritt verfeinern soll. Auch hier steckt wieder ein tieferer Sinn dahinter, soll doch unsere erste Einschätzung möglichst schnell möglichst richtig sein. Problematisch wird es allerdings, wie bereits erwähnt, dann, wenn wir zu sehr davon überzeugt sind, eine großartige Menschenkenntnis zu besitzen.

7 Die Beziehung

Wenn sich eine Freundschaft ergibt und sich diese über einen längeren Zeitraum hält, dann geht es in solchen Beziehungen weniger darum was man besonders gut machen muss, um sie am Leben zu erhalten. Viel mehr gibt es einige Verhaltens- und Denkweisen, die man abbauen sollte, damit wir nicht gute Beziehungen kaputt machen. Mit der richtigen Einstellung gegenüber anderen Menschen kann man sein eigenes Leben zudem maßgeblich bereichern. Die wichtigsten Phänomene und deren Hintergründe betrachten wir in den folgenden Kapiteln.

7.1 Geteilte Freude ist vervielfachte Freude

Sicherlich kennen Sie jemanden, der etwas besitzt, das Sie selbst gerne hätten. Welche Gefühle das in Ihnen auslöst hängt davon ab, wie sympathisch Ihnen diese Person ist. Wenn es sich um Ihren besten Freund oder Ihre beste Freundin handelt, die einen tollen Job angeboten bekommt, dann freuen Sie sich mit ihm bzw. ihr. An Ihren Gefühlen können Sie ganz leicht ablesen, wie Sie zu den Leuten in Ihrem Umfeld stehen.

Wenn Sie sich ehrlich mit jemand anderem freuen können, dann weil Sie sich stark **mit Freunden identifizieren** können. Ihre Werte und Ziele stimmen Großteils mit denen jener Personen überein, Sie schätzen gewisse Fähigkeiten, die Ihnen eventuell selbst fehlen und leichte Schwächen des Freundes können Sie leicht akzeptieren. Es ist eine Beziehung in der man füreinander da ist und sich aufeinander verlassen kann. Es ist kein Ich und Du mehr sondern ein Wir. Damit geschieht das Positive nicht nur für den Menschen, der diesen Job angeboten bekommt sondern auch für diejenigen, die mit diesem in einem solchen Wir-Gefüge, also einer sehr positiven Beziehung, verbunden sind. Auch wenn rein technisch gesehen dahinter liegt, dass man sich freut, weil man ja selbst vom Erfolg der Freunde profitieren könnte, so steht das bei einer ehrlichen Freundschaft auf der Gefühlsebene nicht im Vordergrund. Bei einer wirklich engen Freundschaft freut man sich für das Gegenüber genauso als wenn einem selbst etwas Tolles widerfahren wäre.

Wenn Sie nie Missgunst in Bezug auf eine Person empfinden sondern sich ehrlich mit dieser freuen können, dann sind Sie mit dieser wirklich tief freundschaftlich verbunden.

In diesem Vorgang liegt ein Schlüssel, um besser aus eigenen Tiefs herauszukommen. Manchen Menschen geht es ja sogar noch schlechter, wenn die Leute um sie herum Erfolge feiern. Wenn Sie jedoch so tiefe und sympathische Verbindungen zu Menschen haben, dass Sie keine negativen Gefühlen bei deren Erfolgen haben, dann erleben Sie viel öfter positive Erlebnisse und wenn bei Ihnen selbst einmal nicht alles so toll läuft, dann verhilft Ihnen diese geteilte Freude zu positiven Erlebnissen. Diese stärken immer unser Lebensgefühl, sodass wir wieder stärker und selbstvertrauter auftreten und dies sind nun mal wichtige Grundlagen für persönliche Erfolge.

Wenn Sie sich mit anderen nur begrenzt mitfreuen können, sind Sie deswegen natürlich kein schlechter Mensch – unbefleckt und gänzlich rein ist diese Freude nur bei einem kleinen Anteil der Bevölkerung. Für diese Befleckung hat die verstärkte Verbreitung von Gier und Neid leider gesorgt. Jedoch kann man sich von diesen Gefühlen befreien, indem man genau gegen diese Einstellungen arbeitet. Man sollte sich auch die vielen positiven Eigenschaften und die netten und freundlichen Charakterzüge der Freunde immer wieder ins Gedächtnis rufen. Wenn man jemanden wirklich von ganzem Herzen mag, dann wird man seine Freude auch in der reinsten Form teilen können.

Reiner und ehrlicher empfinden wir die Freude mit anderen, wenn wir uns klar machen, wodurch diese Leute ihren Erfolg verdient haben. Genauso macht es freier, wenn man sich überlegt, ob man das überhaupt wollen würde, was sich die Person verdient hat und ob man selbst den

Einsatz bringen möchte, der für das Erreichen dieses Ziels notwendig war. Alles, was uns die Person näher bringt, wodurch wir uns stärker mit ihr identifizieren können, hilft uns dabei uns mit anderen mitzufreuen. Dadurch öffnen wir die Türen für weitaus mehr Freude in unserem Leben.

7.2 Neid & Missgunst

Nun schrauben wir mal an der Sympathie und kehren sie ins Negative. Stellen Sie sich einen Nachbarn oder einen Arbeitskollegen vor, den Sie nicht besonders mögen – gegen den Sie sogar eine ziemliche Abneigung haben. Wo immer Sie können weichen Sie einer Begegnung aus. Gespräche sind Ihnen lästig und Ihre gespielte Freundlichkeit kostet Ihnen viel Kraft. Die Wesensart dieser Person verleitet Sie dazu, alles an Ihnen selbst ändern zu wollen, was Sie mit diesem Menschen teilen. Für Sie ist dieser Mensch einfach nur aufdringlich, arrogant, dämlich, unsensibel, ohne echte Skrupel, usw. Sollte Ihnen niemand einfallen, auf den solche Attribute zutreffen, dann können Sie sich an dieser Stelle herzlich gratulieren. Wenn Ihnen eine Person eingefallen ist, dann stellen Sie sich vor, wie diese eines Tages mit etwas auftaucht, was Sie schon immer haben wollten. Egal ob es sich um ein Auto handelt, einen Job, Kleidung oder sonst etwas. Werden Sie sich für die Person freuen? Naja, wenn Sie Jesus sind – vielleicht. Unser Innerstes wird uns aber eher andere Gefühle anbieten. Neid und in diesem Fall noch etwas Gemeineres: Missgunst.

Neid bedeutet, dass wir einen Gegenstand selbst gerne besitzen würden. Missgunst bedeutet, dass die andere Person diesen Gegenstand nicht besitzen soll.

Selbst wenn wir etwas haben, wollen wir nicht, dass eine „verhasste" Person es ebenfalls besitzt. Sie verdient es nicht. Die ursprüngliche Reaktion wäre zu versuchen es dieser Person abzuknöpfen, sofern dies keinen größeren eigenen Schaden bedeuten würde. Da es gesellschaftlich verpönt ist Missgunst auszudrücken oder gar wirklich anderen ihren Besitz abzujagen, bleiben die Gefühle meistens unausgesprochen. Der Hintergrund für dieses Gefühl ist es natürlich, dass man Menschen, die einem völlig gegen den Strich gehen und die damit laut unserer ursprünglichen Vorstellungen Feinde sind, ungern im Besitz von Dingen sieht, die diese stärken. Wir haben eben lieber schwache Feinde. Wenn sich Feinde verbessern, dann bedeutet dies eine größere Bedrohung für uns. Dies löst ganz natürlich negative Gefühle aus. Wenn jemand kein klarer Feind ist, uns aber auch nicht sympathisch ist und dabei Ressourcen oder Fähigkeiten besitzt, die wir sehr gut brauchen könnten, dann kann es zu Konstellationen kommen, bei denen wir mit Menschen zusammenarbeiten, die wir eigentlich nicht mögen.

Zweckpartnerschaften entstehen bei genau solchen Grundvoraussetzungen, bei denen normaler Weise Missgunst auftreten würde. Stellen Sie sich vor, dass jemand etwas kann oder hat, das Sie unbedingt benötigen, um ein besonders wichtiges Ziel zu erreichen. Um es einmal etwas Plastischer zu gestalten, bedienen wir uns eines Klischees. Nehmen wir auf der einen Seite eine junge, schöne Frau an, die praktisch keinerlei Besitz hat und sich selbst nicht zutraut mit ihren Fähigkeiten Besitz zu erwerben. Auf der anderen Seite haben wir einen vermögenden, weniger schönen, dafür umso älteren Mann – natürlich funktioniert das Prinzip auch bei vertauschten Rollen. Die Frau im Szenario hat ein sehr starkes Sicherheitsbedürfnis bzw. unterliegt sie alten Prägungen, dass man alles was glücklich macht mit Geld erwerben kann. Diese naive Prägung ist heute absolut keine Seltenheit und wird von manchem ein Leben lang nicht überwunden. Es ist ja fast schon gemein, dass man diesen Glauben an Geld als Allheilmittel am erfolgreichsten verliert, indem man einmal selbst viel Geld besessen hat. Doch auch viel Besitz bedeutet nicht, dass man erkennt, dass Geld an sich keinen Wert hat, wie wir beim Thema Fixierungen schon behandelt haben. Es kommt aber immer wieder vor, dass vermögende Menschen alles verschenken und lieber ein komplett einfaches Leben verbringen, da sie erkannt haben, dass ein Großteil ihrer Gedanken sich um das Geld an sich, dessen Vermehrung, Schutz und die Dinge, die man damit kaufen kann, drehten. Ein derart sinnentleertes Leben wollten sie nicht mehr führen und sagten sich von diesen goldenen Fesseln los. Menschen mit sehr viel Geld haben im Schnitt noch mehr mit Komplexen, Unzufriedenheit und Perspektivenlosigkeit zu kämpfen als durchschnittlich vermögende Menschen der gleichen Gesellschaft. Bei den Studien über die zufriedensten Bürger dieses Planeten gewinnen stets irgendwelche Inselbewohner, die das Jahr über schönes Wetter haben, deren Nahrung ringsum auf Bäumen und an Sträuchern wächst und unter denen es keine Reichen gibt, an denen sie sich messen könnten. Es ist schlussendlich nicht das Geld an sich, das Probleme bereitet, sondern der Wert, den wir dem Geld verleihen.

Nun aber zurück zu unserer jungen Frau, wir wollen sie nicht zu lange alleine und ignoriert auf uns warten lassen. Das Ziel dieser Dame ist die persönliche Absicherung und Sie ist der festen Überzeugung, dass man dafür vor allem Geld benötigt. Ihre Schwäche ist jedoch, dass sie sich selbst eben nicht zutraut genug Geld zu verdienen. Deswegen erscheinen ihr Menschen mit starkem monetärem Hintergrund attraktiv. Sie haben das, was ihr fehlt, um ihr Ziel zu erreichen. Nun hat die Frau durchaus noch andere Ziele und selbstverständlich auch Wertvorstellungen. Der Mann hat zwar Geld, jedoch ist seine Art mit Menschen umzugehen und das Leben zu sehen, keine, die ihr zusagt. Sie teilen nicht die gleiche Wellenlänge. Er ist ihr nicht wirklich sympathisch, selbst wenn sie sich das nicht eingestehen würde. Ihr Aussehen befriedigt im Gegenzug direkt sein Bedürfnis nach Sexualität und zudem kann sie als Aushängeschild dienen. Das sind natürlich oftmals keine Gedanken, die in dieser Härte gedacht werden. Vielmehr wird man sich einreden, dass das Gegenüber sicher noch andere Qualitäten als die offensichtlichen aufweist. So kann man sich ohne echte Sympathie in einer Partnerschaft binden. Das Problem hierbei ist, dass mit der Zeit eben augenscheinlich wird, dass man nicht wirklich zusammenpasst. Es kostet Kraft die Illusion aufrecht zu erhalten, um dem Gegenüber zu gefallen und gleichzeitig kostet es noch mehr Kraft das zu tolerieren, was einem am Gegenüber nicht gefällt. Das geht beiden Seiten so und die zu Beginn stillen Vorwürfe, die man dem anderen gegenüber macht, werden irgendwann – in einer besonders angespannten Situation – laut geäußert.

Solche Beziehungen haben ein Ablaufdatum. Dieses ist spätestens dann erreicht, wenn für eine der beiden Seiten der vielleicht einzige attraktive Faktor – Geld bzw. Schönheit – nicht mehr so reizvoll ist. Wenn die Frau auf einmal selbst Erfolg hat und nicht mehr auf die materielle Unterstützung angewiesen ist oder der Mann eine Frau trifft, die ihm noch besser gefällt und vielleicht sogar ein wenig sympathischer ist, dann ist die Beziehung zu Ende – das wird nicht lange dauern. Hier fehlt das tragende Fundament einer anhaltenden Beziehung, die sympathischen Kräfte.

Zweckbeziehungen sind also solche, bei denen man sich trotz fehlender gleicher Welllänge mit jemandem einlässt, der ein **starkes Bedürfnis direkt befriedigt** bzw. eine Eigenschaft / Fähigkeit aufweist, die für einen selbst sehr wichtig und wertvoll erscheint. Unter Umständen kann aus so einer Zweckbeziehung auch echte Freundschaft bzw. Liebe werden. Wir haben schon gesehen, dass Schönheit über die Zeit entstehen kann – zumindest in den Augen des Betrachters. Genauso können einem erst später gewisse Gemeinsamkeiten auffallen. Im Laufe der Partnerschaft ist es durchaus möglich zu erkennen, dass man doch Werte und Überzeugungen teilt. Dadurch würde sich die Sympathie quasi im Nachhinein einstellen. Nichts ist undenkbar – wenn auch vieles sehr unwahrscheinlich. Aber gerade das macht das Leben spannend und nicht ganz vorhersehbar.

Sympathie ist also die Basis dafür, welche Empfindung ausgelöst wird, wenn wir das betrachten, was andere Menschen haben – ob an Fähigkeiten, Materiellem oder sonstigem. All die Nuancen, die wir für Menschen empfinden können, fußen letztlich auf unserer Grundhaltung gegenüber der jeweiligen Person. Dieses Wissen sollte man nutzen, um sich klar zu machen, dass viele negative Emotionen durchaus veränderbar sind. Man kann hier an sich arbeiten und befreit nicht nur die Beziehung von diesen negativen Einflüssen sondern muss vor allem selbst weitaus weniger schlechte Gefühle ertragen.

7.3 Diskussion versus Streit

Unzählige Beziehungen sind schon gescheitert, weil die Kunst miteinander zu reden nicht beherrscht wurde. Miteinander auf einem guten Niveau zu sprechen ist leider etwas, was uns niemals beigebracht wird. Doch in der Kommunikation gibt es viele Stolpersteine. Manche Themen wollen wir nicht ansprechen, weil sie uns peinlich sind. Unausgesprochenes hat aber die Tendenz in unseren Gedanken zu wachsen. Irgendwann ist es zu groß, um damit noch vernünftig umzugehen. Manchmal hat man dann wieder das Gefühl, dass der Partner eigentlich das Problem ansprechen müsste – egal ob dieser das Problem vielleicht gar nicht sieht. „Übers Reden kommen die Leute zusammen.“, so sagt man jedenfalls. Über das Nichtreden scheitern in jedem Fall viele Beziehungen. Natürlich ebenso über eine nicht vorhandene Kommunikationsfähigkeit. Das heißt, es reicht nicht aus über ein Problem reden zu wollen. Man muss die Kommunikation schon bis zu einem gewissen Punkt beherrschen, damit aus Gesprächen etwas Sinnvolles hervorgeht. Deshalb sollen hier die wirklich wichtigsten Kniffe besprochen werden, die helfen können, Konflikte zu vermeiden oder zu bereinigen, falls sie sich nicht vermeiden lassen.

Gespräche sind ja grundsätzlich etwas Fabelhaftes. In Gesprächen erkennt man nämlich besonders gut, ob man wirklich zueinander passt. Das Grundgefühl sollte sowieso stimmen, aber letztlich muss man miteinander reden, um zu erfahren was der Partner wirklich will, wie er oder sie Situationen sieht. Dabei ist nicht jedes Gespräch der unverfängliche Austausch von Informationen. Die würzigsten Unterhaltungen haben unterschiedliche Meinungen oder gar Ziele zum Thema. Wenn unsere Meinungen auseinandergehen, so haben wir weiter oben schon gesehen, eröffnet sich für uns die Chance unser Gegenüber besser zu verstehen. Leider nutzen wir diese Chancen oft nicht und versuchen stattdessen unserem Partner unsere Meinung aufzuzwingen, ihn zu überreden. Dann wird aus einer Chance wieder ein Problem. Herausforderungen wird es in Liebesbeziehungen immer geben. Die Beziehung kann an ihnen wachsen oder sie kann durch sie beschädigt werden.

In einer Liebesbeziehung verschmelzen zwei Ichs zu einem hoffentlich idealen Wir. Wenn Sie sich die Schilderungen zu Sympathie und Attraktivität in Erinnerung rufen, dann sollte klar sein, was für eine starke und anhaltende Liebesbeziehung von grundlegender Bedeutung ist. In einer Liebesbeziehung ist es von absoluter Wichtigkeit, dass die **Wellenlän-**

ge, die Werte und die grundsätzliche Lebensausrichtung zusammenpassen. Wenn Sie über die gleichen Dinge lachen können, dann scheinen Sie über thematische Gemeinsamkeiten genauso zu verfügen wie über ähnliche Denkweisen. Ähnliche Denkweisen im Sinne einer Weltanschauung sind extrem wichtig. Gibt es hier Unterschiede, dann haben wir an dieser Stelle großes Streitpotenzial. Nicht nur, dass man hier die Dinge unterschiedlich sieht. Bei einer Weltsicht steckt sehr viel Überzeugung und damit Emotion dahinter. Deshalb werden verbale Kämpfe bei diesen Themen umso intensiver und härter ausgefochten. Ist man sich bei einer Banalität uneinig, dann wird man eine gute Beziehung deswegen nicht in Schieflage bringen wollen.

Je ähnlicher man die Dinge sieht, umso mehr erübrigt es sich die Dinge auszudiskutieren bzw. auszustreiten. Hier gibt es übrigens einen wichtigen Unterschied hinsichtlich der Art wie wir Gespräche führen. **In der Diskussion** geht es darum, dass man sich auf Augenhöhe, heißt mit gegenseitiger Anerkennung, mit einem Thema befasst. Das Ziel ist das Finden einer Lösung, die beide verstehen und akzeptieren. Am Ende sollten die verschiedenen **Sichtweisen ineinander übergegangen** und **beide Seiten mit der Lösung zufrieden** sein. Nach einer gut geführten Diskussion, die zwischenzeitlich auch mal ein wenig hitziger werden darf, gibt es weder Gewinner noch Verlierer. Beide können mit dem Ergebnis leben und finden den gefundenen Weg, egal wie der dann aussieht, akzeptabel oder sogar besser als die vorherigen individuellen Vorschläge.

Beim Streit – wenn es Zuseher gibt, nennt man es eine Debatte – geht es um das **Durchsetzen seines Standpunktes**. Man versucht nicht die Argumente des anderen zu akzeptieren sondern in ihnen Angriffspunkte an dessen Standpunkt zu finden. Es gibt kein Aufeinanderzugehen außer als Finte. Beim Streit geht es nicht darum, wessen Ansicht bzw. Lösung die richtigere ist. Vielmehr ist es hier ein Machtspiel, wer seine Position durchsetzt. Bei einer Debatte gibt es – sofern man den Streit überhaupt beendet – einen Gewinner und einen Verlierer und somit selbst nach dem Ende des Streits auch immer nachwirkende Spannungen auf emotionaler Ebene. Wer kennt das nicht. Man gibt nach und wartet nur darauf, dass sich die Entscheidung, die der andere durchgesetzt hat, als fehlerhaft herausstellt. Im Streit bleibt man in Wahrheit emotional immer noch auf dem eigenen Standpunkt stehen – egal was man mit Worten ausgedrückt hat. Man kann sich den Streit- bzw. Diskussionsprozess wie folgt vorstellen, wobei der obere Verlauf eine Diskussion darstellt und der untere einen Streit.

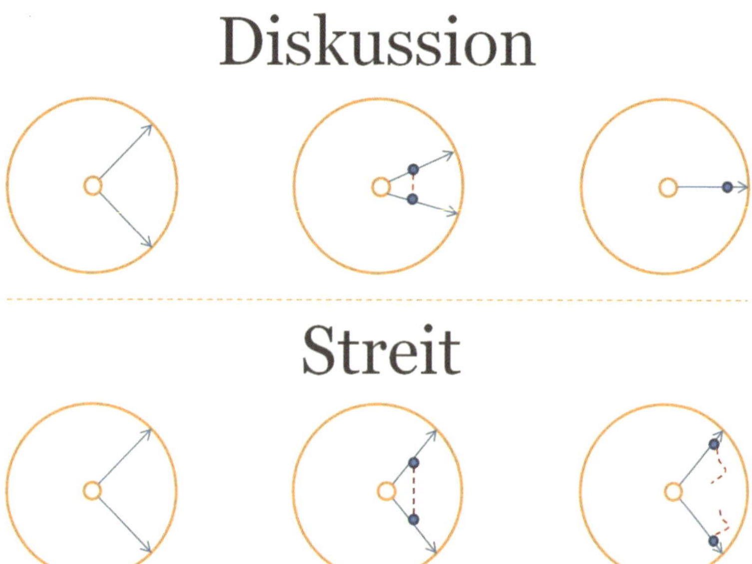

Die blauen Pfeile repräsentieren die Denkrichtungen, die in beiden Fällen ab einem gewissen Punkt auseinanderlaufen. Die dunkelblauen Kreise repräsentieren unsere thematischen Positionen im Zeitverlauf. Bei der Diskussion versucht man die Gründe für die andersartige Sichtweise des Partners zu verstehen. Man nähert sich gedanklich an. Die strichlierte, rote Linie zwischen den blauen Punkten visualisiert die Intensität der Spannung, die wir auch als Gereiztheit und manchmal sogar als Wut spüren. Je länger sich der Streit hinzieht, je wichtiger wir die Sache nehmen und je genauer wir die Unterschiede in unseren Überzeugungen erkennen, umso stärker rückt man voneinander weg. Genauso kann es ein Zeitfenster geben, in dem man eine Entscheidung treffen muss. Die blauen Kreise signalisieren durch ihr Vorrücken zum rechten Rand diese Zeitkomponente. Die Spannung und damit die negativen Emotionen nehmen zu, je stärker man sich der Entscheidung nähert, je kleiner das Zeitfenster wird bzw. je mehr Gewicht man dem Thema gibt. Nähert man sich mit einer Diskussion einander an, kann die emotionale Spannung komplett herausgenommen werden – es ist eine echte Einigung. Bleibt man im Streitmodus, so ergibt sich die Frage, wie viel Abweichung und damit Spannung hält die Beziehung überhaupt aus. Ein klassisches Beispiel ist etwa der Kinderwunsch. Wenn sich zwei Partner entschlossen haben keine Kinder zu bekommen, doch beispielsweise möchte die Frau etwas später doch welche, dann sind das schon ganz grobe Zielkonflikte. Dies wird zu Spannungen führen. Je weiter die Ziele von zwei Leuten auseinander liegen, umso größer werden die Spannungen. Aber wie ein Gummiband, das sich mehr und mehr spannt, dann schon geradezu vibriert, so sind auch diese Beziehungen nicht endlos belastbar. Wenn die Spannung zu groß wird und nicht durch Reflexion, Einsicht, etc. reduziert wird, dann reißt die Beziehung auseinander.

Das Band ist umso stärker, je mehr man voneinander hält und je mehr positive Aspekte man in der Beziehung sieht. Doch nichts ist unendlich belastbar. Die vorherige Abbildung „Streit“ zeigt, dass die Beziehung an diesem Problem gescheitert ist, die Bilanz von Anziehung und Abstoßung wurde hier im Streit negativ und die Verbindung dadurch überstrapaziert. Das Band reißt. Oft gibt es aber auch einen großen Streit, man nähert sich soweit an, wie es beide vor sich selbst vertreten können. Es gibt keine echte Einigung. In der Beziehung bleibt immer eine stille Anspannung bestehen, die rasch wieder aufbrechen kann.

Anspannung

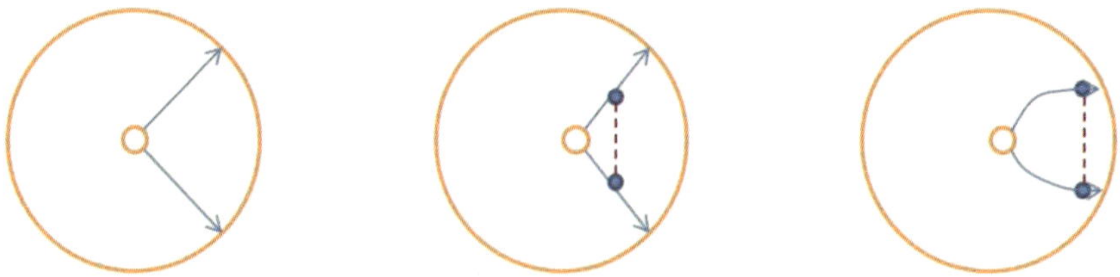

Im Alltag vermischen sich diese Formen des Austauschs gerne. Wenn Sie Ihr Gegenüber schätzen und respektieren, dann respektieren Sie auch dessen Meinung und fragen Ihren Partner, wie dieser dazu gekommen ist. Unsere Meinungen kommen nicht aus dem Nichts sondern es stehen immer Gründe dahinter, die sich aus unseren Erfahrungen speisen. Verstehe ich die Ideen und Meinungen meines Partners besser, intensiviert das die Verbindung zu diesem. Wenn man die Sichtweise des anderen nachvollziehen kann und dies auch umgekehrt der Fall ist, dann versteht man einander und kann gemeinsam zu einer Lösung kommen.

Ein Streit bedeutet letztlich immer, dass – wenn man die zwei Ichs des Wir übereinanderlegt – Abweichungen existieren, die dem Wir das gezielte Vorankommen erschweren. Wenn wir zwei Menschen aneinanderbinden und jeder in eine andere Richtung strebt, wird es kein vernünftiges Vorankommen geben. Wenn beide in einer Sache etwas anderes wollen, dann kommt es zum Konflikt. Dabei ist es nicht selten der Fall, dass man eigentlich das Gleiche will, es aber unterschiedlich ausdrückt. Sie würden sich wundern, wie oft es Streit und sogar Trennung gibt, nur weil man nicht versucht zu verstehen, was das Gegenüber eigentlich wirklich will – was der Kern dessen ist, was ihn beschäftigt.

Das wichtigste Wort im Sprachschatz ist: Warum?

Fragen sind die Grundlage für eine inhaltliche Annäherung. Woher soll das Gegenüber wissen, warum man anderer Meinung ist oder worauf der eigene Standpunkt beruht. Wenn Sie nicht einer Meinung sind und noch nicht verstehen, warum Ihr Gegenüber auf etwas beharrt, fragen Sie, warum ihm oder ihr diese Sache so wichtig ist bzw. warum er oder sie etwas genau auf diese Weise will. Auf diese Weise diskutieren Sie und gehen aufeinander zu. Es ist deswegen trotzdem nicht immer leicht, aber wenn beide Seite verstehen, warum diese Vorgehensweise sinnvoll ist, dann werden Meinungsverschiedenheiten, die eigentlich nur Kommunikationsschwierigkeiten sind, rasch verschwinden.

7.4 Abneigung & Hass: Überwinden – wo möglich

Wenn wir über Anziehung sprechen, dann kann man das negative Pendant nicht ganz ausblenden. Zudem kommt es gar nicht so selten vor, dass sich innige Beziehungen ins krasse Gegenteil wandeln, aus Liebe blanker Hass entsteht. Auch dies erklärt sich am leichtesten aus unserem Verständnis für Sympathie und Attraktivität. Ein Beispiel, wo die Gefühle derart umschlagen können, haben wir bereits angeschnitten. Bei Zweckpartnerschaften kann dies vorkommen. Wenn man im Innersten eine immer stärker werdende Abneigung gegen den Partner entwickelt, da man zwar das will, was er hat und an dem es uns mangelt, aber wir immer schwerer ignorieren können, dass diese Person unzählige negative Eigenschaften und Werte hat. Wenn dann der eine, als Gegengewicht dienende Faktor der Anziehung wegfällt, dann kann schnell massive Abneigung entstehen. Sie sind sicher schon einmal durch einen Wald gegangen. Wenn jemand vor Ihnen geht, der sich die Äste aus dem Weg schiebt, dann gibt es einen kurzen Moment, in dem der Vorgänger den Ast noch zurückhält. Sobald jedoch dieser letzte Kontakt abbricht, schnellt der Ast zurück und mit ein wenig Pech trifft er uns mitten ins Gesicht. Das heißt nicht, dass Sie den, der vor Ihnen geht dann hassen sollen. Es geht um die Dynamik, wenn der Ast vorne nicht mehr gehalten wird und die davor aufgebaute Spannung, die entsteht, da der Vorgänger den Ast mit sich zieht und verbiegt, sich in einem einzigen Moment in die andere Richtung entlädt. Genauso können sich im Stillen irrwitzig viele negative Emotionen und Spannungen in einer Beziehung aufbauen. Wenn die Spannung einen kritischen Punkt überschreitet oder eben das kleine Gegengewicht an Sympathie oder Attraktivität wegfällt, entlädt sich die gesamte negative Energie und es entsteht sehr schnell sehr viel Hass.

Hass entsteht dort, wo entweder durch jemanden viele unserer Werte und Ziele frustriert werden oder wo jemand auf der sympathischen Ebene diametral zu uns erscheint.

Aber betrachten wir kurz Hass bzw. Abneigung im Rahmen unseres Ansatzes. Unsympathisch sind uns Menschen, die eine ganz andere Weltsicht haben als wir. Sie haben andere Ziele und die Wege, die sie gehen um ihre Ziele zu erreichen, würden sich mit unseren Werten nicht vertragen. Es gibt auf der Ebene der Ziele und Werte keine Gemeinsamkeiten. Das würde soweit nur bedeuten, dass es keine Basis für Anziehung gibt. Soweit wäre es uns aber noch eher egal. Richtig unangenehm wird es, wenn ein Mensch unser genaues Gegenteil ist und damit eigentlich jemand Böses und wir dennoch Eigenschaften und Fähigkeiten mit diesem teilen. Denn dann haben wir etwas gemeinsam mit jemandem, mit dem wir uns nun wirklich nicht identifizieren wollen.

Wir wollen uns nicht in Menschen wiedererkennen, bei denen wir davon ausgehen, dass sie konträre Ziele und Werte haben. Wenn wir jemanden so negativ wahrnehmen und uns dann teilweise in dieser Person wiedererkennen, dann ist es so, als würde man in einen dunklen, dreckigen, stinkenden Spiegel sehen und darin eine hässliche Verzerrung eines Teils unserer Persönlichkeit wahrnehmen. Da wir das eben nicht sehen wollen, stoßen uns die Menschen ab. Damit entgehen wir der Erkenntnis, dass in uns Eigenschaften von bösen Menschen schlummern oder es eigentlich keine wirklich bösen Menschen gibt, außer man gesteht sich ein selbst zum Teil böse zu sein. **Wir sollten uns selbst als gut empfinden**. Das ist wichtig, wie wir im Thema „Selbstbild“ behandelt haben. Wenn wir etwas in uns haben, das auch schlechte bzw. unsympathische Menschen in sich tragen, macht uns das dann nicht auch irgendwo schlechter und schwächer? Zum **Schutze unserer Selbsteinschätzung** versuchen wir daher speziell diesem Menschen aus dem Weg zu gehen, sie stoßen uns besonders ab. Hier spielt natürlich herein, dass wir die Menschen oft zu oberflächlich und mit dem Halo-Effekt konstruieren. Es gibt kaum wirklich böse Menschen und wenn man die Entwicklungsgeschichte und die Rahmenbedingungen kennen lernt, dann kann man in den allermeisten Fällen nachvollziehen, warum die Menschen so geworden sind. Man will sich dann zwar dennoch nicht mit ihnen identifizieren, aber man wird erkennen, dass in jedem auch positive Eigenschaften und Fähigkeiten vorhanden sind und man sich selbst nicht schlecht fühlen muss, wenn man die eine oder andere Eigenschaft mit so jemandem teilt.

Hass verliert stark an Kraft, wenn man sich klar macht, aus welchen Beweggründen jemand etwas getan hat, für das man ihn hasst.

Normalerweise entwickelt man so starke negative Gefühle ja nicht grundlos. Da muss schon etwas Heftiges vorfallen und zwar etwas, das uns drastisch zuwiderläuft. Beispielsweise kann es eine Person geben, die mit uns in Konkurrenz steht. Konkurrenz bedeutet, dass man die gleichen Ziele teilt – was ja sympathisch sein müsste – jedoch nicht wenn es um begrenzte Ressourcen geht. Hier entsteht Verdrängungswettkampf. Wenn nur der eine oder der andere dieses Ziel erreichen kann, dann kommt es zum Kampf. Wenn uns jemand bei der Erreichung unserer Ziele im Wege steht, dann sucht unser Organismus nach Möglichkeiten dieses Hindernis zu überwinden. Je wichtiger das Ziel ist, umso härter werden die Schläge gegen den Gegner sein. Das paradox-wirkende am Hass ist also, dass er entstehen kann, wenn grundsätzlich die Vorbedingung für Anziehung gegeben wäre. Und es kommt nicht selten vor, dass aus einer Hassbeziehung sogar Freundschaft wird, sobald der Kampf vorbei ist. Schließlich hat man dann schon etwas gemeinsam, nämlich das geteilte Ziel, und sogar eine gemeinsame Erfahrung, den Kampf.

Der Hass bewirkt, dass wir zu **viel aggressiveren Methoden** fähig werden, als wenn dieses Gefühl nicht entstehen würde. Das Gefühl ist einfach die Formulierung unseres Verstandes, dass etwas uns vehement daran hindert unser Glück zu finden und wir diesem Umstand ein Ende bereiten sollen. Hass kann bis zur Entmenschlichung führen. Ein gesund aufgewachsener Mensch, der in einem funktionierenden sozialen Netz gewachsen ist, wird nur im äußersten Fall andere Menschen verletzen. Viel eher wird man das Ziel fallen lassen, als auf eine wirklich harte Konfrontation zu setzen. Wenn aber eine Gesellschaft entsteht, in der sich jeder selbst der nächste ist und andere Menschen damit im Umkehrschluss nicht mehr so wertvoll erscheinen, dann fällt es viel leichter andere zu verletzen. Hier finden wir ebenfalls ein Symptom auf Grund fehlender Demut und Wertschätzung anderen gegenüber. Leider sind das unvermeidbare Entwicklungen im einem System des Wirtschaftsliberalismus und anhängigen Ideologien.

Wenn man sich die Sympathieebene ansieht, gibt es also Menschen, die uns sympathisch sind, weil wir einen gemeinsamen Weg haben und diese sind attraktiv, wenn wir den Weg gemeinsamen schneller gehen können. Hieraus entsteht Freundschaft. Dann gibt es Menschen, die zwar die gleichen Ziele und Werte haben, aber nichts bieten, von dem man irgendwie profitieren könnte. Es ist zwar nett, wenn man sich über den Weg läuft aber man reißt sich kein Bein aus, um ein erneutes Treffen absichtlich herbeizuführen. Dann gibt es Menschen, die sich auf Ebene der Ziele und Werte von uns stark unterscheiden. Mit denen hat man eigentlich nichts Gemeinsames zu bereden. Man langweilt einander, versteht den Humor nicht und ist sich eben nicht sympathisch. Wenn man dennoch draufkommt, dass man von so jemandem auf Grund ergänzender Ressourcen profitieren kann, wird man sich eventuell zu einer gezwungenen Bekanntschaft aufraffen. Das kostet allerdings Kraft und wird nur solange funktionieren, wie der Nutzen diesen Kraftaufwand übersteigt. Wenn man jemanden unsympathisch findet und erkennt eigene Eigenschaften in dieser Person wieder, dann stoßt uns das ab. Wenn jemand das gleiche Ziel wie wir verfolgen, es aber eine Konkurrenzsituation ist, dann kann es zu Hass kommen, wodurch uns der Verstand aufruft den anderen zu schädigen, um sich selbst durchzusetzen.

An dieser Stelle wird das noch einmal so zusammengefasst, weil es eben durchaus interessant und wichtig ist sich klar zu machen, dass diese Einschätzungen der Menschen, auf denen dann unsere Gefühle ihnen gegenüber basieren, von vielen verzerrenden Faktoren beeinflusst sind. So kommt es, wie bereits erwähnt, etwa immer wieder vor, dass Menschen, die sich lange überhaupt nicht leiden konnten, am Ende sehr gute

Freunde wurden – so unter anderem von einer Teilnehmerin eines Trainings berichtet. Sie hatte eine Nachbarin, als sie ca. 14 Jahre alt war, die ihr total unsympathisch erschien. Es war die Person, die sie auf diesem Planeten am wenigsten mochte bzw. die sie am meisten abstieß. Das hat sich lange so hingezogen, bis sie einmal doch in ein tieferes Gespräch fanden und dort hat sich die Einschätzung sehr stark verändert und aus der Abneigung wurde tiefe Zuneigung. 30 Jahre später sind sie noch immer beste Freundinnen. Es ist ein wahres und wichtiges Beispiel dafür, dass man oftmals durch echtes Zuhören und öffnendes Verständnis anderen gegenüber negative Emotionen überwinden kann.

7.5 Abkehr von negativen Gefühlen & Umgang mit Fehlern

Was einem im Leben oftmals nicht bewusst ist, ist, dass negative Gefühle demjenigen, gegen den man sie richtet, nichts anhaben. Der, der unter negativen Gefühlen leidet, ist der, der sie hat. Wenn uns jemand so richtig auf die Nerven geht, dann denken wir relativ viel über die Person nach und sind dabei schlecht gelaunt. Diese **negative Zeit belastet und macht unglücklich**. Vielleicht weiß die Person noch nicht mal, dass sie uns nervt und geht gelassen und gelöst durchs Leben. Der einzige, der durch diese negativen Emotionen belastet wird, wären in diesem Falle wir. Es bringt uns nichts, wir fühlen uns nicht besser sondern füllen unsere wertvolle Zeit mit negativen Stimmungen. Wenn es ungünstig abläuft, dann treffen wir in einer schlechten Stimmung auf andere Leute und sind ihnen gegenüber unfair oder ein wenig grob und verbauen uns damit eine mögliche positive Beziehung. Dann kosten uns diese negativen Gedanken nicht nur Zeit sondern sogar potenzielle Freundschaften.
Gleiches gilt für den **Umgang mit Fehlern** oder wenn man scheitert. Uns allen geht es hin und wieder so, dass etwas nicht so funktioniert wie

wir wollen und dann ärgern wir uns darüber. Kurzes ärgern ist auch in Ordnung. Es zeigt uns nur, dass etwas von Bedeutung passiert ist – und es nicht so gut lief. Wenn Sie sich über Fehler gar nicht ärgern, sollten Sie sich fragen, ob das, was Sie da gerade machen, für Sie überhaupt von Belang ist. Wir haben zu wenig Zeit in unserem Leben, als dass wir sie an Belanglosigkeiten verschwenden sollten. Sich über Fehler kurz zu ärgern ist in Ordnung – aber eben wirklich nur ein paar Momente. Solange wir sehr emotional sind, können wir nicht rational analysieren, warum etwas schief gegangen ist. Wenn man nach einer Verabredung den Eindruck gewonnen hat, dass es nicht so gut gelaufen ist, dann ärgert einen das eventuell. Je positiver der eigene Eindruck vom Gegenüber war, umso ärgerlicher ist es, dass man es nicht geschafft hat diesem zu imponieren. Je nach Veranlagung und Prägungen denken wir jetzt kurz oder lang über die Vorkommnisse während der Verabredung nach. Wenn wir die oben erwähnten Faktoren beachtet haben und unsere Aufmerksamkeit immer auf unser Gegenüber gerichtet war, dann sollte man durchaus erkennen, wann etwas vorfällt, das unserer Verabredung nicht gefällt. Wenn man die Gedanken immer schweifen lässt oder zu viel über sich selbst nachdenkt, dann stellt man sich dieser Herausforderung mehr oder weniger blind. Dann kann man nichts daraus lernen, da man nicht einmal erkennt, wo etwas fehl gegangen ist.

Der Punkt ist, dass man nach einer Niederlage – egal wo diese stattgefunden hat – sich sachlich überlegen sollte, was man hätte besser machen können. Das kann man erst, wenn man akzeptiert, dass es nicht gut gelaufen ist und die Konsequenzen ertragen kann. Meist sind die **Konsequenzen ohnehin kaum der Rede wert**. Wenn das so ist, dann sollte sich der Ärger in einem geringen Maß halten und wir sollten rasch in der Lage sein darüber nachzudenken, was wir beim nächsten Mal anders machen sollten. Denn genau darum geht es. Solange wir aus unseren Fehlern lernen und idealer Weise auch aus den Fehlern anderer, entwickeln wir uns weiter. Das Leben ist im Kern nichts anderes als **permanente Entwicklung**. Solange man lernt, ist alles im grünen Bereich, auch wenn das Scheitern sehr unangenehm sein kann.

Problematisch wird es allerdings, wenn wir den Gedanken an das Scheitern nicht aus unseren Köpfen bringen und ihn noch zusätzlich mit irgendwelchen Konsequenzen überladen, die letztlich aus der Luft gegriffen sind. Wenn Sie das nächste Mal etwas vorhaben, vor dem Sie nervös sind, dann fragen Sie sich einmal, was **im schlimmsten Fall** geschehen kann. Wenn Sie diese möglichen Konsequenzen akzeptieren können, weil Ihnen noch ein Plan B einfällt, dann können Sie wesentlich lockerer in die Situation gehen. Sie müssen nicht glauben, dass Sie schwach sind, nur weil Sie Nervosität verspüren – sie ist ja nichts Schlechtes. **Nervosität ist nur die stärkere Aktivierung unseres Organismus** – die Systeme schalten einen Gang hinauf. Verwechseln Sie es nicht mit Angst. Bei einer Herausforderung kann man durchaus nervös sein und dieser Zustand macht uns sogar stärker. Wenn man sich klar macht, dass ein Scheitern nicht dramatisch ist, dann wird kaum Angst auftreten – die tatsächlich zu einer Reduktion unserer Fähigkeiten führt und ein Scheitern begünstigt. Angst vorm Scheitern ist der häufigste Grund fürs Scheitern. Überwindet man diese, dann kann man wesentlich leichter durchs Leben gehen.

Lernen Sie aus der Vergangenheit, planen Sie Ihre Zukunft aber leben Sie immer mit Zuversicht im Moment!

8 Liebe – Die Beziehung unseres Lebens

Liebe ist der Glaube an die erfüllte Hoffnung jemanden gefunden zu haben, der in Verbindung mit unserem „unzureichenden“ ICH ein perfektes WIR ergibt. Dies ist doch ein Extra-Kapitel wert – vermutlich gibt es sogar Leser, die sich zuerst dieses Kapitel ansehen, da das Bedürfnis einen Seelenverwandten zu finden, ein so großes ist. Allerdings muss man schon auch die anderen Bereiche des Buches und jene Faktoren verstehen, die dafür sorgen, dass wir überhaupt lieben können und wie wir es schaffen Liebe zu erhalten. Sehen wir uns zuerst die zwei Faktoren an, die wir bereits eingangs als die entscheidenden für jede Art anhaltender und intensiver Beziehung identifiziert haben.

8.1 Perfekte Liebe durch stimmige Werte und Ziele

Eine harmonische Liebesbeziehung kann es nur geben, wenn die Wellenlänge stimmt, damit der Humor sehr ähnlich ist, die Art wie man an Probleme herangeht sich ähneln und man möglichst die gleichen Ziele verfolgt. Ist dies der Fall, wird es kaum Streit geben, da man zwar Hand-in-Hand durchs Leben geht, doch in Wahrheit würde man sogar die gleichen Wege gehen, wenn man die Hand des anderen loslassen würde. Es fühlt sich halt besser und sicherer und schöner an, wenn man nicht nur nebeneinander sondern miteinander geht.

Spannungen gibt es nur, wenn wir bei Entscheidungen, quasi Weg**kreuzungen**, unterschiedliche Richtungen einschlagen. Wenn wir alleine sind, ist das egal, doch wenn wir Hand-in-Hand gehen, dann entsteht natürlich Spannung, wenn einer nach links und einer nach rechts geht. Es kommt zum Stillstand – der Diskussion oder dem Streit – und entweder man einigt sich bzw. eine Seite setzt sich durch oder man muss einander loslassen. Wenn man das gleiche Ziel und auch die gleiche Vorstellung von der schönsten oder kürzesten Route hat, dann wird man ohne miteinander überhaupt darüber sprechen zu müssen, die gleichen Entscheidungen bei den Kreuzungen einschlagen – damit sind es eigentlich gar keine echten Kreuzungen und damit fallen viele potentielle Konfliktherde einfach weg. Deswegen sind gemeinsame Werte, Wellenlänge und Ziele so ungemein wichtig, wenn man zusammen durchs Leben gehen möchte.

Wie äußern sich Probleme bei **Störungen auf der sympathischen Ebene**? Unterschiedliche Vorstellungen davon, was man im Leben möchte, sind echte Probleme. Nehmen wir etwa eine Situation in der der Mann Kinder haben möchte, die Frau lieber Karriere machen würde. Keine leichte Sache. Jetzt kommt es darauf an, wie wichtig jedem sein eigenes Bedürfnis und wie wichtig einem der Partner ist. Wenn man den Partner über alles liebt, dann wird man eher die eigenen Ziele hintanstellen. Es ist also immer ein Machtspiel zwischen unseren Gefühlen für den Partner – wie wichtig uns dieser für unser Glück erscheint – und den Zielen, die wir in der Partnerschaft nicht erfüllen können. Dies sind immer subjektive Einschätzungen und oft klammert man bewusst oder unbewusst Teile dieser Situationen aus und trifft nicht so tolle Entscheidungen.

Auch hier haben wir wieder ein klassisches Problem. Unsere anderen Bedürfnisse stellen wir gerade in der **Phase der Verliebtheit** gerne hinten an. Uns scheint alles andere gar nicht mehr so wichtig und wir wollen eigentlich nur mit dem auserwählten Geschöpf zusammen sein. Wenn das in trockenen Tüchern ist, dann melden sich allerdings doch wieder jene Ziele, die wir kurzfristig ignoriert haben – **„Die Rückkehr der eigenen Bedürfnisse“**. Wenn sie dann an unsere Türe klopfen, haben wir uns jedoch vielleicht durch unsere Partnerschaft die Möglichkeit verbaut sie wieder einzulassen, z.B. wollten wir studieren, müssen jetzt aber wegen des Lebensstandards arbeiten; wollten wir ein behagliches Zusammenleben, jedoch ist der Partner meist auf Geschäftsreise; gehen wir gerne fort, jedoch bleibt der Partner lieber gemütlich zu Hause, usw. Besonders starke Schlagseite bekommen in dieser Phase nach der ersten Verliebtheit die Beziehungen, bei denen ein Partner einen starken Trieb hat, sich über sexuelle Eroberungen Bestätigung zu verschaffen. Das soll nicht als Vorwurf aufgefasst werden. Letzten Endes ist das ein evolutionäres Grundprinzip und kann durch verschiedene Prägungen noch verstärkt werden. Wenn man ein starkes Körperempfinden hat, wird diese Veranlagung zur sexuellen Eroberung verstärkt. Wenn man glaubt, dass es da draußen irgendwo die perfekte Eroberung gibt und man, sobald man eine kleine Schwäche an der letzten Eroberung gefunden hat, sich wieder auf die Suche nach der nächsten macht, wird man auch eher ein unsolides Beziehungsverhalten und Handlungsmuster entwickeln. Anderen fällt es schwer, das Gefühl von „zu starker Nähe“ auszuhalten, weil sie Angst haben, dass der Partner die eigenen Unzulänglichkeiten erkennt und dann die Beziehung beendet. Wiederum andere fühlen sich rasch eingegrenzt und gefangen, sodass das Bedürfnis nach Selbstbestimmung frustriert wird. Sie haben das Gefühl eingesperrt, ihrer Freiheit beraubt zu sein – das trifft vor allem Menschen mit einem starken Freiheitsbedürfnis. Das ist nur eine kurze Liste von Gründen, warum jemand ein starkes Bedürfnis nach neuen Eroberungen haben kann.

Wenn jemand mit einem solchen Bedürfnis in einer Beziehung ist, dann wird Unzufriedenheit auftreten. Die Person ist zerrissen zwischen den Gefühlen für die Partnerin oder den Partner und dem Bedürfnis neue Eroberungen zu machen oder ein anderes starkes Bedürfnis bzw. Ziel anzustreben. Da über so etwas nicht gesprochen wird, ist es schwer dieses

Problem zu lösen – obwohl es möglich wäre. Manche hätten gerne etwas mehr sexuelle Abwechslung oder einen aktiveren sexuellen Partner. Möglicherweise hätte der Partner gar kein Problem damit und könnte diese Bedürfnisse befriedigen. Wenn das Problem darin liegt, dass der Partner die eigenen Schwächen eventuell nicht aushalten würde, kann auch hier ein offenes Gespräch helfen und neue Nähe bewirken. Selbst eine neue berufliche Ausrichtung wird einen liebenden Partner nicht gleich in die Flucht schlagen, da diesem das Glück seines Partners wieder so wichtig ist. Wenn jedoch nicht darüber gesprochen wird, dann gibt man der Beziehung erst gar keine Chance diese Spannung zu bewältigen. Auch hier gilt, dass die Angst vor dem Scheitern oft der Grund für das Scheitern ist. Aus Angst die großen Fragen und Probleme anzusprechen, um keinen Streit und in weiterer Folge eventuell sogar eine Trennung auszulösen, schweigt man. Je länger man Probleme unausgesprochen lässt, umso länger haben diese Gelegenheit zu wachsen und zu entarten. Es wird in den allermeisten Fällen jedoch kaum so sein, dass Probleme auf der sympathischen Ebene (Ziele, Werte, Weltsicht) von selbst verschwinden. Sie können nur über die Aussprache, das gegenseitige Anhören und den Aufbau von Verständnis überwunden werden.

Nach der Phase der Verliebtheit sollte man in jedem Fall daran denken sich hinsichtlich dessen was man will auszutauschen. Alles was hier im Dunklen bleibt, weil man glaubt es sei peinlich oder unangenehm, wird im Hintergrund am Fundament der Beziehung zerstörerische Kraft entfalten. Eine Liebesbeziehung ist die innigste Verbindung zwischen zwei Menschen, die das Gleiche vom Leben wollen und die im jeweils anderen die perfekte Ergänzung für die Erfüllung des persönlichen Glücks erkennen. Wenn wir eine bessere Kommunikationskultur und Fehlerkultur hätten, dann würden wesentlich weniger Beziehungen scheitern bzw. schon so früh scheitern. Gerade durch die überwundenen

Differenzen erkundet man den Partner. Solche Abweichungen sind ein Befühlen der Seele der geliebten Person, eine Erkundung seiner persönlichen Eigenschaften und Vorstellungen. Deshalb bringen, richtig behandelt, Differenzen und Spannungen die Partner mitunter sogar noch näher zusammen. Wenn sich Menschen sehr ähnlich sind, dann sind ihnen oftmals sogar die gleichen Dinge unangenehm. So kann es sein, dass beide das Gleiche wollen, aber beide es nicht ansprechen, weil es ihnen nicht behagt und sie den anderen nicht enttäuschen oder gar verlieren wollen. Es herrscht also eine Unzufriedenheit und Spannung, die überhaupt keinen echten Grund hat, die sozusagen aus dem Nichts entstehen. Ich möchte gar nicht wissen, wie viele Beziehungen wegen einem solchen, nicht kommunizierten Nichts in die Brüche gegangen sind.

Wenn es tatsächlich gravierende Abweichungen auf der Ebene der Sympathie gibt und diese so geartet sind, dass sie nicht überwunden werden können, dann wird ein Nicht-Aussprechen nur dazu führen, dass die Beziehung später und unter größerer Spannung auseinanderbricht.

8.2 Perfekte Liebe durch Ergänzung

Die Ebene der Ziele haben wir also behandelt. Hier sollte man klären, dass man möglichst vieles teilt. Nun betrachten wir noch einmal aus der Liebesbrille heraus, wie es sich mit unseren Eigenschaften, Fähigkeiten und persönlichen Merkmalen verhält. Unsere Eigenschaften und Fähigkeiten verhalten sich ja wie Wege zu unseren Zielen. Wir entwickeln unser Selbstbild schließlich so, dass wir das erreichen, was wir wollen. Eine echte Liebesbeziehung funktioniert dann ideal, wenn beide das Gefühl haben, der andere ergänzt die eigene Person genau da, wo man selbst Schwächen hat. Ideal ist sogar, wenn **beide empfinden, der andere**

sei mehr wert als man selbst. Dabei sollte das nicht darauf beruhen, dass man selbst gar nichts von sich hält. Wer nichts von sich hält, der wirkt nicht stark auf andere und ist damit letztlich eher unattraktiv.

Ein gesundes Selbstvertrauen basiert allerdings auf einem klaren Selbstbewusstsein. Sie haben in Ihrem Leben sicherlich schon Situationen erlebt, in denen Sie starke Selbstzweifel hatten. Eventuell haben Sie eine Bewerbungsphase hinter sich, in der Sie in kurzer Zeit viele Absagen bekommen haben. Vielleicht hatten Sie eine schwere berufliche Zeit hinter sich, als Sie sich ein wenig überfordert fühlten. Viele Heranwachsende sind in ihrem Selbstvertrauen erschüttert, wenn es um den Umgang mit Altersgenossen geht – speziell mit solchen des anderen Geschlechts. Durch Zweifel sagt uns unser Verstand, dass wir nach eigener Einschätzung in einer Situation versagen könnten. **Zweifel sind wie Richtungsanzeiger, die uns Tipps geben in welchen Bereichen wir noch besser werden sollten**, bevor wir uns an etwas heranwagen. Allerdings wird in unserer Leistungsgesellschaft bereits in vielen Menschen so etwas wie ein Grundzweifel eingepflanzt. Der Gedanke, dass wir nicht genügen, dass wir besser sein sollten. Das Problem mit den Zweifeln ist, dass wir sie über Körpersprache, Stimmlange, etc. stark nach außen transportieren. Und wenn wir schon nicht an uns glauben, warum sollten es andere tun?

Klares Selbstbewusstsein als Basis für starkes Selbstvertrauen ist wie folgt zu verstehen. Zuerst muss man sich klar machen, was man erreichen möchte, was man will. Dann analysiert man seine Fähigkeiten und Eigenschaften und schätzt seine Stärken und Schwächen ein. Wenn wir das ehrlich durchspielen, dann können wir unser Leistungspotenzial in jeder Situation recht gut einschätzen. Dann bekommen wir auch ein gesundes Selbstvertrauen, das genau auf diesem Selbstbild basiert. Je mehr wir an unseren Schwächen arbeiten und unsere relevanten Fähigkeiten im Allgemeinen entwickeln, umso stärker wird das Selbstvertrauen und umso attraktiver wirken wir auch auf unsere Umwelt. Man spricht gerne von **Ausstrahlung** bei manchen Menschen. Diese Ausstrahlung beruht neben Offenheit und Wertschätzung auf einem großen Selbstvertrauen – hoffentlich nicht auf Basis einer Selbstüberschätzung. Denn wer sich selbst überschätzt und sich für perfekt erachtet, der wird nicht mehr an sich arbeiten und somit langfristig sogar an Fähigkeiten einbüßen. Außerdem hat es negative Auswirkungen auf Beziehungen.

Welches sind die **Probleme bei fehlender Attraktivität**? Attraktive Faktoren können sich mitunter recht rasch verlieren. Gerade nach der ersten Verliebtheit, wenn sich der Blick wieder klärt und man die positiven Seiten nicht mehr so überzeichnet, kann eine Ernüchterung einsetzen. Die äußeren Merkmale bleiben zwar unverändert, aber es lässt sich nun eventuell erkennen, dass man falsche Schlüsse gezogen hat – der Halo-Effekt kann uns schnell in die Irre führen. Auf Grund der schlanken Figur dachte man, dass es sich um eine sportliche, aktive Person handelt. Nach der ersten Zeit versteht man nun, dass der Partner einfach einen guten Stoffwechsel hat und dazu noch recht wenig isst. Auf Grund des gepflegten Äußeren mag man darauf geschlossen haben, dass die Person sehr gut auf sich achtet, diszipliniert ist und vermutlich auch zielstrebig. Solche Vorschusslorbeeren können im Alltag bitter werden, wenn sie sich als falsch herausstellen. Will und kann man zu Beginn diese ernüchternden Einsichten gar nicht haben, da die rosarote Brille dies einfach nicht zulässt, so kann die Anziehung bei Abnahme der Brille herbe Einbußen erfahren. Manchmal gibt es Beziehungen, die dann rasch auseinanderbrechen. Es steckt gerade in der Überzeichnung und teilweise sogar falschen Darstellung der eigenen Person bzw. der eigenen Attraktivitätsfaktoren die große Gefahr, hohe Erwartungen zu wecken. Wie wir wissen, sind hohe Erwartungen auch schnell enttäuscht und Enttäuschung ist kein geeignetes Fundament für tolle Beziehungen.

Nach der ersten Verliebtheit kann sich herausstellen, dass man sich manche attraktive Merkmale nur eingebildet hat. Mit ihnen fällt auch die Anziehung weg.

Aber natürlich kann auch im längeren Verlauf einer Beziehung die Anziehungskraft des Partners variieren. Es gibt **Tiefs und Hochs**, die zum einen schon mit dem Partner zu tun haben, jedoch genauso mit uns selbst in Zusammenhang stehen. So kann die Gewissenhaftigkeit, die man zu Beginn positiv wahrgenommen hat, weil sie einem selbst fehlte und man darin eine eigene Schwäche sah, später nerven. Eventuell hat man die **Einstellung zu dieser Eigenschaft verändert** und gesehen, dass die Gewissenhaftigkeit die Leute unkreativ macht und wenig Spontanität zulässt. Damit ändert sich in unserem Inneren die Bedeutung dieser Eigenschaft und gleichzeitig fällt dann in diesem Beispiel dieser Faktor an Attraktivität weg. Genauso könnte es jedoch vorkommen, dass der Partner seine Gewissenhaftigkeit verliert. Es gibt verschiedene Tendenzen, die durch Studien belegt wurden. Etwa, dass sich Menschen in einer Beziehung körperlich eher gehen lassen. Es scheint einfach so, dass wir uns intuitiv stärker anstrengen eine Liebesbeziehung zu erschaffen als diese zu erhalten. Wir haben das Thema „Fixierung" schon öfters angeschnitten. Wenn etwas „einrastet", dann braucht es eine relativ große Kraft, damit man davon wieder loslässt. Bei einer Liebesbeziehung ist dies bei vielen in starkem Maße der Fall. Deswegen erdulden viele von uns doch einiges, bevor man die Konsequenzen zieht und den Partner auf die Probleme anspricht. Wer es mit Gesprächen weniger hat, der macht gleich Schluss. Dafür genügt ja bereits ein SMS, wie unter anderem etwa Boris Becker bereits unter Beweis stellte. Zum Glück sind wir nicht gleich in den Schlagzeilen, wenn wir unsere Feigheit auf so eine Weise offenbaren. Dabei kann man sogar diese unangenehmen Gespräche als Chance für persönliches Wachstum und Reife betrachten. Gerade die Dinge, die uns unangenehm sind, tragen oft am meisten zu unserer Entwicklung bei.

Menschen verändern sich genauso wie sich unsere Wahrnehmung der Menschen ändert. Beides kann sich auf die wahrgenommene Attraktivität auswirken.

Wie sehr uns unser Partner anzieht, ist uns manchmal gar nicht mehr bewusst. Entscheidend für unsere unmittelbaren Gefühle ist aber unser **aktuelles Bewusstsein für den Partner**. Es ist immer wieder ratsam sich selbst zu fragen, was einem an der Lebensgefährtin oder dem Lebensgefährten gefällt, welche Eigenschaften und Eigenheiten man mag und welche man für wertvoll hält. Sowie sich die Attraktivität reduzieren kann, so kann sie sich wieder steigern. Im Rahmen der persönlichen Entwicklung kann man etwa neue Ziele in seinem Leben finden und daraus ergeben sich eben wieder neue Bewertungen von Merkmalen, Fähigkeiten, Eigenschaften, etc. Im Rahmen so einer Änderung kann es durchaus geschehen, dass man an seinem Partner Seiten erkennt, die einem vorher – da unser Such- und Denkraster anders ausgerichtet war – gar nicht aufgefallen sind. Je mehr man den Wert verschiedener Fähigkeiten, Talente, Haltungen, etc. erkennt, umso anziehender und wertvoller erscheinen uns die Menschen – gerade die Menschen in unserer Umgebung.

Bei Veränderungen in unserer Lebensausrichtung, verändert sich das, was wir als attraktiv betrachten. Der Partner kann

somit durchaus stetig attraktiver werden. Man muss sich selbst in die Lage versetzen seinen Wert erkennen zu können.

Wenn wir uns der attraktiven Merkmale unseres Partners nicht mehr bewusst sind, dann erlischt das Bedürfnis Zeit mit dieser Person zu verbringen. Die sexuelle Anziehung wird sich ebenfalls reduzieren und unser Partner verliert für uns persönlich an Wert. Die Gefahr ist natürlich jene, dass eine solche Beziehung, die dann bestenfalls noch auf Sympathie basiert, eigentlich nicht mal mehr eine gute Freundschaft ist. Die Gewöhnung, quasi das Einrasten, hält solche Verbindungen dann meist noch eine Zeit aufrecht. Doch sobald eine größere Krise kommt, deutlich attraktivere Mitmenschen auftauchen oder sich die gemeinsamen Ziele ebenfalls nicht mehr aufrechterhalten lassen, wird die Beziehung zerfallen. Oft kommt es beispielsweise zur Scheidung, wenn die Kinder als Erwachsen bzw. „groß genug“ wahrgenommen werden. Solange die gemeinsame Aufgabe des Erziehens vorhanden ist, hält die Beziehung noch. Fällt dieses gemeinsame Ziel weg, driften die Partner endgültig auseinander und rasch wird die Beziehung zerbrechen, da man nun unterschiedliches vom Leben will. Man hat sich auseinandergelebt.

Wenn man sich in der Beziehung nicht mehr ergänzt fühlt, also nicht mehr das in ihr findet, das man braucht, um sich vollständig zu fühlen, wird man sich dieses Gefühl auf andere Weise ermöglichen, in der Verbindung mit anderen Menschen. Findet diese Suche nach Ergänzung während der aufrechten Partnerschaft statt kommt es sehr schnell zur Eifersucht.

8.3 Eifersucht

Die nächsten Absätze behandeln das gelbäugige, gifttriefende Untier der Beziehungswelt – die Eifersucht. Die Hauptfaktoren für Eifersucht sind die Überzeugung, dass man dem Partner nicht genügt und ein damit einhergehendes **geringes Selbstvertrauen** – meistens auch ein schwaches Selbstbewusstsein. Menschen, die im Innersten an ihren Wert glauben, haben wenig Angst leicht ersetzt werden zu können. Menschen, die die Bedürfnisse und **Anliegen ihrer Partner gut kennen** und diese auf hohem Niveau befriedigen, haben ebenfalls kaum zu befürchten, dass ihr Partner sich jemand anderen sucht. Da müsste dieser schon sehr gemeine Charakterzüge aufweisen, z.B. davon ausgehen so clever zu sein nicht erwischt zu werden und das Gefühl haben, dass ihm trotz seines netten Partners noch weit mehr zusteht. Damit ist das wohl ohnehin eher nicht der ideale Lebenspartner.

Wenn der Mensch unseres Herzens Zeit mit anderen verbringt, entsteht in unserem Kopf die vorsichtige Frage: „**Was haben die anderen, was ich nicht habe?**“ Die Frage wird umso lauter, wenn sich kein echter Grund für diese Treffen erkennen lässt. Wenn sich Menschen treffen, weil sie Spaß miteinander haben, dann liegen sie vermutlich recht gut auf einer Wellenlänge und teilen gemeinsame Themen. Aussagen wie „Mit ihm kann ich über ... einfach besser reden, Schatz.“ oder „Sie kommt eben auch aus dem Gebiet.“ zeigen, dass es sich um Themen handelt, die der Partner mit uns nicht so gut teilen kann wie mit der anderen Person und dass es offensichtlich ein Bedürfnis gibt sich über diese Themen auszutauschen. Dieses **Bedürfnis können wir nicht befriedigen** und insofern zieht es den Partner zu Menschen, mit denen dies möglich ist. Doch solange wir verstehen – und auch der Partner –, dass ein solcher Austausch zwar ein Gefühl der Anziehung ergibt, es jedoch nicht mit einer tieferen oder sexuellen Anziehung gleichzusetzen ist, bleibt man entspannter. Es gibt intellektuelle Anziehung genauso wie uns jemand auf Grund seiner Einstellung, seines Vermögens, etc. anziehend erscheinen kann. Wenn viele dieser Faktoren auf einen Menschen zutreffen, dann steigt natürlich die Gefahr, dass die Eifersucht sich vor einem realen Hintergrund entfaltet. Gefährlich ist auch, dass es bei den meisten Leuten durch die diffuse Darstellung von Schönheit, Attraktivität, Sex, usw. zu einer Verwechslung von inhaltlicher Anziehung und sexueller Anziehung kommen kann – weil: Anziehung ist Anziehung. Jeder, der dieses Buch verstanden hat, kann darüber wohl nur mehr schmerzlich lächeln, aber da wir für gewöhnlich keine vernünftige Aufklärung zu diesen Emotionen und den Ebenen „Sympathie“ und „Attraktivität“ erhalten, entsteht nun einmal dieses verzerrte Bild. So kommt es immer wieder zu sexuellen Abenteuern, nach denen die Beteiligten total verwundert sind, warum es überhaupt nicht so gut war und sie sich danach hohl und leer fühlen, vielleicht sogar deswegen einem lieben Menschen untreu waren. Wer sich auf Grund von Gemeinsamkeiten und positiven Eigenschaften, die nicht körperlich sind, zu jemandem hingezogen fühlt, der wird an einer sexuellen Verbindung wenig nachhaltige Freude haben. Doch den meisten wird das erst klar, wenn es zu spät ist. Dann erst sprechen die Gefühle wieder Klartext.

Verlustängste verstärken die Eifersucht massiv. Wenn man bereits wichtige Menschen verloren hat, man vielleicht sogar wegen einer anderen Person verlassen wurde, dann erhöht sich natürlich die Aufmerksamkeit, wenn eine solche Gefahr wieder droht. Wie wir wissen, sind wir als Menschen in solchen Situationen schnell beim **Überinterpretieren** – wir sehen das, was wir zu sehen befürchten bzw. erwarten. Das Bedürfnis nach sozialer Nähe sieht eine Bedrohung und dies kann zu Handlungen führen, die vom Partner dann als einschränkend und besitzergreifend aufgefasst werden. Auf der anderen Seite sieht man in der Eifersucht des Partners eine große Portion Selbstzweifel und mangelndes Vertrauen. Dies sind wiederum nicht besonders attraktive Merkmale und was man in so einer Situation als letztes braucht ist, dass man in den Augen des eigenen Partners weniger attraktiv erscheint.

Starke Eifersucht wird mit Unsicherheit, fehlendem Vertrauen und Schwäche assoziiert. Man verliert an Attraktivität.

Gerade das mangelnde Vertrauen, das man uns eventuell in so einer Situation unterstellt, kann doppelt problematisch sein. Wir schließen ja von uns auf andere. Das weiß heute fast jeder, zumindest intuitiv. Deswegen kann schnell die Behauptung kommen, dass wir unserem Partner nicht vertrauen, weil wir selbst schon mit dem Gedanken der Untreue gespielt haben oder bereits untreu waren – ob in dieser oder einer anderen Beziehung. An diesem Gedanken ist einiges dran. Je weniger wir selbst auf die Idee kämen untreu zu werden, umso weniger werden wir das von anderen annehmen. Was wenig hilfreich ist, sind die vielen Geschichten, die man heutzutage im Umfeld hört oder direkt mitbekommt. Je mehr man von Untreue hört, umso größer wird dieses Thema im Hinterkopf. Wenn noch nie jemand untreu gewesen wäre, dann gäbe es das Thema gar nicht. Damit gäbe es das Gefühl der Eifersucht gar nicht, das ja ein hässliches Versprechen auf eine schmerzvolle Untreue des Partners ist.

Eifersucht ist unsere Angst vor dem Verlust eines wichtigen Menschen an jemand anderen. Je stärker man auf sich selbst vertraut, desto mehr vertraut man auch auf den Partner.

Eifersucht verhindern Sie am besten dadurch, indem Sie die Beziehung zum Partner immer bewusst sympathisch und attraktiv halten, so wie es in den vorangegangenen Kapiteln bereits erklärt wurde. Die Stärkung des eigenen Selbstvertrauens und des Vertrauens in andere Menschen sind weitere wichtige Grundlagen.

8.4 Sexualität in der Liebesbeziehung

Was bei der Liebesbeziehung nicht fehlen darf, ist natürlich die sexuelle Anziehung. Hier entfalten viele Prägungen ihre Wirkungen. Wir haben schon gesehen wie bei Menschen, denen wir viele positive Eigenschaften zuschreiben äußere Merkmale dann ebenfalls attraktiv werden. Ebenso prägt die Werbung unsere Vorstellungen von Schönheit und Attraktivität – oft werden diese Ebenen sogar vermischt. Dort werden erfolgreiche Menschen immer mit bestimmten Schönheitsidealen dargestellt. So entsteht je nach Zeit und Kultur ein gewisser Schönheitsmainstream. Letztendlich wird man aber nicht glücklich, wenn man sich von dem nicht zu lösen vermag. Man muss auf das Acht geben, was einem selbst wirklich wichtig ist, dann kann man Menschen absolut umwerfend finden, die gar nicht dem Schönheitsideal entsprechen. Da geht es nicht um mathematisch messbare Ästhetik. Die spielt zwar eine Rolle, weil wir mit ihr eine biologische Stärke und Gesundheit verbinden, aber letztlich ist Schönheit eine individuelle Geschichte, eine persönliche und wandelbare noch dazu.

Unser Organismus strebt danach ein möglichst gut passendes Gegenstück zu finden. Selbst auf körperlicher Ebene ist das oben erklärte Prinzip der Anziehung unstrittig zu beobachten. Das, was uns an uns selbst gefällt, finden wir bei anderen ebenfalls schön und das, was uns an uns stört, wollen wir beim Gegenüber nicht sehen. Wenn unsere Nase unserer Meinung nach zu groß ist, dann gefallen uns Menschen mit kleinerer Nase. Hat uns unsere unreine Haut jahrelang gequält und Probleme bereitet, dann finden wir schnell Gefallen an Menschen mit reiner und ebenmäßiger Haut.

Unsere frühsten Prägungen spielen genauso eine wichtige Rolle und diese sind ja meist stark mit unseren Eltern in Verbindung zu bringen. In den ersten Monaten und Jahren unserer irdischen Existenz sind die Eltern die Menschen, denen wir am nächsten sind und die wir am intensivsten wahrnehmen. Wenn wir in dieser Zeit viele positive Emotionen erfahren, wie Sicherheit, Spaß, soziale Nähe, etc. dann assoziieren wir dies unbewusst mit den Menschen, mit denen wir diese Gefühle erlebt haben. Auch hier speichern wir die äußeren Merkmale und deshalb ist es nicht verwunderlich, wenn Mädchen bei potenziellen Freunden immer wieder Merkmale des Vaters attraktiv finden und Männer äußere Merkmale der Mutter.

Unser Organismus ist letztlich sogar in der Lage eine genetische Passung zu überprüfen. In der Tierwelt ist dies jedoch meist noch viel stärker, da dies hauptsächlich über den Geruch funktioniert. Wenn wir **jemanden gut riechen können**, dann ist das nicht nur ein leerer Sinnspruch. Wir sondern ja permanent – nennen wir es der Höflichkeit halber – Düfte ab. Der Transpirationsprozess dient zum einen als Kühlung und ist dabei auch so etwas wie ein Kommunikationsprozess. So können Hunde beispielsweise sehr gut erkennen, ob jemand Angst hat, da bei Angstzuständen Adrenalin und weitere Transmitter bzw. Hormone verstärkt ausgeschüttet werden. Dies ergibt einen Cocktail im Blut und im Schweiß, der einen bestimmten Geruch trägt. Zu jeder Zeit umgibt uns also ein bestimmter Geruch, in dem theoretisch erkennbar ist, was in uns vorgeht, ob wir gesund sind, wie wir uns fühlen, etc. da jeder Zustand mit einer gewissen Zusammenstellung von Botenstoffen in Verbindung steht. So könnte man vom Prinzip her das muskuläre System, also die Kraft und Ausdauer genauso erschnüffeln wie Selbstvertrauen. Über den Geruch versucht man also ebenfalls herauszufinden wie gut jemand zu einem passt. In Zeiten der Deos und Parfums ist dies zwar etwas schwerer geworden und doch ist es so, dass manche Menschen für uns angenehmer riechen als andere. Der Geruch kann sich jedoch ändern, wenn sich der Mensch verändert, ob das seine sportliche Aktivitäten, seine Ernährung oder seine mentale Konstitution ist. Es gibt zahlreiche Wege den Menschen – bzw. Teile des Menschen – zu lesen, der Geruch ist eine dieser Möglichkeiten.

Nun ist die genetische Passung die eine Sache. Die Sexualität an sich sollte natürlich ebenso zusammenpassen. Wenn beide Seiten einander im obigen Sinne lieben, dann möchten sich beide Seiten stets Gutes tun. Dann kommt es auch nicht zur **vielgefürchteten Faulheit im Bett**, bei der jeder nur mehr nehmen möchte, aber nicht mehr so gerne gibt. Hier findet sich die gleiche Dynamik wie in den restlichen Bereichen einer Beziehung. Wenn man das Gefühl hat, dass der andere sich einbringt, dann bringt man sich selbst ebenfalls gerne ein. Wenn wir das Gefühl bekommen, dass wir nur noch Geben und das Gegenüber nur mehr nimmt, dann kommt es zum Versuch das zu ändern. Das kann dann beispielsweise durch das Zurücknehmen der eigenen Einsatzbereitschaft (Machtspiel) versucht werden, über ein offenes Gespräch oder durch den Versuch den Akt wieder interessanter zu gestalten. Es geht also von zunehmender Passivität bis hin zu noch stärkerer Aktivität, wenn es darum geht den Partner wieder für mehr Leidenschaft zu begeistern.

Man darf dabei nicht aus den Augen verlieren, dass die persönlichen Umstände großen **Einfluss auf unser sexuelles Verlagen** haben. Wenn wir viele Projekte im Kopf haben und ein Problem neben dem anderen wälzen, dann liefert unser Organismus mehr Energie in diese Themenbereiche als in das Fortpflanzungsbedürfnis. Ebenso reduziert sich das Verlangen, wenn man mit sich selbst nicht zufrieden ist. Dies kann beruflich, privat oder körperlich sein. Wenn wir uns stark und gut fühlen, dann schätzt der Organismus auch, dass es sich nun wieder mehr auszahlt sich fortzupflanzen, da wir ja dann einen größeren Beitrag für die Evolution bzw. unsere Population liefern. Wenn das eigene Verlangen nach dem Partner geringer wird, dann kann es durchaus passieren, dass wir uns Vorwürfe machen. Warum gefällt uns der Partner scheinbar nicht mehr, obwohl wir ihn oder sie noch immer toll finden. Die Schönheit des Partners ist einfach nicht der einzige Faktor, der unser Verlangen beeinflusst. Wenn es uns nicht gut geht, wir uns selbst nicht attraktiv fühlen oder uns wichtige Dinge ablenken, dann kann der Partner noch so schön und auch attraktiv sein – es wird kein Verlangen entstehen. Was die Ablenkungen angeht, würde es helfen sich weiter mit dem **Fokus auf das Hier und Jetzt** zu beschäftigen. Hier kann Tai Chi, Yoga oder Meditation auf eine andere Art und Weise helfen. Je besser man in der gezielten Ausrichtung der eigenen Aufmerksamkeit wird, umso leichter kann man Stressfaktoren loslassen und den Moment genießen. Dies fördert die Zufriedenheit, entspannt unseren Verstand und hilft gleichzeitig dabei Probleme schneller zu lösen. Abschalten kann extrem helfen, da man oftmals zu lange zu nahe an einem Problem steht. Sex kann hier helfen, da er durch seine biologisch stimulierende Wirkung Verspannungen löst, damit gegen Kopfschmerzen hilft und den Hormonhaushalt wieder in einen ausgeglichenen Zustand befördert.

Die körperliche Nähe ist in jedem Fall ein integraler Bestandteil einer Liebesbeziehung. In ihr drückt man vielerlei aus. Man erklärt ohne Worte, dass man den Partner noch begehrenswert findet und hebt damit das Selbstvertrauen und die Zufriedenheit des Gegenübers. Um dies zu gewährleisten, sollte auch von beiden Seiten immer wieder die Initiative übernommen werden – ansonsten könnte derjenige, der immer die Intimität startet das Gefühl bekommen, dass der Partner nur mitmacht, aber selbst keine solchen Gefühle mehr hegt. Ebenfalls eine Situation mit gefährlichem Potenzial.

Sexualität ist also zusammenfassend eine wichtige und nicht nur angenehme Aktivität. Sie hält viele positive Effekte für Körper, Geist und Beziehung bereit. Auf hohem Niveau bleibt sie dann, wenn man mit sich selbst im Reinen ist, es schafft stark im Hier und Jetzt zu sein und sich klar macht, was man am Gegenüber toll findet – um es dann körperlich auszudrücken. Wenn dies auf beiden Seiten der Fall ist – dann gratuliere ich herzlich und wünsche viel Spaß.

8.5 So gestaltet man Anziehungskraft

Hier geht es nicht um Schönheitsoperationen, nur für den Fall, dass man dies unter dem Titel vermutet hätte. Attraktivität, das wissen wir bereits, ist ja letzten Endes nicht nur eine bestimmte Art des Aussehens und hat nur bedingt mit oberflächlicher Schönheit zu tun. Vielmehr ist attraktiv, was wir mit positiven Eigenschaften und Fähigkeiten verbinden. Schön ist, was stark ist. Schön ist, was unseren Bedürfnissen hilft. Schön ist, was uns an uns gefällt. Schön ist, was wir an uns vermissen. Auf der Ebene der wahrgenommenen Schönheit gibt es heute allerdings schon ein paar Faktoren, die recht allgemein als wichtig erachtet werden. Das sind aber weniger bestimmte Arten von Körpertypen sondern Dinge, die man beeinflussen kann.

Sehr wesentlich ist fast für alle Menschen heute, dass ein Partner **ausreichend gepflegt** ist. „Ausreichend" ist dabei als Maßstab natürlich sehr weich. Es kann für jemanden ausreichen, wenn das Gegenüber halbwegs gekämmte Haare hat, die Kleidung nicht komplett ihren ursprünglichen Sitz am Körper verloren hat und keine Löcher in den Schuhen sind. Andere brauchen da schon mehr, sodass Schuhe, die nicht blank poliert sind, ein Problem sein können. Man kann aber den Menschen leicht ansehen, was ihnen wichtig ist. **Das, worauf wir bei uns selbst viel Wert legen, auf das legen wir auch bei anderen Wert** – zumindest in aller Regel. Es ist natürlich möglich, dass wir auf Grund der strengen Erziehung gewisse Werte und Verhaltensmuster beibehalten, hinter denen wir längst nicht mehr stehen, aber sie noch nicht reflektiert und abgelegt haben. Es ist gar nicht so unüblich, dass wir Verhaltensmuster mitschleppen, die uns eigentlich nichts mehr bedeuten aber uns auch nicht stören. Dann stören sie uns bei anderen Menschen ebenso wenig.

Ein wirklich wichtiger Attraktivitätsfaktor ist das **Selbstvertrauen**. Es wurde schon erwähnt. Es äußert sich hauptsächlich in der Körperhaltung. Eine aufrechte Haltung, eine klare, verständliche Stimme. Wenige Aussetzer in den Formulierungen und dabei eine gewisse Lockerheit und ein Schuss Humor sind beispielsweise Indizien dafür, dass jemand über ein gutes Selbstvertrauen verfügt. Nun rate ich den Leuten immer, nicht zu versuchen diese einzelnen Dinge bewusst zu optimieren. Wenn man das versucht, dann ist man im Gespräch viel zu sehr mit sich selbst beschäftigt. Leute mit echtem Selbstvertrauen erzielen ihre Ausstrahlung dadurch, dass sie sich auf ihr Gegenüber einlassen und damit dieser Person ihre Wertschätzung ausdrücken. Das ist immens wichtig. Wenn Sie das nicht schaffen, werden Sie arrogant wirken.

Arrogant empfinden wir nämlich Leute, die zu sehr mit sich selbst beschäftigt bzw. auf sich selbst bezogen sind. Bei uns wird das Gefühl ausgelöst, als blickten diese Menschen auf uns herab. Es erscheint dann so, als wenn wir für diese Leute nur lästiges Beiwerk in der Welt wären, die sich um sie dreht. Das kränkt unser eigenes Selbstbild, was wiederum unangenehm ist. Arrogante Leute wirken nur auf Menschen mit sehr schwachem Selbstvertrauen anziehend, die jemanden brauchen, an den sie sich klammern können. Auf alle anderen wirkt Arroganz unsympathisch.

Wenn Ihr Selbstvertrauen echt ist, dann können Sie leicht Ihre Aufmerksamkeit anderen schenken. Wie kann man das am natürlichsten erreichen? Ganz einfach – eigentlich. Zuerst brauchen wir die bereits mehrmals erwähnte Klarheit bezüglich unserer Ziele und Fähigkeiten. Leute, die klare Ziele und den Weg zu diesen vor Augen haben bzw. diesen Weg **konsequent** gehen, wirken **zielstrebig** und strahlen dadurch bereits Selbstvertrauen aus. Genauso strahlt man aus, wenn man an seine Fähigkeiten glaubt. Fähigkeiten, auf die man sich in jeder Situation verlassen kann. Extrem wichtig ist es ebenso für sich klar zu stellen, dass man nicht perfekt sein muss. Niemand ist perfekt. **Perfektion gibt es schlicht nicht** – außerhalb von abstrakten mathematischen Systemen. Wer sich vor Fehlern scheut, der wagt nichts. Damit geht man nie seinen eigenen Weg, denn große Ziele sind immer herausfordernd und man muss davon ausgehen, dass einem Rückschläge passieren. Solange man aus diesen lernt, sind Fehler jedoch kein Problem. Allen großen Persönlichkeiten wurde sehr früh klar, dass es nicht darum geht immer alles richtig zu machen, sondern darum, an seine Ziele zu glauben, sich für diese konsequent einzusetzen und nicht aufzugeben, wenn es hart wird sondern aus den Rückschlägen die richtigen Schlüsse zu ziehen. Denn genau hier trennen sich die Erfolgreichen von den Erfolglosen. Wer diese Punkte berücksichtigt, kann gezielt an seinem eigenen Selbstvertrauen arbeiten.

Dass man anderen Menschen Aufmerksamkeit schenkt, ist, wie gesagt, ebenfalls extrem wichtig. Das erscheint manchen schwer – vor allem den Selbstverliebten. Wann schenkt man jemandem Aufmerksamkeit? Wenn die Person für uns irgendwie relevant ist, irgendetwas bietet, das für uns von Nutzen sein kann bzw. interessant ist. Wenn man eine positive Grundeinstellung gegenüber Menschen hat, dann ist das ein Selbstläufer. Gehen Sie einfach davon aus, dass jeder Mensch etwas zu bieten hat. Ich bin immer wieder überrascht, mit was Menschen auftrumpfen, wenn man sich einige Zeit mit ihnen unterhält. Unter der Oberfläche ist eigentlich jeder Mensch sehr interessant. Dabei sollte es einem aber nicht darum gehen, dass man krampfhaft versucht zu erkennen, wie man die Leute benutzen kann – genau das Gegenteil ist der Fall. Es geht darum die Menschen an sich generell als wertvoll zu erachten. Damit wird man ein wertschätzender Mensch und dies wird von praktisch allen Menschen sehr positiv aufgenommen. Würden wir alle wertschätzend miteinander umgehen, gäbe es viele Probleme auf dieser Welt nicht. Das heißt ja noch lange nicht, dass man letztendlich jeden mögen muss. Die Prinzipien von Sympathie und Attraktivität gelten ja nach wie vor. Allerdings geht es hier ja darum, was auf andere grundsätzlich attraktiv wirkt. Leute, die ein hohes Selbstbewusstsein mit einer wertschätzenden Art verbinden, wirken schlichtweg attraktiver und sympathischer.

Offenheit und Freundlichkeit sind weitere wesentliche Faktoren deren Bedeutung für die zwischenmenschliche Anziehung wir rasch erläutern können. Wenn jemand lächelnd ein Gespräch beginnt, dann wirkt das positiv auf uns. Eine freundliche, offene Grundhaltung signalisiert uns, dass dieser Mensch für eventuelle Beziehungen offen ist. Wenn jemand verschlossen wirkt, dann wenden wir uns eher von dieser Person ab. Was bringt es auch dieser Person Aufmerksamkeit zu schenken? Egal was die Person zu bieten hat, sie will es offenbar eh nicht teilen. Eine freundliche Haltung zeigt also an, dass man für einen gegenseitigen Austausch zu haben ist. Wenn man dann noch über weitere attraktive Fähigkeiten und Eigenschaften verfügt, dann umso besser. So wie eine offene Haltung – wie ein geöffnetes Tor – einladend wirkt, so wirkt eine verschlossene Haltung – wie ein verrammeltes Tor – naturgemäß abstoßender. Deshalb ist es von Vorteil, wenn man bei neuen Kontakten wirklich im Hier und Jetzt ist. Denn des Öfteren ereilen uns negative Nachrichten und wenn wir während eines Gesprächs darüber nachdenken, dann sieht man uns das im Gesicht und an der Körperhaltung an. Wir wirken dann – wenn auch fälschlich interpretiert – eher verschlossen und abweisend. Es ist zwar ein längerer Entwicklungsweg, aber man sollte daran arbeiten **stark im Hier und Jetzt zu sein**. Zudem bringt es wenig, wenn die Gedanken ständig auf Reisen sind. Problemen sollte man sich zyklisch konzentriert stellen – das heißt, sich immer wieder Zeit dafür nehmen und sich dazwischen anderen Dingen widmen. Ihr Gesprächspartner wird immer merken, wenn Sie nicht ganz bei ihm bzw. ihr sind. Und schon fühlt sich Ihr Gegenüber geringgeschätzt und Sie bekommen ein dickes Minus angekreidet.

Wenn Sie großes Selbstvertrauen haben und damit ein starkes Auftreten Ihr eigen nennen können, dann gibt es noch etwas, auf das Sie achten können. Wenn wir zu makel- und fehlerlos und damit als zu stark auftreten, dann wirken wir auf viele Menschen einschüchternd und unnahbar. Sobald wir freundlich und ohne großes Tamtam eingestehen, dass wir ebenfalls Fehler haben und klar machen, dass wir niemanden seine Schwächen vorwerfen, dann werden sich andere Menschen uns viel lieber öffnen. Heutzutage wird ja sehr oft bei einem Missgeschick sofort mit dem Finger auf den Verursacher gezeigt. Hohn und Spott sind die Folge. Deswegen haben viele von uns große Probleme eigene Fehler und Schwächen einzugestehen. Dabei kann dies sehr befreiend sein. Es hilft uns dabei authentischer aufzutreten, da wir dann keine Fassade aufrecht erhalten müssen, hinter der wir die Schwäche verstecken wollen. Wenn Sie stark sind ohne das Gefühl zu vermitteln andere auf Grund ihrer Schwächen abzuwerten, dann erzielen Sie sehr positive Anziehungseffekte.

9 Zum Abschluss...

freut es mich, wenn Sie in diesem Buch etwas gefunden haben, das Ihnen hilft Ihr eigenen Leben und Ihre Beziehungen noch erfolgreicher und vor allem noch glücklicher zu gestalten. Das Erkennen der eigenen Ziele und des Weges sie zu erfüllen, ist ein spannender, nicht immer leichter Lernprozess – den wir letztlich „Leben“ nennen. Jede Fähigkeit, jede fehlende wichtige Erkenntnis und jede wichtige Eigenschaft, die es zu entwickeln gilt, ist ein eigenes „Lernfeld“. Wenn ich meinen Blick über das Inhaltsverzeichnis schweifen lasse, dann ist es schon erstaunlich, wie viel Zeit ich in diese „Feldarbeit“ investiert habe, auf wie vielen dieser „Lernfelder“ ich mich auch heute immer wieder befinde. Es gibt viele tragende Erkenntnisse und Fähigkeiten, wie z.B.:

- die richtige Personenwahrnehmung
- die Grundlagen und Feinheiten der Kommunikation
- der Umgang mit eigenen negativen Emotionen, usw.

mit denen man sich immer wieder beschäftigen sollte. In unseren Fähigkeiten manifestieren sich immer wieder Schwächen. Es ist sinnvoll konsequent an jenen zu arbeiten, die für unsere Lebensqualität zentral sind. **Meisterschaft erlangt nur, wer die Grundlagen auf höchstem Niveau beherrscht.** Dies verlangt die Wiederholung und Reflexion der grundlegendsten Erkenntnisse. Das höchste Gut ist unsere Lebensqualität und diese wächst Hand in Hand mit der Qualität unserer persönlichen Reife. Das Bestreben immer noch besser zu werden sollte jeder von uns leben – ohne sich den Druck zu machen perfekt sein zu müssen.

Exzellenz erreichen wir, während wir nach unserem Ideal streben. Exzellenz ist eine Haltung – kein Zustand.

Unser Leben verläuft umso angenehmer, je mehr Menschen in unserem Umfeld die hier aufbereiteten grundlegenden Ideen, Einsichten und Fähigkeiten auf hohem Niveau beherrschen. Man sollte es nicht als die Aufgabe des eigenen Umfeldes ansehen, dass unser eigenes Leben schön und lebenswert wird. Für unser Leben sind wir zu allererst selbst verantwortlich. Doch ein persönliches Umfeld, das die hier aufgezeigten Erkenntnisse anwendet, ist ein starkes, gütiges und stützendes Umfeld.

Nehmen wir es also selbst in die Hand und versuchen für uns und unsere jeweiligen Mitmenschen Positives zu bewirken. Am besten hilft man Menschen, in dem man sie dazu befähigt ihre wahren Interessen zu erkennen und sie auch ohne Angst zu verfolgen, denn dann entfalten sie ihr Potential, sind erfolgreich, glücklich und mit den richtigen Einsichten auch gütig und hilfsbereit. Je mehr solcher Menschen wir um uns haben, umso schöner ist natürlich auch unser eigenes Leben.

Je stärker wir als Individuen sind und je wertschätzender wir miteinander umgehen, desto stärker sind wir als Kollektiv.

HISTOIRE DU MOYEN ÂGE

ANNE POUGET

HISTOIRE DU MOYEN ÂGE

ÉDITIONS DE VECCHI S.A.
52, rue Montmartre
75002 PARIS

Malgré l'attention portée à la rédaction de cet ouvrage, l'auteur ou son éditeur ne peuvent assumer une quelconque responsabilité du fait des informations proposées (formules, recettes, techniques).
Il est conseillé, selon les problèmes spécifiques – et souvent uniques – de chaque lecteur, de prendre l'avis de personnes qualifiées pour obtenir les renseignements les plus complets, les plus précis et les plus actuels possible.

Collection dirigée par Philippe Valode

Du même auteur :
Navires et navigation au XIVe et XVe siècles, L'Harmattan, 2002
Voyage au pays des croisades, L'Harmattan, 2002
Les années d'espérance, Les *3* Orangers, 2003

Photos de couverture : Tenture de la Dame à la licorne, XVe siècle, musée du Moyen Âge – Cluny, Paris © RMN ; Cathédrale Notre-Dame de Paris © S. Allen/Getty Images

Imprimé en Italie

Introduction

« Le Moyen Âge est la période de mille ans qui succède à l'Empire romain et qui s'étend du Ve au XVe siècle » : ainsi résume-t-on cette longue phase jalonnée de dates clés.

Un château fortifié, des chevaliers qui partent au tournoi ou à la guerre, une cathédrale au centre d'une ville, des paysans qui labourent la terre, un moine qui copie un manuscrit : voilà les autres clichés qu'utilisent l'iconographie et le cinéma pour nous renvoyer au passé.

Pourtant, au-delà des poncifs, le Moyen Âge est une période beaucoup moins marquée par des césures brutales que par de lentes mutations, variables aussi bien dans l'espace que dans le temps. Les dates charnières, les « récapitulatifs des grandes dates », ne sont là que pour rythmer l'Histoire, suggérer les traits dominants de cette évolution.

Cet ouvrage est construit autour de thématiques destinées à la compréhension de ce temps « médiéval » :

- Le haut Moyen Âge ;
- La décomposition de la civilisation urbaine ;
- L'Église romaine ;
- L'âge d'or du Moyen Âge ;
- Les arts ;
- Partage de l'Europe chrétienne et forces neuves ;
- La crise de la fin du Moyen Âge ;
- Les grandes personnalités du Moyen Âge.

Scène de chasse, d'après une miniature du Livre de la chasse *de Gaston Phébus (dessin de J.-M. Racine)*

Le haut Moyen Âge

(DU Ve SIÈCLE AUX ALENTOURS DE L'AN MILLE)

Au Ve siècle, Lutèce prend le nom de Paris.
La société du haut Moyen Âge s'articule autour de trois groupes : les *oratores* (« ceux qui prient »), les *laboratores* (« ceux qui travaillent ») et les *bellatores* (« ceux qui combattent »).

Byzance ou l'Empire romain d'Orient

De Dioclétien à Clovis (284-511)

Byzance, à laquelle l'empereur Constantin donnera le nom de Constantinople et que les Turcs rebaptiseront bien plus tard Istanbul, est une colonie grecque construite au VIIe siècle avant J.-C. sur les rives du Bosphore.
Constantin s'illustre par sa victoire sur Maxence, en 312, sous les murs de Rome, puis en 324 sur Licinius, qui régnait sur l'Orient. Ayant rétabli l'unité impériale, et pour mieux surveiller la frontière du Danube et les Perses, Constantin, qui avait jusqu'alors séjourné en Gaule, s'installe en Orient et établit la nouvelle capitale de l'Empire romain à Byzance, entre 324 et 330.
Byzance, qui n'était jusqu'alors qu'une cité secondaire, change de nom et devient Constantinople. L'empereur Constantin, qui lui donne son nom, veut en faire une nouvelle Rome.
Constantinople est construite sur le modèle de l'ancienne capitale de l'Empire : elle aura ses sept collines, son Capitole, son Forum, son Sénat, ainsi que quatorze régions urbaines.

Sous le règne de Constantin, la Gaule se convertit massivement au christianisme

Les bases d'une nouvelle organisation ecclésiastique sont jetées : dans chaque cité est établi le siège d'un évêché, les églises se multiplient.
Les villes étant christianisées, il reste à évangéliser les campagnes. Un ancien officier de l'armée romaine, devenu évêque de Tours, plus connu sous le nom de saint Martin, s'y emploie et fonde le premier monastère gaulois en 360.
Attirée par la vie monacale, l'aristocratie apporte de nombreux domaines aux communautés religieuses.

L’empereur Constantin

Saint Martin, évêque de Tours

Les invasions barbares

Venus d'Asie, les Huns, sous la conduite d'Attila, se sont constitué un véritable empire au centre de l'Europe.

Fuyant devant cet envahisseur sans pitié qui sème la panique dans toute l'Europe, des cohortes de guerriers vandales, Suèves et Alains, accompagnés de femmes, enfants, chariots et troupeaux, se mettent en branle vers la Gaule et franchissent le Rhin le 31 décembre 406. Rien ne peut arrêter ce raz-de-marée d'envahisseurs et l'armée gauloise, engagée en partie ailleurs, ne peut venir à bout de ce déferlement qui met le territoire à feu et à sang.

Les Barbares traversent la Gaule de part en part pour atteindre l'Espagne : les Vandales se dirigent vers l'Afrique, les Alains restent en Aquitaine, les Burgondes s'installent sur la rive gauche du Rhin, les Alamans en Alsace.

L'Italie elle-même est menacée par l'avance des Wisigoths qui, sous la conduite d'Alaric, s'emparent de Rome en 410. Après leur victoire, ils passent les Alpes et entrent dans Narbonne (413). Ils s'installent en Aquitaine, où ils constituent le premier État barbare établi sur le sol gaulois par le jeu d'un mariage entre leur chef Athaulf et Galla Placidia, sœur d'Honorius. Toulouse devient leur capitale en 418.

Les Huns franchissent le Rhin et se ruent sur la Gaule (451).

Une pieuse paysanne de Paris, Geneviève, encourage Paris à la résistance. Tous les Barbares installés en Gaule unissent leurs efforts et, s'alliant aux Gallo-Romains, chassent Attila aux champs Catalauniques, non loin de Troyes, le 14 juin 451. Les Huns rebroussent alors chemin... vers Rome.

Les invasions arabes

Charles Martel, fils naturel de Pépin, refoule les Frisons, les Saxons, les Alamans. Mais son plus grand succès est toutefois de repousser les Arabes. Ces derniers ont conquis une bonne partie du pourtour méditerranéen : Égypte, Syrie, Afrique du Nord. Ils franchissent le détroit de Gibraltar et s'installent en Espagne en 711. S'y étant établis, ils décident de lancer une expédition au-delà des Pyrénées. C'est la panique générale car on connaît leur réputation : ils ravagent tout sur leur passage et coupent les têtes avec leurs cimeterres. Ils pénètrent en Gaule dès 714 mais, contenus en Aquitaine, ils occupent la Septimanie. Terrorisé, le duc d'Aquitaine fait appel à Charles Martel, qui arrête

L'envahisseur hun sème la panique dans toute l'Europe

La féodalité

La plus grande partie de l'Europe est divisée en fiefs (du latin *feudum*), d'où découle le mot féodal.
Dans le monde médiéval, la propriété foncière ou l'accès à la terre détermine le rang social ; elle n'appartient donc qu'au roi ou aux seigneurs de grande noblesse.

Qu'est-ce que la féodalité ?

Nous pourrions la résumer ainsi : c'est la cession, par un puissant à un vassal de noblesse inférieure, de biens exploitables en échange de services. Le vassal, assujetti au seigneur, oblige lui-même d'autres hommes. Cette notion est au cœur de ce que les historiens appellent la féodalité.
Comme nous l'avons évoqué, en raison de la précarité des voies de communication, le seigneur ne peut gérer tout seul un royaume devenu trop grand ; alors il délègue ses pouvoirs à d'autres nobles, les comtes. Chacun d'eux dirige une région ou comté, avec les mêmes droits que son suzerain. En remerciement, il reçoit des terres.
Le comte accepte de se tenir, avec ses hommes, à la disposition de son suzerain pour les campagnes militaires. Le comte a recours à ses propres vassaux pour lui prêter main forte lors des combats et il assure en contrepartie la subsistance des guerriers et de leurs montures.
Si ses terres sont vastes, le comte peut les louer à des paysans libres, qui exploitent une manse et le paient en nature d'une part de leurs récoltes.

C'est à Charlemagne que nous devons cette instauration du « système pyramidal ». Comme il lui est difficile de surveiller toutes les provinces, Charlemagne a l'idée d'encourager le serment de fidélité à tous les échelons de la société : du plus grand du royaume au simple homme libre, chacun se jure obéissance. Ce réseau de fidélités, de subordinations, est fondé sur la foi jurée (vassal).

Portrait de Charlemagne

À savoir

- Le système féodal est le réseau de liens de dépendance qui unissent les hommes entre eux.
- Au sommet de la pyramide se trouve le roi, suzerain de tous les seigneurs.
- Puis arrivent les princes, frères et cousins du roi, qui gouvernent des domaines où vivent des masses d'individus (duc de Bourgogne, de Normandie, d'Aquitaine, comte de Toulouse ou de Provence).
- À l'échelon inférieur se trouvent les chevaliers, qui, en contrepartie d'un fief, deviennent des vassaux.

Politiquement

L'engagement de réciprocité est entériné par l'hommage de vassalité que le roi reçoit lors d'une cérémonie publique : le noble reconnaît ses obligations envers son protecteur. Cette notion de vassalité constitue un nouvel idéal moral de loyauté, de fidélité et d'obligation réciproque.

Cette délégation des droits par un État devenu incapable de les assumer a-t-elle contribué à un glissement de pouvoir ? Car les comtes, présents sur les terres qu'ils administrent, deviennent de plus en plus puissants, souvent bien plus puissants que le roi lui-même.

La terre reste la « valeur sûre », car, faut-il le rappeler, elle assure la subsistance générale. Elle participe donc au système du pouvoir.

On assiste à l'encellulement des paysans, à la cristallisation des pouvoirs, notamment avec le château sur motte, demeure d'un petit groupe d'hommes d'armes qui dirigent les autres, et où se rassemblent les paysans et leurs troupeaux en cas d'attaque.

Le seigneur a le pouvoir de commander, de contraindre, de rendre justice.

Économiquement

Les comtes, qui vivent à la campagne, ont autour d'eux un petit monde de paysans, libres ou serfs, qui travaillent pour lui en échange de sa protection.

La possession du sol fournit non seulement un revenu financier, par le fermage et les impôts, mais également la base d'une juridiction et une main-d'œuvre pour les corvées. Les hommes qui gèrent de grands domaines sont des seigneurs.

Ils peuvent lever des taxes pour payer les soldats de métier ou réquisitionner fourrage, chevaux, équipements, voire imposer une obligation de loger les soldats.

L'entretien du château, la solde des guerriers, la construction des machines coûtent, et le seigneur peut alimenter sa rente par différentes ponctions : la taille ou queste, les aides, les impositions d'occasion, les banalités, les versements en nature…

Tapisserie du XVe siècle représentant une scène champêtre

Droit du fort sur le faible ?

Il faut pourtant se garder de voir dans le lien vassalique une sorte de pouvoir de l'homme sur l'homme. La féodalité n'est ni plus ni moins que ce que l'on pourrait qualifier de « convivialité », de « solidarités » : entre protecteurs et protégés (les guerriers protègent les paysans, les vieillards, les femmes, les enfants). Dévouement et fidélités s'instaurent entre nourriciers et nourris.
Le lien féodo-vassalique ne doit donc pas être perçu comme un rapport de dominant à dominé.
Le vassal qui s'agenouille, mains jointes, pour rendre hommage, est certes une image très répandue, qui rappelle la très ancienne posture de soumission des vaincus ; mais elle est aussi un symbole : le vassal pose un genou sur la terre, qui le nourrit et qui le fait exister socialement. Qu'est-ce qu'un noble sans terre ?
En devenant vassal, on « fixe » son corps à la terre ; l'acte d'hommage n'est donc pas perçu comme une humiliation, une dépendance, mais une soumission voulue, symbole de l'illusion que se fait d'elle-même la société médiévale. Le pouvoir est suprême et tous doivent lui être soumis. La féodalité est une pédagogie de la soumission. Elle est la trame dont est tissée toute l'Europe occidentale.

À savoir

- *L'adoubement :* est la cérémonie par laquelle l'homme est fait chevalier ; son parrain lui donne l'épée, l'écu, les éperons et la lance en lui déclarant « Sois preux » et en lui administrant la colée, tape virile sur la nuque (que l'on transformera par un geste moins brutal plus tard, avec le plat de l'épée sur l'épaule).
- *Le service de l'ost :* en contrepartie d'un fief, le vassal doit à son maître aide (auxilium) et conseil (consilium) ; le guerrier s'engage à assister son seigneur dans toutes les expéditions militaires. Ce contrat s'éteint en principe avec la mort d'une des deux parties.
- *L'hommage :* les liens de dépendance qui s'établissent entre le seigneur et son vassal donnent lieu à une cérémonie solennelle et souvent publique – l'hommage. Agenouillé devant son seigneur, le vassal place ses mains jointes dans les mains de son seigneur en signe de soumission et se proclame son « homme », avant de prononcer le serment de fidélité. Le seigneur remet ensuite à son nouveau vassal un objet symbole du fief qu'il lui confie.

Hommage d'un vassal envers son seigneur

L'art roman

Le retour des arts

Ruinée par les invasions, l'Europe veut reprendre la tradition issue du monde romain ; ce qui vaut l'appellation de « romane » à l'architecture des églises élevées vers le XIe siècle. En raison des incessantes invasions barbares qui ont dévasté le royaume, tous les arts se sont perdus. Personne ne sait plus tailler la pierre, ni décorer ou sculpter, et l'on construit les églises avec les pierres que l'on récupère sur les monuments romains.
L'art de la sculpture sur bois, sur pierre, la peinture, l'enluminure renaissent sous le règne de Charlemagne, grâce à l'acharnement des moines. Ceux-ci n'hésitent pas à se déplacer partout où un manuscrit mérite de l'intérêt, où l'art peut être source d'inspiration. À l'Italie ils empruntent des méthodes de construction et de décoration, et font même venir des maîtres italiens en France afin qu'ils enseignent leur art dans les monastères.

Le style roman

Il se développe dans tous les pays chrétiens d'Occident à partir du XIe siècle. Il est caractérisé par la maîtrise expérimentale des voûtes et de l'arc en plein cintre. Les murs épais, d'une hauteur modeste, sont soutenus par une voûte en pierre. Les volumes sont simples, l'équilibre est massif, voire austère ; ces édifices, en pierre taillée, sont adaptés à la liturgie des moines.
Pour renforcer les murs tout en les animant, on ajoute souvent des « lésènes », ou bandes lombardes, bandes verticales en saillie, qui sont réunies à leur sommet par une frise.
Les voûtes modifient la structure des édifices, mais également l'acoustique ; en effet, les édifices, jusqu'alors couverts par des charpentes de bois, ne favorisaient guère une bonne diffusion du son et étaient vulnérables au feu.
Le décor sculpté réapparaît et se développe avec la sculpture monumentale, figurative, qui orne à foison tympans et chapiteaux. L'époque romane aime les couleurs vives et lumineuses et le manifeste au travers de ses fresques et de ses murs peints. Enfin, le clocher donne à la campagne le rythme des heures, appelant à la prière.

Façade de la cathédrale d'Angoulême

À savoir

Deux sortes de voûtes sont communes à l'art roman :

- la voûte en berceau (arc de grande profondeur) ;
- la voûte d'arêtes (intersection à angle droit de deux voûtes en berceau).

Les voûtes poussent sur leur base et s'écroulent si on ne les cale pas dans un mur de butée.

Les grands personnages du haut Moyen Âge

Attila (395-453)

En 434 Attila devient roi des Huns, un peuple nomade originaire d'Asie centrale ; il partage le pouvoir avec son frère jusqu'à la mort de celui-ci, en 445. Cette horde de cavaliers, que précède une funeste terreur, franchit le Rhin en 451. Défait aux champs Catalauniques par les armées de Théodoric (qui y trouve la mort) et d'Aetius, Attila revient l'année suivante, ravage le nord de l'Italie et contraint le pape Léon Ier à lui verser un lourd tribut pour obtenir son départ. Attila trouve la mort à son retour en Pannonie, en 453. Son empire s'effondre après lui.

Childéric Ier (v. 436-481)

De *Hilde-Rik*, « puissant à la guerre ».
Fils de Mérovée et père de Clovis, roi des Francs saliens de 457 à 481.
Le cas de Childéric est intéressant à plus d'un titre car il nous met en garde contre toute définition systématique : certes, le nom a une consonance barbare ; certes, ses longs cheveux tressés font de lui l'authentique descendant des *reges criniti* (rois chevelus – chez les anciens rois francs la longueur des cheveux était symbole de force) ; pourtant l'anneau qu'il porte l'associe au titre romain de *rex* qui, au Ve siècle, désigne le chef d'une armée fédérée (armée barbare passée par traité au service de Rome). Le trésor funéraire nous a transmis une fibule cruciforme en or qui était la marque, dans un empire devenu chrétien, des plus hautes fonctions officielles.
Son sceau représente le roi chevelu portant sur sa poitrine et ses épaules la cuirasse ainsi que le *paludementum*, manteau d'apparat des généraux romains.

À lire

- Bailly Auguste, *Les grands Capétiens*, Fayard, 1952.
- Buchez Philippe-Joseph-Benjamin, *Histoire de la formation de la nationalité française*, Germer Ballière et compagnie.

Attila, roi des Huns

Clovis (466-511)

De *Hlod-Wig*, « illustre au combat ».

Clovis peut être considéré comme le premier roi de France. C'est un Franc, qui signifie « courageux » en langue germanique. Clovis réussit à s'emparer de l'essentiel de la Gaule et en fait le premier royaume d'Europe grâce à son alliance avec l'Église. Le mythe fondateur de la France comme fille aînée de l'Église provient du baptême de Clovis.

En 481-482, Clovis succède à son père Childéric et remporte de nombreuses victoires. Celle de Soissons, en 486, marque le début de l'expansion franque et la fin du pouvoir romain en Occident. En 493, Clovis le païen épouse Clotilde, princesse burgonde chrétienne, qui ne parvient pas à le convertir malgré tous les efforts déployés.

En 496, Clovis entre en guerre contre les Alamans, qui contrôlent la rive gauche du Rhin. La bataille que se livrent les deux armées à Tolbiac est à ce point meurtrière que les Francs sont près de succomber. Désespéré, Clovis lève les yeux au ciel et invoque le dieu chrétien, lui promettant de se faire baptiser s'il lui accorde la victoire.

Par son baptême, le jour de Noël 498, Clovis entre dans l'histoire comme le premier roi barbare chrétien.

À savoir

À la bataille de Tolbiac, Clotilde (475-545) obtient gain de cause et convainc Clovis de se convertir. Elle donnera trois fils à Clovis : Clodomir, Childebert, Clotaire. Elle participera à la vie politique de l'époque et à ses horreurs. Elle se retirera à Tours dans un monastère. Elle sera canonisée.

Portrait de Clovis Ier

Justinien (482-565)

Justinien Ier est le premier empereur byzantin (527-565). Il chasse les Vandales d'Afrique puis reprend l'Italie aux Ostrogoths, ainsi qu'une partie de l'Espagne aux Wisigoths. Son œuvre législative est considérable : conscient qu'il faut adapter les lois aux réalités de son temps, il entreprend de faire rassembler les lois romaines et les fait réactualiser par un collège de juristes : ainsi naît le Code Justinien. Il fait construire la basilique de Sainte-Sophie, chef d'œuvre de l'art byzantin, et San Vitale de Ravenne. Sous son règne, Byzance devient un remarquable foyer intellectuel et artistique.

Benoît de Nursie (480-vers 547)

Issu d'une famille noble romaine, Benoît se consacre à la religion et se retire dans un monastère. Rien ne prédestinait ce modeste abbé à entrer dans l'histoire. Il est pourtant à l'origine de la règle pour sa communauté du Mont-Cassin, qu'il fonde vers 529, et qui devient le berceau de l'ordre monastique des bénédictins, lui valant le titre de « père des moines d'Occident ».

Mahomet (571-632)

Marchand, Mahomet doit attendre ses quarante ans pour que l'ange Gabriel, au cours d'une vision, lui annonce sa vocation prophétique. Il réussit, non sans peine, à imposer l'islam, une nouvelle religion, aux tribus d'Arabie.
Il se rend à La Mecque, ville prospère d'Arabie, également célèbre pour la Kaaba, son sanctuaire, autour de laquelle les pèlerins viennent tourner sept fois.
En 622 Mahomet émigre à Médine : c'est l'Hégire.
En 624 il rompt avec la tradition et décide que la prière ne s'effectuera plus tourné vers Jérusalem mais vers La Mecque.
L'influence musulmane se répand dans toute l'Arabie ainsi que dans le sud de la Syrie.

Manuscrit du XIe siècle illustrant la vie à l'intérieur d'un couvent

Basilique San Vitale, l'autel majeur, Ravenne (Italie), vers 1900

Charlemagne (747-814)

Fils de Pépin et de Berthe, Charlemagne prend la suite historique des empereurs de l'Occident romanisé.
Sacré empereur en l'an 800, il règne sur un empire unifié de 771 à 814, regroupant des millions de sujets, chiffre considérable pour l'époque. On peut parler avec son règne de « renaissance carolingienne ».
Après avoir christianisé l'Europe, il instaure une même législation sur tout le territoire et est à l'origine d'un véritable renouveau culturel ; il rétablit l'utilisation du latin comme langue officielle, fait d'Aix-la-Chapelle un grand centre intellectuel. Grâce à l'introduction de la minuscule caroline, les copies se multiplient, qui permettent la diffusion des textes.

Haroun al-Rachid (766-809)

Ce personnage légendaire des *Contes des Mille et Une Nuits* est calife abbasside de 786 à sa mort. Il est réputé pour entretenir à Bagdad une Cour fastueuse.

À savoir

- *Himiltrude* est la première femme de Charlemagne.
- *Désirée (747-776)* deuxième femme de Charlemagne.
- *Hildegarde (757-783)* troisième femme de Charlemagne.
- *Fastrade (765-794)* quatrième femme de Charlemagne.
- *Liutgarde (776-800)* cinquième femme de Charlemagne.

Vitrail représentant l'empereur Charlemagne

Hugues Capet (941-996)

Comte de Paris et duc de France de 956 à 987, Hugues Capet (c'est-à-dire « vêtu d'une cape »), devient roi en 987 et fonde la dynastie des Capétiens – rois qui règnent sur la France de 987 à 1328 –, qui succède à la dynastie des Carolingiens.

Louis V, le dernier roi carolingien, laisse vacant un trône chancelant, une royauté faible : le régime féodal a partagé le pouvoir entre le roi et les seigneurs possesseurs de fiefs. Pourtant le jeune Hugues, rusé, brillant administrateur, possède un sens politique aigu. Grâce à ses donations à l'Église, il le rallie à sa cause.

En faisant sacrer son fils de son vivant, il assure l'hérédité de sa Maison.

Otton III (980-1002)

Empereur germanique de 996 à 1002. Malgré un règne très bref (couronné empereur à Rome à l'âge de seize ans, il meurt à vingt et un ans), on le citera parce qu'il a été le premier empereur de l'an mille. Il transfère le siège de son gouvernement à Rome et, sous l'impulsion du savant français Gerbert d'Aurillac, qui devient le pape Sylvestre II, il rêve de pouvoir fonder un nouvel empire chrétien d'Occident, dont Rome serait le centre politique et religieux.

À lire

- Favier Jean, *Histoire de la France*, 6 tomes, Fayard.
- Comte Arthur, *Bâtisseurs de la France*, Plon, 2004.
- Cégretin Michel, *La Chanson de Roland*, Éditions du Cosmogone, 2004.
- Ripert Pierre, *L'Épopée templière*, Éditions Pierre du Soleil, 2002.

Portrait d'Hugues Capet

Eric le Rouge (940-1030)

Eric le Viking naît en Norvège en 940.
Infatigables explorateurs, les Vikings ou « guerriers des mers » se lancent à la conquête du monde sur leurs embarcations redoutables : les drakkars. Eric est bien vite surnommé le Rouge en raison des massacres qu'il perpètre.
Chassé de son pays à la suite d'un meurtre, il part à l'aventure. Naviguant sans carte, se fiant aux étoiles et aux vents comme tous les marins vikings, il aborde une île immense et la baptise Groenland, autrement dit « île Verte ».
Il rêve de nouvelles terres et découvre celle qu'il baptise Terre-Neuve. Il aborde sans doute le Canada aux alentours de l'an mille et d'aucuns lui attribuent la découverte de l'Amérique bien avant Christophe Colomb.

Gerbert d'Aurillac (938-1003)

Il est sans doute l'homme le plus savant de son siècle et le fondateur de la méthode scientifique moderne. Petit berger, élevé dans un cloître, il passe quatre années en Catalogne. Là, il fréquente les foires, lieux où s'effectuent les échanges commerciaux et artistiques. Il va y découvrir de nouvelles matières, en particulier l'arithmétique ainsi que le calcul. Il apprivoise le maniement d'une sorte de machine à compter divisée en vingt-sept cases, l'abaque, qu'il introduit en France à son retour et qui va supplanter les unités de mesure en usage, peu précises (on comptait sur les doigts, sur les articulations, les phalanges...).
Gerbert s'installe à Reims où il fonde une école qui va devenir le centre d'enseignement le plus brillant de tout le royaume. L'influence de Gerbert sur le Moyen Âge est considérable. Il enseigne l'astronomie (il traite de la circonférence de la Terre, des pôles, des constellations), la musique, la médecine, la géométrie, rédige de nombreux traités, et connaît même la force de la vapeur. Fulbert et le fils d'Hugues Capet ont été ses élèves.
En 999, Gerbert est élu pape, sous le nom de Sylvestre II. Il meurt en 1003.

Gerbert d'Aurillac, élu pape sous le nom de Sylvestre II

AVICENNE (980-1037)

D'origine iranienne, Abu Ali ibn Sina, dit Avicenne, est considéré comme le nouvel Aristote dans tout le monde musulman. À l'âge de dix ans, il récite le Coran par cœur. Son intelligence est à ce point brillante que très vite il surpasse son professeur. Il continue à étudier seul et, grâce à son ouverture d'esprit, devient philosophe, médecin, astronome, mathématicien et même homme politique.

Il rédige de nombreux ouvrages qui lui valent le surnom de « prince des savants », notamment son *Canon de la médecine,* qui reste la meilleure référence de l'enseignement médical pendant plusieurs siècles, tant en Orient qu'en Occident.

Abu Ali ibn Sina, dit Avicenne

L'Église romaine

L'essor du christianisme

Dès le VIe siècle, les moines irlandais s'emploient à parcourir les terres étrangères afin de faire connaître le Christ aux Barbares. De nouvelles communautés sont fondées dans l'Écosse actuelle, en Gaule, en Germanie, en Italie. L'archevêque de Canterburry structure l'Église anglo-saxonne. L'expansion du christianisme se poursuit et Charlemagne convertit par la force les derniers peuples encore païens, en particulier les malheureux Saxons.

À l'apogée du Xe siècle, la chrétienté occidentale couvre (approximativement) la France actuelle, la moitié de la péninsule Ibérique, l'Italie, l'Angleterre, l'Allemagne à l'ouest de l'Elbe, la Bohême, l'Autriche et sur les *limes* des territoires barbares christianisés comme l'Irlande, l'Écosse et enfin les royaumes scandinaves.

Ces peuplades, au-delà de leurs divergences ou de leur cloisonnement géographique, possèdent des valeurs chrétiennes communes.

Un simple moine du nord de l'Italie, Benoît de Nursie (480-v. 547), est à l'origine de la règle de saint Benoît pour sa communauté du Mont-Cassin. Il instaure la règle bénédictine, impose une discipline aux moines dans leurs communautés, sous l'autorité d'un maître spirituel, l'abbé. Le travail manuel est valorisé. Cette règle s'impose bientôt à tout le monde occidental.

Pépin le Bref fonde les États pontificaux

Pépin le Bref, qui succède à son père Charles Martel, est porté sur le trône par la noblesse franque en 751. Répondant à l'appel du pape, il vainc les Lombards et obtient, en guise de reconnaissance, d'être sacré par onction. Le sacre constitue la manifestation de l'alliance entre le laïc et le sacré. La royauté de droit divin est née.

En 756, Pépin le Bref fonde les États pontificaux et confie la dépouille de saint Pierre à Rome. Le pape devient souverain de ses domaines au même titre que les rois. Ainsi frappe-t-il monnaie. Le pape va ainsi exercer un double pouvoir : celui d'un souverain traditionnel battant monnaie et entretenant des relations diplomatiques, et celui que lui confère l'onction de tous les rois chrétiens. C'est lui qui décide de la légitimité de ses « frères » en royauté. Influence considérable qui lui vaudra le soutien des puissants, l'aidera à mener à bien la réforme de l'Église et le financement des entreprises missionnaires en Orient.

Portrait de Pépin le Bref

Mutations de l'Église

Charlemagne intervient dans les affaires intérieures de l'Église, nomme évêques et abbés du royaume, convoque et dirige les synodes, dispose librement du patrimoine ecclésiastique.

Nombreux sont les nobles qui embrassent la carrière ecclésiastique et l'Église devient un vivier de nobles qui règnent sans partage ; on ne devient pas évêque par vocation, mais grâce à de puissants appuis, en récompense d'un service rendu, ou par privilège. Ces évêques vivent davantage comme des seigneurs que comme des serviteurs de l'Église et la parole de Dieu n'est pas toujours la priorité de leur vie terrestre.

Les moines, eux, ont une vraie vocation. Il y en a partout, ils vivent pauvrement, grâce aux dons des fidèles, mais aussi par le développement économique que suscite l'implantation d'une abbaye.

La « paix de Dieu »

L'Église, de plus en plus puissante, propage la parole de Dieu. Elle contribue à la fin de l'esclavage, s'oppose aux abus de toutes sortes.

Pour limiter les guerres incessantes, elle fait régner « la paix de Dieu » en imposant des trêves (dimanche, carême, fêtes de saints). Elle instaure le droit d'asile pour les condamnés et les criminels dans tous les lieux protégés (églises, cimetières, monastères, sans oublier le fameux anneau fixé au mur des bâtiments religieux, qu'il suffit de saisir pour échapper à ses poursuivants).

Celui qui pille les églises ou qui contraint le pauvre est excommunié, comme celui qui bafoue les lois de l'Église. Cette menace est si forte que le roi lui-même n'ose s'y opposer.

En contrepartie de cette protection, l'Église perçoit la dîme, impôt souvent payé en nature (œufs, blé, pain, poule que l'on apporte à la messe.)

L'Église est omniprésente. On retrouve les rites chrétiens dans tous les gestes du quotidien. Ils ponctuent et dirigent la vie de chacun. La peur du diable, de la damnation, de l'excommunication, favorise le respect des préceptes de l'Église.

Manuscrit enluminé de la 2e moitié du XVIIIe siècle représentant l'élagage d'un arbre

Ces coutumes qui nous viennent du Moyen Âge

- *Les œufs de Pâques :* nul n'aurait songé à ne pas respecter le carême. Mais il dure quarante jours et les œufs s'entassent dans les poulaillers. Que faire ? On a l'idée, à la fin du carême, de peindre ces œufs avec des couleurs de fête et de les offrir autour de soi pour marquer la fin de la période de privations.
- *La bûche de Noël :* dans chaque foyer, une bûche est brûlée le soir de la veillée de Noël et, selon la croyance, elle doit tenir toute la nuit. Au matin, on récupère la cendre pour la répandre sur sa terre, persuadé qu'ainsi les récoltes seront protégées par le Ciel. S'il subsiste des débris de bûche, on les conserve et on les brûle dans l'année pour conjurer le mauvais temps.
- *La quête du dimanche :* perpétue la coutume de la dîme. Un autre usage réside dans l'aide aux malheureux, constituée en partie par les dons des paroissiens. Mais on se verrait mal, de nos jours, apporter ses œufs ou sa poule... Alors on donne une pièce.

Cluny

Un grand bouleversement survient en 910 à Cluny, où est fondée une abbaye qui renoue avec la pureté de la règle de saint Benoît.
On décrète que dorénavant les nobles n'ont plus à se mêler des affaires de l'Église et que les religieux seront choisis en fonction de leur vocation et non plus par privilège ou favoritisme.

Cluny, creuset des arts

Pour satisfaire à leur vocation de louange, les moines de Cluny encouragent le développement de tous les arts et cherchent la perfection dans tous les domaines : sculptures, fresques, peintures, enluminures, pièces d'orfèvrerie, d'architectes.
Avec son architecture richement décorée de fresques et de vitraux polychromes, Cluny est le symbole du raffinement qui transcende l'élan spirituel.
La renommée des abbés qui se succèdent à la tête de l'abbaye propulse bientôt Cluny à la tête de la chrétienté occidentale.
À la fin du XIe siècle, l'ordre est à son apogée : deux mille établissements abritant dix mille moines. À Cluny même, on compte trois cents moines.

Le désamour

L'ordre clunisien va connaître une crise. Après avoir admiré ses réussites, on lui reproche son luxe, contraire aux préceptes de l'Évangile. Cluny a également nourri des ambitions temporelles et s'est laissé séduire par des compromissions condamnables.
Dans les monastères, on finit par revendiquer le retour à l'esprit de pauvreté et de solitude. De nouveaux ordres fleurissent, plus austères. La réforme arrive par Cîteaux…

L'abbaye de Cluny

Vitrail provenant de l'église abbatiale de Saint-Denis représentant l'ascension de saint Benoît

Cîteaux

L'ordre cistercien est fondé en l'abbaye bourguignonne de Cîteaux sous l'impulsion de Bernard de Fontaine, plus connu sous le nom de Bernard de Clairvaux.

Robert de Molesme revendique solitude et pauvreté et propose une plus grande austérité au sein des communautés religieuses. Arrière le faste clunisien, l'outrance des pierres précieuses ou le luxe des objets de culte, l'éclat dans les vitraux et les fresques ! L'austérité devient le maître mot dans l'architecture, dans les ornements, et jusque dans les chants.

Pour plus d'ascétisme, on choisit des lieux (Fontenay, Sénanque ou Fontfroide) enfouis au creux d'un vallon, cachés aux yeux de tous.

Le contact avec la nature, s'il favorise le silence et l'introspection, a également l'avantage de fournir l'eau, le bois, la pierre, la brique, les terres pâturables et cultivables. Défricher les forêts est salutaire à l'esprit et au corps. On opte ainsi pour une vie en autarcie, conforme au besoin de solitude.

Le succès est tel qu'il faut procéder à de nouvelles fondations : celle de Fontenay est la plus belle.

L'importance des monastères

Au cœur d'un monde laïc illettré, les monastères constituent des centres de culture et d'étude. Ils sont des asiles de paix, mais aussi de travail intellectuel intense.

Les moines, qui n'hésitent pas à se déplacer partout où un écrit mérite de l'attention, sont les conservateurs de la culture latine. Ils recopient les textes sacrés qu'ils enluminent sur du parchemin, conservé ensuite en rouleau. Peu à peu naît le manuscrit, composé de feuillets reliés qui relatent la vie des saints.

L'élevage du mouton, nécessaire à la production du parchemin, se développe ; les monastères deviennent des centres importants d'élevage.

Les écoles, dont certaines ont survécu aux invasions successives, sont installées dans les monastères et sont réservées à la formation des moines et des clercs.

En dehors de ce rôle intellectuel, les monastères assurent une fonction économique non négligeable : défrichage, exploitation agricole, étude des plantes pour la pharmacopée, assistance aux pauvres et aux malades.

Saint Bernard de Clairvaux

Quand le clergé danse

À Pâques comme à Noël ou à la Saint-Nicolas, moines, prélats et religieuses se divertissent et les danses sont d'usage courant. On danse dans les prés, dans les cloîtres, autour des puits, en chantant des hymnes de la résurrection, avec la bénédiction de l'Église.

L'âge d'or du Moyen Âge

Les progrès techniques

La plupart des techniques utilisées n'ont pas été inventées au Moyen Âge (le moulin était connu dès le VIIe siècle, l'étrier utilisé aux Indes dès le IIe siècle). Pourtant, en se répandant dans toute l'Europe, elles sont à l'origine d'un essor spectaculaire de la production agricole. Parmi ces nouveautés il est indispensable de citer le collier d'épaule, le ferrage des chevaux et la disposition en file des animaux de trait, l'adoption de la rotation triennale des terres, le moulin à vent, le moulin à eau, l'arbre à cames…

Le collier d'épaule

Jusqu'alors, une bande de cuir entourait le cou de l'animal, qui l'étranglait et l'obligeait à toujours rejeter sa tête en arrière. Avec le collier d'épaule, c'est à dire celui que nous connaissons aujourd'hui, le cou est enfin libéré, ce qui augmente la puissance de l'animal.

Le ferrage des chevaux

Les sabots des chevaux étaient protégés par des semelles en fer, retenues par des liens, mais les animaux de trait n'en possédaient pas. La ferrure est donc une révolution car elle protège le sabot de l'animal, lui permettant de résister au sol le plus éprouvant.

Le dispositif en file des animaux de trait

Avant, on attelait les animaux de front, ce qui réduisait la force de traction. Le dispositif en file est donc lui aussi une heureuse trouvaille...
À cela s'ajoute l'amélioration de la charrue.

Calendrier des douze mois de l'année représentant les travaux des champs

L'adoption de la rotation triennale des terres

Elle remplace la rotation biennale ; les terres cultivables sont divisées en trois lots : un tiers est mis en jachère, un tiers semé avec des céréales d'automne traditionnelles et le dernier est planté d'orge, d'avoine, de fèves et de pois au printemps.
La culture des légumes augmente la fertilité des terres, l'orge procure du fourrage, le repos permet à la terre de se ressourcer.

Le moulin à vent, le moulin à eau

Leur utilisation augmente la capacité de broyage du grain, allège les tâches du paysan.

L'arbre à cames

Il permet d'adapter l'énergie hydraulique et remplace le travail manuel (grâce à la scie hydraulique, le déboisement des forêts est accéléré).

L'état des routes

Les routes sont améliorées, les ponts sont jetés sur les fleuves, la circulation terrestre ou fluviale connaît un nouvel essor, amplifiant les échanges commerciaux et la diffusion des richesses.

Le XIIIe siècle apporte deux inventions révolutionnaires

- *L'horloge à poids et à roues :* le décompte des heures ne dépend plus des saisons (on travaille au rythme de la lumière du jour) mais est régi par un mécanisme : les heures sont d'égale durée, quelle que soit la saison. La journée de travail est à présent légalement réglementée.
- *L'invention des lunettes :* qui permettent de lire jusqu'à un âge avancé, modifie les habitudes et les mentalités.

Marché couvert au Moyen Âge

Deux données sociologiques

L'impact des croisades

Dans cette grande révolution, sociale et culturelle, nous ne pouvons ignorer l'impact des croisades. Le choc Occident-Orient dépasse le simple affrontement militaire ; il permet aussi à l'Occident de découvrir et de se familiariser avec les technologies orientales. On admire l'architecture et les arts orientaux, mais on constate l'avance de la réflexion : philosophique, mathématique, en physique, en astronomie, en médecine. La science islamique permet de réviser des théories éprouvées. On découvre l'algèbre trigonométrique, les premiers éléments de l'optique, on adopte la boussole, l'astrolabe, la voile latine, qui modifient fondamentalement l'art de la navigation, les chiffres arabes. L'enseignement des médecins arabes devient référent. Dans le domaine pharmaceutique, leurs découvertes préludent à la naissance de la chimie scientifique. Les Arabes ont mis au point l'alambic, pour distiller les parfums. Ils réussissent à mettre au point des lentilles de cristal grossissantes qui, si elles facilitent la lecture, seront également utilisées pour la mise au point du télescope.

La progression démographique

Grâce aux progrès, à la culture de légumes, de produits frais, la mortalité régresse, la santé s'améliore. Le perfectionnement des machines et de l'outillage est à l'origine d'une augmentation de la production et d'un meilleur niveau de vie.

Le travail se spécialise, les activités se diversifient. L'artisanat est en pleine expansion et on assiste progressivement à la séparation de l'agriculture et de l'artisanat, à la production de petite à grande échelle.

La monnaie circule à nouveau et se substitue au troc. L'amélioration des voies de communication stimule le commerce.

L'augmentation de la population, qui triple en deux siècles, favorise la construction de nouvelles villes.

Portrait de saint Louis

L'urbanisation au XIIIe siècle

L'urbanisation du royaume est l'un des traits majeurs du XIIIe siècle. Sédentarisation, constructions unifiées, centres marchands, mise en place d'« infrastructures » en sont les caractères majeurs.

Le groupement urbain

La sédentarisation croissante des populations nomades, des Barbares d'hier, mais également des marchands jadis itinérants, a donné naissance à des regroupements urbains, grossis par un afflux d'immigrés campagnards.
Dans la « ville » médiévale se juxtaposent souvent une cité, un bourg, un faux bourg, éloignés l'un de l'autre, chacun pourvu de son enceinte. Ainsi, plusieurs murs séparent la ville en noyaux isolés, faisant obstacle à la prise de conscience de la collectivité.
L'unification de la ville prend forme au XIIIe siècle.
Sous son règne, Philippe II Auguste (1180-1223) favorise le commerce et le développement urbain, qui marque la croissance économique. En étendant les limites du royaume, il a repoussé la menace des invasions. Le danger des sièges de villes s'étant éteint, on ne voit plus la nécessité d'ériger des murailles pour se protéger de l'envahisseur… La ville se débarrasse de son corset.

Dynamisme urbain

À la fois importateurs et exportateurs, banquiers et assureurs, les marchands deviennent le pivot de la vie économique du XIIIe siècle. En se concentrant dans les villes, ils en font un centre incontournable de la vie économique, sociale et culturelle.
La ville consomme une multitude de produits, alimentaires et autres, qu'elle ne produit pas en quantité satisfaisante. Elle a donc besoin de l'arrière-pays proche, le terroir, avec lequel elle vit en symbiose.
L'urbanisation progresse, chemins et routes se muent peu à peu en rues.
La ville absorbe également le trop-plein de main-d'œuvre de la campagne, tentée par les vastes possibilités urbaines.

Portrait de Philippe II Auguste

Le travail urbain

Dans les familles d'artisans, on se transmet le métier de père en fils.
L'émergence de la ville « change la donne » : plus la ville est grande, plus les besoins se font sentir. Arriver de la matière première au travail fini impose parfois de nombreuses opérations, que le petit artisan ne peut plus assumer tout seul. Pour répondre à la demande toujours croissante, les artisans s'organisent, se spécialisent dans un secteur précis, les métiers se hiérarchisent.

Les associations

Le progrès de la consommation, le développement de l'équipement rendent nécessaire une ouverture commerciale. Des associations professionnelles de marchands naissent pour protéger leurs intérêts. Les guildes et les hanses apparaissent, les métiers se structurent, élisent leurs représentants, rédigent les statuts propres à leurs professions, qui les réglementent et énumèrent les droits et les devoirs de chacun, s'octroient ou négocient des franchises fiscales et commerciales.
Les métiers se regroupent par rues, qui empruntent leurs noms : rue des Cordiers, rue des Tanneurs, rue des Cordonniers, rue des Fileuses…

- les artisans vendent des marchandises fabriquées ou transformées de leurs mains. Ils tiennent boutique ouverte sur la rue car ils œuvrent devant la clientèle, qui peut ainsi contrôler la qualité du travail ;
- les marchands font commerce de produits qu'ils n'ont pas élaborés eux-mêmes ;
- les valets, ouvriers salariés, prennent le nom de compagnons à la fin du XIVe siècle.

Marché médiéval

La ville et le roi

Depuis longtemps, le roi fait appel à son entourage (personnel désigné, vassaux) pour le conseiller ou l'aider dans la gestion des affaires du pays.
Le développement du pouvoir royal donne à certains auxiliaires du roi une envergure qui tend à s'affirmer. Peu à peu le roi se décharge de toute une partie de son travail administratif sur la ville. À la cité incombe de lever la taille et les impôts extraordinaires : ainsi naissent les baillis du roi.
Avec l'urbanisation du royaume, on s'installe dans des bâtiments directement liés à l'activité économique de la ville, halles et poids publics. Le pouvoir seigneurial se « banalise », devient plus administratif que militaire. L'habitude de résider désormais dans un hôtel comtal devient l'un des traits du paysage urbain de la seconde moitié du XIIIe siècle. Peu à peu, la ville devient une personnalité morale, qui la distingue de la campagne. L'idée d'autonomie urbaine se matérialise ; la ville se dote d'un sceau.

Le sceau de la ville

Les armoiries de Paris sont données à la ville par la puissante corporation des marchands de l'eau : un vaisseau d'argent à trois ponts, sur fond de gueules au chef d'azur semé de fleurs de lis d'or, avec la devise : *fluctuat nec mergitur.*
La confrérie ou compagnie des marchands de l'eau est constituée par les marchands qui réceptionnent par la Seine des denrées dont ils font commerce. Bientôt cette confrérie s'empare de toutes les affaires de la commune et devient, pour ainsi dire, la commune elle-même. La Hanse parisienne a la mainmise sur le commerce de Paris et de sa banlieue. Nul ne peut ni transiter ni décharger s'il n'y est pas autorisé par un bourgeois hansé de Paris, sous peine de voir la marchandise confisquée au profit du roi et des marchands de l'eau.

La ville et l'Église

Pour le clergé, la Ville c'est Babylone, reine de tous les vices. Toutefois, c'est bien dans la cité que convergent les indispensables donateurs. Décidée à ne pas laisser passer cette manne (dîme, don…), l'Église y installe ses ordres, ses hôtels monastiques et son évêque qui, par le jeu des relations, tient peu à peu les rênes du pouvoir. Bien plus que la cathédrale, ce sont les églises et les ordres mendiants qui expriment la piété des villes.

Sceau de Paris en bronze florentin

L’Église au cœur de la vie médiévale

Pèlerinages et Saintes Reliques

Le pèlerinage, l'adoration des Saintes Reliques, un temps freinés par les événements, reprennent et font l'objet de trafics avides (on a recensé une quarantaine de clous de la Sainte Croix, un nombre effrayant de Saintes Tuniques, de voiles de la Vierge et avec les morceaux réunis de la Sainte Croix, il y aurait de quoi reconstruire un village...).

Pour faciliter la circulation des pèlerins, on a élevé des maisons-Dieu tout le long des itinéraires. D'origine religieuse, elles accueillent, restaurent, soignent et réconfortent chaque pèlerin.

Cet ordre se répand dans les villes, favorisant l'installation des congrégations religieuses.

À lire

- PIGAILLEM Henri, *Les grandes heures de l'abbaye de Saint-Benoît-sur-Loire*, Beauchesne, 2004.
- DUBY Georges, *Adolescence de la chrétienté occidentale, 980-1140*, A. Weber, 1967.
- BOSSUAT Robert, *Le Moyen Âge*, Del Duca, 1955.
- Collection « Les saints de », 4 tomes, Éditions De Vecchi, nouvelle édition 2004.
- Série *in* « La Croix » (2 août-9 août 2004) : « Les saints patrons de l'Europe : saint Benoît, saint Cyrille, saint Méthode, sainte Catherine de Sienne, sainte Brigitte de Suède, sainte Thérèse et Bénédicte de la Croix ».

Vue de l'Hôtel-Dieu, hospice pour les malades des deux sexes, situé près de la Basilique de Notre-Dame, à Paris

La couronne d'épines

La couronne d'épines, relique qu'ont conservée Jérusalem et Constantinople avant que saint Louis l'acquière, provoque la déception. Ce n'est pas la couronne présentée par l'iconographie, mais un cercle de joncs étroitement assemblés. Les Parisiens sont donc dépités de ne point y voir les épines dont ils la croyaient hérissée…

Les saints au quotidien

Sans parler des saints patrons de la ville, chaque confrérie possède son saint (saint Honoré pour les pâtissiers, sainte Anne pour les menuisiers, sainte Claire pour les verriers, saint Cloud pour les cloutiers...).

Il y a également les saints protecteurs du bétail : saint Antoine pour les cochons (parce que les religieux antonins étaient les seuls à avoir le droit de laisser circuler leurs cochons dans les rues), saint Gall pour les poules…

La fête des saints patrons est chômée (même par les chevaux !). Mais il y en a tant qu'elles finissent par ne plus être célébrées.

La fête des morts, instituée au XIe siècle par Odilon, abbé de Cluny, se répand lentement.

La Toussaint apparaît au XIIIe siècle. Jusqu'alors, on égrenait une liste de noms de disparus pour lesquels on priait. Leur nombre augmentant d'année en année, on décide de simplement déposer la liste établie sur l'autel, ou de la joindre au missel. Le prêtre appelle à prier pour tous les défunts sans détail de noms.

La Sainte Croix est célébrée à partir du 11 août 1241, lorsque saint Louis en rapporte un fragment de Terre sainte.

Les prénoms au Moyen Âge

Les prénoms issus de l'Écriture sainte sont d'abord tabous ; ils ne deviennent courants qu'après les croisades.

Toutefois, les noms évoquant les fêtes chrétiennes sont très fréquents : Tiphaine (Épiphanie), Quarementrant (Carême), Osanne (Hosanna), Florie (Pâques fleuries), Pacote ou Paquelin (Pâques). On s'appelle aussi couramment Marguerite, Claire, Regina...

Saint Bernard

Sainte Claire

L'essor gothique

De nouvelles ambitions

Suger veut reconstruire le cœur de Saint-Denis pour y exposer, à la vue de tous, les reliques du saint fondateur, conservées jusqu'alors dans la crypte. Ses recherches et son ambition le poussent à vouloir faciliter la circulation des pèlerins autour des châsses exposées. Rien de mieux pour permettre aux pèlerins de se recueillir que le déambulatoire, permettant de tourner autour du chœur et d'accéder aux reliques placées dans les chapelles rayonnantes. Il ne lui manque plus que la lumière sacrée, transfigurée par le prisme des vitraux… Pour satisfaire à cette exigence, on s'efforce de créer une architecture nouvelle. De l'arc brisé du modèle roman, l'art gothique va faire un usage systématique.

L'art des évêques

Si l'art roman est intimement lié au développement monastique, l'art gothique, qui apparaît en Ile-de-France au milieu du XIIe siècle, est l'œuvre des évêques. Ainsi, posée au cœur de la cité, la cathédrale est fille de la campagne, car ce ne sont pas les riches bourgeois qui en financent la construction mais bien l'impôt levé sur les paysans.

Pour l'évêque, la construction de « sa » cathédrale est beaucoup plus qu'un simple événement religieux. Elle exige l'emploi de capitaux importants, l'entretien d'ouvriers et la mise en place d'un chantier pendant des générations. L'art gothique s'affirme rapidement, cathédrales, abbayes et églises l'adoptent.

Une nouveauté : l'arc brisé

La voûte en berceau brisé exerce une moindre poussée latérale car le poids repose sur le haut. L'arc brisé convient donc mieux pour les hauts murs. Pour éviter toute pression et la déformation de la maçonnerie, on installe d'épais arcs de pierre, par-dessus les bas-côtés, jusqu'à de solides massifs de butée. Ce sont les arcs-boutants.

Chevet de la cathédrale Notre-Dame de Paris

Façade de la basilique de Saint-Denis

Portrait de Suger

Le temps des cathédrales

Avec ce que l'on appelle « le temps des cathédrales » émerge une nouvelle structure du travail. En raison de la complexité de son architecture, la cathédrale demande rigueur et professionnalisme, exige le recours à des techniciens spécialisés. Les métiers évoluent, se spécialisent, se dotent d'une stricte réglementation.

On dessine des plans avant ouvrage, ce qui exige des notions de mathématiques et de physique : le maître d'œuvre est architecte, ce qui n'était pas toujours le cas dans les abbayes romanes.

Les artistes, de vrais professionnels, sortent de l'anonymat et signent leur ouvrage.

L'amélioration des routes, mais aussi le perfectionnement de certains outils (poulies, treuils) facilitent le transport et la mise en place des pierres, les matériaux peuvent à présent être fabriqués en série et stockés.

Le gothique s'affirme sous Philippe Auguste (1180-1223) et atteint son apogée sous saint Louis (1226-1270).

La cathédrale, symbole de l'exploit technique

Si la cathédrale résume le XIIIe siècle, c'est parce qu'elle symbolise l'exploit technique : ses dimensions reflètent l'optimisme d'un monde, le dynamisme urbain, l'essor de la communication. Elle se veut le rappel du pouvoir que l'Église entend exercer sur les âmes.

Elle symbolise également le temps des équilibres : du matériel et du spirituel, du terrestre et du céleste, de l'opulence de la ville qui n'oublie pas la campagne.

Le record du siècle des cathédrales…

Avec ses quarante-huit mètres de hauteur sous la voûte, la cathédrale de Beauvais est la plus haute de France.

Mais les bâtisseurs avaient-ils outrepassé les capacités techniques de leur temps ?

L'écroulement de la voûte du chœur de la cathédrale de Beauvais, le 28 novembre 1284, est considéré par les historiens comme le symbole de la fin d'une époque, celle de « l'approximation architecturale ».

Cathédrale de Chartres

Cathédrale de Soissons

Les arts

L'art roman, les premiers artistes

- Pour les **pavages**, on utilise la mosaïque, c'est-à-dire des petits cubes de pierre juxtaposés et collés au mortier, que l'on assemble selon le motif désiré. Peu à peu, on copie les célèbres mosaïques de la ville de Ravenne, réputée pour être le berceau de la mosaïque (que l'on doit également à Justinien).

- La richesse des **décorations** est pour grande part l'œuvre de maîtres sculpteurs. Les murs et les façades s'ornent de sculptures monumentales qui peu à peu s'affinent. D'abord faisant corps avec le mur, plaquées, elles prennent du relief, développent des volumes, pour aboutir à la glorification de l'aventure humaine (statues équestres).

- L'autre art très répandu au Moyen Âge, et qui s'apparente à la sculpture de la pierre, est **l'ouvrage des maîtres tombiers** : d'abord de simples coffres surmontés d'une dalle, puis des gisants, s'enrichissant de sculptures de plus en plus raffinées.

- **Tailler la pierre** devient un art. Matériau noble, elle se travaille, se veut lisse, puis se cisèle pour devenir dentelle.

- La **sculpture sur bois** fait du mobilier ou des objets du culte de véritables chefs-d'œuvre.

- Les **peintures murales** et les **fresques**, œuvres des artistes peintres, décorent murs et plafonds.

- La **ferronnerie**, ainsi que l'**orfèvrerie**, connaissent un développement significatif : clés, serrures, ferrures, mais également objets de culte, châsses, sont de plus en plus raffinés.

Fresque de l'abbaye de Charlieu représentant le roi Boson et saint Étienne, datant du XVIIe siècle

Détail d'un ciboire d'Alpais

- Le **vitrail** fait son apparition au IXe siècle. La lumière constitue le lien parfait entre l'homme et Dieu. Ignorant tous les secrets des couleurs, on utilise des verres plus fins que l'on superpose pour obtenir de nouvelles teintes (bleu + rouge = violet). Mais ce procédé souffre du salpêtre, qui se niche entre les différentes couches de verre. Les maîtres verriers cherchent inlassablement les secrets du verre et des couleurs. Grâce à leur savoir jalousement gardé, les églises s'ornent de vitraux splendides.

- L'**enluminure**, art très répandu au Moyen Âge, est enseignée par les moines ornemanistes, spécialistes des peintures de petites dimensions. Pour leurs couleurs, ils utilisent des poudres, des plantes ou des épices écrasées au pilon.

Naissance des confréries et hiérarchisation des métiers

Les métiers se regroupent autour de quartiers et s'identifient au sein de communautés : confréries, charités, guildes et compagnonnage poursuivent un but charitable, regroupant les artisans d'un même métier, pour l'entraide et la défense des intérêts communs. Chaque manouvrier verse un denier par vente ou par semaine, et l'argent récolté sert à venir en aide aux malades ou à secourir ceux qu'un incendie ou un naufrage a anéantis.
Pour devenir maître d'un art, on instaure l'apprentissage, qui dure de deux à dix ans selon la profession.

Rosace ornant la façade ouest de la cathédrale de Reims datant du XVIIIe siècle

La littérature, la musique

Il s'agit de disciplines plus subtiles, dont la renommée ne cesse de croître.
L'amour courtois s'accompagne avec des instruments de musique : rebec, viole, vièle, gigue, et les troubadours font appel aux plus adroits luthiers.
Dans les Cours d'Occident, les troubadours chantent l'amour courtois, la *fin'amor*, mais également le courage des combattants et leurs exploits guerriers.
L'amour courtois est également sublimé dans la littérature et le *Roman de la Rose* est sans doute le premier best-seller de l'histoire littéraire française.

Le chevalier de la charrette : Lancelot (1177-1181), Chrétien de Troyes

Des que ma dame de Chanpaigne
Vialt que romans a feire anpraigne,
Je l'anprendrai mout volentiers,
Come cil qui est suens antiers
De quanqu'il puet el monde feire,
Sanz rien de losange avant treire.

Du moment que ma dame de Champagne
Désire que j'entreprenne un récit en français,
Je l'entreprendrai très volontiers,
Comme quelqu'un qui lui appartient entièrement,
Prêt à lui obéir en toute chose,
Sans recourir à la moindre flatterie.

Texte établi, traduit par Alfred Foulet et Karl D. Uitti.

Détail d'une cheminée d'une maison du Mans vers 1400

Partage de l'Europe chrétienne et forces neuves

En 1250, la mort de l'empereur Frédéric II, survenue alors que saint Louis est en Terre sainte, ouvre une crise, révélant l'émergence de nouvelles réalités politiques.
Jusqu'alors, deux pouvoirs s'affrontaient : le pouvoir spirituel et le pouvoir temporel, à savoir la papauté et l'Empire, tous deux à prétention universelle.
On voit alors poindre des forces neuves : la monarchie nationale de Louis IX, roi de France, d'Édouard Ier, roi d'Angleterre (1273), de Jacques Ier d'Aragon (1276), qui vont modifier l'ordre établi.

L'Empire, réputé unique et universel, se scinde en trois

- L'année 1054 avait déjà vu la rupture entre les Églises occidentale et orientale, aboutissant à la séparation d'une chrétienté catholique latine et romaine et d'une chrétienté orthodoxe, toutes deux animées par la même prétention à l'universalité.
- En 1261, lorsque les Grecs reprennent Constantinople, l'Empire d'Occident ne comporte plus que les seuls pays germaniques et l'Italie du Nord.
- En ce XIIIe siècle, l'autorité hiérarchique de l'Église est pourtant établie dans tous les États croisés. L'essor des missions, grâce à l'implantation des ordres militaires, s'étend jusqu'en Extrême-Orient. Les papes ont doté l'Église catholique d'un pouvoir monarchique absolu et le souverain pontife se présente comme un véritable chef d'État. Boniface VIII (1294-1303) réclame pour l'Église l'exemption fiscale et revendique la suzeraineté mondiale du pape. Il est arrêté.
- En 1305, le nouveau pape, Clément V, est le premier d'une série de papes français à être élu, grâce au soutien du roi Philippe IV le Bel, dont il ne cessera d'être l'obligé, autorisant même la disparition de l'ordre du Temple.
- En 1309, le transfert de la papauté de Rome à Avignon provoque l'éclatement des États de l'Église en petites seigneuries belliqueuses. Dès lors, les rois prennent le pas sur les papes.

  Le grand schisme survient à la mort de Grégoire IX en 1378 et l'Église se déchire : Urbain VI (Rome), élu dans l'urgence, est déjugé et est très rapidement remplacé par Clément VII (Avignon). L'Angleterre, l'Irlande, l'Italie, la Hongrie, la Pologne, la Suède, le Danemark et la Norvège soutiennent le choix de Rome, tandis que Clément VII, à l'instigation de la France, soutenue par l'Écosse, la Castille, quelques princes allemands, le royaume de Naples, puis enfin l'Aragon, se fixe à Avignon.

  L'Europe se divise entre les partisans des papes rivaux, dont aucun ne parvient pourtant à s'imposer.
- À la mort d'Urbain VI, Rome élit Boniface IX, tandis qu'Avignon élit Benoît XIII.
- En désespoir de cause, la France, responsable du schisme, propose en 1394 la démission simultanée des deux papes, mais sa proposition n'est pas suivie d'effets.

Le château des Papes à Avignon

La réforme dans l'Église

L'Europe est divisée en nations rivales, peu solidaires, et l'unité de l'Occident chrétien se trouve ainsi rompue avec le succès de la réforme protestante de Luther, puis de Calvin.

Un mouvement contestataire réclame la convocation d'un concile afin de réformer « la tête et les membres de l'Église ».

Le concile de Pise tente d'apaiser les choses avec l'élection d'un troisième pape en 1409.

En 1414, le concile de Constance, sous la présidence de l'empereur, vote nation par nation (française, anglaise, italienne, allemande).

On propose la déposition des deux papes existants, qui sont remplacés par Martin V (1417-1431), ainsi qu'une réforme de l'Église.

La chute de Constantinople : un choc pour l'Occident

L'expansion arabe anéantit progressivement les États croisés, qui se soumettent les uns après les autres jusqu'à la chute définitive de Constantinople, en 1453. Elle provoque un choc psychologique considérable dans l'Église et chez les monarques occidentaux.

L'appel à une nouvelle croisade ne trouve aucun écho : le schisme a entraîné des divisions politiques, opposant entre eux les États de l'Occident chrétien.

C'est un cuisant échec qu'essuie le souverain pontife, en 1459, à la diète de Mantoue : de tous les rois chrétiens qu'il a invités pour parler de son projet, aucun ne daigne venir, certains n'envoyant même pas d'ambassadeur.

Jean Calvin

Martin Luther

- *Martin Luther* (1483-1546), réformateur allemand, père fondateur de la Réforme protestante. Il a accompli une révolution religieuse à l'intérieur du christianisme, dont les conséquences sur la civilisation occidentale ont été et sont encore extrêmement importantes. Il a profondément influencé les cultures germaniques et anglo-saxonnes.

- *Jean Cauvin ou Calvin* (1509-1564), réformateur et écrivain, est né un quart de siècle après Luther. Il est le plus célèbre parmi ceux des réformateurs qui cherchèrent à organiser et à structurer théologiquement la nouvelle Église. Souvent associé à son prédécesseur en tant que fondateur du protestantisme, il a sans doute donné de la religion réformée une image de rigueur, voire d'ascétisme.

La formation des États

Le vocable d'État n'existe pas encore ; on parle de monarchies centralisées en France, Angleterre, Castille, Scandinavie. Plusieurs États sont regroupés sous une couronne (comme celle d'Aragon-Catalogne, Aragon, Valence.)
Des cités indépendantes se dotent d'une seigneurie princière (Milan avec les Visconti, Florence avec les Médicis) ; des confédérations se forment, comme la confédération helvétique.
Partout on se dote d'une armature juridique cohérente : on utilise le droit romain en Italie ou en Espagne ; partout ailleurs règne la coutume ou un mâtiné de droit romain et de coutume.
Avec le développement de l'artillerie à poudre, la guerre devient plus technique. Le système vassalique ne pouvant plus y répondre, on s'oriente vers des armées professionnelles.
Pour payer les soldes de ces armées permanentes, les ressources domaniales n'y suffisant plus, on recourt à l'impôt. Cette nouveauté voit le développement d'une administration fiscale.

Philippe Auguste, le « révolutionnaire »

Dès le règne de Philippe Auguste, en 1180, de nombreuses innovations tendent vers l'émergence de l'État. Avant lui, les rois ne régnaient que sur une partie du royaume. En quelques années, Philippe réussit à tripler l'étendue du domaine royal. Il entre en guerre contre Jean sans Terre, roi d'Angleterre, et Otton IV, empereur du Saint Empire germanique, considéré comme le personnage le plus important sur terre avec le pape. L'éclatante bataille de Bouvines, le 27 juillet 1214, le consacre souverain le plus puissant de l'empire chrétien. Il devient « Auguste », surnom qui ne le quittera plus. Le règne de Philippe Auguste est marqué par une accélération forte de la croissance économique et une extension des pouvoirs de l'Église et de l'État.

Philippe Auguste à la bataille de Bouvines

Mise en place de fonctionnaires

Sur le royaume s'exerce l'autorité souveraine du roi, par l'intermédiaire d'officiers – des fonctionnaires – de plus en plus nombreux.
Parmi ces services de la fonction publique nous pouvons citer :

- le chancelier : dans les Républiques urbaines ;
- le connétable : chef de guerre ;
- les services centraux de l'Hôtel du prince, mi-domestiques, mi-politiques ;
- les grands corps d'État à vocation judiciaire (le Parlement) ;
- les grands corps d'État à vocation financière (la chambre des comptes) ;
- les agents locaux, assurant le lien entre la seigneurie et la province (les baillis) ;
- les enquêteurs réformateurs, qui écoutent les doléances des sujets et les défendent contre les abus des officiers du roi.

L'instauration des assemblées représentatives

Un principe de droit canonique : *quod omnes tangit ab omnibus approbetur* (« ce qui concerne tout le monde doit être approuvé par tout le monde ») s'impose alors. On instaure dans chaque ville une assemblée démocratique et, là où il n'est pas possible de réunir tous les sujets, on adopte le système de la représentation.

Avant de prendre une décision, le roi convoque clercs, nobles et représentants des villes, par bailliage, par sénéchaussées ou par « langue ».

L'idée de réforme

Peu à peu, les états font de leurs idées de réforme un programme politique, faisant pression pour obtenir des avantages ou une place reconnue dans le système du gouvernement. C'est ainsi qu'ils obtiennent du roi le droit de consulter leurs mandants avant toute décision (1346) ainsi que le contrôle du processus fiscal (1355).

Étienne Marcel symbolise un courant fort de l'idée de réforme au moment où le dauphin Charles, au nom du roi prisonnier, souhaite une mutation de la monnaie. Étienne Marcel s'y oppose et met en grève les métiers parisiens, au point que le 3 mars 1357, le dauphin est contraint d'accepter le programme politique des états.

À lire

- Favier Jean, *La Guerre de cent ans*, Fayard, 1998.
- Mollat du Jourdin Michel, *La Guerre de cent ans vue par ceux qui l'ont vécue*, Éditions du Seuil, 1997.
- Contamine Philippe, *La Guerre de cent ans*, PUF, 1992.

Portrait d'Étienne Marcel (d'après les miniatures des Chroniques de Saint-Denis, *Bibliothèque nationale de France)*

La crise de la fin du Moyen Âge

Le temps des disettes

Jusqu'au XIIIe siècle, l'Occident a connu un essor continu de la population et de la production agricole. La mortalité étant en baisse, on a abouti à un surpeuplement peu compatible avec la stagnation du niveau de vie.
Mais l'exploitation intensive des terres provoque un tassement de la production agricole.
Aucun progrès technique n'apparaît plus ; les limites du défrichement sont atteintes, les tenures se morcellent. Avec l'instabilité du climat, les disettes se multiplient et la famine revient, par vagues et par régions : en 1315-1317, elle affecte le nord-ouest de l'Europe, en 1343-1347 elle décime les populations des régions méridionales.

La peste noire

La crise n'a pas commencé avec la peste noire… Pourtant, quand celle-ci s'abat sur l'Europe en 1348, elle éradique une population déjà fragilisée. La crise atteint un tel degré d'exacerbation qu'elle remet en cause bien des certitudes et entraîne bien des recompositions. On peut considérer qu'entre famines et épidémies de peste, le nombre des Européens est passé de 50 à moins de 30 millions au XIVe siècle.

La peste noire change les mentalités

Le nombre des morts est tel que des charniers font leur apparition.
Dans une société où l'on meurt parmi les siens, accompagné par un prêtre dans la contrition de ses péchés, où l'on est lavé, recouvert d'un linceul, puis accompagné en procession pour le rituel de la mise en terre, où les proches veillent à la séparation de l'âme par des messes à dix jours, trente jours, un an, la peste apparaît comme la pire des punitions du ciel. La malemort prive le chrétien de ces dernières attentions : on meurt seul, comme un chien, car personne ne vient vous voir, vous pleurer, vous mener en terre. On est jeté dans une fosse sans sacrement, sans deuil, sans sépulture.
La peste voit émerger les flagellants, les danses macabres, les questions auxquelles l'Église n'est pas en mesure d'apporter de réponse. Le concile de Lyon instaure le purgatoire, en 1274, la confession aux condamnés, la cérémonie de réconciliation pour les suicidés, la dévotion à saint Christophe et un nouvel élan d'antisémitisme.

L'épidémie, née en Asie centrale, se propage rapidement le long de la route de la soie et atteint Marseille pour se répandre dans toute l'Europe

Vers la Renaissance au XIVe siècle

On assiste à une crise du système social, qui va marquer la transition du féodalisme à ce que l'on appelle aujourd'hui le capitalisme. Le pays ravagé par les guerres, les famines et les épidémies a besoin de se reconstruire. Pour répondre à cette nécessité on ouvre de grands chantiers, ce qui entraîne une grande mobilité de la population. Les salaires triplent après la peste noire.

La production agricole

Les céréales restent la nourriture de base de l'immense majorité de la population mais la production agricole croît moins que la population. Les surfaces abandonnées par le manque de main-d'œuvre se convertissent à l'élevage.

L'industrie textile

L'industrie textile se réoriente, elle se diversifie pour répondre à la demande et produit des draps à prix modérés.
L'industrie de la laine voit se développer l'élevage du mouton. On introduit le mûrier, et le commerce des teintures prend de l'essor.
La Flandre perd le monopole de cette industrie au profit de nouveaux sites de production (Normandie, Berry, Italie, Catalogne…).
Des innovations techniques (rouet, moulin à foulon, métier à deux hommes) permettent d'optimiser la production et de baisser les prix.

Mines et métallurgie

Les progrès dans la mécanisation, les innovations techniques permettent d'exploiter au mieux les mines et de satisfaire une demande croissante de produits métalliques diversifiés – artillerie, armures, ressorts, mécanisme.

À savoir

Les grandes villes du Moyen Âge sont :

- Bourges
- Laon
- Lens
- Lille
- Le Mans
- Tours
- Orléans
- Angers
- Blois
- Poitiers

Portrait de Jacques Cœur

Un monde en plein essor

La circulation par route ou par voie fluviale se fait en toute sécurité, la transmission des denrées est rapide et régulière.

Le monde des affaires se renforce : les grandes familles marchandes dominent le marché et ouvrent des comptoirs de par le monde. De nouvelles compagnies émergent, la plus prospère étant celle des Médicis à la fin du XIVe siècle. Jacques Cœur, grand argentier du roi Charles VII, applique ce modèle en France.

Un nouveau mode de vie : le change, la banque, l'argent qui fructifie, s'ancre dans les esprits et, ainsi, les techniques capitalistes s'étendent à l'ensemble de l'Europe.

L'invention de l'imprimerie permet de multiplier les supports de l'information et de circulation des idées, la lunette permet de lire jusqu'à un âge avancé.

À savoir

C'est à Gutenberg, au milieu du XVe siècle, que revient la conception de la typographie avec la création de caractères mobiles et en relief de plomb, d'étain et d'antimoine. La composition et l'impression se fait avec une presse à bras : la « presse Gutenberg ». Les caractères sont répartis dans une boîte compartimentée « la casse ». Chacune de ces casses contient un style, une forme de caractères spécifiques, « polices de caractères ». Ils sont ensuite combinés manuellement pour former le texte final après montage sur « le marbre ».

La presse à bras de Gutenberg

De nouvelles pratiques religieuses

Parce qu'elle se révèle incapable de répondre aux angoisses des chrétiens, l'Église connaît une crise grave. La peste a remis en cause la relation du fidèle avec le sacré.

Thomas d'Aquin avait déjà tenté, par sa *Somme théologique*, de concilier l'enseignement du Christ et la philosophie d'Aristote, c'est-à-dire concilier la foi et la raison. En son temps, sa pensée était loin de faire l'unanimité et avait été condamnée par l'évêque de Paris, en 1277.

La réforme protestante, qui arrive en pleine crise, tente d'apporter une réponse aux interrogations d'une population éprouvée par la peste.
L'Église qualifie ce courant d'hérésie, qui condamne le choix d'une vérité partielle érigée en absolu contre la doctrine de l'Église.
Elle dénonce les deux principales : l'hérésie évangélique (qui reproche à l'Église de s'éloigner de l'Évangile) et le catharisme, fondé sur l'affrontement des deux principes égaux du bien et du mal (manichéisme). D'autres hérésies naissent de l'Inquisition et sont identifiées.
Des courants prennent corps, comme par exemple le courant vaudois, qui rejette la plupart des rites de l'Église catholique jugés inefficaces.
Ainsi, que ce soit dans les domaines de l'économie, de la politique, de la foi, de la pensée ou de l'art, la crise sert de creuset aux nouvelles idées.

À lire

- Thomas d'Aquin, *Questions disputées sur la vérité*, Vrin, 1983.
- La Tour, Imbart de, *Les Origines de la Réforme*, Hachette, 1944.

Huile sur bois représentant la Vierge et l'Enfant

Guillaume le Conquérant (1027-1087)

Malgré sa naissance illégitime, Guillaume devient duc de Normandie et s'empare de l'Angleterre à la suite de la bataille de Hastings, en 1066.

Godefroy de Bouillon (1061 ENV.- 1100)

Héros de la première croisade, Godefroy et ses troupes reconquièrent Jérusalem. Il refuse la couronne, estimant que seul le Christ peut être roi de Jérusalem, et meurt peu après.

Pierre l'Ermite (1050 ENV.- 1115)

Prédicateur de la croisade des pauvres, il précède la première vague de croisés à la tête d'un groupe de paysans désorganisés qui prend la route en septembre-octobre 1096. Ils sont presque tous massacrés en Asie Mineure avant d'atteindre Jérusalem.

Pierre Abélard (1079-1142)

Ses amours impossibles avec la belle Héloïse en ont fait un personnage de légende.

Maître à l'école Notre-Dame à Paris, il est l'un des premiers et des plus illustres intellectuels qu'ait connus l'Occident. Il a trente-six ans lorsqu'il est chargé de donner des cours particuliers à Héloïse, avec laquelle il entretient un amour passionné. Mais l'oncle d'Héloïse, le chanoine Fulbert, l'accuse d'avoir abusé de sa nièce et le fait castrer.

Aliénor d'Aquitaine (1122-1204)

Fille de Guillaume X, duc d'Aquitaine, Aliénor est connue pour avoir été l'épouse de deux des plus puissants souverains du XIIe siècle (Louis VII, en 1137, puis, en 1152, Henri Plantagenêt, roi d'Angleterre). Ces mariages lui ont permis de jouer un rôle politique essentiel.

Godefroy de Bouillon

Abélard se séparant d'Héloïse

Richard Ier (1157-1199)

Richard Ier, Cœur de Lion, vient de succéder à son père, en 1189, lorsqu'il s'engage en croisade. Il y participe avec éclat. La troisième croisade, où Philippe Auguste et Frédéric Barberousse s'engagent également, permet aux croisés de s'emparer de Saint-Jean-d'Acre, le 12 juillet 1191, grâce aux renforts de Richard. Mais, déçu par la tournure des événements, Richard décide de rentrer en Angleterre. Sur le chemin du retour, il est reconnu malgré son déguisement, capturé et emprisonné en Autriche. Il végète ensuite dans une prison de 1192 à 1194 en attendant que la rançon exigée soit payée pour, enfin, regagner l'Angleterre.

Là l'attendent d'autres difficultés puisque son frère Jean, en son absence, a tenté de s'emparer de la couronne avec l'appui des Français. Richard se trouve alors engagé dans une guerre contre Philippe II. Il trouve la mort devant Chalus, en 1199.

Gengis Khan (1155 ou 1162 ou 1167- 1227)

Gengis, grand khan du peuple mongol, reste l'une des figures légendaires de l'Europe médiévale. En quelques années, il réussit à unifier les tribus mongoles et à conquérir, à leur tête, un empire s'étendant du Pacifique à la Crimée. Il le régit d'une main de fer, grâce à un certain nombre de réformes militaires et civiles.

Lorsque Gengis meurt, en 1227, ses trois héritiers prennent en main l'empire, qui malheureusement ne survit pas longtemps à leur fondateur en raison de leurs rivalités. Toutefois la dynastie chinoise Yuan dirigée par les mongols sera capitale pour le développement de la Chine.

Saladin (1138-1193)

Sultan d'Égypte et de Syrie d'origine kurde, adversaire des États croisés d'Orient, Saladin est le héros de la reconquête du Proche-Orient. Sa victoire sur les croisés en 1187 leur enlève la ville de Jérusalem, capitale du royaume chrétien depuis 1099. Ce premier grand triomphe provoque la troisième croisade (1189-1192). Le duel entre Richard Cœur de Lion et Saladin est largement célébré par l'iconographie consacrée aux croisades.

Les chrétiens admirent Saladin pour toutes ses qualités chevaleresques. Sa vie, pourtant, est faite d'ambiguïtés et de contradictions. À sa mort il ne possède rien et l'on doit même emprunter un linceul pour le mettre en terre. Autre ambiguïté : il possède deux tombeaux, placés côte à côte.

Portrait de Richard Ier Cœur de Lion

Portrait de Gengis Khan

Philippe Auguste (1165-1223)

Le nom d'Auguste, que lui vaut son rôle sur la monarchie capétienne, est également associé à Bouvines, où il défait les armées du Saint Empire.
Ce grand roi français a laissé une forte trace dans l'histoire nationale. Il a soumis les vassaux révoltés ; il a conquis l'Auvergne, le Valois, une partie du Vermandois et l'Amienois ; il a fondé l'université, développé et reconstruit Paris en fortifiant la ville... Son règne de 43 ans sera conquérant et fondateur.

Jean sans Terre (1167-1216)

Ce roi a le triste mérite d'avoir réussi à dilapider en quelques années un héritage considérable, ce qui l'a rendu bien impopulaire.
Sa maladresse le contraint à accepter la Grande Charte en 1215, qui ouvre la voie à la naissance du Parlement anglais, donc à une monarchie contrôlée.

Thomas d'Aquin (1225-1274)

Né en 1225 et issu d'une puissante famille italienne, Thomas se consacre à l'Église. À trente ans, il obtient le plus haut diplôme universitaire en raison de sa stature intellectuelle hors du commun.
Son enseignement, dispensé à Paris, le fait paraître comme la référence de la théologie chrétienne. Ses idées, ses écrits (vingt-cinq livres de cinq cents pages chacun) lui valent aussi d'être âprement critiqué par les savants de l'université de Paris. Fatigué, il repart en Italie, où il finit sa vie. Thomas d'Aquin est canonisé en 1323.

Alphonse X (1221-1284)

Ce roi de Castille a illuminé son règne par une incroyable impulsion culturelle. Il donne priorité aux langues nationales et fonde le castillan.

Portrait de saint Louis

Portrait de saint Thomas d'Aquin

Louis IX, dit saint Louis (1214-1270)

Roi de 1226 à 1270, Louis suscite l'admiration par son immense dévotion. Il entreprend deux croisades. La première, en 1248, le tient éloigné du royaume durant six ans, et il est fait prisonnier. Il rentre en France en 1254 en apprenant la mort de sa mère, Blanche de Castille, régente du royaume en son absence. Il mène une seconde croisade, au cours de laquelle il trouve la mort, terrassé par la peste devant Tunis.

Marco Polo (1254-1324)

Qui ne connaît ce marchand au destin exceptionnel, né en 1254 dans une famille patricienne de Venise, qui en compagnie de son père et de son oncle embarque pour la Chine en 1271 ?
Tous trois rallient Pékin en 1275. Chargé d'ambassade au service du grand khan, Marco réside en Extrême-Orient durant une vingtaine d'années.
En 1291, les trois hommes accompagnent une princesse impériale en Perse puis reviennent en Europe ; ils rentrent à Venise couverts de richesses.
Nommé membre du Grand Conseil, Marco réside à Venise jusqu'à sa mort. Il écrit ses mémoires, *Le Livre de Marco*, qui sera repris par la suite et publié sous les titres de *Livre des Merveilles* et de *Devisement du monde*.
Cependant, il n'a pas inventé les pâtes, ni ne les a rapportées de Chine, comme le voudrait une certaine légende...

Giotto di Bondone (1266/67-1337)

Peintre italien, artiste d'avant-garde, nous lui devons les fresques de la légende de saint François à la basilique d'Assise, chef-d'œuvre qui annonce l'art de la Renaissance.

Dante Alighieri (1265-1321)

Écrivain italien, célèbre pour son œuvre *La Divine Comédie*, considérée comme le texte fondateur de la langue italienne, il joue un rôle politique à Florence, qui le charge de diverses missions diplomatiques. Membre des « guelfes », il est exilé en 1302 à Ravenne, où il meurt.

Portrait de Marco Polo

Portrait de Dante Alighieri

Raymond Lulle (1232-1316)

Né à Palma de Majorque, Raymond Lulle est une figure centrale du monde intellectuel médiéval. Très impliqué dans l'approche des langues orientales, esprit curieux ayant une démarche ésotérique, il reste une référence et est dit « grand savant ».

Petrarca Francesco (1304-1374)

Cet humaniste né à Arezzo reste le modèle par excellence de ce nouveau type d'intellectuels hantés par le désir de retrouver la beauté et la vérité des antiques. Sa renommée lui vaut d'être couronné de lauriers au Capitole.

Tamerlan (1336-1405)

En montant sur le trône de Samarkand en 1369, Timur Lenk (le boiteux) ou Tamerlan se dit appelé par le Coran à reconstituer l'Empire mongol. Il rêve d'égaler Gengis Khan. Pourtant, malgré ses nombreuses conquêtes, dont celle de la Perse, il se montre dépourvu de charisme.

À savoir

De grands noms de la littérature ont marqué l'époque médiévale :

- Benoît de Sainte-Maure (XIIe s.).
- Chrétien de Troyes (env.1135 - env.1183).
- Robert de Boron (env. XIIe siècle - XIIIe siècle).
- Jean Bodel (XIIe s. - mort env.1210).
- Béroul (env.1170).
- Thomas d'Angleterre (env.1170).
- Marie de France (env.1175).
- Guillaume de Lorris (env.1200 - env.1238).
- Thibaut de Champagne (1201 - 1253).
- Jean de Joinville (env.1224 - env.1317).
- Rutebeuf (env.1230 - env.1285).
- Jean de Meung ou Jean de Meun (1250 - env.1305) ou Jean Clopinel ou Chopinel.
- Guillaume de Machaut (env.1300 - env.1377).
- Nicolas d'Oresme (1325 - 1382).
- Jean Froissart (1333 - env.1404).
- Christine de Pizan ou Christine de Pisan (1364 - 1430).
- François Villon (env.1431 - après 1463).

Portrait de Petrarca

Bertrand Du Guesclin (1320-1380)

Connétable de France, ce hobereau breton combat pour Charles de Blois alors que la guerre de succession de la Bretagne fait rage. Il s'attire la grâce du roi, qui lui confie les troupes qui défont les Navarrais en 1364, à Cocherel. Auréolé par cette victoire, Bertrand est envoyé en Castille et mène diverses missions. À son retour d'Espagne, il est nommé connétable de France.
Sa popularité est telle qu'il se voit nommé à la tête des armées royales. Il meurt au combat le 13 juillet 1380 et, honneur suprême, sa dépouille est déposée à Saint-Denis, la nécropole des rois.

Henri le Navigateur (1394-1460)

Infant, homme d'affaires infatigable, il rêve de voyages et finance l'exploration de l'Afrique, qui marque le début de la traite des Noirs. En 1425, les Portugais prennent possession de Madère.
Les explorations financées par Henri, les comptoirs commerciaux implantés, le commerce florissant avec les îles atlantiques font de l'infant le symbole de la vocation maritime du Portugal.

Gutenberg (1397/1400-1468)

Johannes Gensfleich, dit Gutenberg, imprimeur allemand, met au point, à Strasbourg, le procédé d'imprimerie à caractères mobiles. Établi à Mayence, il imprime la Bible dite « à 42 lignes », publiée en 1455. Son invention révolutionne la vie culturelle de l'Occident.

Portrait de Du Guesclin

Jacques Cœur (VERS 1395-1456)

Financier habile, Jacques devient le grand argentier de Charles VII. Cet homme incarne l'esprit d'entreprise des grands hommes d'affaires de la fin du Moyen Âge.

Convaincu du crime de lèse-majesté, il est arrêté et emprisonné en 1451. Il meurt au service du pape, lors du siège de Chio.

Jeanne d'Arc (1412-1431)

Jeune paysanne illettrée, elle se sent inspirée par une mission divine et part rejoindre le roi ; elle est persuadée qu'il faut partir à la reconquête du royaume et chasser les Anglais.

Sacré roi en 1429, Charles VII écoute Jeanne, qui réalise deux prédications : libérer Orléans assiégé et faire sacrer le jeune dauphin dans la cathédrale de Reims. Condamnée à mort pour sorcellerie, elle est brûlée vive à Rouen le 30 mai 1431.

François Villon (1431-1489)

Cet étudiant devenu mauvais garçon nous offre une poésie colorée et provocante. Sa *Ballade des pendus*, composée en 1462, nous donne un bel exemple de son art. Condamné à mort, il est gracié puis banni de Paris pendant dix ans.

Laurent de Médicis (1449-1492)

Laurent de Médicis, dit le Magnifique, est un habile diplomate et un brillant esprit.

Son nom est associé à l'ascension des Médicis lorsque son grand-père, Cosme, prend le pouvoir à Florence en 1434, donnant le coup d'envoi à une profitable entreprise familiale.

Portrait de Laurent de Médicis

Vitrail de Jeanne d'Arc, cathédrale de Rouen

Chronologie

Ve siècle : grandes invasions : Vandales, Huns, Francs. Ces derniers, menés par Clovis, se rendent maîtres de la plus grande partie de la Gaule (Clovis est baptisé en 498).

511 : mort de Clovis, qui amène la formation des trois royaumes mérovingiens – l'Austrasie, la Neustrie, la Bourgogne – qui luttent entre eux.

VIIe siècle : affaiblissement de la royauté mérovingienne (rois fainéants) et montée des maires du palais. Clotaire II (613-629) et Dagobert Ier (629-639) réalisent un semblant d'unité.

687 : Pépin de Herstal est le chef réel des trois royaumes.

715-741 : Pépin le Bref, maire du palais, élu roi en 751, fonde la dynastie des Carolingiens.

768-814 : avènement de Charlemagne, roi des Francs, sacré empereur d'Occident en l'an 800. Il devient le véritable chef temporel de la chrétienté. Il « fonde » l'Europe.

814-840 : Louis le Pieux ne peut maintenir l'unité de l'empire d'Occident, qui est partagé en 843 par le traité de Verdun.

840-877 : Charles II le Chauve est le premier roi de France (*Francia Occidentalis*). C'est l'époque des invasions normandes, de l'affaiblissement de la royauté carolingienne, du développement de la féodalité.

877-987 : anarchie, installation des Normands en Normandie en 911.

987 : mort du dernier souverain carolingien. Hugues Capet, nouveau roi, est le premier des Capétiens.

987-1108 : Hugues Capet (987-996), Robert II (996-1031), Henri Ier (1031-1060), puis Philippe Ier (1060-1108) sont aux prises avec les « grands » ; ils sont les maîtres réels d'un petit domaine autour de Paris.

1000-1100 environ : Cluny initie la grande réforme religieuse. Montée de la chevalerie, début des croisades en 1096.

1108-1180 : Louis VI, dit le Gros (1108-1137), puis son successeur Louis VII le Jeune (1137-1180) agrandissent leur domaine et affermissent leur autorité face aux féodaux. Coup d'envoi d'un réveil économique et urbain, constitution d'une bourgeoisie, développement culturel et artistique (art roman, puis gothique). Menace : l'Empire angevin des Plantagenêts, rois d'Angleterre.

1180-1223 : avènement de Philippe II Auguste ; victoire de Bouvines en 1214.

1226-1270 : règne de Louis IX, dit saint Louis.

1285-1314 : Philippe IV, dit le Bel, s'appuie sur le droit romain pour affermir la royauté capétienne.

1326 : disparition du dernier capétien direct avec la mort de Charles IV le Bel. Crise dynastique franco-anglaise qui provoque la guerre de Cent Ans.

1328-1364 : sous Philippe VI de Valois (1328-1350), et Jean II le Bon (1350-1364), le royaume connaît une époque sombre : défaites de Crécy en 1346, Poitiers en 1356 ; implantation anglaise significative dans la France du Sud-Ouest.

1364-1380 : règne de Charles V le Sage ; Du Guesclin sur le devant de la scène.

1380-1422 : règne de Charles VI ; le duc de Bourgogne, adversaire de la royauté, est l'allié des Anglais ; défaite d'Azincourt en 1415 ; avec le traité de Troyes, en 1420, les Anglais deviennent maîtres du pays.

1422-1461 : Charles VII, aidé par Jeanne d'Arc, débarrasse le territoire de la présence anglaise et reconstitue les finances grâce à son argentier, Jacques Cœur.

Index des noms propres

Crédits photographiques

P. 5 : © coll. privée Allard ; p. 7 : © coll. privée Allard ; © coll. privée Allard ; © coll. privée Allard ; p. 9 : © Bettmann/Corbis ; musée national des Arts et Tradition populaires, Paris © RMN/J.G Berizzi ; p. 13 : avec l'autorisation spéciale de la cité de Bayeux © Giraudon/Bridgeman Art Library ; p. 17 : Patrick Ward/Corbis ; p. 19 : Albrecht Durer, Musée national allemand, Nurenberg © Bridgeman Art Library ; page 21 : musée du Louvre, Paris © RMN/DR ; p. 23 : musée de l'Histoire de France, Paris © RMN/E.Bulloz ; p. 25 : © Richard List/Corbis ; p. 27 : © Bettmann/Corbis ; p. 29 : F.-L. Dejuinne, châteaux de Versailles et Trianon, Versailles © RMN/G.Blot ; p. 31 : © Collection Roger-Viollet ; © Alinari / Roger-Viollet ; p. 33 : © J.Pole/esprit-photo.com ; p. 35 : C. de Steuben, châteaux de Versaille et Trianon, Versailles © RMN/DR ; p. 37 : École Française, XIXe siècle, Bibliothèque des Arts Décoratifs, Paris © Archives Charmet/Bridgeman Art Library ; p. 39 : École Française, Bibliothèque de la Faculté de Médecine, Paris © Archives Charmet/Bridgeman Art Library ; p. 43 : L.-F Amiel, châteaux de Versailles et Trianon, Versailles © RMN/DR ; p 45 : Feuillet d'un code Justinien, musée national du Moyen Âge, Thermes de Cluny, Paris © RMN/Gérard Blot ; p. 47 : © BNF, cabinet des estampes ; vitrail provenant de l'église abbatiale de Saint-Denis, avant 1144, musée national du Moyen Âge, Thermes de Cluny, Paris © RMN/Frank Raux ; p. 49 : © J.Pole/esprit-photo.com ; p. 53 : Maître du Boccace de Genève, XVe siècle, musée de Condé, Chantilly © RMN/R. G. Ojeda ; p. 55 : © Historical Picture Archive/Corbis ; p. 57 : © J.Pole/esprit-photo.com ; p. 61 : © Bettmann/Corbis ; p. 63 : © Monnaie de Paris, 2004 ; p. 67 : V.-J. Nicolle, châteaux de Malmaison et Bois-Préau, Malmaison © RMN/DR ; p. 69 : © J.Pole/esprit-photo.com ; © J.Pole/esprit-photo.com ; p. 71 : © J.Pole/esprit-photo.com ; © E. Garnier ; S. Vouet, musée des Beaux-Arts, Nantes © RMN/G. Blot ; p. 73 : © J.Pole/esprit-photo.com ; musée natio-nal de la Coopération franco-américaine, Blérancourt © RMN/H. Lewandowski ; p. 75 : in La messe dans l'histoire, dans l'âme des saints et dans notre vie, 1906, par J. Hoppenot © Coll. privée Allard ; p. 79 : musée national du Moyen Âge, Thermes de Cluny, Paris © RMN/DR ; Louvre © RMN ; p. 81 : © Jonathan Blair/Corbis ; p. 83 : musée national du Moyen Âge, Thermes de Cluny, Paris © RMN/Frank Raux ; p. 87 : © E. Gueyne/esprit-photo.com ; H. Vernet, 1827, châteaux de Versailles et Trianon, Versailles © RMN ; p. 97 : Nicolas André Monsiau, musée du Louvre © RMN/Christian Jean ; p. 103 : © BNF ; p. 105 : Taddeo di Bartolo, musée du Petit Palais, Avignon © RMN/René-Gabriel Ojéda ; p. 109 : E. Signol, 1804, châteaux de Versailles et Trianon, Versailles © RMN/G. Blot ; p. 111 : Blondel Merry Joseph, châteaux de Versailles et Trianon, Versailles © RMN/G. Blot ; © Stapleton Collection/Corbis ; p. 113 : © J.Pole/esprit-photo.com ; p. 115 : Antonio Giovanni de Varese, XVIe siècle, Villa Farnese, Caprarola, Lazio, Italy © Giraudon/Bridgeman Art Library ; V. Camuccini, châteaux de Versailles et Trianon, Versailles © RMN/DR ; p. 117 : École Anglaise, XIXe siècle © Private Collection/Bridgeman Art Library/Ken Welsh ; Vasari, musée des Offices, Florence, © Collection Roger-Viollet ; Vitrail par Max Ingrand, 1956 © V. Allard. Les gravures des pages : 10, 13, 59, 91, 93, 101, 109, 113, 119, sont issues des ouvrages suivants : *Histoire de France depuis les temps les plus reculés jusqu'en 1789 racontée à mes petits-enfants*, François Guizot Paris Librairie Hachette 1874 ; *Histoire de France*, Émile Keller, Alfred Mame et Fils Éditeurs 1882 ; *Histoire de France depuis les temps les plus reculés jusqu'à nos jours*, Henri Martin Furne, Jouvet et Cie.

Table des matières

Achevé d'imprimer en septembre 2004 à Milan, Italie sur les presses de Ingraf s.r.l

Dépôt légal : septembre 2004
Numéro d'éditeur : 8527